W0187769

Matthias Naß
DRACHENTANZ

Matthias Naß

DRACHEN TANZ

Chinas Aufstieg zur Weltmacht
und was er für uns bedeutet

C.H.Beck

Mit 20 Abbildungen und 2 Karten (© Peter Palm, Berlin)

© Verlag C.H.Beck oHG, München 2021
www.chbeck.de
Umschlaggestaltung: Rothfos und Gabler, Hamburg
Umschlagabbildung: Mauer mit Drachensteinskulptur im Fayu-Tempel
im Putuo-Berg, Zhejiang © shutterstock
Satz: Fotosatz Amann, Memmingen
Druck und Bindung: CPI Ebner & Spiegel, Ulm
Gedruckt auf säurefreiem und alterungsbeständigem Papier
Printed in Germany
ISBN 978 3 406 76450 9

myclimate
klimaneutral produziert
www.chbeck.de/nachhaltig

Inhalt

Für Lisa, Sarah Mie und Stefan Akio

Vorwort

Vierzig goldene Jahre? Das ist natürlich übertrieben. Aber für China waren die vier Jahrzehnte von 1979 bis 2019 eine gute Zeit. Sie dürften zu den besten in der chinesischen Geschichte gehören. Kein Umsturz, kein Bürgerkrieg, keine Hungersnot. Stattdessen ein wirtschaftlicher Aufschwung, wie ihn das Land nie zuvor gesehen hatte. Die Freiheitsräume im privaten Leben der Menschen wurden größer. Das Land befreite sich aus seiner selbstgewählten Isolation. Bewundernd blickte die Welt auf das Wiedererstarken einer großen, fünftausend Jahre alten Nation.

Mit dem Beginn der Reform- und Öffnungspolitik Deng Xiaopings Ende 1978 ließ China die wirren gesellschaftlichen Experimente Mao Zedongs hinter sich, deren leidvolle Folgen die Bürger der Volksrepublik im Elend des «Großen Sprungs nach vorn» und in den Gewaltexzessen der «Großen Proletarischen Kulturrevolution» ertragen mussten. Es kehrte Ruhe ein im Leben der Menschen. Die Kinder gingen wieder zur Schule. Die Bauern durften ihr eigenes Land bewirtschaften. Privateigentum wurde nicht mehr verteufelt. Im Gegenteil, es galt nun die Devise Deng Xiaopings: «Es ist ruhmvoll, reich zu werden.» Und viele Chinesen wurden reich, einige sogar sehr reich. Sie kauften sich Wohnungen in Singapur oder Vancouver, schickten ihre Töchter und Söhne auf teure amerikanische Universitäten. Von Venedig bis Paris, überall drängten sich jetzt chinesische Touristen.

Alles andere als goldene Jahre waren es für jene, die politisch anderer Meinung waren als die Machthaber. Sie wurden ausgespäht, verfolgt und mundtot gemacht. Dennoch meldeten sie sich immer wieder zu Wort: auf Wandzeitungen, in literarischen Zeitschriften, bei Demonstrationen. 1989 erfasste eine Demokratiebewegung das ganze Land. Die Menschen versammelten sich friedlich, bis die Armee den

Protest in der Nacht zum 4. Juni am Pekinger Platz des Himmlischen Friedens mit einem Blutbad beendete. Ein Trauma, das bis heute nicht weicht.

Schon in den Jahren, die auf das Tiananmen-Massaker folgten, wurde die Überwachung der Bevölkerung immer ausgeklügelter. Die «große chinesische Firewall» schottete die Bürger vom freien Zugang zum Internet ab. Die Zensur erstickte jede Kritik am Regime. Zwischen der kleinen Freiheit im Privaten und der großen Freiheit in der Politik verlief eine tiefrote Linie. Nur sehr Mutige überschritten sie und zahlten dafür einen hohen Preis.

Und doch, das Leben der vielen, die sich von der Politik fernhielten, besserte sich. Dies war ja der Deal, den die Kommunistische Partei den Bürgern anbot: Haltet den Mund, dann lassen wir euch in Ruhe Geld verdienen. Eine stille Übereinkunft, auf die sich die meisten einließen. Kritik aus dem Ausland fand das Regime zwar lästig, maß ihr aber keine große Bedeutung zu. Die Wirtschaftsführer im Westen, die mit China Geschäfte machen wollten, schauten ohnehin nicht so genau hin. Kein Markt der Welt war verführerischer, alle wollten dabei sein. Den Diebstahl geistigen Eigentums, den erzwungenen Technologietransfer, die Joint Ventures wider Willen nahmen sie hin. Sie konnten es sich nicht leisten, die chinesische Bonanza zu verpassen.

Im vierten Jahrzehnt nach Beginn der Reformen kippte die Stimmung. Der Unmut wuchs über ein China, das die Chancen des liberalen Weltwirtschaftssystems nutzte, aber weiterhin nach den eigenen Regeln spielen wollte. Das sich weigerte, der erhoffte «responsible stakeholder» zu werden – ein verlässlicher und verantwortungsvoller Mitgestalter der internationalen Ordnung. Diese Kritik war in Europa genauso zu hören wie in Amerika. Aber es brauchte die Skrupellosigkeit eines Donald Trump, um China wegen seiner Regelverstöße gleich den Handelskrieg zu erklären. Mit dem Spürsinn eines Raubtiers sah er die Schwächen des Rivalen und trieb die Volksrepublik vor sich her. Trump drohte mit einer «Entkopplung» der beiden größten Volkswirtschaften der Welt und tat alles, um ein Vorzeigeunternehmen wie den Technologiekonzern Huawei in den Ruin zu treiben.

Die Europäer waren sich in ihrer Haltung der Volksrepublik gegenüber nicht einig, jedes Land trachtete nach dem eigenen Vorteil. Und die Führung in Peking tat das Ihre, um Europa zu spalten. Zugleich einte sie die Europäer mit ihrem Verhalten wieder. Bei einigen Regierungen waren es Pekings leere finanzielle Versprechen, die zu einem Umdenken führten, bei anderen die aggressiven Einkaufstouren chinesischer Investoren, bei fast allen die entsetzlichen Menschenrechtsverletzungen. Dies alles summierte sich nach Jahren der China-Euphorie zu einer tiefen Desillusionierung.

Als Xi Jinping seine Ämter als Parteichef (2012) und als Staatspräsident (2013) antrat, galt er als Reformer. Welch ein Irrtum. Unter Xi legte Chinas Politik ideologisch den Rückwärtsgang ein. Die KP startete eine Kampagne gegen «westliche Werte», verschärfte noch einmal die Zensur, stärkte die Staatsbetriebe auf Kosten der Privatunternehmen, unterdrückte die muslimischen Minderheiten, setzte Hongkongs vertraglich zugesicherte Autonomie außer Kraft und drohte Taiwan mit gewaltsamer Wiedervereinigung.

Dann trat von Wuhan aus das Coronavirus seinen tödlichen Weg um die Welt an. Peking bekämpfte, nach anfänglichem Vertuschen, die Pandemie mit rücksichtsloser Härte – und war damit erfolgreich. Kaum war das Schlimmste überstanden, erklärte die Regierungspropaganda, der Sieg über das Virus beweise die Überlegenheit des chinesischen Systems. Nur wollte die Welt vom «Modell China» nichts wissen. Sie fühlte sich vielmehr abgestoßen vom herrischen Auftreten der chinesischen Diplomaten, die sich unter dem Beifall der chauvinistischen Presse daheim in «Wolfskrieger» verwandelt hatten.

Die Beziehungen zu den Vereinigten Staaten sanken auf einen Tiefpunkt. Washingtons Außenminister rief den Westen zu einer «Allianz der Demokratien» gegen China auf. Daran mochte sich Europa nicht beteiligen. Überhaupt wollte es sich nicht in die Rivalität der beiden Giganten hineinziehen lassen. Von einer wirtschaftlichen «Entkopplung» hielten die Europäer auch nichts, es wuchs bei ihnen aber der Wunsch, sich aus der allzu großen Abhängigkeit von China zu lösen, nicht nur bei Schutzmasken und Medikamenten.

China wiederum schien den Streit regelrecht zu suchen. Ausgerechnet im Jahr der Coronakrise legte sich die Volksrepublik mit der hal-

ben Welt an. Die Führung in Peking erpresste Australien mit Embargodrohungen, nahm zwei kanadische Bürger in eine Art Geiselhaft,
beschimpfte die Regierungen Schwedens, Tschechiens sowie Großbritanniens, lieferte sich zu allem Überfluss ein Grenzscharmützel mit
Indien.

Und wunderte sich, als sich Widerstand regte. Australien, Indien,
Japan und die Vereinigten Staaten intensivierten ihre Kooperation in
der «Quad», jenem lockeren Verbund, der vor allem eines verhindern
will: eine Vorherrschaft Chinas im Indo-Pazifischen Raum. Japan
überlegte, ob es den «Five Eyes» beitreten sollte, jenem Zusammenschluss fünf angelsächsischer Länder (USA, Großbritannien, Kanada,
Australien und Neuseeland), die ihre nachrichtendienstlichen Erkenntnisse untereinander austauschen. Sogar die Nato begann sich mit China
zu beschäftigen. In Berlin legte die Bundesregierung «Indo-Pazifik-
Leitlinien» vor; die Große Koalition sah in Chinas wachsender Macht
eine Gefahr für die Stabilität der Region und plädierte für eine engere
Zusammenarbeit mit traditionellen Partnern wie Japan, Indien und
Australien.

Es war eine eindrucksvolle Phalanx von Ländern, die Peking gegen
sich aufgebracht hatte. Aber die Machthaber in der Volksrepublik
blieben gelassen, sie mussten schon ganz andere Herausforderungen
bestehen. Und doch waren sie irritiert. Denn in der weltweiten Kritik
offenbarte sich Chinas vielleicht größte Schwäche: der Mangel an politischer Anziehungskraft, an Soft Power. Die Volksrepublik hat wenig
Freunde und keine Verbündeten von Gewicht. Wenn China zur zweiten ebenbürtigen Supermacht neben den USA aufsteigen will, dann
wird das Land auf diesem Weg ziemlich einsam sein.

Aber hat China diesen Ehrgeiz überhaupt? Will es zu den Vereinigten Staaten aufschließen, gar an ihre Stelle treten? Will es die welt-
politische Verantwortung einer Supermacht tragen? Blickt man auf
die Geschichte des Landes, spricht wenig für solche Ambitionen.
Nichts lag China in der Vergangenheit ferner, als seine Ordnung anderen Ländern aufzuzwingen oder in fremden Weltgegenden Streit
zu schlichten. Das ist heute nicht viel anders. In der friedlichen Entwicklung des eigenen Landes zu auskömmlichem Wohlstand sieht

Pekings Führung ihren wichtigsten Beitrag zur internationalen Stabilität.

In Asien und im Westpazifik allerdings soll keine andere Macht den Ton angeben. Hier tritt China als eine Hegemonialmacht auf, die ihre Interessen mit aller Härte durchsetzt. Die Gefahr eines militärischen Konflikts im Südchinesischen Meer und in der Straße von Taiwan darf deshalb niemand unterschätzen.

Für Europa geht von der Volksrepublik keine militärische Bedrohung aus. Sehr wohl aber ist sie, wie es die Europäische Kommission formuliert hat, ein «systemischer Rivale». Der autoritäre Staatskapitalismus Chinas lässt sich mit Europas Vorstellungen von freiheitlicher Demokratie und liberaler Marktwirtschaft nicht vereinbaren. Frankreichs Staatspräsident Emmanuel Macron forderte deshalb zu Recht ein «Ende der Naivität». Reiner Spaß wird der zu erwartende Drachentanz mit dem Konkurrenten China nicht sein.

Die Arbeit an diesem Buch hat knapp anderthalb Jahre gedauert. Meine journalistische Beschäftigung mit China aber reicht zurück bis zum Beginn der achtziger Jahre. Das Studium der Sinologie hat mich darauf vorbereitet. Meine Professoren Rolf Trauzettel (Göttingen), Daniel Kwok und John DeFrancis (Honolulu) sowie Wolfgang Franke und Liu Mau-Tsai (Hamburg) waren wunderbare Lehrer, denen ich bis heute dankbar bin. Und nie ist das Gespräch über China mit meinem Freund und Lehrer Kuan Yu-Chien abgerissen.

Seit 1983 habe ich in der *ZEIT* den Wiederaufstieg Chinas beschrieben und kommentiert. Auf vielen Reisen durch das Land war ich Zeuge einer atemberaubenden Erfolgsgeschichte, aber auch dramatischer Rückschläge. Es war ein großes Glück, in all diesen Jahren zum Thema China in der *ZEIT*-Redaktion zwei eminent kluge und erfahrene Gesprächspartner zu haben: Theo Sommer und Helmut Schmidt. Theo Sommer hat vor zwei Jahren die Summe seines Nachdenkens über China in dem Buch «China First» vorgelegt, das ebenfalls im Verlag C.H.Beck erschienen ist. Er hat auch das Manuskript dieses Buches gelesen und mit hilfreichen Anmerkungen versehen. Dafür, und für unsere fortwährende Freundschaft, danke ich ihm sehr.

Ein genauer und aufmerksamer Leser des Manuskripts war auch mein Freund Hans Janus, für dessen Hinweise und Ergänzungen ich sehr dankbar bin. Wir sind einander seit Jahrzehnten in enger Freundschaft verbunden.

Den Anstoß zu diesem Buch hat Detlef Felken gegeben, der Cheflektor von C.H.Beck. Er hat die Arbeit am Manuskript von Beginn an mit seinen Anregungen und kritischen Nachfragen, mit Ansporn und Ermutigung begleitet. Ihm gilt dafür mein großer Dank.

Bettina Spyrou hat auch dieses Manuskript mit liebevoller Sorgfalt betreut. Mit ihr seit vielen Jahren zusammenarbeiten zu dürfen, ist ein Geschenk.

Ohne meine Frau Lisa gäbe es dieses Buch nicht. Sie ist stets meine erste – und kritischste – Leserin. Sie hat mich auf unschätzbare Weise bei der Recherche unterstützt und Tag für Tag geholfen, in der Flut des Materials nicht unterzugehen. Ihr und unseren beiden Kindern Sarah Mie und Stefan Akio ist das Buch gewidmet.

Hamburg, im September 2020

I. Corona:
Heimsuchung und Weltkrise

Ahnungslos, voller Vorfreude brechen im Januar 2020 Abermillionen Chinesen in den Neujahrsurlaub auf. Sie steigen in die Bahn, den Bus, das Flugzeug. Das halbe Land macht sich auf den Weg, um Eltern und Großeltern zu besuchen. Chinesisch-Neujahr ist ein Familienfest wie Weihnachten in Deutschland oder Thanksgiving in Amerika, nur viel wichtiger. Nichts wissen die Reisenden davon, dass viele von ihnen ihr eigenes Heim erst Wochen, ja Monate später wiedersehen werden. Dass sie zurückkehren werden in eine Welt, die nicht mehr dieselbe ist.

Am 23. Januar, zwei Tage vor dem Neujahrsfest, wird die zentralchinesische Stadt Wuhan abgeriegelt, kurz darauf die gesamte Provinz Hubei mit fast 60 Millionen Einwohnern. Rund vierhundert Menschen haben sich zu diesem Zeitpunkt mit einem unbekannten Virus infiziert. Und während die Wissenschaftler noch debattieren, ob das Virus von Mensch zu Mensch übertragbar sei, hat der Krankheitserreger bereits seinen zerstörerischen Weg rund um den Globus angetreten. Thailand meldet am 13. Januar den ersten Erkrankten. Am 28. Januar wird in Bayern bei einem Mitarbeiter des Automobilzulieferers Webasto das neue Virus diagnostiziert. Im Herbst 2020 werden sich auf der Erde mehr als 50 Millionen Menschen mit dem Coronavirus angesteckt haben, werden fast 1,5 Millionen Menschen an der vom Virus ausgelösten Krankheit Covid-19 gestorben sein.

Die Pandemie verschont kein Land. Sie verändert alles – wie die Menschen arbeiten, wie sie feiern, wie sie an Schulen und Universitäten lernen, wie sie einkaufen, reisen und gemeinsam essen, wie sie einander auf der Straße begegnen und wie sie sich von ihren Toten verabschieden. Regierungen nehmen Unsummen an neuen Schulden auf, um einen Zusammenbruch der Wirtschaft zu verhindern. Dennoch verlieren Millionen ihren Arbeitsplatz, schließen Fabriken, Büros, Restaurants, Hotels und Museen. Flugplätze und Fußballstadien verwaisen. Gläubige müssen auf Abstand gehen, wenn sie gemeinsam in der Kirche beten, und niemand gibt sich zur Begrüßung mehr die Hand. Eine Heimsuchung ohne Beispiel. Wie konnte es dazu kommen? Und wie blickt die Welt auf China, das Land, in dem die Krise ihren Ausgang nahm?

Rekonstruktionen des zeitlichen Ablaufs ergeben, dass der erste Mensch vermutlich im November 2019 an Covid-19 erkrankte («Patient null»), ein 55 Jahre alter Mann aus der Provinz Hubei. Im Dezember häufen sich die Infektionen in der Nähe des Huanan-Marktes in Wuhan. Dort werden nicht nur Fische und Meeresfrüchte verkauft, sondern auch Schlangen, Gürteltiere, Reptilien und Fledermäuse. Die Ärztin Ai Fen, Leiterin der Notaufnahme in Wuhans Zentralkrankenhaus, berichtet von Patienten mit auffälligen, nicht zu erklärenden Symptomen. Sie wird gezwungen, über das Gesehene zu schweigen. Am 30. Dezember schreibt der Augenarzt Li Wenliang im sozialen Netzwerk WeChat über ein unbekanntes Virus in seiner Klinik. Ein Screenshot seines Posts verbreitet sich rasend schnell. Noch in derselben Nacht wird Li von der Polizei einbestellt. Sie wirft ihm vor, gefährliche «Gerüchte» verbreitet zu haben, und zwingt ihn, ein Geständnis über sein «illegales Verhalten» zu unterschreiben. Wenige Tage später erkrankt der Arzt selbst an Covid-19.

Zum Jahreswechsel hat Chinas Gesundheitsbehörde 27 Krankheitsfälle registriert. Sie informiert das Büro der Weltgesundheitsorganisation (WHO) in Peking. Am 1. Januar wird in Wuhan der Huanan-Markt geschlossen. Auch die Regierung der Vereinigten Staaten wird nun vom Auftauchen des neuen Virus in Kenntnis gesetzt. Nur die eigene Bevölkerung erfährt nichts. Am 7. Januar tagt in Peking das Politbüro. Parteichef Xi Jinping ordnet an, den Kampf gegen das Virus aufzunehmen, um eine drohende Epidemie abzuwenden. Aber erst am 20. Januar wird Xi in einer Rede die Öffentlichkeit informieren. Am selben Tag bestätigt der von vielen Chinesen verehrte Arzt Zhong Nanshan, der 2003 die vom Staat vertuschte Lungenkrankheit Sars publik machte, die Übertragbarkeit des neuartigen Coronavirus von Mensch zu Mensch.

Die WHO hat sechs Tage vorher noch verkündet, chinesische Untersuchungen hätten keine klaren Belege für eine Übertragung von einem Menschen auf den anderen ergeben. An der Spitze der Genfer UN-Behörde steht der Äthiopier Tedros Adhanom Ghebreyesus, ehemals Außenminister in Addis Abeba, der mit Unterstützung Chinas auf den neuen Posten gewählt wurde. Seine Organisation lobt die Pekinger Regierung für ihre Transparenz und Führung. Der WHO-Chef persönlich bescheinigt China, mit der Reaktion auf den Ausbruch einen «neuen Standard» gesetzt zu haben. Bei einem Treffen mit Xi Jinping Ende Januar rühmt er seinen Gastgeber überschwänglich: «China hat bereits Unglaubliches geleistet, um die Übertragung des Virus auf andere Länder einzuschränken.»[1]

Eine detaillierte Recherche der Nachrichtenagentur AP ergibt später genau das Gegenteil. Danach beklagten WHO-Mitarbeiter, zu Beginn der Krise aus Peking nicht die benötigten Informationen erhalten zu haben. Besonders heftig fiel internen Unterlagen zufolge die Kritik von Michael Ryan aus, dem Notfall-Beauftragten der WHO. «Im Kongo ist das nicht passiert», sagte Ryan mit Blick auf den Ebola-Ausbruch in dem afrikanischen Land wenige Jahre zuvor. Und er forderte: «Wir müssen die Daten sehen. Das ist jetzt von absoluter Wichtigkeit.»[2] Erst am 30. Januar 2020 ruft die WHO den internationalen Notstand aus. Im Rückblick eine verheerende Fehlentscheidung.

Wertvolle Zeit ist verstrichen. Zeit, in der die Behörden in Wuhan und die chinesischen Medien die Gefahr leugneten oder herunterspielten. Es empört die Einwohner der Stadt, von ihrem Bürgermeister zu hören: «Als lokaler Regierungskader muss ich, wenn ich diese Art von Informationen erhalte, auf Autorisierung warten, bis ich sie veröffentlichen kann.» Erst als Parteichef Xi Jinping zum Kampf gegen das Virus aufruft, beginnt Ende Januar der Feldzug gegen die Krankheit, mit einer militärisch inszenierten Mobilmachung und mit nationalem Pathos. China zieht in den «Volkskrieg». In Windeseile werden zwei Behelfskrankenhäuser mit jeweils mehr als tausend Betten errichtet.

Ärzte und Krankenschwestern aus dem ganzen Land eilen nach Wuhan, Parteimitglieder und Nachbarschaftskomitees organisieren die Versorgung der in ihren Wohnungen eingesperrten Millionenbevölkerung. Die Krise offenbart die Stärken wie die Schwächen des chinesischen Systems. Die Kommunistische Partei kann eine ungeheure Mobilisierungs- und Kampagnenfähigkeit entfalten. Bis es aber so weit ist, bleiben die Behörden viel zu lange untätig. Weil es keine unabhängigen Medien gibt, die vor Gefahren warnen. Weil lokale Funktionäre es nicht wagen, ohne Befehl von oben die Initiative zu ergreifen. Weil Stabilität das oberste Gebot ist und Zweifel an der Führung durch die Partei nicht erlaubt sind.

Die Wuhaner Schriftstellerin Fang Fang beginnt zwei Tage nach der Abschottung ihrer Stadt, ein Tagebuch zu schreiben. Jeden Tag veröffentlicht sie ihre Beobachtungen und ihre Gedanken im Microblogging-Dienst Weibo. Rund zehn Millionen Leser folgen ihr. Gleich am zweiten Tag ihrer Aufzeichnungen empört sie sich über das Versagen des Staates. «Die Achtlosigkeit und Untätigkeit der Wuhaner Behörden in der Frühphase der Epidemie und die Hilflosigkeit und Unfähigkeit der Funktionäre vor und nach der Verhängung der Abriegelung, haben in der Bevölkerung eine gewaltige Panik ausgelöst und allen Wuhaner Bürgern Schaden zugefügt. (…) Es sind die üblen Folgen der Negativauslese in der Beamtenschaft, des leeren, politischen Geschwätzes und der Missachtung von Tatsachen, die üblen Folgen des Verbots, die Wahrheit auszusprechen, die Verhinderung der Medien, den wahren Sachverhalt zu berichten, die wir jetzt auszubaden haben.»[3]

Die Behörden lassen die Autorin gewähren. Zwar werden ihre Einträge regelmäßig gelöscht. Aber sie kann weiterschreiben. Fang Fang berichtet über das Leben der eingeschlossenen Familien, die Sorgen um die Erkrankten und die Trauer um die Toten. Sie schildert den Heroismus der Ärzte und der Pflegerinnen, die Hilfsbereitschaft der Nachbarn und Freunde. Sie lobt die Behörden, wo sie es verdienen, und kritisiert sie, wo sie versagen. Als «Gewissen von Wuhan» wird sie zur Stimme einer 76 Tage lang von der Welt abgeschirmten Stadt, in der sich neun Millionen Menschen befinden. Die Stimmung schlägt um, als Fang Fangs Aufzeichnungen übersetzt werden und im Aus-

Im Andenken an den Arzt Li Wenliang, der frühzeitig vor dem
neuartigen Coronavirus warnte, legen Menschen Blumen
vor dem Zentralkrankenhaus Wuhan ab.

land als Buch erscheinen. Da wird die Schriftstellerin zur «Verräterin», die ihr Land vor der Welt bloßstelle und dessen Gegner munitioniere. Patriotismus kippt in China heute schnell um in galligen
Nationalismus, es bedarf dafür keines bedeutsamen Anlasses und keiner Scharfmacher aus der Partei.

Am 7. Februar stirbt Li Wenliang. Der Augenarzt, der sich im Zentralkrankenhaus von Wuhan mit dem Virus ansteckte, wird nur
34 Jahre alt. Sein Tod löst im ganzen Land Bestürzung aus. Selbst die
Behörden, die ihn eben noch zum Schweigen brachten, erklären ihn
nun zum Volkshelden und entschuldigen sich offiziell bei seiner Familie. Mit seinem mutigen Handeln hat er ein Zeichen gesetzt, für das
ihm die Menschen nun auf anrührende Weise ihren Dank abstatten.
Das Internet wird zur Klagemauer. Viele tausend Zuschriften sammeln sich auf der Kommentarfunktion zu Li Wenliangs letztem Post
bei Weibo vom 1. Februar. Er lautet: «Der Test heute war positiv.» In
ihrer Traurigkeit wenden sich die Schreibenden über Wochen hinweg

direkt an den Verstorbenen. «Dr. Li, wie ist es im Himmel?» – «Dr. Li, die Kirschbäume blühen.» – «Dr. Li, ich habe mich in ein Mädchen verliebt.» – «Dr. Li, meine Katze ist heute gestorben.» – «Der Tag wird kommen, an dem die Menschen den Untersuchungsbericht über Sie umschreiben werden.» – «Dr. Li, der Lockdown in Wuhan ist vorbei. Er ist vorbei!»[4]

Zur Trauer kommt der Zorn. Im Netz entlädt sich einige Tage lang die Wut auf die Partei. Die Menschen sind der Lügen überdrüssig. Den Ärzten, den Schwestern und Pflegern, die bis zur Erschöpfung arbeiten, sind sie von Herzen dankbar. Aber den Kadern zeigen sie ihre Verachtung. Als die stellvertretende Ministerpräsidentin Sun Chunlan die Stadt besucht, schallt es ihr von den Balkonen der Hochhäuser entgegen: «Schwindel, alles Schwindel!»[5]

Ausländische Korrespondenten, die in Wuhan recherchieren, nachdem am 8. April die Abriegelung der Stadt aufgehoben worden ist, finden in ihren Hotelzimmern ein schmales weißes Buch mit dem Titel «Der chinesische Weg». Darin taucht der Name Li Wenliang nicht auf. Wohl aber enthält das Bändchen eine genaue Chronologie der Ereignisse – aus Pekinger Sicht. So heißt es unter dem Datum 24. März über die Aktivitäten von Staats- und Parteichef Xi Jinping: «Xi betonte, die internationale Gemeinschaft erkennt an, dass China im Kampf gegen Covid-19 enorme Opfer gebracht und der Welt damit wertvolle Vorlaufzeit geschenkt hat.»[6] Damit ist der Ton gesetzt für die offizielle Erzählung von der Überlegenheit des chinesischen Systems. Es ist eine Erzählung von verantwortungsvoller politischer Führung und schnellem Handeln, von Selbstlosigkeit und Heroismus: Kein anderes Regierungssystem wäre in der Lage gewesen, sich der Herausforderung so schnell, so diszipliniert und wirkungsvoll zu stellen.[7]

Aber China verlässt sich nicht allein auf Propaganda. Die Führung in Peking weiß, wie sehr der Ausbruch des Virus Chinas Ansehen geschadet hat. Großzügige Hilfe im Ausland soll dieses Bild aufhellen. Und so gehen ganze Flugzeugladungen mit Masken und Schutzanzügen, Beatmungsgeräten und Schnelltestsätzen in alle Welt – nach Europa, Afrika, selbst in die Vereinigten Staaten. Es dient der Reputation Chinas nicht, dass manches, was da geliefert wird, minderwertig oder schadhaft ist und in den Krankenhäusern rasch wieder aus dem Verkehr gezogen werden muss. Andere Hilfsleistungen dagegen sind hochwillkommen. China schickt Ärzte in Länder, die der Epidemie nicht Herr werden und sich von ihren Nachbarn im Stich gelassen fühlen.

China erwartet allerdings eine Gegenleistung, das ist der Kern seiner «Maskendiplomatie»: Die Empfänger sollen ihre Dankbarkeit bezeugen, vor den Kameras und Mikrofonen der Fernsehsender und sozialen Netzwerke. Der Wunsch ist etwas plump und aufdringlich, aber manche Regierung kommt ihm nach, weil sie entweder wirklich dankbar für die Hilfe ist oder weil es ihr opportun erscheint, sich mit China gutzustellen. Niemand macht dabei einen tieferen Diener als der serbische Präsident Aleksandar Vučić, der seinen Dank an Peking mit einer zornigen Attacke auf die EU verbindet. «Europäische Solidarität existiert nicht. Das war ein Märchen auf Papier.» Und so habe er sich an Xi Jinping gewandt, den «lieben Freund» und Bruder – «nicht nur meinen persönlichen, sondern einen Bruder dieses Landes».[8] Auch Italiens Ministerpräsident Giuseppe Conte bedankt sich bei Xi für «die wertvolle Unterstützung und Hilfe Chinas während dieser schwierigen Zeit». Der erwidert, sein Land sei bereit, eine «Seidenstraße der Gesundheit» zu bauen. Ein Jahr zuvor war Italien als erstes G7-Land der «Neuen Seidenstraße» beigetreten, dem von Xi Jinping vorangetriebenen gigantischen Infrastrukturprojekt.[9]

Wird die chinesische Führung ein Opfer der eigenen Propaganda? Man könnte meinen, sie glaube wirklich, die Welt schulde ihr Dank und Anerkennung für den Sieg im «Volkskrieg». Pekings Außenpolitik legt jedenfalls ein erstaunliches Selbstbewusstsein an den Tag. Und ergreift bisweilen sonderbare Initiativen. Roger Roth, der Präsident des Senats im US-Bundesstaat Wisconsin, erhält eine E-Mail des chinesischen Generalkonsuls in Chicago. Daran angehängt ist der Text einer Resolution, die Roth doch bitte im Parlament verabschieden lassen möge. Die Resolution lobt China dafür, wie erfolgreich das Land mit dem Coronavirus fertig geworden sei. Ein Witz? Nein, der Absender meint es ernst. Er hat offenbar nicht bedacht, dass Roth ein knochenharter Republikaner ist, Ex-Militär und Veteran des Irakkrieges, der die Kommunistische Partei Chinas von ganzem Herzen hasst. Die Resolution, die Roger Roth dann tatsächlich im Senat von Wisconsin zur Abstimmung stellen lässt, wirft der KP Chinas vor, die Welt absichtlich über das «Wuhan-Coronavirus» getäuscht zu haben. So kann es gehen.[10]

In diesen Krisenmonaten tritt ein neuer Typus des chinesischen Diplomaten in das Licht der Öffentlichkeit. Niemand verkörpert ihn besser als Zhao Lijian, einer der drei Sprecher des chinesischen Außenministeriums, der zuvor an der Botschaft seines Landes in Pakistan tätig war. Zhao stellt auf Twitter die These zur Diskussion, möglicherweise hätten amerikanische Soldaten das Virus eingeschleppt, als sie im Oktober 2019 an den Weltspielen der Militärs in Wuhan teilnahmen. Der chinesische Botschafter in Washington nennt diese Mutmaßung «verrückt». Aber das Außenministerium in Peking ruft seinen Sprecher nicht zur Ordnung. So wie es auch die chinesische Botschaft in Paris nicht stoppt. Die hatte auf ihrer Website französische Altenpfleger beschuldigt, sie hätten ihren Arbeitsplatz verlassen und die ihnen anvertrauten Menschen «an Hunger und Krankheit sterben» lassen.

Das Ministerium lässt auch den Botschafter in Canberra gewähren. Australiens Regierung hatte eine internationale, unabhängige Untersuchung des Ursprungs der Pandemie verlangt. Daraufhin droht Chinas Vertreter Cheng Jingye mit einem Wirtschaftsembargo. «Normale Bürger könnten fragen: Warum sollen wir australischen Wein trinken? Warum australisches Rindfleisch essen?» Touristen und Studenten könnten überlegen, ob Australien noch das richtige Ziel für sie sei. Hu Xijin, der immer auf Krawall gestimmte Chefredakteur des Parteiblatts *Global Times*, heizt die Stimmung auf seine Art an: «Australien macht immer nur Ärger. Ich finde, es ist ein bisschen wie Kaugummi, das an Chinas Schuhsohlen klebt. Manchmal braucht man einen Stein, um es abzukratzen.»[11]

Erpressen und beleidigen lässt man sich in Canberra nicht so gern. Schon vorher hatte in der australischen Politik eine Debatte begonnen, ob die Abhängigkeit von China, des mit Abstand wichtigsten

Handelspartners, nicht allmählich zu groß geworden war. Im Jahr 2019 kaufte China Waren für 87 Milliarden US-Dollar in Australien ein – das entsprach gut einem Drittel aller australischen Ausfuhren, mehr als das Land nach Japan, Südkorea und in die Vereinigten Staaten zusammen exportierte. Hinzu kommt, dass sich rund 150 000 chinesische Studenten an Australiens Hochschulen eingeschrieben haben und mit Studiengebühren von rund zwölf Milliarden US-Dollar ein bedeutender Wirtschaftsfaktor geworden sind. Auf all dies will man nicht verzichten. Aber auf die Androhung ökonomischen Zwangs reagieren die Australier allergisch.

Die Regierung in Peking kümmerte dies wenig. Gesten der Einsicht oder gar der Demut waren von ihr nicht zu erwarten, auch nicht im Jahr der Coronakrise. Im Gegenteil, China trat herrisch und anmaßend auf. Seine Botschafter schienen genau zu wissen, welcher Ton von ihnen erwartet wurde, wenn ihre Gastgeberländer China nicht mit der gebührenden Hochachtung begegneten. Und so traten sie dann auf. Als «Wolf Warriors» wurden die forschen Diplomaten daheim gerühmt, so benannt nach zwei Rambo-Filmen aus den Jahren 2015 und 2017, in denen chinesische Spezialeinheiten gegen westliche Söldnertrupps kämpfen. Motto: Wer sich mit China anlegt, muss dafür zahlen.

Noch hässlicher war der Rassismus, wie er sich nach Ausbruch der Krise in der südlichen Metropole Guangzhou zeigte. Dort lebende Afrikaner wurden aus ihren Wohnungen und Hotelzimmern geworfen und mussten auf der Straße schlafen, weil sie angeblich Träger des Virus waren. Der Außenminister Ghanas beklagte die «unmenschliche Behandlung» der Afrikaner in China. Und eine Gruppe afrikanischer Botschafter in Peking verurteilte in einem Brief an das Außenministerium die «Stigmatisierung und Diskriminierung» ihrer Bürger.[12] Die fremdenfeindlichen Übergriffe standen in krassem Gegensatz zum Bild des großherzigen Helfers, um das sich China in Afrika bemüht. Immerhin haben die Finanzinstitute des Landes, darunter die Chinesische Entwicklungsbank, zwischen 2000 und 2018 Darlehen in Höhe von 152 Milliarden US-Dollar an 48 afrikanische Staaten gegeben. Um Afrika wirbt China auch mit gewaltigen Bauprojekten im Rahmen der

«Neuen Seidenstraße». Doch in der Coronakrise gewann es dort keine neuen Freunde.

Die außenpolitischen Folgen der Krise waren für China gravierend. Vor allem die Spannungen mit den Vereinigten Staaten nahmen noch einmal dramatisch zu. Donald Trump, der beim Kampf gegen Covid-19 vollkommen versagte, versuchte seine Unfähigkeit zu kaschieren, indem er China zum Alleinschuldigen an der Pandemie erklärte. Beharrlich sprach er vom «chinesischen Virus», das an der Quelle hätte gestoppt werden müssen. Nun hat die Führung in Peking den Ausbruch der Krankheit tatsächlich verschleiert. Aber dann hat sie deren Ausbreitung im eigenen Land umso entschiedener bekämpft – mit Methoden, die so im Westen nicht möglich wären. Jeder noch so kleine Infektionsherd wurde mit einem harten Lockdown eingedämmt. Und es hat funktioniert: Schon im Frühjahr 2020 wurden kaum noch neue Erkrankungen gemeldet. In den USA hingegen geriet Covid-19 völlig außer Kontrolle. Im Herbst hatten sich schon rund zwölf Millionen Menschen mit dem Virus angesteckt, 250 000 Erkrankte waren gestorben. Eine Tragödie. Auf die Trump aber nicht mit Einsicht reagierte, sondern mit immer neuen Attacken gegen China. Pekings Politik bot ihm dafür, ganz unabhängig von der Coronakrise, genügend Anlässe.

Beispiel Südchinesisches Meer. Als Reaktion auf Chinas aggressives militärisches Ausgreifen dort erhöhte die US-Navy die Zahl ihrer «Freedom-of-Navigation-Operations». Im Sommer 2020 schickte sie gleich zwei Flugzeugträger in das von China beanspruchte Seegebiet, durch das etwa ein Drittel des weltweiten Seehandels geht. Die Regierung in Washington wollte demonstrieren: Wenn es um die Freiheit der internationalen Schifffahrt geht, scheuen wir die Konfrontation mit Peking nicht. Schon gar nicht akzeptieren wir Chinas Anspruch auf Souveränität über das Südchinesische Meer und seine Bodenschätze. Diesen Anspruch hatte im Jahr 2016 bereits der Ständige Schiedshof in Den Haag zurückgewiesen. Verhielten sich die USA im Gebietsstreit zwischen China und seinen südostasiatischen Nachbarn wie Vietnam oder den Philippinen viele Jahre neutral, so bezog Außenminister Mike Pompeo im Juli 2020 eindeutig Position: Die Ansprüche Chinas seien «vollkommen rechtswidrig». Die Welt werde nicht dulden, dass «Peking das Südchinesische Meer wie sein maritimes Empire behandelt».

Beispiel Xinjiang. Aus Protest gegen die Unterdrückung muslimischer Minderheiten in der autonomen Region im Nordwesten Chinas verhängten die USA Sanktionen gegen hohe Parteifunktionäre, unter ihnen Xinjiangs KP-Chef Chen Quanguo. Peking antwortete darauf mit einem Einreiseverbot für amerikanische Parlamentarier, darunter die beiden republikanischen Senatoren Marco Rubio und Ted Cruz. Das US-Handelsministerium wiederum setzte elf chinesische Unternehmen, denen es Zwangsarbeit und andere Menschenrechtsverletzungen vorwarf, auf eine schwarze Liste. Unter den Firmen waren Textilfabriken, aber auch Zulieferer von IT-Giganten wie Apple, Amazon und Microsoft.

Beispiel Hongkong. Am 30. Juni 2020 trat in der ehemaligen britischen Kronkolonie das neue «Nationale Sicherheitsgesetz» in Kraft. Faktisch endete damit der seit 1997 geltende Autonomiestatus der Stadt, mit dem Prinzip «Ein Land, zwei Systeme» war es nun vorbei. Denn das Gesetz erstickt mit seinen Strafandrohungen wegen Sezessionismus, Terrorismus, Subversion und Zusammenarbeit mit fremden Mächten jede Opposition. Der Ruf nach Unabhängigkeit der Stadt kann als sezessionistischer Akt mit lebenslanger Haft bestraft werden.

Als Antwort auf das Sicherheitsgesetz hob die amerikanische Regierung die Handelsprivilegien auf, die Hongkong bis dahin genoss. Die Stadt werde nun als «ein Teil Chinas» betrachtet und auch so behandelt, sagte Präsident Trump zur Begründung. Wenig später verhängte das US-Finanzministerium Sanktionen gegen elf führende Repräsentanten Hongkongs. Zu ihnen gehörten Regierungschefin Carrie Lam, der Polizeipräsident und sein Vorgänger. Ihr Vermögen in den USA, soweit vorhanden, wurde gesperrt, sie durften nicht mehr in die Vereinigten Staaten einreisen. Die Sanktionen trafen auch Pekings höchsten Vertreter in der Stadt, Luo Huining. «Die Vereinigten Staaten stehen auf Seiten des Volkes in Hongkong», sagte US-Finanzminister Steven Mnuchin, «und wir werden unsere Mittel und unsere Befugnisse einsetzen, um jene zu treffen, die seine Autonomie unterminieren.»

Beispiel Huawei. Mit immer neuen Sanktionsbeschlüssen verschärfte die Regierung Trump ihre Kampagne gegen den Handyhersteller und Netzwerkausrüster. Mit aller Härte forderte sie von Amerikas Verbündeten, den Technologiekonzern aus Shenzhen vom Bau des superschnellen Mobilfunknetzes 5G auszuschließen. Huawei beteilige sich nicht nur an der Überwachung der Bevölkerung in China; wegen der Nähe des Unternehmens zur KP und zu den chinesischen Sicherheitsbehörden gehe von ihm auch eine Bedrohung durch Spionage und Sabotage aus. In den USA bekam Huawei schon lange keine öffentlichen Aufträge mehr.

Nach Huawei nahm Trump die Video-App Tiktok und das soziale Netzwerk WeChat ins Visier. Beide, argumentierte er, lieferten die Daten amerikanischer Bürger in die Volksrepublik. Deshalb wollte Trump sie in den Vereinigten Staaten verbieten lassen, es sei denn, amerikanische Unternehmen kauften sie auf.

Die Nerven lagen blank zwischen Washington und Peking. Es ging nun Schlag auf Schlag. Chinesische Studenten mit Verbindungen zur Volksbefreiungsarmee durften nicht mehr in die USA einreisen. Wissenschaftler mit Nähe zur VBA, die in den USA arbeiteten, wurden festgenommen und des Landes verwiesen. Chinesischen Journalisten wurde die Aufenthaltsdauer gekürzt. Diplomaten wurde das Gepäck durchwühlt. Trauriger Höhepunkt des immer giftigeren Konflikts war die Schließung des chinesischen Generalkonsulats in Houston. Innerhalb von 72 Stunden mussten die Mitarbeiter das Land verlassen. Man habe die diplomatische Vertretung geschlossen, erklärte das State Department, «um amerikanisches geistiges Eigentum und private Informationen zu schützen». Dahinter verbarg sich der Vorwurf der Wirtschaftsspionage, etwa das Ausspähen moderner medizinischer Zentren im Großraum Houston. Im Gegenzug schloss China das amerikanische Generalkonsulat in Chengdu und beraubte die USA damit eines wertvollen Beobachtungspostens für die Unruheregionen Xinjiang und Tibet.

Langfristig am bedrohlichsten für das Verhältnis der beiden Mächte aber war die demonstrative Hinwendung Washingtons zum alten Verbündeten Taiwan. Im Jahr 1979, als die USA diplomatische Beziehungen zur Volksrepublik aufnahmen, hatten sie die offiziellen Verbindungen zu Taiwan gekappt. An der von Peking geforderten und von Washington seit einem halben Jahrhundert akzeptierten «Ein-China-Politik» sollte sich zwar nichts ändern. Aber Taiwans vorbildliches Verhalten in der Coronakrise trug der Inselrepublik in Washington neue Sympathien ein.

Nicht nur in Washington. Während sich das Bild Chinas in der Krise verdüsterte, hellte sich das Image Taiwans auf. Noch vor den Behörden auf dem Festland hatte die Regierung in Taipei am 31. Dezember 2019 bei der WHO Alarm geschlagen. Dabei gehört Taiwan der WHO gar nicht an. Auf Verlangen Pekings hat die Weltgesundheitsorganisation die Insel ausgeschlossen. In den Jahren 2009 bis 2016, als in Taipei die um ein gutes Einvernehmen mit Peking bemühte Kuomintang die Regierung stellte, durfte Taiwan zumindest an der jährlichen Weltgesundheitsversammlung teilnehmen. Aber auch damit war es vorbei, als die nach Eigenständigkeit strebende Demokratische Fortschrittspartei unter Präsidentin Tsai Ing-wen 2016 wieder die Macht übernahm.

Taiwan konnte die Zahl der Corona-Kranken auf sehr niedrigem Niveau halten. Zur Eindämmung des Virus bedurfte es keines diktatorischen Machtapparats. Disziplin und Transparenz erwiesen sich als ebenso erfolgreicher Weg. Aus aller Welt gab es für die Regierung in Taipei viel Lob. Aber keine Regierung wollte sich mit Solidarität und Sympathie für Taiwan zu weit hervorwagen und den Zorn Pekings auf sich ziehen. Nur die USA lobten bei jeder Gelegenheit das Krisenmanagement der Insel. Im August 2020 schickte die Regierung Trump sogar Gesundheitsminister Alex Azar nach Taipei. Er war der ranghöchste Besucher aus Washington seit Abbruch der diplomatischen Beziehungen 1979. Peking ließ sich von seiner Visite nicht aus der Reserve locken, aber ein kleines, nicht zu übersehendes Zeichen setzte die chinesische Führung doch. Gleich am ersten Tag des Besuchs von Azar stiegen Kampfbomber auf und überquerten die Mittellinie in der Straße von Taiwan, die beide Seiten als faktische, nicht zu überquerende Meeresgrenze akzeptieren. Nur für einen Moment flogen die Militärjets durch die ihnen verbotene Zone, aber lange genug, um Chinas Machtanspruch zu dokumentieren.[13]

Obwohl Pekings Machthaber die Epidemie viel schneller in den Griff bekamen als viele andere Regierungen, war das Jahr 2020 außenpolitisch für China ein Debakel. Der Druck aus Washington offenbarte die Verwundbarkeit des Landes. Trump trieb die Führung in Peking regelrecht vor sich her. Die reagierte konsterniert. Sie wollte nicht nachgeben, aber auch nicht mit gleicher Münze heimzahlen, weil sie die Folgen einer stetig eskalierenden Konfrontation mit der Supermacht fürchtete.

Es blieb nicht beim Konflikt mit Amerika allein. Als suchte Chinas Führung den Streit, legte sie sich während der Coronakrise mit der halben Welt an. Im Juni 2020 starben bei einem Grenzgefecht in der Himalaya-Region Ladakh zwanzig indische Soldaten; die Zahl der Toten auf chinesischer Seite blieb unbekannt. Indiens Regierung reagierte auf den Zwischenfall mit dem Verbot von 59 chinesischen Apps, darunter auch die bei indischen Jugendlichen äußerst beliebte Tiktok-App. Premierminister Narendra Modi schloss chinesische Firmen von Regierungsaufträgen aus. Und er erhöhte die Zahl der Truppen in der umstrittenen Grenzregion um 30 000 Soldaten. «Unser Blick auf China hat sich grundlegend verändert», sagte ein früherer Botschafters Delhis in Peking.[14]

Auch zwischen Australien und China nahmen die Spannungen weiter zu. Aus den Drohungen des chinesischen Botschafters in Canberra wurden konkrete Verbote und Zollerhöhungen beim Import von Wein, Gerste und Rindfleisch. Australiens Premierminister Scott Morrison, der sich im Streit mit China rückhaltlos auf die Seite Amerikas stellte, sagte in einer Rede, sein Land müsse sich auf eine Welt nach Corona vorbereiten, «die ärmer ist, gefährlicher und ungeordneter». Höhere Verteidigungsausgaben seien unvermeidlich.

Mit Japan gab es neuen Ärger um die zwischen beiden Ländern umstrittenen Senkaku-Inseln (chinesisch: Diaoyu). Vietnam war empört über die Versenkung eines Fischerboots durch die chinesische Küstenwache. Großbritannien gab dem Wunsch Washingtons nach und lehnte eine Beteiligung von Huawei am Aufbau seines 5G-Netzes ab. Dem Beispiel Londons folgten nach Besuchen von US-Außenminister Mike Pompeo auch Kopenhagen, Prag und Warschau. Schließlich musste wegen der Epidemie auch ein Gipfel der europäischen Staats- und Regierungschefs mit Xi Jinping abgesagt werden, der unter deutscher Präsidentschaft in Leipzig geplant war. Als Ersatz gab es eine zweistündige Videokonferenz Xi Jinpings mit Bundeskanzlerin Angela Merkel, EU-Kommissionspräsidentin Ursula von der Leyen und EU-Ratspräsident Charles Michel.

Die Europäer hatten sich vorgenommen, bei dem virtuellen Minigipfel Klartext zu reden. Sie wollten nicht nur über die Handelspolitik und den Klimaschutz sprechen, sondern auch über die kritischen Themen: Hongkong, Xinjiang, Taiwan. Vor allem wollten sie mit ihrem geschlossenen Auftreten in Peking Eindruck machen. «Europa muss zu einem Spieler werden, nicht zu einem Spielfeld», sagte Ratspräsident Michel. Ob die drei bei Xi Jinping wirklich einen bleibenden Eindruck hinterlassen haben? Seine Reaktionen deuteten nicht darauf hin. Das chinesische Volk akzeptiere beim Thema Menschenrechte keinen «Oberlehrer» und wende sich gegen «Doppelmoral». Und es dulde keine «Kraft, die Instabilität, Abspaltung und Unruhen in China befördert».[15]

Dabei hatte Bundeskanzlerin Merkel gehofft, das in Leipzig geplante Treffen werde die eingetrübte Stimmung zwischen Europa und China aufhellen können. Stattdessen herrschten mehr denn je Missvergnügen, gegenseitiges Misstrauen und wachsende Entfremdung. Die EU-Kommission warf Peking «Desinformationskampagnen» vor, die Bundesregierung in Berlin beklagte unangemessene Einflussversuche. Die Coronakrise habe «in einer Geschwindigkeit und Dramatik, die ich nicht erwartet hätte, zu einer massiven Verschlechterung der europäisch-chinesischen Beziehungen geführt», schrieb der grüne Europa-Abgeordnete Reinhard Bütikofer, der die China-Delegation im EU-Parlament leitet, in einem Blog. «Chinas Führung versuchte in den letzten Monaten, die Coronakrise auszunutzen, um Xi Jinpings internationalen Führungsanspruch massiv auszubauen. Dabei hat sie sich, wie es aussieht, ins eigene Knie geschossen.»[16]

Auch wenn sich Chinas Wirtschaft nach dem strengen Lockdown im Winter 2020 rasch erholte, waren die ökonomischen Folgen der Krise doch gravierend. Vielen Ländern war bewusst geworden, wie abhängig sie von Produkten aus der Volksrepublik geworden waren, gerade bei medizinischer Schutzkleidung und Medikamenten. So stammten 70 Prozent aller Schutzmasken in den Vereinigten Staaten aus China. Die Europäische Union, die USA und Japan begannen ihre Lieferketten zu überprüfen. Die Regierung in Tokio stellte japanischen Firmen sogar einen Fonds von 2,2 Milliarden US-Dollar zur Verfügung, um die Rückverlagerung von Produktionsstätten aus China zu finanzieren. Umfragen der Amerikanischen und der Europäischen Handelskammer in Peking zeigten allerdings, dass nur wenige ausländische Unternehmen daran dachten, sich aus China zu verabschieden. Der Markt von 1,4 Milliarden Menschen war einfach zu wichtig.

Und doch belebte sich in diesem Krisensommer die Debatte über ein «Entkoppeln» der Volkswirtschaften. Dieses «decoupling» hatte schon vorher viele Anhänger bei den China-Kritikern in den USA. Nun fand die Idee über die Vereinigten Staaten hinaus Unterstützung. Indiens Premier Modi etwa legte ein Programm vor, wonach sich das Land stärker auf die eigenen Kräfte verlassen sollte. Der chinesische Botschafter in Delhi wies darauf hin, dass dies nicht leicht werden würde. 92 Prozent der indischen Computer und 82 Prozent der Fernseher stammten aus China. «Ob es Ihnen passt oder nicht, der Trend ist schwer umzukehren.»[17]

Aber vielleicht war es gerade diese Selbstgewissheit, die in der Coronakrise einen Dämpfer bekam. China hatte es sich mit allzu vielen Ländern verdorben. Von einem «Modell China» wollte die Welt nichts wissen. Die Pandemie ließ auch Chinas ehrgeizigstes Projekt ins Stocken geraten, die «Neue Seidenstraße». Nun, da in vielen Partnerländern die Wirtschaft einbrach, konnten diese ihre Schulden nicht bedienen, und die Regierung in Peking musste sich darauf einstellen, Kredite in Milliardenhöhe abzuschreiben. Bitten um Zahlungsaufschub, Umstrukturierung und Schuldenerlass kamen aus Pakistan, Kirgistan, Sri Lanka und mehreren afrikanischen Ländern. Das gigantische Infrastrukturprojekt, mit dem China seinen Einfluss in Zentralasien und im Mittleren Osten bis hin nach Europa und Afrika festigen wollte, drohte zu einem Fiasko zu werden.[18]

Während Chinas Fabriken bald wieder auf Hochtouren arbeiteten und die Kurse an den Börsen in Shanghai und Shenzhen das Niveau vor Ausbruch der Krise erreichten, hatte das Ansehen der Volksrepublik im Ausland nachhaltig Schaden genommen. Befremdet und furchtsam blickten viele Menschen auf dieses riesige Land, das von Jahr zu Jahr einen größeren Schatten auf die Welt wirft. Ein Land, das seine Erfolge feiert, aber Fehler nicht zugeben kann. Das Kritik nicht duldet. Das keine Verbündeten hat und glaubt, sich Freunde kaufen zu können. Das mit seinem Rückfall in die Diktatur die Errungenschaften von vierzig Jahren Reformpolitik gefährdet. Und das mit seiner neuen Großspurigkeit die Bewunderung der Welt für den beispiellosen Wiederaufstieg einer stolzen alten Kulturnation aufs Spiel setzt.

II. Revolution, Reform und Restauration

1. Mao Zedongs despotisches Gesellschaftsexperiment

Die Dämmerung hatte sich schon über Peking gelegt an diesem Abend im Mai 1989. Seit Wochen nun demonstrierten die Studenten. Sie riefen nach Freiheit, verlangten politische Reformen, so wie Michail Gorbatschow sie in der Sowjetunion durchzusetzen versuchte. Auf dem Platz des Himmlischen Friedens hatten Tausende ihr Lager aufgeschlagen, in ihrer Mitte ein Kern besonders Entschlossener, die zur Durchsetzung ihrer Forderungen in den Hungerstreik getreten waren. Krankenwagen mit Blaulicht rasten alle paar Minuten auf den Platz, um jene ins Krankenhaus zu bringen, die vom Hunger geschwächt in Ohnmacht gefallen waren.

Lange konnte die Kommunistische Partei die offene Rebellion im Herzen der Hauptstadt nicht mehr dulden. Wann würde sie mit ihrer Polizei, gar mit dem Militär zuschlagen?

Die Changan Avenue, die zwischen dem Platz des Himmlischen Friedens und der Verbotenen Stadt verläuft, war an diesem Abend voller Menschen. Fahrräder, Lastenkarren, Busse, dazwischen viele Fußgänger. Wie an den Vorabenden hatten sich die Pekinger aufgemacht, von Unruhe getrieben die einen, voller Sorge über das, was kommen sollte, andere in argloser Neugier.

Ich ließ mich vom Strom der Menschen mitziehen. Direkt vor dem Tor des Himmlischen Friedens, dem Tiananmen, plötzlich Bewegung in der Menge. Fahrradfahrer stoppten, Passanten reckten die Köpfe. Alle starrten auf das Porträt Mao Zedongs, das direkt über dem Eingang zur Verbotenen Stadt hängt, sechs mal viereinhalb Meter groß, eine Ikone des chinesischen Kommunismus. Und dann sah ich es: Auf dem heiligsten Bild der Volksrepublik prangten drei große, dunkle

Flecken. Demonstranten hatten Farbeier gegen das Antlitz des Vorsitzenden Mao geschleudert – ein unerhörtes Sakrileg.

Weit kamen die Übeltäter nicht. Sicherheitskräfte hatten sie in Windeseile ergriffen. Die Menge aber stand wie gelähmt. Wenn selbst das Bild Maos am Tiananmen nicht mehr unantastbar war, dann drohte wirklich Unheil. Dann konnte die Kraftprobe zwischen den Demonstranten und dem Regime nicht friedlich enden.

Am nächsten Morgen in der Frühe machte ich mich wieder auf den Weg zum Tiananmen-Platz. Ein makelloses Porträt hing dort, das beschmutzte Bild war über Nacht ausgetauscht worden. Es gab immer genügend Gemälde in Reserve. Nicht weil das Regime mit Anschlägen rechnete. Die schlechte Luft in der Hauptstadt setzte den Gemälden zu, die deshalb mindestens einmal im Jahr erneuert wurden, meistens vor den Festlichkeiten zum Nationalfeiertag.

Genau hier, auf der Tribüne des Tiananmen, hatte Mao Zedong, umringt von seinen engsten Kampfgefährten, am 1. Oktober 1949 die Gründung der Volksrepublik China ausgerufen. Im kräftigen Dialekt der Provinz Hunan gab er die Zusammensetzung der künftigen Zentralregierung bekannt. Umstritten ist, ob er tatsächlich die Worte ausrief, die seither in alle Geschichtsbücher eingingen: «Das chinesische Volk ist aufgestanden!»

Auch wenn die Propaganda sie Mao erst später in den Mund gelegt haben sollte: Zu groß waren diese Worte nicht. Sie trafen die Empfindungen von Millionen Chinesen, die ausgelaugt und traumatisiert von Jahrzehnten des Bürgerkriegs, von japanischer Besatzung und von erbärmlichem Elend den Frieden herbeigesehnt hatten. Die endlich durchatmen und Kraft für den Neuanfang schöpfen wollten.

Und es war Mao Zedong, der ihnen diesen Neuanfang verhieß. Am 26. Dezember 1893 war Mao im Dorf Shaoshan in der südchinesischen Provinz Hunan zur Welt gekommen, Sohn eines recht wohlhabenden Bauern. Es waren die letzten Jahre der Qing-Dynastie. Konservative Reformer versuchten, die Kaiserherrschaft noch einmal zu stabilisieren, doch deren Fundamente waren morsch geworden. Hilflos standen die seit zweieinhalb Jahrhunderten herrschenden Mandschus der Übermacht der westlichen imperialistischen Staaten gegenüber; in den Augen des Volkes hatten sie das Mandat des Himmels längst verloren. 1911 dankte der letzte Kaiser ab. China wurde Republik. Doch die Macht des ersten Präsidenten Sun Yat-sen reichte über den Süden Chinas nie hinaus.

Die Hoffnungen auf eine geistige und kulturelle Erneuerung des Landes, wie sie in der 4.-Mai-Bewegung des Jahres 1919 ihren Ausdruck fanden, zerschellten bald an den Machtkämpfen der Warlords, unter denen das Reich der Mitte in zahllose größere und kleinere Herrschaftsgebiete zerfiel. Sun Yat-sens Nationalistische Partei, die Kuomintang, wurde zur stärksten politischen und militärischen Kraft; unter Chiang Kai-shek dehnte sie ihren Einfluss in den zwanziger Jahren bis weit in den Norden aus. Doch auch sie vermochte China nicht zu einen. Kriegerische Gewalt, Ausbeutung, Unterdrückung und Korruption wurden zum Nährboden radikaler Ideologien.

Der Bauernsohn Mao, der kein Interesse an der Landwirtschaft zeigte und von Jugend auf ein Bücherwurm war, kam als Hilfsbibliothekar an der Universität Peking in Kontakt mit einem Kreis marxistischer Denker, die sein Denken prägen sollten. Zu ihnen gehörten Li Dazhao, Leiter der Bibliothek an der Pekinger Universität, und Chen Duxiu, Dekan der Philosophischen Fakultät und Herausgeber der einflussreichen Zeitschrift *Neue Jugend*. Beide wurden zu Vordenkern der Kommunistischen Partei Chinas, die 1921 in Shanghai gegründet wurde.

Vier Jahre nach der Oktoberrevolution war die junge Sowjetunion Inspiration und Vorbild der chinesischen Kommunisten. Doch war diesen klar, dass im eigenen Land nicht die Arbeiterschaft die führende revolutionäre Kraft sein konnte, sondern nur die zahlenmäßig viel größere Landbevölkerung. Li Dazhao appellierte an seine Anhänger: «Unser China ist eine ländliche Nation, deren arbeitende Klasse sich größtenteils aus Bauern zusammensetzt. Wenn sie nicht befreit werden, wird unsere ganze Nation nicht befreit; ihre Leiden sind die Leiden unserer ganzen Nation; ihre Unwissenheit ist die Unwissenheit unserer ganzen Nation; die Vorzüge und Mängel ihrer Lebensweise sind die Vorzüge und Mängel unserer gesamten Politik. Geht hinaus, klärt sie auf und bringt ihnen bei, ihre Befreiung anzustreben, über ihre Leiden zu sprechen, ihre Ignoranz abzulegen und ihr Leben selber zu planen.»[1]

Als Mao nach dem Aufenthalt in Peking in seine Heimatprovinz Hunan zurückkehrte, begann er alsbald, unter den Bauern kommunistische Gruppen zu organisieren. Was später gern die «Sinisierung» des Kommunismus genannt wurde, hatte hier seine Wurzeln – die Erkenntnis, dass im Unterschied zu den industrialisierten Ländern die revolutionäre Avantgarde nicht aus dem Proletariat rekrutiert werden konnte, sondern nur aus der Masse der an ihr Land gefesselten, verelendeten Bauern.

In seinem legendären «Untersuchungsbericht über die Bauernbewegung in Hunan» schrieb der junge Agitator Mao im März 1927: «Der gegenwärtige Aufschwung der Bauernbewegung ist ein gewaltiges Ereignis. Es dauert nur noch eine sehr kurze Zeit, und in allen Provinzen Mittel-, Süd- und Nordchinas werden sich Hunderte Millionen von Bauern erheben; sie werden ungestüm und unbändig wie ein Orkan sein, und keine noch so große Macht wird sie aufhalten können. Sie werden alle ihnen angelegten Fesseln sprengen und auf dem Weg zur Befreiung vorwärtsstürmen. (…) Soll man sich an ihre Spitze stellen, um sie zu führen? Soll man hinter ihnen her trotten, um sie wild gestikulierend zu kritisieren? Oder soll man ihnen in den Weg treten, um gegen sie zu kämpfen? Es steht jedem Chinesen frei, einen dieser drei Wege zu wählen, aber der Lauf der Ereignisse wird dich zwingen, rasch deine Wahl zu treffen.»[2]

Mao war entschlossen, sich an die Spitze der revolutionären Bauern zu stellen. Er tat dies mit Geschick und äußerster Brutalität. Millionen von wohlhabenden Bauern, von Grundherren und Gutsbesitzern sollten im Laufe der kommenden Jahrzehnte Opfer kommunistischer Gewalt werden. Maos Herrschaft begann 1931 im Jinggangshan, einer unwirtlichen Bergregion im Grenzgebiet der Provinzen Hunan und Jiangxi, in dem bis dahin Räuber ihr Unwesen getrieben hatten. Sie festigte sich im «Langen Marsch» der Jahre 1934/35, der die kommunistische Rote Armee bis in die Lösshöhlen von Yenan in der Provinz Shaanxi führte. Und niemand konnte Mao die Macht mehr streitig machen, als er im Bürgerkrieg die Nationalisten niederrang und Chiang Kai-shek mit seinen verbleibenden Truppen zur Flucht nach Taiwan zwang.

Es war eine Bauernarmee, die 1949 in Peking einmarschierte. Sie hatte die Städte Chinas von den Dörfern her eingekreist – eine Strategie, die sich später auch in der Außenpolitik des Regimes, in seiner Unterstützung zahlreicher Aufstandsbewegungen gegen die «Metropolen» der Welt wiederfand. Als die Kommunisten die Macht in ganz China übernommen hatten, setzten sie ihre Vorstellungen umgehend in die Tat um. Etwa 40 Prozent des Nutzlandes der Grundherren wurde konfisziert. Wer sich der Enteignung entgegenstellte, hatte sein Leben verwirkt. «Insgesamt dürfte die bei den Reformen geübte Gewalt den grausameren Etappen des Kampfes gegen Japaner und Kuomintang nicht nachgestanden sein.»[3]

Dieser Kampf hatte die Kommunisten gestählt und sie zu der unerbittlichen Kraft gemacht, die nach der Machtübernahme in China bei der gesellschaftlichen Umwälzung kaum einen Stein auf dem anderen ließ. Die KP hatte sich nach ihrer Gründung 1921 der Komintern angeschlossen, war Teil der kommunistischen Weltbewegung geworden. In Moskau blickte man anfangs skeptisch auf die chinesischen Kommunisten, die sich nach Zahl und Stärke nicht messen konnten mit der Kuomintang Sun Yat-sens und Chiang Kai-sheks. China, analysierten die sowjetischen Ideologen, befand sich erst im Stadium der «bürgerlich-nationalen» Revolution. Sie befahlen den chinesischen Genossen, mit der Kuomintang eine Einheitsfront einzugehen.

Widerstrebend fügten sich diese. Aber es wuchs kein Vertrauen zwischen den Kommunisten und den Nationalisten. Verrat und politischer Mord waren an der Tagesordnung. Beide Seiten bauten ihre Armeen aus, Mitte der zwanziger Jahre herrschte offener Bürgerkrieg. Erst Japans Okkupation in den dreißiger Jahren zwang die verfeindeten Parteien wieder in eine nationale Einheitsfront. Mao, seit 1935 die dominierende Figur an der Spitze der KP, fügte sich dem Willen Stalins und der Komintern, die Angriffe auf die Nationalisten einzustellen und die Kräfte gegen den Aggressor Japan zu bündeln. Chiang Kai-shek blieb für Mao ein Feind und Verräter, aber in der Stunde der Bedrohung von außen musste man zusammenstehen. In den Worten

Mao Zedong verkündet am 1. Oktober 1949 über Mikrofone
die Gründung der Volksrepublik China.

Maos: «Was wir brauchen, ist die revolutionäre nationale Einheitsfront, die dem japanischen Imperialismus, den Kollaborateuren und
den Landesverrätern den Todesstoß versetzen wird.»

Der Sieg der Kommunisten im Bürgerkrieg über eine zunehmend
korrupte und zerrissene Kuomintang ließ Mao Zedong zu einem der
mächtigsten Führer im Weltkommunismus werden. Stalin schaute
voller Misstrauen auf den chinesischen Bauernrevolutionär, der sich
erkennbar schwertat, die Autorität des sowjetischen Parteiführers anzuerkennen. Der sowjetische Parteichef hatte stets voller Skepsis auf

die von Mao proklamierte «Massenlinie» geblickt. Aber nun hatte der chinesische Revolutionär die Macht im riesigen Nachbarstaat übernommen; entsprechend selbstbewusst trat Mao auf.

Im Dezember 1949 reiste er nach Moskau. Es war Maos erste Auslandsreise überhaupt, auf die nur eine einzige weitere folgen sollte, ebenfalls nach Moskau. Der Besuch konnte das Eis zwischen den beiden Parteiführern nicht brechen, die Verhandlungen über sowjetische Kredite an die junge Volksrepublik, über einen Sicherheitsvertrag und den künftigen Status der Mongolei blieben schwierig. Im gegenseitigen Misstrauen zeichneten sich schon der zehn Jahre später erfolgende Bruch zwischen Peking und Moskau und das Schisma im Weltkommunismus ab.

In China selbst war Maos Autorität völlig unumstritten. Auf dem 7. Parteitag im Frühjahr 1945 war er zum Vorsitzenden des Zentralkomitees gewählt worden, seine «Gedanken» waren erstmals im Parteistatut als Leitlinie für alle Mitglieder der KP verankert worden. Er war der Visionär der chinesischen Revolution. Die tägliche Regierungsarbeit lag nach Gründung der Volksrepublik in den Händen von Premier Zhou Enlai, einem Pragmatiker der Macht, der über die Partei hinaus bei den Chinesen Anerkennung und Vertrauen genoss.

Mao aber wollte nicht nur den neuen Staat erfolgreich und verlässlich regieren; er wollte eine neue Gesellschaft schaffen, ja einen neuen Menschen – aufopferungsbereit, selbstlos, nur dem Dienst am Volk verpflichtet. Die «permanente Revolution» duldete keinen Stillstand, und wer sich ihr anschloss, durfte nicht zimperlich sein. «Die Revolution ist keine Abendgesellschaft, kein literarisches Kunstwerk, kein Gemälde und keine Stickerei. Die Revolution ist ein Akt der Gewalt, bei dem eine Klasse die andere stürzt.»

Die Radikalität, mit der Mao Zedong sein Denken nach 1949 in die Tat umsetzte, schockierte viele Intellektuelle. Selbst jene, die an die kommunistische Sache geglaubt hatten, die aus dem Ausland zurückgekehrt waren, um das neue China mit aufzubauen, waren verunsichert, abgestoßen von Zensur und roher Gewalt. Mao hatte die Intellektuellen immer verachtet («stinkende neunte Kategorie»). Aber er wusste, dass er auf sie nicht verzichten konnte. Also begann er um sie zu werben. In einer Rede versprach er 1956, dass in der Kultur «hundert Blumen blühen» und in der Wissenschaft «hundert Schulen miteinander wetteifern» sollten. Professoren, Schriftsteller, Künstler – sie alle sollten der Partei sagen, was sie an ihrer Politik auszusetzen hatten, was in China anders gemacht werden sollte.

Verhalten nur meldeten die so Ermutigten sich zu Wort. Konnten sie dem Frieden trauen? Aber dann fassten sie Mut. Fünf Wochen lang, von Anfang Mai bis Mitte Juni 1957, hagelte die Kritik an Zensur und Gängelung, an der schlechten wirtschaftlichen Lage im Land, am Wohlleben mancher Kader, an der Korruption, an der Brutalität politischer Kampagnen, an Machtmissbrauch und Konformitätsdruck auf Partei und Regierung nieder. Als der Protest über die Reihen der Intellektuellen hinaus anwuchs, als überall im Land Studenten aufzubegehren begannen, als Parteibüros angegriffen wurden, da zog Mao abrupt die Notbremse.

Jene, die sich arglos zu Wort gemeldet hatten, mussten für ihre Gutgläubigkeit teuer zahlen. Brutal nahm die Partei an ihren Kritikern Rache. Zehntausende «Rechtsabweichler» wurden ins Gefängnis oder ins Arbeitslager gesteckt. Akademiker und Journalisten wurden zur Umerziehung auf das Land geschickt, erhielten Lehr- und Publikationsverbot. Die Hoffnung der chinesischen Intellektuellen schlug in Verzweiflung um. Maos böser Kommentar: Man müsse das Unkraut sprießen lassen, dann lasse es sich leichter ausreißen.

Die Revolution, so wollte er es, musste weitergehen. Standen die Zeichen nicht gut? Hatte die Sowjetunion nicht soeben den Sputnik ins All geschossen und sich den Amerikanern als Weltraummacht mindestens ebenbürtig erwiesen? «Ich glaube», sagte der Große Vorsitzende, «die Besonderheit der gegenwärtigen Lage besteht darin, dass der Ostwind über den Westwind die Oberhand gewonnen hat, das heißt, dass die sozialistischen Kräfte den imperialistischen Kräften absolut überlegen sind.» Das war 1957, Mao war zum zweiten Mal nach Moskau gereist. Sein Gastgeber Nikita Chruschtschow, auf den Mao herabsah, hatte im Jahr zuvor dem Klassenfeind im Westen zugerufen: «Wir werden euch begraben!»

Das immerhin gefiel dem chinesischen Parteichef. Auch wenn er am

Willen und an den Fähigkeiten der sowjetischen Genossen zweifelte. Mao seinerseits war entschlossen, ein weiteres Mal die Massen zu mobilisieren, um China mit einem «Großen Sprung nach vorn» auf das Entwicklungsniveau der industrialisierten Länder zu katapultieren. In fünfzehn Jahren werde die Volksrepublik, so verkündete er, Großbritannien in der Stahlproduktion überflügeln. 1958 startete Mao ein wahnwitziges gesellschaftliches Experiment, an dessen Ende 45 Millionen Menschen durch Hunger und Erschöpfung gestorben waren. Eine größere Hungersnot hat es im 20. Jahrhundert nicht gegeben.

Der «Große Sprung» begann mit einer forcierten Kollektivierung der Landwirtschaft. Das Land der Bauern wurde zu riesigen Volkskommunen zusammengefasst, alles wurde vergemeinschaftet: Grund und Boden, das Vieh, das landwirtschaftliche Gerät, selbst das Essgeschirr. Die Familien aßen nun in Volksküchen, die Kinder wurden in Krippen gesteckt.

Aber die Landwirtschaft war nur der Beginn. China sollte in Windeseile Industriemacht werden. Industrie, das hieß Stahl. Großbritannien musste ja überholt werden! Überall im Land wurden primitive Hochöfen gemauert, die Menschen mussten abliefern, was sich nur irgendwie einschmelzen ließ: Töpfe, Pfannen, Werkzeug, selbst Türklinken und Fensterrahmen.

Unablässig wurden die Menschen in immer neue «Produktionsschlachten» getrieben, auf den Feldern, in den Fabriken, beim Bau von Dämmen und Bewässerungsanlagen. Die Kampagnen zehrten sie aus. Die ersten Anzeichen einer Hungersnot waren nicht mehr zu übersehen. Aber die Partei ignorierte sie. Wer warnte, wurde kaltgestellt. Dann begann das Massensterben.[4]

Frank Dikötter, ein an der Universität Hongkong lehrender niederländischer Sinologe, hat das Menschheitsverbrechen des «Großen Sprungs» minutiös recherchiert und in seiner monumentalen Studie «Maos Großer Hunger» nachgezeichnet. Er protokollierte den Niedergang eines ganzen Landes, Dorf um Dorf, Kreis um Kreis, Provinz um Provinz. Ein Dokument des Grauens.

China, so beschreibt es Dikötter, wurde zur Hölle auf Erden. «Eine unnatürliche, beklemmende Stille legte sich über das Land, als sich der Hunger ausbreitete. Die wenigen Schweine, die nicht beschlagnahmt wurden, waren verhungert oder an Krankheiten gestorben. Die letzten Hühner und Enten waren geschlachtet worden. Es gab keine Vögel mehr in den Bäumen. Blätter und Rinde waren von verhungernden Menschen gegessen worden, und die kahlen Gerippe der Bäume ragten in einen leeren Himmel. Viele Menschen waren derart ausgezehrt vom Hunger, dass sie nicht mehr sprechen konnten. (...) Und einige Menschen aßen Menschenfleisch.»[5]

Im Januar 1962 brach die KP das monströse Gesellschaftsexperiment ab. Staatschef Liu Shaoqi klagte die eigene Führung an. «So viele Menschen sind verhungert!» Dann attackierte er Mao direkt: «Die Geschichte wird über Sie und mich urteilen, sogar der Kannibalismus wird in den Büchern stehen.»[6] Doch Mao wollte von Schuld nichts wissen. Vier Jahre später rief er die Große Proletarische Kulturrevolution aus. Der nächste Sturm raste über China.

Es waren die Jahre, in denen der Personenkult um Mao sich seinem bizarren Höhepunkt näherte. 1963 ließ der damalige Verteidigungsminister Lin Biao die «Worte des Vorsitzenden Mao Zedong» drucken, das Kleine Rote Buch. «Studiert die Werke des Vorsitzenden Mao Zedong, hört auf seine Worte und handelt nach seinen Weisungen», stellte Lin Biao dem Bändchen als Motto voran. Mao, schrieb er in seinem Vorwort, sei der «größte Marxist-Leninist unserer Zeit. (...) Die Ideen Mao Zedongs sind eine mächtige Waffe im Kampf gegen den Imperialismus, eine mächtige ideologische Waffe im Kampf gegen Revisionismus und Dogmatismus.»

Eine beispiellose Propagandakampagne versetzte Mitte der sechziger Jahre Abermillionen, vor allem junge Menschen in politische Raserei. Mao, der Verfechter der permanenten Revolution, wollte verhindern, dass die Partei erstarrte, dass graue Funktionäre und Planwirtschaftler die Errungenschaften des Sozialismus verwalteten. «Bombardiert die Hauptquartiere!», rief er den Massen zu und mobilisierte sie gegen die Spitze der eigenen Partei. Staatspräsident Liu Shaoqi und ZK-Generalsekretär Deng Xiaoping, «Machthaber Nummer eins» und «Machthaber Nummer zwei auf dem kapitalistischen

Weg», wurden die prominentesten Opfer der nun anrollenden Säuberungswelle.

Von 1966 bis 1976 taumelte China durch einen Exzess der Gewalt und der Gesetzlosigkeit. Nach Maos Willen sollte die Kulturrevolution Schluss machen mit den «vier alten Elementen in der chinesischen Gesellschaft» – den alten Sitten, den alten Gebräuchen, der alten Kultur und der alten Denkungsart. In diesem China war kein Platz mehr für klassische Gelehrsamkeit, für konfuzianische Sozialethik oder buddhistischen Glauben. Tempel und Klöster wurden zerstört, Kunstwerke vernichtet, Schulen und Universitäten waren jahrelang geschlossen. Schüler und Studenten zogen durchs Land, schlossen sich den «Roten Garden» an; sie schikanierten, folterten und töteten Lehrer, Professoren, «Konterrevolutionäre» jeder Art, manchmal die eigenen Eltern. Von 1966 bis 1969 herrschte in weiten Teilen Chinas Anarchie. Allmählich nur begann die Armee, die letzte intakte Institution, dem Wüten ein Ende zu machen.

Die Machtkämpfe in der Kommunistischen Partei Chinas waren schon immer gnadenlos gewesen. Aber nie wurden sie so mörderisch ausgetragen wie in der Kulturrevolution. Staatspräsident Liu Shaoqi, ein besonnener Bürokrat, verlor nicht nur sein Amt. Er wurde verhaftet, ins Gefängnis gesteckt, Dauerverhören unterworfen und misshandelt; ärztliche Betreuung wurde ihm verweigert. Lin Biao klagte ihn auf dem 9. Parteitag im April 1969 an, Liu habe «die Partei verraten, vor dem Gegner kapituliert und sich insgeheim in einen Verräter und Schuft verwandelt»[7]. Ein halbes Jahr später starb Liu Shaoqi, in seiner Zelle elendig zugrunde gegangen.

Lin Biao, auf dem Parteitag zum Stellvertreter Maos gekürt, wollte nun die ganze Macht und begann – so will es die offizielle Geschichtsschreibung der Partei – ein Mordkomplott gegen den «Großen Steuermann» vorzubereiten. Der Plan flog auf, fluchtartig verließ Lin Biao im September 1971 Peking mit Frau und Sohn in einem Flugzeug der Luftwaffe Richtung Sowjetunion. Über der Mongolei ging dem Jet der Treibstoff aus, die Maschine stürzte ab. Nun war es Premier Zhou Enlai, der Lin einen «Abtrünnigen und Verräter» schimpfte.

Während China durch die Konvulsionen der Kulturrevolution

Ein Mann wird 1967 während der Kulturrevolution öffentlich als
«Kapitalist» gedemütigt und bestraft.

schlingerte, hatten sich die Beziehungen zwischen Peking und Moskau
stetig verschlechtert. Es ging nicht nur um ideologische Differenzen;
im Kern des Konflikts standen Macht- und Grenzfragen. Chruschtschows vorsichtige Entspannungspolitik gegenüber Amerika Ende der
fünfziger Jahre hatte Mao empört. Seine Weigerung, China Atom-
waffentechnik zu liefern, führte zum Bruch. Der Streit brach nun offen
aus. Über Nacht kündigte die Sowjetunion 1960 die wirtschaftlichen
Kooperationsverträge und zog ihre Entwicklungshelfer ab. «Wir haben
uns stets bemüht, China nicht zu kränken, bis die Chinesen anfingen,
uns zu kreuzigen», schrieb Chruschtschow in seinen Memoiren. «Und
als sie anfingen, uns zu kreuzigen – nun, ich bin nicht Jesus und hatte
es nicht nötig, die andere Wange hinzuhalten.»

Ihre Rivalität führte China und die Sowjetunion an den Rand des
Krieges. Mao rief sein Volk auf, «tiefe Tunnel zu graben und Getrei-
devorräte anzulegen». Leonid Breschnew, Moskaus neuer Parteichef,
ließ in Washington vorfühlen, ob die Amerikaner einen konventionel-
len Angriff der Sowjetunion auf Chinas Atomtestgelände in Lop Nor

hinnehmen würden. Zum Krieg kam es nicht, aber im Frühjahr 1969, mitten in der Kulturrevolution, lieferten sich russische und chinesische Soldaten blutige Scharmützel am Grenzfluss Ussuri. Moskau warf Peking weltrevolutionäres Abenteurertum vor, die Chinesen prangerten den sowjetischen «Hegemonismus und Sozialimperialismus» an.[8]

Henry Kissinger, damals Nationaler Sicherheitsberater von US-Präsident Richard Nixon, hat in einem Interview mit der *ZEIT* geschildert, wie er die vorsichtige Fühlungnahme aus Moskau erlebte. «Die Russen erkundigten sich bei Leuten aus der zweiten Reihe, was geschähe, wenn sie die chinesischen Nuklearanlagen angriffen. Nixon und ich hielten das für nicht sehr wahrscheinlich. Rückblickend glaube ich, die Gefahr war größer. So wussten wir damals nichts von dem erhöhten Alarmzustand in China. Zu einem bestimmten Zeitpunkt befahl Mao, alle Spitzenleute müssten Peking verlassen. Nur Premier Zhou Enlai durfte in der Hauptstadt bleiben. Das war im September, Oktober 1969.»[9]

Nixon und Kissinger waren entschlossen, aus dem Bruch zwischen Moskau und Peking Gewinn zu ziehen. Sie wollten die Weichen in der Weltpolitik neu stellen. Nixon hatte schon 1967 als republikanischer Präsidentschaftskandidat in der außenpolitischen Fachzeitschrift *Foreign Affairs* dafür plädiert, Beziehungen zu China aufzunehmen. Jetzt, ins Weiße Haus gewählt und mit Kissinger an seiner Seite, begann er seinen Plan in die Wirklichkeit umzusetzen. Im Juli 1971 reiste Kissinger von Pakistan aus in geheimer Mission nach Peking. Dort führte er lange Gespräche mit Zhou Enlai, um einen Besuch Nixons in der Volksrepublik vorzubereiten. Nur einem, so erzählte Kissinger es später, versuchte er «verzweifelt» auszuweichen. Eine Begegnung mit Mao, das wusste er, hätte Nixon ihm übelgenommen. «Er wollte der Erste sein, der Mao traf.»[10]

Nixon bei Mao, ausgerechnet Nixon! Doch der Kommunistenfresser war außenpolitisch ein strategischer Denker. Die eigentliche Bedrohung für die Vereinigten Staaten, da war er sich sicher, ging von der hochgerüsteten Sowjetunion aus, nicht von der die Weltrevolution predigenden, aber militärisch schwachen Volksrepublik China. Mao seinerseits hielt die sowjetischen «Revisionisten» an seiner Grenze für viel bedrohlicher als die amerikanischen «Imperialisten» jenseits des Pazifischen Ozeans. Und so traf sich denn dieses befremdliche Paar – «Mao, der Befürworter der permanenten Revolution, und Nixon, der pessimistische Stratege» (Henry Kissinger) – in dem Versuch, der Weltpolitik eine neue Richtung zu geben: China begann, vorsichtig aus der selbstgewählten Isolation herauszutreten und auf die diplomatische Bühne zurückzukehren, von der es sich in der Kulturrevolution verabschiedet hatte; die USA stärkten ihre Position im Ringen der Supermächte und legten damit zugleich die Grundlage für die spätere Entspannungs- und Abrüstungspolitik gegenüber Moskau.

Am 21. Februar 1972 landete der amerikanische Präsident auf dem Flughafen Peking. Zwanzig Jahre, in denen zwischen beiden Regierungen Schweigen geherrscht hatte, gingen mit einem spektakulären Staatsbesuch zu Ende. Er habe bei den US-Wahlen Nixon «gewählt», scherzte Mao, als er den Gast in seiner Residenz empfing. Dann habe er sich für «das geringere von zwei Übeln» entschieden, gab Nixon zurück. «Ich mag die Rechten», fuhr Mao fort, «die Leute sagen, Sie seien ein Rechter und die Republikanische Partei sei rechts.»[11]

Das Eis war gebrochen. Aber es sollte noch sieben Jahre dauern, bis die Vereinigten Staaten und China unter Jimmy Carter und Deng Xiaoping diplomatische Beziehungen aufnahmen. Haupthindernis bei der Annäherung der beiden Länder war Taiwan. Denn die USA erkannten bis dahin die Regierung in Taipei als die legitime Vertreterin ganz Chinas an. Taiwan nahm bis 1973 den Sitz Chinas in den Vereinten Nationen und im UN-Sicherheitsrat ein. Die Hinwendung Washingtons zur Volksrepublik wurde auf der Insel als Verrat empfunden. Es gab, wie Henry Kissinger in seinen Memoiren bedrückt einräumte, «keine Regierung, die das, was ihr widerfahren sollte, weniger verdient hatte, als die Regierung von Taiwan».[12] Aber realpolitisch war dieser Weg unausweichlich.

Am 8. Januar 1976 starb Zhou Enlai. Seit Gründung der Volksrepublik hatte er als Premierminister an der Spitze der Regierung gestanden. Die Chinesen verehrten ihn für seinen Anstand, seine Integrität und seine pragmatische Vernunft. Und obwohl es keinen Zweifel an seiner Loyalität zu Mao Zedong geben konnte, dem er auch bei den entsetzlichen Irrwegen des Großen Sprungs nach vorn und der Kulturrevolution treu gedient hatte, hielt ihm eine Mehrheit doch das Bemühen zugute, die schlimmsten Auswüchse zu verhindern. Mit ehrlicher Trauer nahm China von einem bewunderten Staatsmann Abschied.

Es wurde ein Schicksalsjahr. Viele Chinesen verstanden es als ein Zeichen des Himmels, dass am 28. Juli 1976 ein gewaltiges Beben die Großstadt Tangshan, nur 160 Kilometer von Peking entfernt, dem Erdboden gleichmachte. Mehr als 240 000 Menschen fanden den Tod, weitere 160 000 wurden schwer verletzt. Eine Tragödie von schrecklichem Ausmaß.

Dann, am 9. September 1976, starb Mao. Für einen Moment stand das Leben still in dem gewaltigen Reich. Seit die Menschen denken konnten, hatte der Große Vorsitzende die Geschicke ihres Landes und das Leben eines jeden von ihnen bestimmt. Die Menschen weinten nicht um ihn, wie sie um Zhou Enlai geweint hatten. Sie waren vielmehr wie erstarrt, weil sie spürten, wie groß die Lücke sein würde, die er riss.

«Maos Ära verfolgte falsche Ideale», schrieb der Journalist Liu Binyan, der in den fünfziger Jahren als Rechtsabweichler verfolgt wurde und nach dem Tiananmen-Massaker 1989 ins amerikanische Exil ging, «eine rote Utopie von fleißigen Kommunisten.» In den Augen der Chinesen habe «der Sozialismus unter Maos Herrschaft Unterdrückung und Armut, gepaart mit relativer Gleichheit» gebracht.[13]

Wir waren arm, aber gleich: Mit diesem Empfinden blicken viele Chinesen noch heute, da die sozialen Gegensätze mit aller Härte aufbrechen, auf die Ära Mao zurück. Nicht wehmütig. Denn vor einer Anarchie wie in der Kulturrevolution fürchten sich alle, die sie erlebt haben; dem Versprechen der heutigen Parteiführung, für Stabilität im Lande zu sorgen, nie wieder Chaos zu dulden, glauben sie nur allzu gern. Aber der obszöne Reichtum, den die Erfolgreichen zur Schau stellen, kann das geistige Vakuum nicht verdecken, das der gescheiterte Traum vom Kommunismus hinterlassen hat. Wer nach einer Erklärung für die Mao-Nostalgie sucht, auf die man hier und da noch immer stoßen kann, findet sie in Chinas krudem Materialismus. Der

Visionär einer egalitären Gesellschaft hat es nicht vermocht, einen neuen Menschen zu schaffen.

Hua Guofeng, Übergangs-Parteivorsitzender bis 1981, ließ dem Großen Steuermann ein bombastisches Mausoleum bauen, mitten auf dem Platz des Himmlischen Friedens, in dem bis heute sein einbalsamierter Leichnam ruht. Als Reichseiniger nach einem «Jahrhundert der Demütigungen» durch die westlichen Imperialisten und die japanischen Invasoren, als Republikgründer, der dem chinesischen Volk seinen Stolz und seine Würde zurückgab: So sieht ihn die offizielle Geschichtsschreibung, und so sehen ihn wohl auch die meisten Chinesen.

Die Kommunistische Partei brachte die Bilanz ihres Vorsitzenden auf die knappe Formel «siebzig Prozent positiv, dreißig Prozent negativ». Deng Xiaoping, von Mao zweimal gestürzt, sagte 1980 in einem Interview mit der italienischen Journalistin Oriana Fallaci auf die Frage, ob Maos Porträt für immer seinen Platz am Tor des Himmlischen Friedens haben werde: «Ja, es wird weiter hängen bleiben.» Natürlich habe Mao Fehler gemacht, die Kulturrevolution etwa sei ein «schwerer Fehler» gewesen. Aber: «Ohne ihn wäre das chinesische Volk zumindest sehr viel länger im Dunkeln getappt.» [14]

2. Deng Xiaopings vorsichtige Öffnungspolitik

Im Jahr 1957 trafen sich die Führer des Weltkommunismus in Moskau, um den 40. Jahrestag der russischen Oktoberrevolution zu feiern. Insgesamt 64 Parteien hatten ihre Chefs entsandt. Aus Peking war Mao Zedong angereist, zu seiner Delegation gehörte auch ZK-Sekretär Deng Xiaoping. Am Rande der Festlichkeiten nahm Mao den sowjetischen Gastgeber Nikita Chruschtschow zur Seite und deutete auf Deng: «Sehen Sie den kleinen Mann dort drüben? Er ist hochintelligent und hat eine große Zukunft vor sich.»

Wie recht er mit seiner Prophezeiung haben würde, ahnte Mao damals wohl selber nicht. Neben dem visionären Gründer der Volksrepublik selbst sollte niemand das Land so sehr verändern wie Deng Xiaoping mit seinen Wirtschaftsreformen. «Mao verdanken wir die

Befreiung, Deng den Wohlstand», sagten die Chinesen in den achtziger Jahren, als die Reformen erste Früchte trugen.

Als Sohn eines Großbauern 1904 in der Provinz Sichuan geboren, ging Deng mit sechzehn Jahren als Werkstudent nach Frankreich. Fünf Jahre blieb er dort, schuftete für kümmerlichen Lohn in der Stahlschmiede Schneider in Le Creusot und in den Automobilwerken von Peugeot in Billancourt. Von den harten Arbeitsbedingungen in den Fabriken, vom niedrigen Lebensstandard seiner französischen Arbeitskollegen erschüttert, vor allem aber das Elend Chinas vor Augen, radikalisierte er sich politisch und begann sich für den Marxismus zu interessieren. Mit zwanzig trat er dem europäischen Ableger der Kommunistischen Partei Chinas bei.

In Paris lernte er den etwas älteren Zhou Enlai kennen, dem er sein Leben lang verbunden blieb und der in den brutalen Machtkämpfen der Partei wiederholt seine Hand über ihn halten sollte. «Ich habe ihn immer als meinen älteren Bruder betrachtet», sagte Deng Jahrzehnte später im Interview mit Oriana Fallaci.

Aus dem patriotischen Knaben Deng Xiaoping war ein entschlossener Revolutionär geworden, der bereits seine Erfahrungen mit der französischen Geheimpolizei gemacht hatte, als er sich 1925 auf den Weg zurück nach China machte. Elf Monate aber blieb Deng in Moskau. Dort, an der Sun-Yatsen-Universität, bildete die junge Sowjetunion Kader für die Revolution in China aus. Auch Chiang Ching-kuo, der Sohn von Kuomintang-Chef Chiang Kai-shek, studierte damals in Moskau. Stalin verfolgte unbeirrbar eine Politik der nationalen Einheit zwischen chinesischen Nationalisten und Kommunisten. In Moskaus Hörsälen lernte man gemeinsam für die revolutionäre Sache – später würde man sich bis aufs Messer bekämpfen.

Untergrundfunktionär in Shanghai, Politkommissar in Maos Bauernarmee: Deng begann sich als Organisator der Revolution unentbehrlich zu machen. Er nahm 1934/35 am Langen Marsch teil, damals noch ein getreuer Gefolgsmann Maos. Aber schon Anfang der dreißiger Jahre geriet er in den innerparteilichen Machtkämpfen unter die Räder, verlor seine Ämter. Es war der erste Sturz, auf den noch zweimal ein tiefer Fall folgen sollte. Deng kehrte jedoch jedes Mal zurück. «Ich erlebte drei Tode und drei Wiederauferstehungen», sagte er im Gespräch mit Oriana Fallaci.

Deng schaffte dies, weil er nicht nur zäh war, sondern auch wendig. Anders hätte er die blutigen Rivalitäten und Richtungskämpfe in der KP nicht überlebt. Er passte sich an und exekutierte, wenn es sein musste, den Willen der Parteiführung ohne jedes Erbarmen. Im Jahr 1956 ermunterte Mao die Intellektuellen zur Kritik an der Partei. Als die Veränderungswünsche weit über das erwartete Maß hinausgingen, war es Deng, der die Diskussion stoppte und eine regelrechte Hexenjagd auf die «Rechtsabweichler» entfachte. Tausende verloren ihre Posten und verschwanden in Arbeitslagern, viele von ihnen wurden erst ein halbes Leben später rehabilitiert. Noch Jahrzehnte danach verteidigte Deng die Kampagne gegen die «Rechtsabweichler». «Es wäre falsch gewesen, damals nicht zurückzuschlagen.» Allenfalls sei das Vorgehen gegen die Rechten «allzu heftig» ausgefallen.[15]

Ein Liberaler war Deng nie. Eher ein Apparatschik, der auf den Sachverstand in Staat und Partei setzte und sich, im Gegensatz zu Mao, wenig davon versprach, die Massen stets aufs Neue zu mobilisieren. Zwar widersetzte er sich nicht, als Mao 1958 zum «Großen Sprung nach vorn» ansetzte. Aber als Massenelend und Hunger um sich griffen, war es Deng, der gemeinsam mit Staatspräsident Liu Shaoqi darauf drängte, dass utopische Industrialisierungsprojekt zu stoppen. Visionen waren dem Pragmatiker der Macht verdächtig. Er wollte die «Wahrheit in den Tatsachen suchen».

Ihm war es egal, wie er 1962 sagte, «ob die Katze schwarz oder weiß ist, wenn sie nur Mäuse fängt». Mit Leistungsanreizen ließ sich nach seiner Überzeugung der Sozialismus eher aufbauen als mit linken Parolen. Wie sollte er mit dieser Haltung die Kulturrevolution politisch überleben? Im Jahr 1966 wurde er als «Machthaber Nummer Zwei auf dem kapitalistischen Weg» (nach Liu Shaoqi) seiner Ämter enthoben. Deng wurde eingesperrt, musste später in der Provinz Jiangxi Trecker reparieren. Seinen Sohn Deng Pufang stürzten die Roten Garden aus dem vierten Stock eines Gebäudes, so dass er seither im Rollstuhl sitzen muss.

Deng Xiaoping übte Selbstkritik. «Das Wesen meiner Fehler besteht darin, dass ich die Massenlinie der Partei verletzte, den Massen nicht traute, ihre Revolution nicht unterstützte – sondern im Gegenteil sie bekämpfte. (...) In mir wuchsen schon länger Hochmut, Selbstzufriedenheit und der Glaube an meine Unfehlbarkeit.» Die Selbstanklage vom 23. Oktober 1966 ist ein trostloses Dokument der Unterwürfigkeit, diktiert vom Willen zu überleben.[16]

Und Deng überlebte die Raserei. Als Premier Zhou Enlai, schwer an Krebs erkrankt, sein Amt nicht mehr voll ausüben konnte, holte Mao 1973 Deng aus der inneren Verbannung ins Zentrum der Macht zurück. Aber noch war die Zeit für Reformen nicht gekommen. Erst musste die Macht der «Viererbande» gebrochen werden, die gleich nach Maos Tod im September 1976 Deng zum dritten Mal gestürzt hatte. Diesmal allerdings nur für kurze Zeit. Mit Hilfe des Militärs verdrängten die moderaten Kräfte in der Parteiführung die Radikalen um die Mao-Witwe Jiang Qing von der Macht. Der Weg war nun frei für die Reformen, die China von Grund auf verändern sollten.

Chinas «zweite Revolution» begann auf dem Lande. Und das aus gutem Grunde. Rund achtzig Prozent des Milliardenvolkes lebte Ende der siebziger Jahre in Dörfern. Nach dem Kollektivierungswahn der 1958 gegründeten Volkskommunen erhielten die Bauern die Verantwortung über ihr Land zurück. Sie sollten selber entscheiden, welche Produkte sie über die vom Staat geforderte Norm hinaus anbauen wollten. Die Bauern begannen Getreide, Gemüse, Obst und Geflügel auf freien Märkten zu verkaufen, von denen es Anfang der achtziger Jahre im ganzen Land schon 40 000 gab.

Wer damals durch China reiste, spürte eine fast euphorische Aufbruchstimmung. Nach der Landwirtschaft wurden auch in der Industrie vorsichtig materielle Anreize eingeführt. Vor dem Nationalen Volkskongress forderte Ministerpräsident Zhao Ziyang im Mai 1984, marode und blühende Unternehmen sollten nicht mehr unterschiedslos behandelt werden. «Schluss damit, dass die Betriebe aus dem ‹großen Topf› des Staates und die Arbeiter und Angestellten aus dem ‹großen Topf› der Betriebe essen.» Der Fleißige sollte fortan belohnt, der

Faule bestraft werden. Mit der «üblen Praxis der Gleichmacherei», so der Wunsch der Parteiführung, sollte es vorbei sein.[17]

Den Startschuss zur Reform hatte das Dritte Plenum des 11. ZK im Dezember 1978 gegeben, auf dem die Reformer mit dem Maoismus abrechneten. Deng verkündete *gaige* («Reform») und *kaifang* («Öffnung»), sieben Jahre bevor Michail Gorbatschow in Moskau mit Glasnost und Perestrojka das sowjetische System revolutionierte. Mit «vier Modernisierungen» wollte er China erneuern: mit der Reform von Landwirtschaft, Industrie, Wissenschaft und Technik sowie Verteidigung. Und die Erfolge stellten sich rasch ein. Die Wachstumsraten übertrafen die Ziele des 6. Fünfjahrplans (1981–1985) um das Dreifache. Im Jahr 1984 wuchsen die Landwirtschaft um 14,5 Prozent, die Leichtindustrie um 13,9 Prozent und die Schwerindustrie um 14,2 Prozent. Die Regierung begann eine Überhitzung zu fürchten, sie schaltete auf eine langsamere Gangart um.

«Es ist ruhmvoll, reich zu werden», hatte Deng Xiaoping seinen Landsleuten zugerufen. Und die nahmen ihn beim Wort. In den Städten gedieh der Schwarzmarkt, Korruption und Vetternwirtschaft blühten. Zhao Ziyang musste 1985 vor dem Volkskongress einräumen, überall seien «ungesunde Tendenzen» zu beobachten: Preistreiberei, Amtsmissbrauch und Bestechung. Der Premier appellierte an die Staatsbediensteten und Parteifunktionäre, Vorbild für das Volk zu sein und die Bereitschaft zu zeigen, «als erste Schwierigkeiten auf sich zu nehmen und als letzte Annehmlichkeiten zu genießen». Und das Parteiblatt *Renmin Ribao* verlangte von den Mitgliedern der KP, sie sollten bereit sein, «auf dem langen Marsch zur allgemeinen Prosperität als letzte ans Ziel zu gelangen».[18]

Die Appelle verhallten ungehört. Die Chinesen wollten reich werden, wie Deng es ihnen verheißen hatte. Wer Beziehungen hatte, nutzte diese bedenkenlos aus. Waren zunächst noch Fernsehgeräte, Waschmaschinen, Kühlschränke und Videorekorder bestaunte Statussymbole, rollten bald die ersten Luxuslimousinen durch Chinas Städte. Die Parteilinke begann vor den «üblen Winden» zu warnen, die durch die geöffneten Fenster ins Land strömten. Sie beklagten einen neuen Materialismus und die «Anbetung des Geldes».

Chen Yun meldete sich zu Wort, einer der Veteranen der Revolution und als Vertreter einer zentral gelenkten Wirtschaftspolitik prominentester Widersacher Dengs. Über allen materiellen Errungenschaften der Reform dürfe die «geistige Zivilisation des Sozialismus» nicht vergessen werden. Im September 1985 geißelte Chen Yun auf einer außerordentlichen Delegiertenkonferenz jede Form ideologischer Aufweichung. «Wir sind ein kommunistisches Land!», donnerte er vor den in Peking versammelten 992 Delegierten.

Deng Xiaoping versuchte, den Zorn der Altgenossen und der Parteilinken zu beschwichtigen. Dass sich Bestechlichkeit und Begünstigung im Lande ausgebreitet hatten, war nicht zu bestreiten. Also begann nun auch Deng vor den Gefahren einer «bürgerlichen Liberalisierung» zu warnen. Aber er hielt daran fest, dass es richtig sei, wenn auf dem Weg zu allgemeinem Wohlstand einige vorangingen. Soziale Ungerechtigkeiten und regionale Ungleichgewichte nahm er in Kauf.

Wie sehr Deng das Land mobilisiert hatte, war 1992 bei einem Besuch in Daqiuzhuang zu beobachten. Arm, sehr arm seien die Bauern gewesen, die hier, eine gute Autostunde südlich der Hafenstadt Tianjin, seit vielen Generationen Getreide angebaut hatten, sagte uns der stellvertretende Bürgermeister Li Feng Zhuan. «Bis 1978 waren wir mit großer Mühe gerade in der Lage, uns satt zu essen und uns warm zu kleiden.» Inzwischen war aus dem Dorf mit 2000 Seelen eine wild wuchernde Industrieansiedlung mit 15 000 Einwohnern geworden. Auf die grünen Wiesen hatten die Bauern Fabriken gesetzt, in denen jährlich eine Million Tonnen Rohstahl zu Rohren geschmiedet wurde. Mit Investoren aus Hongkong, Taiwan, Singapur, Japan und den USA waren 23 Joint Ventures abgeschlossen worden.

«In der Vergangenheit gab es zu viel Gleichmacherei», meinte Herr Li, «jetzt herrscht das Leistungsprinzip.» Dann führte er uns durch sein neues Haus. 270 Quadratmeter auf zwei Stockwerken: drei Schlafzimmer, Wohnraum und Arbeitszimmer. Die Begleiter aus Peking sahen es mit Staunen: «Kein Minister wohnt so.» Ihre eigenen Familien mussten mit acht Quadratmetern pro Person auskommen.

Daqiuzhuang war ein Vorzeigeprojekt, kein Zweifel. Aber es war kein Potemkinsches Dorf. Klar war: So wie in Daqiuzhuang stellten sich die Reformer die Entwicklung in ganz China vor. Die Umweltverschmutzung allerdings war brutal: Das Wasser der Bäche, die durch den Ort flossen, schimmerte in allen Farben des Regenbogens, von veilchenblau bis rapsgelb. Und auch die mit dem wirtschaftlichen Aufstieg verbundenen sozialen Verwerfungen waren zu besichtigen. Viele der Arbeiter in den Stahlrohrfabriken, die 300 bis 400 Yuan im Monat verdienten, kamen aus fernen Provinzen. Sie gehörten zum Millionenheer der illegalen Wanderarbeiter. In Daqiuzhuang stellte man sie nach Bedarf ein und feuerte sie nach Belieben.

Nach einem opulenten Mittagessen im Gästehaus steckte sich Herr Li zufrieden eine Marlboro an. Dreizehn Mercedes-Limousinen «vom Typ 500 aufwärts», berichtete er stolz, gehörten dem Kollektiv. Die Häuser der mittlerweile 4000 Genossenschaftsmitglieder hätten wir ja gesehen, keines sei kleiner als 210 Quadratmeter. Für Herrn Li war klar: Materielle Anreize entsprächen «ganz und gar dem Sozialismus».[19]

Anderthalb Jahrzehnte nach Beginn der Reformpolitik boomte das Land. Den Menschen ging es besser, längst nicht allen, aber doch sehr vielen. Politisch jedoch gärte es. Die kleinen Freiheiten im Alltag hatten Hoffnungen auf größere Freiheiten in der Politik geweckt. Diese Hoffnungen wurden ein ums andere Mal enttäuscht. Von einer politischen Liberalisierung wollte die Kommunistische Partei nichts wissen.

Zeitgleich mit dem Aufstieg Deng Xiaopings zu Chinas starkem Mann begann sich im Jahr 1978 eine Protestbewegung zu regen. In der Nähe der berühmten Peking Universität, der Beida, tauchten Wandzeitungen auf (dazibao – «Zeitungen mit großen Schriftzeichen»). Schließlich waren ganze Straßenzüge vollgepflastert. Die Pekinger versammelten sich an dieser «Mauer der Demokratie», um die dort plakatierten Forderungen nach größerer politischer Freiheit zu studieren.

Anfangs duldete das Regime die Manifestationen. Die Studenten glaubten, Deng sympathisiere mit ihren Forderungen. Groß war ihre Ernüchterung, als er den kurzen «Pekinger Frühling» 1979 mit brachialer Gewalt beendete. Die Wandzeitungen wurden von den Mauern gerissen, die Wortführer der Protestbewegung festgenommen. Wei Jingsheng, einst Elektriker im Pekinger Zoo, war zur Symbolfigur des

«Pekinger Frühlings» geworden. Er hatte gefordert, die parteiamtlichen «vier Modernisierungen» um eine «Fünfte Modernisierung» zu ergänzen: die Demokratie. Im Oktober 1979 wurde er zu 15 Jahren Gefängnis verurteilt. Gerade aus der Haft entlassen, wurde der unerschrockene Kritiker Dengs Mitte der neunziger Jahre erneut zu vierzehn Jahren Gefängnis verurteilt. Zwei Jahre später kam er frei und wurde in die USA abgeschoben.

Deng Xiaoping ließ keinen Zweifel aufkommen, dass er an den «Vier Grundprinzipien» festzuhalten gedachte, an denen sich die KP bei der Sicherung ihrer Macht orientierte: dem sozialistischen Weg, der Diktatur des Volkes, der Führungsrolle der Partei und dem Marxismus-Leninismus sowie den Mao-Zedong-Ideen. Nur so ließen sich seiner Meinung nach Stabilität und Einheit sichern. Ohne Stabilität und Einheit aber kein wirtschaftlicher Fortschritt.

«Die Erfahrung der Kulturrevolution hat gezeigt, dass Chaos lediglich zum Rückschritt, nie zum Fortschritt führt und dass stabile Ordnung herrschen muss, wenn wir vorwärtsschreiten wollen», schrieb Deng ein Jahr nach dem Ende des Pekinger Frühlings. «Unser Volk hat gerade erst ein Jahrzehnt der bittersten Erfahrungen durchlebt; es kann sich daher auf kein neues Chaos mehr einlassen, es wird nicht zulassen, dass erneut Unruhe ausbricht.»[20]

Doch politischer Protest begleitete von nun an die Reformpolitik. Am 9. Dezember 1986 zogen in Hefei, Hauptstadt der Provinz Anhui, 3000 Studenten unter dem Slogan «Ohne Demokratie keine Modernisierung» vor das Regierungsgebäude. Sie waren erzürnt darüber, dass die Hochschüler keine eigenen Kandidaten für das Provinzparlament nominieren durften.

Der Funke sprang von Universität zu Universität über. In mindestens vierzehn Städten gingen die Studenten auf die Straße, riefen nach Demokratie, verlangten Pressefreiheit und die Verwirklichung der Menschenrechte. In Shanghai waren es schließlich 50 000 Demonstranten, die vor das Rathaus zogen. «Öffnet eure Augen», rief der Studentenführer Dai Junyi der Menge zu. «Wir werden unterdrückt. Doch das chinesische Volk wird sich nicht versklaven lassen.»[21] In der Hauptstadt verbrannten Studenten auf dem Campus der Peking

Universität ganze Bündel von Exemplaren der Tageszeitung *Beijing Ribao*, weil diese ihrer Ansicht nach «unfair» über ihre Demonstrationen berichtet hatte.

Wie würde der Staat auf die Herausforderung reagieren? Nach drei Wochen herrschte Klarheit. In dürren Worten meldeten die Nachrichten den Rücktritt von Parteichef Hu Yaobang. Sein Nachfolger wurde Zhao Ziyang. Vier Jahrzehnte lang war Hu ein enger Weggefährte Deng Xiaopings gewesen. Doch das zählte nun nicht mehr. Die unter Hu Yaobang offener gewordene akademische und literarische Debatte hatte die Reformgegner auf den Plan gerufen, sie sahen den Führungsanspruch der Partei in Gefahr. Auch Deng sorgte sich um die Autorität der KP. Vor allem aber wollte er den Kritikern seiner wirtschaftlichen Reformpolitik keine Angriffsfläche bieten. Kurzerhand setzte er Hu Yaobang vor die Tür und startete eine Kampagne gegen den «bürgerlichen Liberalismus».

Am 15. April 1989 starb Hu Yaobang an Herzversagen. In den folgenden sieben Wochen entfaltete sich ein Drama, das China ins Mark traf und dessen entsetzliches Ende von der Kommunistischen Partei bis heute tabuisiert wird, obwohl es sich unauslöschlich in das kollektive Gedächtnis der Nation eingegraben hat. *Liusi*, sechs-vier, lautet die Chiffre für das Schreckensdatum, den 4. Juni 1989, an dem auf Befehl Deng Xiaopings die Armee den friedlichen Protest der Studenten rund um den Platz des Himmlischen Friedens zusammenschoss.

Aus Trauer um den liberalen Ex-Parteichef hatten sich wenige Tage nach Hu Yaobangs Tod an die hunderttausend Studenten im Herzen der Hauptstadt versammelt. Aus allen Richtungen waren sie von den Pekinger Hochschulen aufgebrochen und diszipliniert zum Tiananmen-Platz gezogen. Einige hatten sich provokativ vor den rotlackierten Holzsäulen des Eingangsportals von Zhongnanhai, dem Sitz von Partei- und Staatsführung, auf die Straße gesetzt. «Lang lebe die Demokratie!», rief die Menge. «Stürzt die Diktatur!» Schon das eine seit Gründung der Volksrepublik nie gesehene und gehörte Herausforderung des Regimes.[22]

Und doch war es nur der Beginn. Die Studenten begannen die Vorlesungen zu boykottieren, gründeten einen unabhängigen Studentenverband. Sie forderten Presse- und Versammlungsfreiheit und die Freilassung der politischen Gefangenen. Und sie waren nicht allein. Am 4. Mai, als sich die patriotische «4.-Mai-Bewegung» von 1919 zum siebzigsten Mal jährte, schwoll die Masse der Demonstranten noch einmal gewaltig an. Zehntausende standen an den Straßen und applaudierten. Angestellte winkten aus ihren Büros, Passanten steckten den Hochschülern Eis, Limonade und Geld zu. Schon jetzt war klar, dass die Regierungspropaganda, die von einer «Handvoll Unruhestifter» sprach, blanker Unsinn war. Peking sah eine Volkserhebung gegen die Herrschaft der Partei.

Rund 400 Journalisten schlossen sich dem Marsch der Studenten an, darunter Redakteure des Parteiblatts *Renmin Ribao* und der amtlichen Nachrichtenagentur *Xinhua*. «Zwingt uns nicht, Lügen zu verbreiten», stand auf einem ihrer Transparente. Der Mut der Journalisten blieb nicht ohne Wirkung. Am nächsten Tag erschienen plötzlich Berichte und Fotos auf den ersten Seiten der Zeitungen.[23]

Die Stadt wartete auf den seit langem geplanten Besuch von Michail Gorbatschow. Am 15. Mai sollte er in Peking eintreffen, zum ersten Staatsbesuch eines sowjetischen Führers seit dem Schisma der beiden kommunistischen Großmächte Anfang der sechziger Jahre. Chinas Intellektuelle hatten den politischen Wandel genau beobachtet, der sich in der Sowjetunion, aber auch in Polen oder Ungarn vollzog. Ein Mehrparteiensystem, freie Wahlen, unabhängige Gewerkschaften – hierin sahen sie die richtige Antwort auch auf die politische Erstarrung im eigenen Land.

Zum Gorbatschow-Besuch hatte sich die Weltpresse in Peking versammelt. Eine Gelegenheit, ihre Forderungen zu verbreiten, die Pekings Studenten virtuos nutzten. Alle Bitten und Drohungen des Regimes, vor dem Eintreffen Gorbatschows den Platz des Himmlischen Friedens zu räumen, blieben ungehört. Die Empfangszeremonie musste auf den Flughafen verlegt werden, zum Treffen mit der chinesischen Staatsführung betrat Gorbatschow die Große Halle des Volkes durch einen Nebeneingang. Die Kameras richteten sich nicht auf das Gipfelzeremoniell, sondern auf den Protest der Studenten.

Und die gingen jetzt aufs Ganze. Mitten auf dem Tiananmen-Platz traten etwa tausend Studenten in den Hungerstreik. Sie trugen weiße Stirnbänder mit den Namen ihrer Universitäten. Und ihre Parolen wurden immer radikaler. «Liberty or Death» hatten sie in englischer Sprache auf eines ihrer Transparente geschrieben. Vielleicht ließen sie sich vom Überschwang treiben, gewiss war auch Naivität dabei, eine Unterschätzung, in welch tödliche Gefahr sie sich mit ihrer beispiellosen Herausforderung der Staatsmacht begaben.

Aber mussten sie sich nicht vom Volk getragen fühlen? Von den Arbeitern, die auf Hunderten von Lastwagen in die Innenstadt fuhren, um ihre Solidarität zu bekunden? Von den Angestellten, die ihnen auf der Einkaufsstraße Wangfujing Geld zusteckten? Vom Transparent, das zehn Stockwerke hoch am Peking-Hotel flatterte und verkündete: «Demokratie und Freiheit sind die gemeinsamen Ideale der ganzen Menschheit»? Vom Trupp uniformierter Polizisten, der skandierte: «Lang lebe das Volk!»?

Es waren Tage und Nächte, schrieb ich in einer Reportage für die ZEIT, da schmeckte die Luft in Peking nach Freiheit. «Als folgten sie einem magischen Ruf, hatten sich die Einwohner Pekings (…) auf den Weg gemacht. Keinen, so schien es, hielt es mehr zu Hause. Stunde um Stunde zog eine mächtige Prozession die Changan-Avenue im Zentrum der chinesischen Hauptstadt hinunter – langsam, endlos, unaufhaltsam. Die Menschen kamen zu Fuß, auf dem Fahrrad, auf Lastwagen und in Bussen. Die Changan war die Hauptbühne eines gewaltigen Schauspiels, aber keineswegs die einzige Bühne. Die Nebenbühnen waren die großen Kreuzungen auf den Einfallstraßen nach Peking, wo Abertausende zusammenströmten, um Menschenmauern gegen das anrückende Militär zu errichten.»[24]

Peking stand inzwischen unter Kriegsrecht. Es war nur noch eine Frage der Zeit, bis die Führung das Aufbegehren gewaltsam niederschlagen würde. Aber würde das Regime, wie viele befürchteten, wirklich ein Blutbad anrichten? Parteichef Zhao Ziyang, der Verständnis für die Studenten gezeigt und sich in den Beratungen der Führung gegen die Anwendung von Gewalt ausgesprochen hatte, unternahm einen letzten Versuch, die Studenten zum Abzug vom Tiananmen-Platz zu bewegen. Um fünf Uhr morgens suchte er die Hungerstreikenden auf und bat sie, mit Tränen in den Augen, ihre Aktion abzubrechen. «Ihr seid jung. Ihr müsst weiterleben.» Zhao wirkte resigniert, mit beiden Händen umklammerte er das Megafon, das ihm die Studenten gereicht hatten. «Wir sind zu spät gekommen, zu spät.» Nach zwanzig Minuten verließ er den Platz.

Da war die Entscheidung zum Einsatz des Militärs bereits gefallen. Der Ständige Ausschuss des Politbüros hatte getagt, und Deng Xiaoping hatte sich mit einem Kreis von Revolutionsveteranen getroffen, die keine Führungsämter mehr innehatten, bei denen aber noch immer die Macht zusammenlief. «Es gibt für uns keinen Rückzug», sagte Staatspräsident Yang Shangkun in einer Geheimrede. «Ein Rückzug bedeutet unseren Sturz.»

In der Nacht vom 3. auf den 4. Juni 1989 rollten dann die Panzer in die Stadt. Wahllos schossen die Soldaten auf Demonstranten, Bürger, die sich ihnen verzweifelt in den Weg stellten, und unbeteiligte Passanten. Hunderte starben in dieser Nacht. Niemand kennt bis heute die genaue Zahl der Opfer. Zhao Ziyang wurde des Amtes enthoben, bis zu seinem Tod 2005 sollte er unter Hausarrest stehen. Neuer Generalsekretär wurde Jiang Zemin, bis dahin Parteichef von Shanghai.

Eine Verfolgungswelle rollte über das Land. Mehr als tausend Menschen wurden als «Konterrevolutionäre» und «Aufrührer» verhaftet. Fernsehbilder zeigten Spuren der Folter auf den Gesichtern der Festgenommenen. Polizei und Militär hatten Schießbefehl, die Bevölkerung wurde zur Denunziation aufgerufen. Trotzdem gelang einigen der prominentesten Führer der Studentenbewegung auf verschlungenen Wegen über Hongkong die Flucht nach Taiwan, in die Vereinigten Staaten oder nach Europa. Dort leben viele von ihnen bis heute im Exil, die Rückkehr in die Heimat bleibt ihnen verschlossen.[25]

Gut zwei Wochen nach der Schreckensnacht traf sich vom 19. bis 21. Juni das Politbüro zu einer erweiterten Sitzung, um eine Bewertung der Revolte und ihrer Niederschlagung vorzunehmen, um die Reihen in der Parteispitze zu schließen und um eine verbindliche Sprachregelung für das Geschehen zu finden. Die dreißig Jahre lang

Von April bis Juni 1989 versammeln sich auf dem Platz des Himmlischen Friedens in Peking Tausende Demonstranten zu Massenkund-
gebungen für Demokratie und Menschenrechte.

geheim gebliebenen Reden, die auf dieser Sitzung gehalten wurden,
sind – wie der Journalist Ian Johnson in der *New York Review of
Books* schrieb – «eine peinliche Übung in Stiefelleckerei».[26] Die Versammelten versicherten sich gegenseitig, dass die Niederwerfung des
«konterrevolutionären Aufruhrs» unvermeidlich gewesen sei und der
Kampf gegen die «bürgerliche Liberalisierung» unvermindert weitergehen müsse. Das Ziel der Demonstranten sei nichts Geringeres gewesen, sagte etwa der ehemalige Marschall der Volksbefreiungsarmee
Xu Xiangqian, als der Umsturz und die Gründung einer «bürgerlichen
Republik, die antikommunistisch und antisozialistisch sein würde
und ein totaler Vasall der westlichen Mächte».[27]

In den Geschichtsbüchern und den offiziellen Medien Chinas wird
der 4. Juni 1989 bis zum heutigen Tag verschwiegen. Die meisten
jungen Chinesen dürften nie davon gehört haben. Aber viele Bürger
kennen die Wahrheit. Am besten kennt die Partei sie selbst, die sie zu

tilgen versucht. Ob ihr das gelingen kann? «Lügen, die mit Tinte geschrieben werden, können nicht die Tatsachen verdecken, die mit Blut geschrieben worden sind», hat Chinas großer Schriftsteller und Revolutionär Lu Xun gesagt, den auch die Kommunistische Partei in Ehren hält.

Das brutale Ende der Demokratiebewegung von 1989 versetzte das Land nicht nur in politische Schockstarre, es ließ auch die Wirtschaft stagnieren. Das konservative Parteiestablishment gewann an Einfluss zurück, unter Premier Li Peng begann der Reformelan zu erlahmen. Deng Xiaoping, inzwischen 87 Jahre alt, fürchtete um sein Lebenswerk. Mit seiner heute berühmten «Reise in den Süden» versuchte der Greis die Initiative zurückzugewinnen.

Im Januar 1992 brach er in die boomende Südprovinz Guangdong auf und besuchte dort demonstrativ die Wirtschaftssonderzonen Shenzhen nahe Hongkong und Zhuhai bei Macao. Hier fand er den Unternehmergeist und die Experimentierfreude, die nach seinem Willen die steckengebliebene Wirtschaftsreform wieder auf Touren bringen sollte. Wann immer er das Wort ergriff, forderte er mehr Mut und mehr Tempo. In Hongkong berichteten Presse, Radio und Fernsehen sofort ausführlich über Dengs Auftritte, die Aktienkurse in der Kronkolonie sprangen nach oben. Die Parteipresse aber hüllte sich zunächst in Schweigen.

Vorsichtig ließ das ZK-Sekretariat Dengs zusammengefasste Reden zunächst innerhalb der Partei als «Zentrales Dokument Nr. 2/92» zirkulieren. Im März waren dann plötzlich Fotos von der Reise in den Süden auf allen Titelseiten zu sehen. Das «Dokument 2/92» wurde unter die Leute gebracht und im ganzen Land eifrig studiert. Dengs zentrale Botschaft: Sozialismus und Marktwirtschaft seien kein Widerspruch, Planung gebe es auch im Kapitalismus. Aber es sei der Sozialismus, der die Produktivkräfte freisetze, die Ausbeutung überwinde und schließlich allgemeinen Wohlstand schaffe.[28] Seine Mahnung an die Reformskeptiker: «Eine langsame Entwicklung bedeutet Stagnation oder sogar Rückschritt.»

Anfang März segnete das Politbüro Dengs Direktiven ab und machte sie damit zur offiziellen Parteilinie. Dem alten Mann ohne Ämter war es noch einmal gelungen, das Ruder herumzureißen. China stand am Beginn einer neuen Reformetappe.

Dies zeigte sich, als die *Volkszeitung*, publizistischer Wächter über die Reinheit der Lehre, die Anhänger einer Beschleunigung der Reform an prominenter Stelle zu Wort kommen ließ. Unter dem Titel «Öffnung nach außen und die Nutzung des Kapitalismus» veröffentlichte das Parteiblatt auf der ersten Seite einen aufsehenerregenden Artikel des Wirtschaftswissenschaftlers Fang Sheng. China solle ausländische Investitionen erlauben sowie fortschrittliche Technik und moderne Managementmethoden einführen, argumentierte der Autor, da sie «klassenunabhängig» seien. Den Orthodoxen hielt er vor: «Die blinde Ablehnung der Politik und der Gesetze kapitalistischer Länder ist eine völlig unwissenschaftliche Haltung.»

Wenige Wochen später trafen wir Fang Sheng in der Pekinger Volksuniversität, an der er lehrte. Wir baten ihn, uns den Begriff «sozialistische Warenwirtschaft», wie das chinesische Modell nun offiziell hieß, etwas genauer zu erklären. Dass Warenwirtschaft Kapitalismus bedeutete, antwortete Professor Fang, sei «ein veraltetes Denken». Eine Warenwirtschaft könne sich auch im Sozialismus entfalten, nur sei ihre Basis dort nicht das Privat-, sondern das Staatseigentum. «Früher waren wir der Meinung, Konkurrenz gebe es nur im Kapitalismus», fuhr er fort. «Heute wissen wir: Konkurrenz ist das Regulativ der Warenwirtschaft, nicht das Gesetz des Kapitalismus.»

In China existierten inzwischen drei Eigentumsformen nebeneinander: die alten Staatsunternehmen, das Kollektiveigentum und die Privatbetriebe. Das, freute sich Professor Fang, sorge für Konkurrenz. Genau diesen Wettbewerb hielten die Reformer für notwendig, um die wirtschaftliche Entwicklung voranzubringen. Ihnen war klar, dass ihr Experiment sozialen und politischen Sprengstoff barg. Deshalb hatten sie sich für die Einrichtung von Wirtschaftssonderzonen entschieden. In kleinen Enklaven am Rande des Riesenreichs sollten die neuen Eigentumsformen und Managementmethoden ausprobiert – und notfalls gestoppt – werden.

Im Jahr 1980 hatte die Regierung vier Gebieten an der Küste den Status einer Wirtschaftssonderzone verliehen. Mit günstigen steuerlichen Konditionen sollten sie ausländisches Kapital anlocken. Das Ziel: Moderne Technik ins Land zu holen und Devisen für die Volksrepublik zu erwirtschaften. Ideologische Bedenken hatte Deng Xiaoping vom Tisch gewischt. Es sei in Ordnung, wenn einige zuerst reich würden. 1984 besuchte Deng den Ort Shekou in der Wirtschaftssonderzone Shenzhen. Und war begeistert. «Die Parole, die sie dort verwenden», berichtete er nach seiner Rückkehr, heißt: «‹Zeit ist Geld, Effizienz bestimmt das Leben›.» Dies war ganz in seinem Sinne. Deng durfte sich bestätigt fühlen: Die Sonderzonen waren ein voller Erfolg.

Wie sehr, konnten wir bei einem Besuch acht Jahre später feststellen. Shenzhen hatte einen atemberaubenden Aufstieg erlebt. Die Zahl der Einwohner war von 30 000 im Jahr 1979 auf 2,4 Million gestiegen. Das Bruttosozialprodukt war Jahr für Jahr um durchschnittlich 47 Prozent gewachsen. Schwindelerregend. Wir ließen uns die gerade geöffnete Wertpapierbörse zeigen, nach Shanghai die zweite im Land. Fünfzehn Papiere wurden damals gehandelt, vier davon, sogenannte B-Shares, durften auch Ausländer erwerben. Alles neu, alles aufregend. Schon 200 000 Familien in Shenzhen hatten in Aktien investiert. Dass die Kurse auch einmal fallen könnten, schien die Anleger nicht zu beunruhigen. Jedenfalls drängte sich an diesem Morgen eine lange Schlange vor dem Schalter im Erdgeschoss. Tony Lee, ein etwa dreißig Jahre alter Lehrer, hatte bereits Aktien für 20 000 Yuan gekauft, jetzt wollte er sein Depot weiter aufstocken. Die junge Frau vor ihm hatte 50 000 Yuan angelegt, ihre Arbeitskollegin «einige zehntausend» Yuan. An Geld schien es in Shenzhen nicht zu mangeln und auch nicht an Vertrauen in die Reformpolitik.

Shekou war damals das reichste Industriegebiet in der Sonderzone Shen n. Ausländische Investoren mussten einen Mindestlohn von 500 Hongkong-Dollar im Monat garantieren, hinzu kamen 138 Hongkong-Dollar für die Sozialversicherung. Eine «eiserne Reisschüssel» gab es in Shenzhen nicht mehr. Für Unterkunft, medizinische Versorgung und die Rente war nicht der Staat verantwortlich, sondern der Betrieb. Ging es nach den Reformern, dann würde sich bald jede Familie eine Eigentumswohnung leisten können.

Und die ausländischen Investoren kamen in Scharen. Sie wollten dabei sein, als China sich auf den langen Marsch zum Reichtum machte. Sogar eine Kirche hatte man ihnen in Shekou gebaut. Der weiße Glockenturm mit dem spitzen roten Dach ragte über die in ein Kiefernwäldchen gebettete Villensiedlung am Meer hinaus. Ein protestantisches oder ein katholisches Gotteshaus? Unser chinesischer Begleiter zuckte ratlos mit den Schultern. «Ich glaube, es ist eine christliche Kirche», sagte er unschlüssig. Ist doch nicht so wichtig, drückte seine Miene aus. Schließlich wollte er dem Besucher nur zeigen: Für Euch wird hier wirklich alles getan![29]

Chinas Wirtschaft brummte. In den neunziger Jahren stieg das Sozialprodukt jährlich um durchschnittlich 11,7 Prozent. Aber es benötigten auch jedes Jahr 15 Millionen Menschen – fast die Einwohnerzahl der Niederlande – einen neuen Job. Etwa 150 Millionen Wanderarbeiter zogen auf der Suche nach einem Job durch das Land. In den Dörfern herrschte noch immer bittere Armut, in den Städten stellten die Emporkömmlinge ihren Reichtum zur Schau. Die sozialen Unterschiede nahmen zu, und der Gegensatz zwischen den blühenden Provinzen an der Küste und dem Hinterland wuchs.

Eindrücklich zeigte sich dies auf einer Reise 1995. Sie begann in der zentralen Provinz Shaanxi. Dort, weit von jeder größeren Stadt entfernt, streifte Li Qiaoxia unablässig leuchtend-gelbe Körner von dem getrockneten Maiskolben in ihrer Hand. Alle paar Augenblicke wanderte eine Handvoll Körner in die weite rechte Tasche ihrer blauen Baumwolljacke. Handgriffe, die sich wohl ein Leben lang wiederholt hatten, die 48 Jahre alte Bäuerin nahm sie wahrscheinlich gar nicht mehr wahr.

Wir standen in einem Innenhof, den fünf Meter hohe Erdwände einfassten. In diesem Hof lagen die Eingänge zu sieben Höhlen. Lis Mann hatte sie vor 28 Jahren in den Löss gegraben. Ein Wohn- und Schlafzimmer, eine Kammer und fünf Lagerräume. Dies war seither ihr Heim, hier hatte das Ehepaar seine beiden Kinder aufgezogen. Die Tochter war inzwischen verheiratet und zur Familie ihres Mannes gezogen, der Sohn arbeitete in Kanton.

Die Eltern waren zurückgeblieben im Dorf Xiao Zhang, in Shaanxis abgelegenem Westen. Nicht weit von hier, in den Lösshöhlen von Yenan, hatten sechzig Jahre zuvor nach dem Ende des Langen Marsches Mao Zedongs Revolutionstruppen gehaust. Das Leben der Bauern war trotz der politischen Stürme, die seither über China hinweggefegt waren, kümmerlich geblieben. Li Qiaoxia und ihr Mann mussten das Wasser noch immer vom Dorfbrunnen heranschleppen. Weil sie die Kohlen für den Herd nicht bezahlen konnten, sammelten sie in den Bergen Feuerholz. Fleisch aßen die beiden nicht. Nur wenn zum Frühlingsfest die Kinder nach Hause kamen, gab es Hühnchen, Eier und Kuchen. «Dann trinken wir Bier und Schnaps.»

Gut tausend Kilometer östlich, in der Küstenprovinz Zhejiang hatte China den Sprung in die Moderne bereits geschafft. In dem Ort Hongshan, einer kollektiv betriebenen Farm mit 4700 Einwohnern, war kein Haus älter als zehn Jahre. Wo sich 1969, als die Farm gegründet wurde, bis zum Meer Salzfelder erstreckten, standen nun zwischen fruchtbaren Äckern Industriebetriebe für Baumaterialien, Textilien, Chemikalien und Elektrotechnik. 1969, berichtete Chen Zhaolong, der Direktor der Kooperative, habe das Durchschnittseinkommen bei 73 Yuan im Jahr gelegen, inzwischen betrage es 5000 Yuan. «Wir haben die neue Politik des Staates schneller kapiert als andere», schmunzelte Chen. Und er war sich sicher: «Wir werden noch reicher werden.»

Das dreistöckige Haus, in dem Gong Yulan mit ihrem Mann und der dreizehnjährigen Tochter lebte, hatte eine Wohnfläche von 260 Quadratmetern – eine echte «Bauernvilla», wie Direktor Chen vor der Haustür schwärmte. Neben der gewaltigen Stereo-TV-Anlage von Sony stand das Klavier für die Tochter. Der Weg in die weiße Einbauküche führte an einem kleinen Wasserspiel im Flur vorbei. Keine Frage: auch dies war eine Vorzeigewohnung. Dennoch war Hongshan – ebenso wenig wie Daqiuzhuang nahe Tianjin – nicht nur Fassade. «Bauernvillen» standen zu Dutzenden im Dorf. Die ältere Generation habe hart gearbeitet, erklärte Frau Gong den verblüffenden Wohlstand. «Ich genieße nun den Erfolg.» Ob noch Wünsche offengeblieben seien? Nun ja, eine zentrale Klimaanlage vielleicht, oder auch ein eigenes Auto. Und ein Urlaub im Ausland, am liebsten in Amerika.

In ihrer Lösshöhle hatte Li Qiaoxia einen Hausaltar aufgebaut. Auf einem Tisch an der Wand hatte sie drei Äpfel, eine Dattel, ein paar kleine Geldscheine und zwei Sträuße mit Plastikblumen arrangiert. Dahinter standen vier Bilder von Mao Zedong. «Was wir essen, was wir trinken», sagte sie andächtig, «Mao hat es uns gegeben.» Aus Kanton hatte der Sohn den Eltern in den vergangenen zwei Jahren 2800 Yuan geschickt; ein wenig hatten die beiden selbst gespart. Vielleicht würde es am Ende reichen, um sich ein Haus zu ebener Erde zu bauen.[30]

Dies waren die Widersprüche, die das Land Mitte der neunziger Jahre aushalten musste. Deng Xiaopings Reformen hatten China reicher werden lassen als je zuvor in seiner Geschichte. Aber sie hatten auch die bestehenden sozialen Ungleichheiten dramatisch verschärft. Immer wieder entluden sich die Spannungen in Protesten, Streiks und Zusammenstößen mit der Polizei. China machte auf seinem Weg in die Moderne Bekanntschaft mit allen Exzessen eines wüsten Frühkapitalismus.

Vor allem blieb ein fundamentaler Widerspruch unaufgelöst. Die Kräfte der Wirtschaft sollten entfesselt, an der Alleinherrschaft der Partei aber sollte nicht gerüttelt werden. Mit Demokratie hatte Deng nichts im Sinn: «Wann haben wir je davon gesprochen, die Diktatur des Proletariats abzuschaffen?» Dem sowjetischen Parteichef Gorbatschow, der nicht nur die Wirtschaft, sondern auch das politische System erneuern wollte, warf Deng Kapitulantentum und Verrat an der kommunistischen Bewegung vor. Umso dankbarer war er der DDR-Führung, die auch nach dem Tiananmen-Massaker treu an seiner Seite stand. Erich Honeckers Kronprinz Egon Krenz reiste im Oktober 1989 als Ehrengast zum 40. Jahrestag der Gründung der Volksrepublik nach Peking. Deng bedankte sich bei dem Ostberliner Bruder im Geiste höchstpersönlich für die Solidarität der SED bei der Niederringung der «konterrevolutionären Rebellion». Daheim zelebrierte die DDR-Führung den Gründungstag der Volksrepublik eine Woche vor dem Geburtstag der eigenen Republik mit einem Festakt in der Staatsoper Unter den Linden. Und das *Neue Deutschland* gratulierte China zur erfolgreichen Verteidigung des Sozialismus «gegen die innere und äußere Reaktion». Bis zum Fall der Mauer war es da noch ein Monat.

Das Ende des Kommunismus in Osteuropa und der Zerfall der Sowjetunion bestärkten Deng, der am 19. Februar 1997 starb, in seiner kompromisslosen Ablehnung jeder politischen Liberalisierung. Dabei war das ideologische Gebäude des Marxismus-Leninismus auch in China längst zu einer leeren Hülle geworden. Wie Nicholas D. Kristof und Sheryl WuDunn, von 1988 bis 1993 Peking-Korrespondenten der *New York Times*, in ihrem wunderbaren Buch «China Wakes» schrieben: «Der Kommunismus mag Staatskirche sein, aber die Leute sind Atheisten und Agnostiker. Es gibt in China ungefähr so viele gläubige Kommunisten wie Anhänger Zarathustras im Westen.»[31]

Nationalismus und Konfuzianismus sollten das ideologische Vakuum füllen. In ihrer Ablehnung jeder politischen Reform aber verdammte sich die Kommunistische Partei dazu, ihre Herrschaft allein durch unablässiges Wirtschaftswachstum zu legitimieren.

3. Xi Jinpings Rückfall in die Diktatur

Am frühen Nachmittag des 28. März 2014 füllt sich der Festsaal des Hotels Intercontinental in Berlins Budapester Straße. Diesen Termin hat sich im politischen Kalender der Hauptstadt mancher schon vor Wochen rot angestrichen. Xi Jinping, seit einem Jahr chinesischer Staatspräsident, macht auf seiner ersten großen Europareise auch in Deutschland Station. Nach Gesprächen Xis im Schloss Bellevue und im Bundeskanzleramt hat nun die Körber-Stiftung ins Interconti eingeladen. Vor geladenen Gästen wird Xi eine Grundsatzrede halten: Die Rolle Chinas in der Welt.

Natürlich hat sich die gesamte Berliner China-Community eingefunden: ehemalige Botschafter, die Chefs der wichtigsten Denkfabriken, Abgeordnete, Ministerialbeamte, Vertreter der Wirtschaft. Auch zwei große Alte der deutschen Politik wollen sich ein Bild von dem neuen Mann an der Spitze der Kommunistischen Partei und des chinesischen Staates machen. Helmut Schmidt, seit einigen Jahren im Rollstuhl, wird kurz vor Beginn der Rede von einem Sicherheitsbeamten in den Saal geschoben. Wenig später erscheint, an der Seite des gravitätisch schreitenden Xi Jinping, Richard von Weizsäcker, vorsichtig Schritt für Schritt voran tastend. Der frühere Bundespräsident wirkt zerbrechlich, fast hinfällig. Aber diesen Xi, den will er sich noch einmal anhören.

Als Xi Jinping ans Rednerpult tritt, lächelt er die beiden vor ihm in der ersten Reihe sitzenden Staatsmänner mit den schlohweißen Haaren milde an. Und sanft sind auch seine Worte. Xi plädiert dafür, «offen miteinander umzugehen, einander zuzuhören und sich in die Lage des anderen hineinzuversetzen». China als Bedrohung? Das seien doch «Märchen aus Tausendundeiner Nacht»! Sein Land sei an einer «friedlichen Entwicklung» interessiert. Wie überhaupt die 5000 Jahre alte chinesische Kultur schon immer friedlich gewesen sei: «Das Streben nach Frieden und Harmonie ist uns in Fleisch und Blut übergegangen.» Schmidt und Weizsäcker lauschen mit unbewegtem Gesicht.

Nach der Rede stellt sich Xi noch einem kurzen Gespräch mit Klaus Wehmeier, dem Vorstandsvorsitzenden der Körber-Stiftung. Der fragt nach den Gründen für den steigenden Verteidigungsetat und nach Chinas Machtanspruch im Südchinesischen Meer. Xi Jinping, der es nicht gewohnt ist, sich vor Publikum Fragen stellen zu lassen, noch dazu solche, die nicht abgesprochen sind, agiert souverän, fast lässig. Es sei nun einmal so, dass man sich zwar seine Freunde aussuchen könne, nicht aber seine Nachbarn. Und was nun die Beziehungen zu diesen Nachbarn angehe: «Manchmal können Löffel und Schüssel schon aufeinanderprallen.» Wer hier Löffel ist, und wer Schüssel, das sagt Xi nicht. Zum Südchinesischen Meer nur so viel: «Wir provozieren nicht, wir lassen uns aber auch nicht provozieren.»

In Berlin ist an diesem Nachmittag ein Politiker zu beobachten, der mit ruhigem Selbstbewusstsein eine Weltmacht repräsentiert und die Ehrerbietung, die ihm entgegengebracht wird, mit sichtlichem Behagen zur Kenntnis nimmt. Die eigene Macht steht ihm, und er weiß es.

Als «Prinzling» stieg Xi Jinping in der Partei auf, Abkömmling der roten Aristokratie, die China seit 1949 regiert. Sein Vater, Xi Zhongxun, kämpfte seit Beginn der dreißiger Jahre in den Reihen der Roten

Armee gegen die Japaner und die Nationalisten. Ein enger Gefolgsmann Maos, stieg er nach Gründung der Volksrepublik zum stellvertretenden Ministerpräsidenten auf. Dann jedoch überwarf er sich mit
dem Großen Vorsitzenden. 1962 wurde Xi Zhongxun seiner Ämter
enthoben und zur Zwangsarbeit in eine Fabrik geschickt. Lange Jahre
stand er in Peking unter Hausarrest, erst 1978 wurde er rehabilitiert.
Er kehrte in die Politik zurück und wurde 1980, zu Beginn der Reformära, Parteichef in der südlichen Provinz Guangdong, die in den folgenden Jahrzehnten einen phänomenalen Aufstieg nahm.

Der Sohn, 1953 als drittes von vier Kindern in Peking geboren, ging
auf die Schulen der kommunistischen Elite, bis er im Alter von sechzehn Jahren während der Kulturrevolution aufs Land geschickt
wurde, um dort das entbehrungsreiche Leben der Bauern zu teilen. In
der Provinz Shaanxi hauste er sieben Jahre lang in einer Lösshöhle,
ertrug die harte Feldarbeit am Tag und die Flohbisse in der Nacht.
Seitdem, sagte Xi viele Jahre später, schreckten ihn keine Schwierigkeiten mehr. 1975 kehrte er in die Hauptstadt zurück, studierte an der
Tsinghua-Universität Chemie-Ingenieurwesen. Der «Prinzling» bereitete sich auf seine Karriere vor, die ihn bis an die Spitze der Partei
führen sollte. Wichtige Stationen auf dem Weg dahin waren Leitungs-
funktionen in den Provinzen Fujian und Zhejiang sowie in Shanghai.
Nur wer diese «Feuertaufen» in der Provinz besteht, schafft es im heutigen China ganz nach oben.[32]

Mit seiner Wahl in den Ständigen Ausschuss des Politbüros 2007
trat Xi in das Licht der nationalen Öffentlichkeit. Er galt als einer von
zwei Anwärtern auf den künftigen Parteivorsitz – neben Li Keqiang,
dem späteren Ministerpräsidenten. Zwei Fraktionen standen sich damals in der KP gegenüber: die Shanghai-Fraktion des früheren KP-
Vorsitzenden Jiang Zemin und die Fraktion der kommunistischen
Jugendliga um den amtierenden Parteichef Hu Jintao. Auf dem 18. Parteitag im November 2012 sicherte sich die Shanghai-Fraktion sechs
von sieben Sitzen im Ständigen Ausschuss. Li Keqiang war der einzige
Vertreter der Jugendliga-Fraktion, der es in dieses höchste Führungs-
gremium der Partei schaffte. Xi Jinping wurde neuer Generalsekretär
und zugleich Vorsitzender der Militärkommission. Die Mehrheitsver-

hältnisse im Ständigen Ausschuss sicherten ihm seine fast unumschränkte Macht auf viele Jahre.[33] Im März 2013 wählte ihn der Nationale Volkskongress zum Staatspräsidenten.

So in seiner Führungsrolle gestärkt, ging Xi Jinping an die Arbeit – in einem Tempo und mit einer Entschlossenheit, die ihm die wenigsten zugetraut hätten. Schon gar nicht seine parteiinternen Gegner. Xi ließ sie seinen Veränderungswillen sofort und mit aller Härte spüren. Denn ihm war bewusst, wie sehr das Ansehen der Partei in der Bevölkerung gelitten hatte. Die Korruption hatte ein beschämendes Ausmaß angenommen – nichts lief mehr ohne kleine oder große Gefälligkeiten, ob es um einen Auftrag für ein Unternehmen ging, um die Zulassung der Kinder in eine gute Schule oder um einen Termin beim Arzt.

Xi sagte der Korruption den Kampf an und wollte dabei niemanden schonen, nicht die «Tiger» und nicht die «Fliegen», weder die großen noch die kleinen Postenjäger und Schmarotzer. Innerhalb von nur vier Jahren gerieten mehr als 1,3 Millionen Funktionäre und Beamte in die Fänge der allmächtigen Zentralen Disziplinarkommission, verloren ihre Pfründen und wanderten zu Tausenden ins Gefängnis; jene, die es am schlimmsten getrieben hatten, erwartete die Todesstrafe. Es traf Minister, Provinzfürsten, Politbüromitglieder und höchste Generäle. Wang Qishan, der Chef der Disziplinarkommission und enge Vertraute Xi Jinpings, räumte gnadenlos auf. Die Funktionäre waren gewarnt, denn Wang hatte angekündigt, unter ihm würden bei der Korruptionsbekämpfung «rote Gesichter und Schweißausbrüche zur Norm» werden.

Für viele kam es schlimmer. So wurde Bo Xilai, ehemals Parteichef der Millionenmetropole Chongqing und Mitglied des Politbüros, nach einem spektakulären Gerichtsprozess zu lebenslanger Haft verurteilt. Bo, charismatisch, selbstbewusst und eloquent, ebenfalls aus bestem kommunistischem Haus, galt als Rivale Xi Jinpings. Er hatte sich als Vertreter der Parteilinken profiliert, hielt das maoistische Erbe lebendig und ließ in Chongqing «rote Lieder» singen. Einen Prozess wie den gegen Bo Xilai hatte China noch nicht gesehen. Ein Angeklagter, der sich nicht an das Drehbuch der Partei hielt. Der nicht den reuigen Sünder gab. Der im Gegenteil aufbegehrte, dem Staatsanwalt widersprach, der Zeugen verhöhnte und die eigene Frau, die des Mordes an einem britischen Geschäftsmann angeklagt war, für verrückt erklärte. Fünf Tage lang verfolgten Millionen Chinesen über den Kurznachrichtendienst Sina Weibo die große Show des Bo Xilai. Der Eindruck, den sie gewannen und den sie gewinnen sollten: Hier wurde jemandem erlaubt, sich zu verteidigen. Hier krümmte sich einer nicht vor seinen Richtern. Vor allem aber: Hier ging es um Geld und nicht um Politik.

Natürlich ging es auch um Politik. Bo Xilai wanderte zu Recht ins Gefängnis, aber Xi konnte sich durch das Verfahren auch eines ernstzunehmenden Konkurrenten entledigen. Nein, große Namen schützten nicht vor Verfolgung. Selbst gegen Zhou Yongkang ließ Xi Jinping eine Untersuchung einleiten, den einst allmächtigen Sicherheitschef Chinas, zuständig für Polizei, Geheimdienste und Justiz. Es war das erste Mal seit 1949, dass ein ehemaliges Mitglied des Ständigen Ausschusses, also des obersten Parteizirkels, wegen Korruption angeklagt wurde. Auch die Führung der Volksbefreiungsarmee ließ Xi überprüfen. In den ersten drei Jahren wurden 37 Spitzenmilitärs vom Rang eines Generalmajors aufwärts entlassen und vor Gericht gestellt.

Was Xi umtrieb, war die Furcht, Chinas Kommunisten könnten das Schicksal ihrer einstigen Bruderpartei erleiden, der glorreichen KPdSU, die nach 74 Jahren an der Macht regelrecht implodiert war. «Warum ist die Sowjetunion auseinandergebrochen? Warum ist die sowjetische Kommunistische Partei in sich zusammengefallen?», fragte Xi in einer vertraulichen Rede im Dezember 2013. «Ein wichtiger Grund war», beantwortete er die eigene Frage, «dass sie in ihren Idealen und Überzeugungen schwankte.» Hauptschuldiger am Niedergang der KPdSU war aus seiner Sicht Michail Gorbatschow. «Am Ende war niemand mehr ein richtiger Kerl.»

Auch wenn seine eigene Familie unter der Willkürherrschaft Mao Zedongs gelitten hatte, sein Vater von den Roten Garden verfolgt und er selbst zur «Erziehung durch die Massen» aufs Land geschickt worden war, hatte Xi doch nie seinen Glauben an die Kommunistische Partei verloren. Allein ihr traute er zu, die Stabilität des Landes zu

Verkaufsstände in Peking bieten Porzellanfiguren
von Mao Zedong oder Xi Jinping an.

wahren und Wohlstand zu schaffen. Nur dürfe sie dabei ihre «roten
Gene» nicht verraten. «Wir müssen uns immer daran erinnern, woher
die rote Macht kam, und wir müssen das Gedenken an unsere revolutionären
Märtyrer hochhalten», schärfte er den Kadern ein.

Xi forderte Disziplin und Loyalität ein. In der Sprache der Parteipropaganda
war die Kampagne gegen die Korruption ein Kampf «um
Leben und Tod». Nicht nur der Niedergang der Sowjetunion schien
dies zu beweisen. Auch der «Arabische Frühling» mit seinen Massenprotesten
gegen die autoritären Regime im Mittleren Osten und in
Nordafrika lehrte Xi und die anderen Mächtigen in Peking das Fürchten.
«Zurück zu unserer ursprünglichen Mission», verlangte Xi deshalb
von den Mitgliedern der Partei. Sie sollten den Menschen wieder
ein Beispiel geben. Dazu gehörte auch ein Ende der zur Schau gestellten
Extravaganz. «Acht Regeln» wurden für Funktionäre erlassen.
Eine besagte, sie sollten sich bei dienstlichen Essen auf «vier Gänge
und eine Suppe» beschränken. Xi Jinpings Popularität stieg. Dass der
Kampf gegen die Korruption auch ein Kampf um die Macht war, dass

unter den ertappten Sündern auffallend oft Rivalen Xis waren, schien die Menschen nicht zu stören. Wichtig war: Endlich räumte jemand auf.

Es war die Zeit, in der die Partei begann, um Xi einen Personenkult zu inszenieren, wie China ihn seit Mao nicht mehr gesehen hatte. An einem einzigen Tag, am 4. Dezember 2015, tauchte sein Name auf der Titelseite des Parteiblatts *Renmin Ribao* in elf Überschriften auf. In den Buchläden stapelten sich Xi Jinpings gesammelte Reden und Essays. Im Januar 2019 wurde die App «Studiere die mächtige Nation» (*Xuexi Qiangguo*) freigeschaltet, entwickelt vom IT-Giganten Alibaba. Parteimitglieder und Staatsbeamte waren gehalten, die App auf ihrem Smartphone zu installieren und sich täglich dem Studium der «Xi-Jin-ping-Ideen» und der neuesten Reden des Parteichefs zu widmen. Die Dauer der Lektüre und die Punkte, die sie mit den richtigen Antworten auf Quizfragen sammeln konnten, entschieden darüber, wo sie am Ende des Tages im Ranking der Parteimitglieder standen.

Da war Xi Jinping schon längst zum «Kern» (*hexin*) der Partei avanciert, um den sich alle scharen sollten – ein Ausdruck, den Deng Xiaoping einst für herausragende Führer wie Mao Zedong und sich selbst geprägt hatte. Seinen Höhepunkt erreichte der Personenkult um Xi mit der Aufnahme der «Xi-Jinping-Ideen zum Sozialismus chinesischer Prägung für eine neue Ära» in die Parteisatzung und in die Verfassung der Volksrepublik. Diese Ehre war bis dahin nur Mao widerfahren.

In China herrschte also wieder ein starker Mann. Vorbei war es mit der kollektiven Führung, die Deng im Jahr 1990 zum «Schlüssel von Chinas Stabilität» erklärt hatte. Und tatsächlich agierten die Partei-vorsitzenden Jiang Zemin und Hu Jintao im Ständigen Ausschuss des Politbüros als Erste unter Gleichen. Xi hingegen vereinte alle Macht in seiner Person. Er stand nicht nur an der Spitze von Partei, Staat und Militär – er übernahm auch den Vorsitz in einem halben Dutzend Lei-tungsgruppen: zur Reformpolitik, zu Wirtschaft und Finanzen, zu Hongkong und Macao, zur Nationalen Sicherheit, zur Modernisie-rung des Militärs und zur Cyber-Sicherheit.[34] Xi wurde zum «Vor-sitzenden von allem».

Aber Xi Jinpings Machthunger war noch nicht gestillt. In der Zeit der kollektiven Führung waren in China die Amtszeiten begrenzt worden, formell beim Staatspräsidenten, informell beim Parteivorsitzenden. Nach zehn Jahren sollte es in beiden Ämtern einen Wechsel geben. Keine einzelne Regel war wohl wichtiger, wenn es darum ging, eine neuerliche Ein-Mann-Herrschaft oder gar ein Abgleiten in Despotie und Willkür wie bei Mao zu verhindern.

Umso größer war bei Liberalen und Reformern das Entsetzen, als der Nationale Volkskongress im Frühjahr 2018 die Begrenzung der Amtszeit des Staatspräsidenten aufhob.

Das Amt des Präsidenten ist eher repräsentativer Art. Die eigentliche Macht liegt beim Parteichef und dem Vorsitzenden der Militärkommission. Aber da Xi Jinping alle drei Ämter in seiner Person vereinigte, war das Signal unmissverständlich: Er war entschlossen, an seiner Macht festzuhalten, über die zehn Jahre hinaus, die ihm nach den bis dahin geltenden Regeln zustanden. Und so brachte er, anders als vor ihm Jiang Zemin und Hu Jintao, auch keinen Nachfolger in Stellung. «Am vergangenen Wochenende machte China den Schritt von der Autokratie zur Diktatur», kommentierte der britische *Economist* damals bitter. Auch in China gab es Kritik, aber sie wurde rasch zum Verstummen gebracht. Xu Zhangrun, angesehener Rechtsprofessor an der Tsinghua-Universität in Peking, verurteilte in einem Online-Kommentar die aufziehende Ein-Mann-Herrschaft. Prompt wurde er von seiner Hochschule suspendiert.

Die von Xi Jinping betriebene Zentralisierung der Macht duldete keine Trennung von Partei und Staat, wie sie von den Reformern um Deng Xiaoping vorsichtig eingeleitet worden war. So hatte der Staatsrat, also die Regierung, in der Wirtschaftspolitik größere Kompetenzen und Entscheidungsbefugnisse übernommen. Diese Entwicklung wurde nun gestoppt, die KP reklamierte wieder ihren uneingeschränkten Führungsanspruch, nach dem Motto: Die Partei regiert, der Staat verwaltet. Eine Trennung der Gewalten – das war «Konstitutionalismus», westliches Denken, und deshalb war es mit aller Kraft zu bekämpfen.

Unter Xi Jinping wird heute unverhüllt «top down» regiert. Xi schaffe, ähnlich wie einst Mao, ein zentralisiertes, hierarchisches System, schrieb das Berliner Mercator-Institut für Chinastudien in einer Analyse. «Diesmal jedoch soll die Partei diszipliniert werden, sie soll nicht revolutionär sein. Anstatt den Staatsapparat zu demontieren, ist es das Ziel von Xi, ihn effizienter zu machen und in den Dienst der Partei-Agenda zu stellen. Xi will sowohl eine monolithische KP als auch eine saubere, professionelle und effektive Verwaltung.»[35]

Den Primat der Partei setzt Xi auch gegenüber der Wirtschaft durch. Nicht nur werden die großen Staatsbetriebe gegenüber den Privatunternehmen in vielfältiger Weise begünstigt, sie werden auch immer wieder daran erinnert, dass sie der Partei zu dienen hätten. Auf einer Konferenz zur Rolle der Partei sagte Xi Jinping im Oktober 2016: «Die Führung der Partei in Staatsunternehmen ist ein wichtiges politisches Prinzip, darauf müssen wir beharren.»

Da kann es nicht überraschen, dass Xi auch von den Medien «absolute Loyalität» verlangt. Am Vormittag des 19. Februar 2016 besuchte er innerhalb weniger Stunden die Redaktionen der größten Tageszeitung, der wichtigsten Nachrichtenagentur und des staatlichen Fernsehsenders. Seine Botschaft an die Journalisten: Es sei ihre Aufgabe, «den Willen und die Ansichten der Partei zu spiegeln, die Autorität der zentralen Parteiführung zu schützen und die Einheit der Partei zu wahren». Die Medien als Transmissionsriemen der Partei – an Pressefreiheit und Informationsvielfalt ist da nicht zu denken.

Aus Sicht Xi Jinpings hat allein die KP das Sagen, immer und überall. «Regierung, Militär, Gesellschaft und Schulen, Nord, Süd, Ost und West – die Partei ist der Führer von allem», bekräftigte er bei der Eröffnung des 19. Parteitags im Oktober 2017. Kurz nach seinem Amtsantritt hatte Xi in einem internen Memorandum («Dokument 9») den westlichen Werten den Kampf angesagt. Sieben Themen waren für ihn tabu: konstitutionelle Demokratie, universelle Werte wie die Menschenrechte, eine unabhängige Presse, eine eigenständige Zivilgesellschaft, «nihilistische» Kritik an früheren Fehlern der Kommunistischen Partei, radikalmarktwirtschaftlicher «Neoliberalismus» und die Unabhängigkeit der Justiz.

Da blieb für die öffentliche Debatte nicht mehr viel Raum. Intellektuelle, die Xi Jinping zunächst als Reformer begrüßt hatten, wandten sich enttäuscht ab, zogen sich ins Private zurück. Professoren verstummten. Journalisten mieden Kritik. Anwälte, die Dissidenten verteidigten, wurden selbst ins Gefängnis geworfen. Bleiern lastete eine Repression auf dem Land, wie China sie seit der Niederschlagung der Tiananmen-Proteste 1989 nicht mehr erlebt hatte. Die Regierung zog eine große Mauer der Zensur hoch: Soziale Medien wie Instagram, Facebook oder Twitter wurden genauso blockiert wie die Online-Angebote der *New York Times*, des *Wall Street Journal*, der *Deutschen Welle* oder der *Frankfurter Allgemeinen Zeitung*. Selbst Schulbücher wurden aussortiert. Erziehungsminister Yuan Guiren mahnte: «Unter keinen Umständen dürfen wir in unseren Klassenräumen Unterrichtsmaterialien zulassen, die westliche Werte propagieren.»

Gegen die demokratische Versuchung aus dem Westen setzt Xi Jinping seinen «chinesischen Traum». Eine 5000 Jahre alte Zivilisation, so seine Vision, werde zu neuem Glanz aufsteigen. Endgültig zurücklassen soll China das «Jahrhundert der Demütigungen» durch den westlichen Imperialismus, das mit den Opiumkriegen begann und mit der Gründung der Volksrepublik China endete. Wohlstand im Inneren und neues Ansehen in der Welt – das verheißt Xi seinem Volk. Zwei Zielmarken hat er dafür gesetzt. Im Jahr 2021, ein Jahrhundert nach Gründung der Kommunistischen Partei, sollen die Menschen in China einen «moderaten Wohlstand» genießen. Und 2049, zu ihrem hundertsten Geburtstag, soll die Volksrepublik eine «moderne sozialistische Gesellschaft» sein. Dann soll sie das Entwicklungsniveau der führenden Industriestaaten erreicht haben.

Xi Jinping versteht den chinesischen Weg als Alternative zum westlichen Modell, und es gibt Intellektuelle, die ihm darin folgen. Zu ihnen gehört der Politikwissenschaftler Zhang Weiwei von der Fudan Universität in Shanghai. In seinem 2012 erschienenen Buch «The China Wave» beschreibt er das moderne China als Erbe einer Jahrtausende alten Zivilisation; seinen heutigen Erfolg erklärt er mit der konfuzianischen Kultur und deren meritokratischen Tradition, dem ausgeklügelten Examen-System, das Beamte durchlaufen mussten, bevor sie in hohe Positionen aufsteigen konnten. Eine Erklärung, die auch im Westen Anhänger findet, etwa bei Martin Jacques, Autor des Bestsellers «When China Rules the World».

Die Welt will Xi vielleicht nicht regieren, aber die Menschen, die seinen «chinesischen Traum» träumen, sollen stolz sein können auf die eigene Nation. Die Einheit Chinas zu bewahren oder wiederherzustellen, ist für ihn daher heilige Pflicht der Partei. Separatismus darf nicht geduldet werden, nicht in Xinjiang, Tibet oder in dem seit 1949 faktisch unabhängigen Taiwan.

Die Wiedervereinigung Taiwans mit dem Festland ist vielleicht Xi Jinpings ganz persönlicher chinesischer Traum. Die Teilung des Landes sei eine schmerzende «Wunde», sagte er zu Jahresbeginn 2019 in einer Rede. Die ungelöste Taiwan-Frage dürfe nicht «von Generation zu Generation weitergereicht» werden. Aber auch er ist, wie alle seine Vorgänger, einer Lösung nicht nähergekommen. Im Gegenteil: Je mehr er auf dem Festland die Unterdrückung verschärfte, umso energischer verteidigte Taiwan seine Souveränität. Regierung und Opposition wollten nichts wissen von der Formel «Ein Land, zwei Systeme», nach der die Pekinger Führung das Land wiedervereinigen möchte.

Diese Formel, argumentierten sie, habe ja schon in Hongkong versagt. Und tatsächlich erschütterten die Proteste in der einstigen britischen Kronkolonie auch die Autorität Xi Jinpings. Hunderttausende zogen 2018 durch die Straßenschluchten, weil sie um ihre Freiheitsräume fürchteten. Das Jahr 2047 begann näher zu rücken, in dem Hongkong eine chinesische Stadt wie jede andere werden würde. Die *Global Times*, Propagandablatt der Partei, sah in Hongkong eine «Farbenrevolution» heraufziehen, wie einst in Georgien oder in der Ukraine. Radikale Kräfte, schrieb die Zeitung, seien entschlossen, die Stadt zu einer «Basis für den Westen zu machen, um Chinas politisches System zu stürzen». Es wirkte hilflos, als im Herbst 2019 das 4. ZK-Plenum in Peking beschloss, durch historische und kulturelle Bildung das Nationalgefühl und den Patriotismus der Bürger Hongkongs und Macaos zu stärken. Während Chinas Führung am 1. Oktober 2019 den 70. Gründungstag der Volksrepublik mit einer gewaltigen Militärparade feierte und Xi Jinping in strammer Haltung die aufmarschierten Ehrenformationen grüßte, eskalierte in Hongkong die Gewalt.

Für den Parteichef war 2019 kein gutes Jahr. Der Handelskrieg mit den Vereinigten Staaten ließ das Wirtschaftswachstum auf 6,1 Prozent sinken, den niedrigsten Wert seit drei Jahrzehnten. Enthüllungen über die Internierungslager in der Region Xinjiang, in denen rund eine Million Angehörige der muslimischen Minderheit der Uiguren festgehalten wurden, entsetzten die Welt. Xinjiang galt als Versuchslabor für den totalen Überwachungsstaat, den die Regierung überall im Land mit Hilfe von Kameras zur Gesichtserkennung, Künstlicher Intelligenz und riesigen Datenmengen (Big Data) zu errichten begonnen hatte.

Aus Sorge, Peking könne chinesische Firmen auch zur Ausforschung jenseits der eigenen Grenze zwingen, es könne moderne Technologie für Spionage und Sabotage missbrauchen, untersagte die Regierung in Washington den amerikanischen Behörden die Zusammenarbeit mit dem Netzwerkausrüster Huawei. Die Vereinigten Staaten übten extremen Druck auf ihre Verbündeten aus, beim Aufbau des neuen superschnellen Mobilfunknetzes 5G nicht mit Huawei zusammenzuarbeiten.

Das waren aber noch nicht alle schlechten Nachrichten für Xi Jinping. Die Bürger Taiwans bestätigten bei der Präsidentenwahl im Januar 2020 Tsai Ing-wen im Amt, die der Ein-China-Politik Pekings immer eine Absage erteilt und die Bewahrung der Souveränität Taiwans in den Mittelpunkt ihres Wahlkampfs gestellt hatte. Ihre Wiederwahl war eine Absage an alle Wiedervereinigungspläne Pekings.

Schließlich brach in diesem Schreckensjahr auch noch die Afrikanische Schweinepest aus und raffte 200 Millionen Schweine dahin, gut vierzig Prozent des gesamten Bestandes. Schweinefleisch ist die wichtigste Proteinquelle in der Ernährung der Chinesen. Der Preis war am Jahresende um siebzig Prozent gestiegen.

Kein Wunder, dass als Folge all dieser Krisen und Herausforderungen das Wort vom großen «Rückschlag» zu kursieren begann. Vielleicht waren die Ambitionen Chinas größer als seine Kräfte gewesen, vielleicht hatte sich das Land einfach überhoben – mit dem gigantischen Projekt der «Neuen Seidenstraße», der Expansion im Südchinesischen Meer, der Aufrüstung seiner Streitkräfte, der Konfrontation mit den Vereinigten Staaten, der industriepolitischen Aufholjagd. «Rückschlag» hieß auch das Buch eines klugen Beobachters, des australischen Journalisten Richard McGregor, das im Sommer 2019 erschien.[36] «Wann hat sich die Welt gegen China gewendet?» So lautet gleich der erste Satz. McGregors Antwort: Wenn es einen Zeitraum gegeben habe, in dem sich das Bild grundlegend gewandelt habe, das sich die Welt von Xi Jinping gemacht habe, dann seien dies die Monate zwischen dem Parteitag der KP im Oktober 2017 und dem Volkskongress im März 2018 gewesen, auf dem die Aufhebung der Amtszeitbegrenzung beschlossen wurde.

Zu einem ähnlichen Urteil kommt die deutsche Chinaexpertin Heike Holbig. Zwischen Oktober 2017 und März 2018 hätten der 19. Parteitag und der Nationale Volkskongress «eine neue Ära in der politischen Entwicklung der Volksrepublik eingeläutet. Beschlossen wurde eine Fülle ideologischer, konstitutioneller, organisatorischer und personeller Neuerungen. Zusammen markieren sie das Ende der von Deng Xiaoping im Jahre 1978 eingeleiteten Reformära.»[37]

Zur Jahreswende 2017/2018 stand Xi Jinping im Zenit seiner Macht. Die Staatsmedien wiesen ihm einen historischen Rang ebenbürtig der Bedeutung Mao Zedongs und Deng Xiaopings zu: Unter Mao sei das chinesische Volk aufgestanden, unter Deng sei es reich geworden, unter Xi werde es mächtig werden. Zwei Jahre später begann die große Ernüchterung. «Kämpfen» – immer häufiger tauchte in den Reden Xi Jinpings nun dieses Wort auf. Und da ahnte noch niemand etwas vom Coronavirus.

Für Xi Jinping wurde die Pandemie zur dramatischsten Herausforderung seiner Amtszeit. Schien es zunächst, als reagiere das Regime konsequenter auf die Gefahr als beim Ausbruch der SARS-Epidemie 2003, so zeigte sich rasch ein anderes Bild. Schnell hatte nur die Wissenschaft reagiert. Virologen identifizierten das Virus rasch, sequenzierten seine DNA, informierten die Weltgesundheitsorganisation (WHO) über die heraufziehende Gefahr. Nur die eigene Bevölkerung erfuhr nichts. Dabei hatten Ärzte in Wuhan frühzeitig Alarm geschlagen. Unter ihnen war der Augenarzt Li Wenliang. Wenig später erkrankte Li selbst am Coronavirus. Vom Krankenbett aus verteidigte er seine Warnungen. Der eigentlich unpolitische Arzt hinterließ ein eindringliches Vermächtnis, als er sagte, in einer «gesunden Gesellschaft» dürfe nicht nur für «eine Stimme» Raum sein. Bald darauf starb er. In der Nacht seines Todes explodierten in Chinas sozialen Medien Wut, Trauer und Verzweiflung. Um zwei Uhr in der Nacht tauchte im Kurznachrichtendienst Weibo der Hashtag «Wir wollen Meinungsfreiheit» auf; bis morgens um sieben Uhr war er zwei Millionen Mal angeklickt worden, bevor die Zensur ihn löschte.[38]

Xi Jinping selbst erklärte die Eindämmung der Epidemie, nachdem er tagelang von der Bildfläche verschwunden war, zum «Test» für das chinesische Regierungssystem. Am 15. Februar 2020 veröffentlichte das Theorieorgan der Partei, *Qiushi* («Die Wahrheit suchen»), eine Rede, die Xi am 3. Februar vor dem Ständigen Ausschuss des Politbüros gehalten hatte. Danach hatte er schon am 7. Januar Anweisungen zur Bekämpfung des Virus gegeben. Nur erwähnten an diesem Tag die Staatsmedien in ihren Berichten über das Treffen des Ausschusses von diesen Anweisungen nichts. Erst zwei Wochen später, am 20. Januar, zitierten sie Xi mit dem Befehl, alles Erforderliche zu tun, damit sich das Virus nicht weiter ausbreiten könne.[39]

Leugnen, vertuschen, verschweigen – wie in der SARS-Krise wurde das System auch diesmal seiner Verantwortung nicht gerecht. Die Schuld wurde abgeladen bei überforderten örtlichen Funktionären. In der aufgeheizten Atmosphäre meldeten sich im Netz mutige Kritiker zu Wort. So plädierte He Weifang, Rechtsprofessor an der Peking Universität, für eine freie Presse. «Ich hoffe, der hohe Preis wird die chinesischen Autoritäten zu der Einsicht bringen, dass ohne Pressefreiheit die Menschen in Verzweiflung und die Regierung in Verlogenheit leben müssen.»[40]

Auch Xu Zhangrun, der suspendierte Rechtswissenschaftler von der Tsinghua Universität, stellte einen Aufsatz online, in dem er die Antwort der Regierung auf den Ausbruch der Krise verurteilte und die Unterdrückung von Informationen mit dem generellen Mangel an Informationsfreiheit in China begründete. «Die Coronavirus-Epidemie zeigte den verrotteten Kern des chinesischen Regierens», schrieb Xu in seinem Essay, der sofort gelöscht wurde. Xu nannte den Volkszorn «vulkanisch». Menschen, die so empört seien, könnten am Ende «ihre Furcht abwerfen». Der Juraprofessor ließ sich vom Druck, den die Behörden auf ihn ausübten, nicht abschrecken, und setzte seine Kritik am Krisenmanagement der Regierung fort. Im Juli 2020 wurde er verhaftet.

Endlich, als sich schon 80 000 Menschen mit dem Virus infiziert hatten und fast 3000 an der Krankheit gestorben waren, räumte auch Xi Jinping Fehler und «Unzulänglichkeiten in der Reaktion auf die Epidemie» ein. Der Ausbruch des Virus habe zur größten Gesundheitskrise «seit der Gründung des neuen Chinas» geführt. Es war der Tag, an dem die jährliche Sitzung des Nationalen Volkskongresses verschoben wurde. Das hatte es seit Jahrzehnten nicht gegeben. Jedes Jahr tagt das chinesische Parlament, das in Wahrheit ein Scheinparlament ist, Anfang März in Pekings Großer Halle des Volkes. Nun durften die Abgeordneten nicht in die Hauptstadt reisen.

Die Krise, so schien es, hatte ihren Tiefpunkt noch lange nicht erreicht. Doch die Dinge wendeten sich überraschend schnell zum Besseren, auch dank der radikalen Maßnahmen der Regierung, vor allem der totalen Abschottung Wuhans. Nur zweieinhalb Monate später, Ende Mai, trat der Nationale Volkskongress zusammen. Das Land zahle einen hohen Preis für die Epidemie, sagte Ministerpräsident Li Keqiang in seiner Eröffnungsrede. Doch im Vergleich zu anderen Ländern stand China so schlecht nicht da. Um 6,8 Prozent war die Wirtschaft im ersten Quartal 2020 geschrumpft, schlimm genug; doch andere Staaten traf es viel härter. War das nicht Beweis genug für die Stärke des eigenen politischen Systems? Die Propaganda lief auf Hochtouren und pries die Überlegenheit des chinesischen «Modells».

Xi Jinping begab sich auf Reisen in die Provinzen, besuchte Fabriken, Häfen, Regierungsbehörden, Touristenziele. Seine Botschaft: Das Land kehre langsam wieder zur Normalität zurück. «Schon immer folgte auf schlimmes Unglück großer historischer Fortschritt», sagte Xi Jinping vor Studenten und Professoren der Jiaotong Universität in Xian. «Not und Leid haben unsere Nation gestählt und wachsen lassen.»[41] Die Krise als Chance. Im Heldenepos des Kampfes gegen das Virus spielte der Partei- und Staatschef schnell die Hauptrolle, seinem energischen Eingreifen sei der Erfolg zu danken. Die *Volkszeitung* erwähnte Xi Jinping in einem ausführlichen Bericht über den Ausbruch der Epidemie 83 Mal. Der Name von Ministerpräsident Li Keqiang, zu Beginn von Xi offiziell mit dem Krisenmanagement beauftragt, tauchte ein einziges Mal auf.[42]

Innenpolitisch ging Xi Jinping gestärkt aus der Krise hervor. Es schien, als bereite er sich bereits auf den nächsten Parteitag im Jahr 2022 vor. Die Regeln eines Wechsels nach zehn Jahren an der Spitze von Partei und Staat hatte er außer Kraft gesetzt. Ein Thronfolger war nicht aufgebaut worden, ein Rivale nirgendwo in Sicht. Nichts stand einer Verlängerung seiner Amtszeit um mindestens fünf weitere Jahre entgegen.

Xi hatte nach der totalen Macht gegriffen und sie erhalten. Bei ihm lag nun auch die totale Verantwortung. Er nahm sie wahr, wie er es in einem langen Leben für die Partei gelernt hatte: mit einer neuen Kampagne gegen Korruption und Illoyalität. Im Sommer 2020 wurde sie verkündet und traf vor allem die Justiz und den Sicherheitsapparat. Es gelte, «die Klinge nach innen zu richten» und «das Gift von den Knochen zu kratzen», sagte Chen Yixing, der Generalsekretär der Parteikommission für Politik- und Justizangelegenheiten. Eine Säuberungskampagne nach dem Vorbild von Maos «Ausrichtungsbewegungen» im revolutionären Stützpunkt Yenan Anfang der vierziger Jahre kündigte er an.[43] Wieder einmal, wie seit hundert Jahren schon, sollte die Partei gestählt werden. Für neue Kämpfe.

III. Kommunistische Partei:
Mechanismen der Herrschaft

Karl Marx wiegt 2,3 Tonnen und ist 5,50 Meter groß. Es ist also eine durchaus monumentale Bronzestatue, die am 5. Mai 2018, zum 200. Geburtstag des Philosophen, in dessen Geburtsort Trier enthüllt wurde. Zur Porta Nigra sind es nur ein paar Schritte, und manchem Bürger Triers wäre es recht gewesen, das knapp zweitausend Jahre alte römische Stadttor wäre das einzige Wahrzeichen der Stadt geblieben.

Die Volksrepublik China aber wollte Trier, wollte Deutschland und vor allem sich selbst ein Geschenk machen zu Marxens rundem Geburtstag. Am liebsten hätte Pekings Führung die Enthüllung des Denkmals mit einem deutsch-chinesischen Gipfeltreffen verbunden. Doch Angela Merkel winkte höflich ab. Aus Sicht der ehemaligen DDR-Bürgerin wäre das dann doch ein bisschen viel der Ehre gewesen für den Begründer des Weltkommunismus.

So also blieb es beim Auftrag an den Bildhauer Wu Weishan, der in China gern gefragt wird, wenn ein staatstragendes Kunstwerk gewünscht ist. Wu machte sich ans Werk. Er schuf einen Marx mit Gehrock und wallendem Bart, ein Buch in der linken Hand, ernst und entschlossen der Zukunft entgegenschreitend. Einen Marx, der gerade «Das Kapital» vollendet hatte. Mit dem Denkmal, so sagte es Shi Mingde, damals Chinas Botschafter in Berlin, wolle seine Regierung «dem großen Karl Marx unseren Respekt und das Gedenken Chinas und der chinesischen Bevölkerung vermitteln».

Seither lassen sich die chinesischen Touristen, die nach Trier pilgern, gern vor dem Bronzegiganten fotografieren. In ihrem Land ist die Erinnerung an Marx lebendiger als in dessen Heimat. Dafür sorgt die Kommunistische Partei Chinas, die ihre rund 90 Millionen Mitglieder bis heute die philosophischen und ökonomischen Grundlagen des *Makesizhuyi*, des Marxismus, studieren lässt. Ohne Marx kein Kommunismus, ohne Kommunismus kein neues China – nach dieser festen Überzeugung regiert die KPCh die Volksrepublik seit siebzig Jahren. Da kann die Statue in Trier gar nicht groß genug sein. Die Deutschen wollten keinen Gipfel in Trier? Nun gut, dann feierte China den Denker eben in der eigenen Hauptstadt, mit einer Zeremonie in der Großen Halle des Volkes und mit einer Konferenz über den «Marxismus und die Zukunft der Menschheit» an der Universität Peking.

Marx lebt also noch. Wie auch der Kommunismus noch lebt, an den eigentlich keiner mehr so richtig glaubt. Als offizielle Herrschaftslehre gibt es ihn weltweit noch in fünf Ländern. Neben China sind dies Nordkorea, Vietnam, Laos und Kuba. Viel ist nicht geblieben vom einst so mächtigen Systemkonkurrenten des Westens. Und auch die fünf Zitadellen des Marxismus-Leninismus hätten nicht überlebt, hätte es China nicht geschafft, sich mit seiner Politik der Reform und Öffnung vom allgemeinen Niedergang der kommunistischen Bewegung abzukoppeln. Eine Gesellschaft, mit der man sich schmücken kann, sind die Bruderstaaten leider nicht. Aber ohne sie wäre das reiche und mächtige China noch einsamer, ohne jeden Freund und jeden Verbündeten. Wobei Vietnam längst dem einstigen Kriegsgegner Amerika schöne Augen macht und Nordkorea so unberechenbar bleibt wie eh und je.

Die Freiheit ist im Restreich des Kommunismus bis heute nicht angebrochen. Das freie Wort, die freie Versammlung, die freie Wahl, der freie Glaube – all dies ist den Bürgern bis heute verwehrt. Jedes Jahr veröffentlichen die «Reporter ohne Grenzen» eine weltweite Rangliste der Pressefreiheit. Im Jahr 2019 standen auf ihr 180 Staaten. Die fünf kommunistisch regierten Länder tummelten sich ganz am Ende: Kuba (Platz 169), Laos (171), Vietnam (176), China (177) und Nordkorea (179). Man mag sich nicht vorstellen, dass sich das stolze China in dieser Staatengruppe wohlfühlt; aber nach dem Kriterium mangelnder politischer Freiheit gehört es dazu.

Anders ist es, schaut man sich die verschiedenen Indizes der wirtschaftlichen Entwicklung an. Da hat China in den vergangenen vierzig Jahren einen riesigen Sprung nach oben gemacht. Seit Beginn der Reformpolitik Deng Xiaopings ist das Bruttoinlandsprodukt von 191,1 Milliarden US-Dollar (1980) auf damals unvorstellbare 14,3 Billionen US-Dollar (2019) gestiegen. Pro Kopf der Bevölkerung schnellte die Wirtschaftsleistung im selben Zeitraum von 430 US-Dollar (1980) auf 10 261 US-Dollar (2019) nach oben. Diese Erfolge sind die wichtigste Legitimation für das Fortbestehen eines eigentlich anachronistischen Systems; sie verleihen dem Land die für das Überleben der Kommunistischen Partei unentbehrliche politische Stabilität. Und sie lassen die beiden Ziele realistisch erscheinen, die sich das Land unter Xi Jinping gesetzt hat. Im Jahr 2021 soll China eine «moderat wohlhabende Gesellschaft» sein. Und 2049 sollen die Chinesen in einer «modernen sozialistischen Gesellschaft» leben.

Aber bis 2049 sind es noch fast drei Jahrzehnte. Blickt man zurück auf die Geschichte der Volksrepublik, dann spricht wenig dafür, dass die Entwicklung bis dahin in ruhigen Bahnen verlaufen wird. Wahrscheinlicher sind Brüche und Rückschläge, Macht- und Richtungskämpfe, wie sie das Land seit 1949 immer wieder erlebt hat. Der Große Sprung nach vorn (1958–61), die Kulturrevolution (1966–76) und das Massaker am Platz des Himmlischen Friedens (1989) waren tiefe Zäsuren, ideologische Verirrungen und Akte brutalster Gewalt. So etwas wie politische Normalität hat es bis zum Tod Mao Zedongs (1976) nie gegeben. Und auch der Wirtschaftsreformer Deng zögerte keinen Moment, die Armee zur Hilfe zu rufen, als er die Herrschaft der Partei durch die Tiananmen-Proteste in Gefahr sah.

All dies liest sich in den chinesischen Medien und Schulbüchern natürlich ganz anders. Die Partei kontrolliert die Geschichte, sie will die Hüterin ihrer eigenen Wahrheit sein. Unter dem heutigen Parteichef Xi Jinping, schreibt der amerikanische Sinologe Andrew J. Nathan, werde der Blick in die Vergangenheit «in schlauer Form geschliffen». Deng habe noch vorsichtige Kritik an den Verbrechen Maos erlaubt mit der Formel, dessen Fehler hätten sich auf 30 Prozent belaufen, die Errungenschaften auf 70 Prozent. Unter Xi sei davon nichts geblieben. «Die siebzig Jahre während Geschichte der VR China wird geschildert als ein hart errungener, aber triumphaler Fortschritt auf dem Weg zur Modernisierung.»[1]

Der Versuch, die «nackte Wahrheit» über Chinas Zeitgeschichte zu sagen, schreibt der australische Journalist Richard McGregor in seinem kenntnisreichen Buch über die KP Chinas, sei in der Volksrepublik so ziemlich «das radikalste, was man machen kann». Die Geschichte sei eines der Felder, auf denen abweichende Meinungen am wenigsten toleriert würden. «Der Partei reicht es nicht, die Regierung und die Wirtschaft in China zu kontrollieren. Um an der Macht zu bleiben, das weiß die Partei seit langem, muss sie auch die Erzählung über China kontrollieren.»[2]

Mag das chinesische Volk den Glauben an den Kommunismus längst verloren haben, mögen viele Mitglieder nur um des eigenen beruflichen und finanziellen Vorteils wegen der Partei beigetreten sein, Chinas Führung kann den Marxismus-Leninismus nicht einfach über Bord werfen. Denn wie der Chinaforscher David Shambaugh von der George-Washington-Universität schreibt: «Die zugrundeliegende Ideologie aufzugeben, heißt, die Raison d'être der Partei selbst aufzugeben.»[3] Am leninistischen Herrschaftssystem hat sich also wenig geändert: Zentralisierung der Macht, klare Hierarchien, strikte Disziplin und ideologische Reinheit – die alten Prinzipien gelten bis heute. Xi Jinping vertritt sie mit dogmatischer Strenge. Unter ihm bekämpft die KP nicht nur das Eindringen «westlicher Werte». Die Parteimitglieder werden auch wieder gründlicher ideologisch geschult. Bei einer Nationalen Arbeitskonferenz zu Propaganda und Ideologie im August 2013 beklagte Xi, in der Partei schwinde der Glaube an Marxismus und Sozialismus. Er warnte: «Der Zerfall eines Regimes beginnt oft im ideologischen Bereich. Politische Unruhe und Regimewandel kommen vielleicht über Nacht, aber die ideologische Entwicklung ist ein langwieriger Prozess. Werden die ideologischen Verteidigungslinien durchbrochen, dann sind andere Verteidigungslinien nur schwer zu halten.»[4]

An diesen Verteidigungslinien müssen die richtigen Kader stehen. Zuständig für deren Auswahl, ständige Begleitung und Beobachtung ist der zentrale Führungsapparat der KP, der im Auftrag von Zentralkomitee und Politbüro arbeitet. Die Organisationsabteilung des ZK entscheidet über den Karriereverlauf aller führenden Funktionäre. Die Propagandaabteilung wacht über die Reinheit der Lehre. Und die Zentrale Disziplinarkommission ahndet die bekannt gewordenen Vergehen und Verbrechen der Parteimitglieder; wem sie ihre Aufmerksamkeit schenkt, der wird seines Lebens nicht mehr froh.

Wie sehr die Partei unter Xi Jinping an Macht noch einmal hinzugewonnen hat, zeigt die Schaffung einer neuen Aufsichtskommission für Staatsdiener. Bis zu einer Änderung der Verfassung im Frühjahr 2018 war die Zentrale Disziplinarkommission des ZK für die Verfolgung von Vergehen durch Parteimitglieder zuständig. Erst wenn die Kommission ihre Ermittlungen abgeschlossen hatte, wurden die Beschuldigten der staatlichen Justiz übergeben. Das Urteil war dann in aller Regel bereits gesprochen. Die Untersuchung von Parteimitgliedern Außenstehenden zu überlassen, wäre inakzeptabel gewesen, argumentiert Richard McGregor, «denn das wäre darauf hinausgelaufen, auf das Machtmonopol der Partei zu verzichten». Nun gibt es auch eine staatliche Aufsichtskommission, mit deren Hilfe die Partei nicht nur gegen die eigenen Mitglieder und Funktionäre ermitteln kann, sondern auch gegen alle Staatsbediensteten.

Die vorsichtige Trennung von Partei und Staat, die unter Deng Xiaoping begonnen hatte, wurde gestoppt und zurückgedreht. Für Gewaltenteilung ist kein Platz im China Xi Jinpings. Es gibt nur die eine Kommunistische Partei. Und deren Machtanspruch hat sich alles andere unterzuordnen. Der Staat. Die Wirtschaft. Die Wissenschaft. Auch das Militär. Rund 90 000 Parteizellen gibt es in der Volksbefreiungsarmee, ungefähr eine auf 25 Soldaten.[5] Die Streitkräfte sind eine Armee der Partei, nicht des Staates. Der Generalsekretär der KP ist in der Regel zugleich Vorsitzender der Zentralen Militärkommission. Dies ist vielleicht sogar das mächtigste seiner Ämter.

Im Jahr 1927 wurde die Rote Armee als militärischer Arm einer revolutionären Partei gegründet. Für Mao Zedong stand immer fest, dass die Macht «aus den Gewehrläufen» kommt. Geprägt durch den Bürgerkrieg gegen die Kuomintang, war es die Hauptaufgabe der Armee, die Herrschaft der KP zu erringen und später zu bewahren. Die «absolute Loyalität» zur Partei ist bis heute oberste Maxime der

Streitkräfte. So schrieb die *Jiefangjun Ribao*, die Zeitung der Volksbefreiungsarmee, in einem Leitartikel zum Tag der Armee 2005: «Unsere Armee folgt der starken Führung der Partei, sie handelt unter
dem Kommando der Partei, hält immer das Banner der Partei als unser Banner hoch, folgt der Richtung der Partei als unserer Richtung
und macht den Willen der Partei zu unserem Willen.»[6]

Ihre «absolute Loyalität» stellte die Armee auch bei der Niederschlagung der Tiananmen-Proteste unter Beweis. Zum fassungslosen
Entsetzen der Pekinger Bürger, die bis zur Nacht auf den 4. Juni 1989
überzeugt waren: Die Armee des Volkes schießt nicht auf das Volk.
Ein schrecklicher Irrtum. In dem Moment, in dem sich für die Staatsführung die Machtfrage stellte, stand das Militär an der Seite der Partei, mit allen Konsequenzen. Einige Offiziere weigerten sich, das Feuer
auf die Demonstranten zu eröffnen. Generalleutnant Xu Qinxian,
Kommandeur der 38. Armee, wurde deswegen vor ein Militärgericht
gestellt und zu fünf Jahren Haft verurteilt. Doch von Ausnahmen wie
ihm abgesehen, konnte sich die Partei auf die Soldaten verlassen.
Deng Xiaoping besuchte einige Tage später die Truppen, die mit ihren
Panzern in die Hauptstadt eingerückt waren, um ihnen seinen Dank
abzustatten. «Der Sturm musste kommen», erklärte Deng den Militärs. Glücklicherweise habe sich das Unwetter jetzt entladen, da «noch
eine große Gruppe alter Genossen am Leben» sei.

Am Machtmonopol der Kommunistischen Partei soll niemand rüt-
teln. Deshalb zögert die Führung nicht, in der Bevölkerung Furcht zu
verbreiten. Sie möchte sie aber in erster Linie durch gutes Regieren
gewinnen. Kader, die zu Höherem berufen sind, müssen sich in der
Regel erst in fernen, oft armen Provinzen bewähren. Manchmal sind
dies Härteposten, etwa in Regionen wie Tibet oder Xinjiang, in denen
ein Großteil der Einwohner in den zugewanderten Han-Chinesen
Besatzer sieht, gegen die sie aufbegehren. Danach geht es zumeist in
eine wirtschaftlich bedeutende Provinz wie Guangdong oder Zhejiang, und erst dann ist der Weg frei nach Peking ins Zentrum der
Macht. Hallodris wie der einstige italienische Ministerpräsident Silvio
Berlusconi oder Großmäuler wie Donald Trump hätten es in China
nie an die Spitze gebracht. Davon sind nicht nur chinesische Kommu-

nisten überzeugt, das glauben auch diejenigen im Westen, die in der Elitenrekrutierung eine Erklärung für den wirtschaftlichen und politischen Aufstieg Chinas sehen.

Die Partei kann sich dabei auf eine Jahrtausende alte konfuzianische Tradition stützen. Bildung galt in China schon immer als Schlüssel zu Macht und Reichtum. Wer das System strenger, aufeinanderfolgender Prüfungen erfolgreich durchlaufen hatte, dem stand eine Karriere als Beamter offen. Im Kaiserreich wachte seit der Han-Dynastie (206 v. Chr.–220 n. Chr.) das *Li Bu*, das Ministerium für den Staatsdienst, über die vielversprechendsten Beamten. In der Volksrepublik liegt die Aufsicht über den kommunistischen Führungsnachwuchs bei der Organisationsabteilung des ZK. Deren Akten und deren Empfehlungen öffnen die Türen zur Macht.

Aber es wäre naiv zu glauben, in China entscheide allein die Leistung über den Aufstieg. Karrieren werden auch dort, wie überall auf der Welt, durch Beziehungen, Kungeleien und Machtkämpfe gefördert oder gestoppt. Mit der richtigen Seilschaft geht es leichter aufwärts. Und viele «Prinzlinge», die Abkömmlinge der roten Aristokratie, finden schneller als andere den Weg in die Führungselite. Leistung müssen auch sie erbringen, aber die richtige Familie erleichtert den Start. So war es schon in der Kaiserzeit. Im Prinzip stand jedem der Weg in höchste Ämter offen. Aber nur, wer aus vermögendem Hause kam, war in der Lage, sich jahrelang auf die schwierigen Prüfungen vorzubereiten.

Führte einst das Studium der konfuzianischen Klassiker nach oben, so hilft heute das Studium an einer US-Eliteuniversität. Sogar in höchsten Staatsämtern findet man Absolventen amerikanischer Hochschulen. So hat Notenbankchef Yi Gang seinen Doktortitel in Wirtschaftswissenschaften an der Universität von Illinois erworben und mehrere Jahre lang an der Universität von Indiana gelehrt. Vize-Premierminister Liu He, in Wirtschafts- und Finanzfragen wichtigster Mann in der Regierung und enger Berater Xi Jinpings, studierte an der Seton Hall Universität in New Jersey und erwarb Anfang der neunziger Jahre seinen Master in Verwaltungswissenschaften an der Harvard-Universität. Beide denken in ökonomischen Fragen liberal, stehen der Marktwirtschaft aufgeschlossen gegenüber. Aber politisch ist der «Wirtschaftszar» Liu He ein Konservativer, sonst gäbe es für ihn keinen Platz an der Seite Xis. Ziel aller Reformen ist auch für ihn «die Stärkung der allumfassenden Führerschaft der Partei».

Spitzenfunktionäre wie Yi Gang und Liu He sind auf dem internationalen Parkett trittsicher. Sie pflegen ihre alten akademischen Kontakte, sind aber auch mit den führenden Bankern der Wall Street bestens bekannt, ja manchmal regelrecht befreundet. Das gilt zum Beispiel für Vize-Präsident Wang Qishan, der im Auftrag Xi Jinpings einst erbarmungslos Jagd auf korrupte Parteikader machte und sich heute um die chinesisch-amerikanischen Beziehungen kümmert. Seit Jahren verbindet ihn ein enges Vertrauensverhältnis mit Henry M. Paulson, dem früheren Chef der Investmentbank Goldman Sachs und späteren US-Finanzminister, über das dieser in einem Buch ausführlich berichtet.[7]

Doch keiner von ihnen würde das amerikanische Modell auf China übertragen. Im Gegenteil, sie halten den Weg, den China unter Deng Xiaoping eingeschlagen hat – Leninismus plus Marktwirtschaft – für überlegen, zumindest im eigenen Land. Das gilt ganz gewiss für Wang Huning, gewissermaßen der Chefideologe der Kommunistischen Partei Chinas. Seit 2017 ist er Mitglied im Ständigen Ausschuss des Politbüros, damit gehört er zu den sieben mächtigsten Parteiführern. Wang hat nicht in den USA studiert. Der ehemalige Professor an der Fudan-Universität in Shanghai war aber am akademischen Austausch mit einem guten Dutzend amerikanischer Universitäten beteiligt, darunter auch Harvard. Er kehrte desillusioniert von seinen Reisen zurück. Ein Mehrparteiensystem, Wahlen nach westlichem Muster – das passt seiner Meinung nach nicht zu einem Land wie China. «Amerika gegen Amerika» lautete der Titel eines Buches, in dem Wang Huning seine Erfahrungen im Präsidentschaftswahlkampf 1988 zwischen George H. W. Bush und Michael S. Dukakis niederschrieb. Für China empfiehlt sich nach Ansicht Wangs eine autoritäre Regierung, die mit harter Hand modernisieren müsse, bevor man über eine Demokratisierung des Landes nachdenken könne. So sieht es wohl auch Xi Jinping. Wang gilt als der intellektuell einflussreichste Kopf hinter dem Parteichef. Die «Xi-Jinping-Ideen zum Sozialismus chinesischer Prägung für eine neue Ära», ideologisches Fundament des gegenwärtigen Regimes, sollen aus seiner Feder stammen.[8]

Zu Weihnachten 2017, am 25. und 26. Dezember, rief Xi Jinping das Politbüro zu einer Sondersitzung zusammen. Auf der Tagesordnung standen «Kritik und Selbstkritik». Und Xi ließ es an Kritik nicht fehlen. In der Partei gebe es zu viel «Formalismus und Bürokratismus», herrschte er die Anwesenden an. Gerade die führenden Genossen dürften keine «Schattenboxer, Pirouettendreher oder Phrasendrescher» sein. «Wir müssen mit den Genossen im Politbüro anfangen. Je höher ihr Rang ist, desto loyaler müssen sie dem Volk dienen.»[9]

Wenige Wochen zuvor hatte der 19. Parteitag Xi Jinping als Generalsekretär der KP im Amt bestätigt. Seine Herrschaft war gefestigt, Rivalen waren weit und breit nicht in Sicht, die Nachfolgefrage war ausdrücklich offengelassen worden. Xi konnte schalten und walten, wie er wollte. Die sich abzeichnende Verlangsamung des Wirtschaftswachstums, die schärfer werdende Konfrontation mit den Vereinigten Staaten, der Kampf gegen die «westlichen Werte», der neu aufflammende Streit mit Taiwan – dies alles verlangte seiner Meinung nach eine noch stärkere Zentralisierung der Macht. So sagte es Xi vor dem Politbüro nicht. Aber er mahnte die Führung, sie müsse ein Krisenbewusstsein über «die in- und ausländischen, tief gehenden Veränderungen und Widersprüche entwickeln». Nur so werde die Partei fähig sein, «für lange Zeit an der Macht zu bleiben».[10]

Im Januar 2018 traf sich das Zentralkomitee zwei Tage lang hinter verschlossenen Türen. Die rund 200 ZK-Mitglieder hatten eine weitreichende Entscheidung zu treffen. Die engste Parteiführung um Xi Jinping hatte sich darauf verständigt, die Begrenzung der Amtszeit des Staatspräsidenten auf zehn Jahre aufzuheben. Diese war 1982 unter Deng Xiaoping in der Verfassung verankert worden. China hatte damit die Lehren aus der Willkürherrschaft Mao Zedongs gezogen, der das Land in die Katastrophe der Kulturrevolution geführt hatte und dessen größenwahnsinniges Regiment am Ende jeder Kontrolle entglitten war. Unter der neuen Regelung hatte der geordnete und friedliche Führungswechsel tatsächlich zweimal geklappt: von Jiang Zemin zu Hu Jintao (2003) und von Hu Jintao zu Xi Jinping (2013). Ein Muster für eine geordnete Amtsübergabe schien sich herauszubilden. Doch bevor es sich fest etablieren konnte, machte der Machtanspruch des neuen starken Mannes es zuschanden. Die Präsidentschaft war zwar das unwichtigste der drei Spitzenämter Xi Jinpings, und die Führung der Partei und der Militärkommission waren zeitlich nicht begrenzt. Aber Xi wollte sich auch der Fesseln im höchsten Staatsamt entledigen. Warum sollte er sich als weiterhin amtierender Parteichef mit einem möglicherweise rivalisierenden Präsidenten arrangieren müssen?

Nun entscheidet über Verfassungsfragen auch in China nicht die Partei, sondern das Parlament, also der Nationale Volkskongress. Aber dies ist eine Formsache, die Macht liegt bei der Partei. Und so sprach das Zentralkomitee den Abgeordneten des Volkskongresses eine entsprechende «Empfehlung» aus. Gefasst wurde der ZK-Beschluss am 26. Januar 2018, bekannt gegeben aber wurde er erst am 25. Februar, wenige Tage vor Beginn des Volkskongresses. Jeder spürte, dass hier gerade etwas Folgenreiches geschah, auch etwas sehr Anrüchiges. Formal ging es nur um die Streichung eines Halbsatzes in Artikel 79 der Verfassung: »(Präsident und Vizepräsident) sollen ihr Amt nicht länger als zwei aufeinanderfolgende Amtszeiten ausüben».

Der kritische Journalist Li Datong, ehemals für die *Chinesische Jugendzeitung* tätig, rief die Abgeordneten des Volkskongresses auf, gegen die Verfassungsänderung zu stimmen. Sie werde den Weg in eine «persönliche Diktatur» Xi Jinpings ebnen und erneut die «Saat des Chaos in China säen», schrieb Li in einem offenen Brief. Der Volkskongress ignorierte seine Warnung: Mit 2958 gegen zwei Stimmen folgte er der «Empfehlung» des Zentralkomitees. Es war ein großer Schritt von der Herrschaft einer Partei zur Herrschaft eines Mannes. Ein «Experiment in Diktatur» nannte die *New York Times* die Entscheidung. Sollte Xi Jinping scheitern, könne er die Schuld nun bei «niemandem außer sich selbst suchen».[11] Martin Wolf, wirtschaftspolitischer Chefkommentator der *Financial Times*, schrieb von einem «Putinismus mit chinesischen Eigenschaften», von einer neuen Epoche des Systemwettbewerbs, diesmal zwischen «demokratischem und kommunistischem Kapitalismus».[12]

Kritische Worte wie diese waren in den chinesischen Staatsmedien natürlich nicht zu lesen. Schon immer verstanden sie sich als Transmissionsriemen der Partei. Ihr hatten sie zu dienen. Xi Jinping erinnerte sie an ihre Pflicht, sie müssten die «Partei lieben», sie müssten die «Partei schützen», ja sie müssten «die Partei als ihren Nachnamen tragen». Eine freie Presse, die Medien als vierte Gewalt – in China ist das vollkommen undenkbar. Im Kleinen, auf lokaler Ebene, da ist Kritik möglich, manchmal sogar erwünscht. Wenn es um Schäden an der Umwelt, um mangelnde Sicherheitsstandards in Fabriken geht, um Landraub an armen Bauern oder um Anmaßungen kleiner Beamter, dann sollen die Journalisten ruhig Missstände aufdecken. Kritik an der Partei- und Staatsführung aber ist tabu.

Eine strenge Zensur sorgt dafür, dass es dabei bleibt. Wöchentlich versorgt die Propagandaabteilung der Partei die Redaktionen mit Richtlinien, wie über Nachrichten zu berichten ist. Bisweilen sind diese recht allgemein gehalten, dann wieder sind die Vorschriften sehr präzise. Geht es darum, schnell zu reagieren, kommen die Anweisungen per Telefon, Mail oder SMS. Wobei die wirkungsvollste Zensur die Selbstzensur ist. Oder, wie es in der Sprache der Partei heißt, die «Selbstdisziplin».

Nicht alle Journalisten wollen oder können diese «Selbstdisziplin» aufbringen. Die meisten von ihnen dürften ihren Berufsweg mit dem gleichen Idealismus begonnen haben wie ihre Kollegen im Westen. Es war für die ausländischen Reporter bewegend zu sehen, wie bei den Protesten am Platz des Himmlischen Friedens 1989 Redakteure des staatlichen Fernsehens oder der Nachrichtenagentur *Xinhua* unter Transparenten mitmarschierten, auf denen zu lesen war: «Wir wollen nicht länger lügen.» Mancher Redakteur, manche Reporterin musste eine kritische Berichterstattung mit Jobverlust, politischer Verfolgung und Haft bezahlen. Und auch die jungen Journalistinnen und Journalisten, die heute in den Redaktionen arbeiten, testen immer wieder die Freiräume aus, die ihnen in ihrer Arbeit bleiben. Sie nehmen ihren Beruf sehr ernst, beherrschen das Handwerk, recherchieren gewissenhaft und geduldig. Viele arbeiten bei Digitalmedien, die inzwischen eine viel größere Bedeutung haben als die gedruckten Blätter. In ihrer

Arbeit werden sie von erfahrenen Redakteuren und Professoren renommierter Universitäten unterstützt. Man spürt: Würde morgen in China die Pressefreiheit eingeführt, sie wären auf ihre Aufgabe vorbereitet. Sie warten nur darauf, endlich die Wahrheit schreiben zu dürfen.

Ohnehin kann eine überzogene Kontrolle der Medien kontraproduktiv sein, sie kann Vertrauen in Staat und Partei zerstören. Vier ältere, ehemals führende Funktionäre warnten im Februar 2006 in einem erstaunlichen Schreiben an die Regierung vor genau dieser Gefahr. Unter ihnen waren der ehemalige Chefredakteur der *Volkszeitung*, Hu Jiwei, und der frühere stellvertretende Direktor der Nachrichtenagentur *Xinhua*, Li Pu. Meinungsfreiheit zu verweigern, schrieben die vier, könne zu «Konfrontation und Unruhe» führen. «Die Erfahrung zeigt: Erlaubt man einen freien Fluss von Ideen, dann kann das für mehr Stabilität sorgen und soziale Probleme lindern.»[13]

Auch ohne solche Fürsprache gab es in China immer wieder Stimmen, die sich das Wort nicht verbieten lassen wollten – im Journalismus, in der Wissenschaft, unter den Schriftstellern. In konfuzianischen Gesellschaften wie der chinesischen gelten Intellektuelle als das «Gewissen der Nation». Gerade jüngere Dissidenten sehen sich selbst so. Durchdrungen von Vaterlandsliebe wollen sie ihr Leben der «Rettung Chinas» widmen. Ihr Leiden an jahrhundertelanger Demütigung durch Kolonialismus und Imperialismus, an der Schmach wirtschaftlicher und wissenschaftlicher Rückständigkeit teilten die chinesischen Intellektuellen einst mit den Führern der kommunistischen Revolution. Auch die wollten – wie vor ihnen die Reformer des 19. Jahrhunderts oder die Aktivisten der 4.-Mai-Bewegung von 1919 – vom Westen lernen. Die eigene Kultur wollten sie dabei nie preisgeben. Das wollten auch die Studenten auf dem Platz des Himmlischen Friedens nicht, als sie 1989 in verzweifeltem patriotischem Trotz ihre Hymne sangen: «Ich bin ein Nachkomme des Drachen».

Wei Jingsheng saß damals schon im Gefängnis. Im Pekinger Frühling 1978 hatte er an die «Mauer der Demokratie» eine Wandzeitung (*dazibao*) geklebt, auf der er die Reformpolitik Deng Xiaopings als zu mutlos kritisierte. Deng hatte «vier Modernisierungen» verkündet –

in Landwirtschaft, Industrie, Wissenschaft und Technik sowie Verteidigung. Wei verlangte eine «fünfte Modernisierung»: die Demokratie. Dengs Antwort war ein Schauprozess. Zu 18 Jahren Gefängnis wurde Wei Jingsheng 1979 verurteilt. Der Publizist und Sinologe Ian Buruma hat in seinem Buch «Chinas Rebellen» beschrieben, was Wei in der Haft widerfuhr. «Wei war monatelang in stinkenden Todeszellen eingekerkert, man verhörte ihn Tag und Nacht, schlug ihm die Zähne ein und ruinierte seine Gesundheit; und als er völlig verzweifelt in Hungerstreik trat, hängte man ihn an den Füßen auf, öffnete ihm den Mund mit einer Stahlklammer und pumpte durch einen Plastikschlauch heißen Haferschleim in den Magen.»[14]

Buruma hat sie besucht und porträtiert, die führenden Köpfe der chinesischen Demokratiebewegung, die nach der Niederschlagung des Tiananmen-Protests 1989 fast alle aus dem Land geflohen oder später, oft nach langer Haftstrafe, ins Exil getrieben worden waren: den Astrophysiker Fang Lizhi, den Politikwissenschaftler Yan Jiaqi, den Journalisten Liu Binyan, die ehemaligen Studenten-Aktivisten Chai Ling, Wang Dan und Wu'er Kaixi. Was hat sie angetrieben? Woher nahmen sie den Mut, die Kraft, den Durchhaltewillen? Mit diesen Fragen ist Buruma zu ihnen gereist. Was ihm immer wieder im Gespräch begegnete, waren kompromissloser Freiheitswille, Opferbereitschaft, bisweilen auch eine verstörende Selbstgerechtigkeit.[15] Buruma zeigte die Dissidenten als mutige, mal verzagte, mal unbeugsame Einzelkämpfer. Die eine Hoffnung einte: Dass irgendwann alle Chinesen ihre Meinung frei sagen und ihre Regierung frei wählen können. Für diese Hoffnung haben sie einen hohen, manchmal schier unerträglichen Preis bezahlt.

Im Dezember 1995 war Wei Jingsheng, kaum aus der ersten Haft entlassen, ein zweites Mal verurteilt worden, diesmal zu 14 Jahren Gefängnis, wegen des «Versuchs, die Regierung zu stürzen». Aber dann wurde er nach zwei Jahren entlassen, durfte in die Vereinigten Staaten ausreisen. Gebrochen hatten sie den «Vater der chinesischen Demokratiebewegung» nicht. 1998 besuchte Wei die ZEIT in Hamburg. Ich traf ihn damals gemeinsam mit unserer Herausgeberin Marion Dönhoff zu einem langen Gespräch. Wei blieb kompromisslos. «Leisetreterei nützt gar nichts!» Das ängstliche Taktieren europäischer Politiker gegenüber Peking stieß ihn ab. «Die chinesische Regierung steht vor der Tür und dirigiert. Und die Regierungen im Westen lassen sich dirigieren.» Er forderte Solidarität, verlangte vom Westen die Bereitschaft, den Preis zu zahlen für die Verteidigung seiner Werte: «Druck ist wichtiger als Dialog.» Und wusste doch, dass der Westen seinen moralischen Maßstäben nicht gerecht werden würde. Das erlittene Leid hatte Wei rigoros, ja unerbittlich werden lassen. Mit allem Recht, denn er konnte von sich sagen: «Mich fürchten sie.» In seinen Worten klang mit: Euch nicht.[16]

Was also treibt sie an, die chinesischen Dissidenten, woher nehmen sie den Mut? Vielleicht ist es auch bei ihnen einfach der Versuch, «in der Wahrheit zu leben» (Václav Havel). Am 10. Dezember 2010, dem Tag der Menschenrechte, wurde Liu Xiaobo in Oslo der Friedensnobelpreis verliehen. Als erstem Chinesen überhaupt. Doch Lius Stuhl bei der Preisverleihung blieb leer. Der damals 54-jährige Literaturkritiker und politische Essayist saß eine Haftstrafe ab, weil er eine Denkschrift unterschrieben und verbreitet hatte, in der es hieß: «Die Freiheit ist der Kern der universellen Werte. (…) Wo die Freiheit nicht blüht, kann von moderner Zivilisation keine Rede sein.»

Diese «Charta 08», die sich mit ihrem Namen auf die epochale «Charta 77» der Prager Reformer um Václav Havel berief, war für die Kommunistische Partei ein direkter, nicht zu duldender Angriff auf ihre Macht. Eine Kampfansage. Denn das Manifest forderte grundlegende Änderungen im politischen System Chinas: Gewaltenteilung, eine unabhängige Justiz, Versammlungsfreiheit, Freiheit der Rede, Religionsfreiheit, ein Ende der Einparteienherrschaft. Immerhin 303 Intellektuelle hatten die Charta ins Internet gestellt, mehrere tausend Bürger unterzeichneten sie. Das Regime schlug sofort zurück, Liu Xiaobo wurde festgenommen. Am Weihnachtstag 2009 wurde er wegen «Anstiftung zum Umsturz der Staatsgewalt» zu elf Jahren Gefängnis verurteilt.

Der stille, aber beharrliche Liu hatte sich 1989 dem Hungerstreik auf dem Platz des Himmlischen Friedens angeschlossen. Als am 4. Juni die Panzer rollten, gehörte er zu denen, die mit dem Militär den Abzug der Studenten vom Tiananmen-Platz auszuhandeln versuchten. In einem seiner Essays schrieb Liu Xiaobo: «Die gewaltfreie Bürger-rechtsbewegung zielt nicht darauf ab, politische Macht zu erringen, sondern setzt sich dafür ein, eine humane Gesellschaft zu errichten, in der man in Würde leben kann.» Aus Sicht der Partei aber war dieser sanftmütige Intellektuelle ein gefährlicher Staatsfeind. Wieder und wieder wurde er inhaftiert, unter Hausarrest gestellt, ins Arbeitslager geworfen. Als er zu Weihnachten 2009 vor Gericht stand, sagte er in seinem Schlusswort: «Ich glaube fest daran, dass Chinas politischer Fortschritt nicht aufgehalten werden kann, und ich bin voller optimistischer Erwartungen, dass in der Zukunft die Freiheit nach China kommen wird, denn keine Macht kann sich der menschlichen Sehnsucht nach Freiheit entgegenstellen.»[17]

Liu Xiaobo selbst kehrte nie in die Freiheit zurück. Das Ende «des großen Unbeugsamen» (Mark Siemons in der *Frankfurter Allgemeinen Zeitung*) war elend. Als Liu an Leberkrebs erkrankte, boten die deutsche wie die amerikanische Regierung an, ihn zur medizinischen Behandlung auszufliegen. Peking lehnte ab. Am Ende wurde Liu lediglich aus dem Kreisgefängnis von Jinzhou in der Provinz Liaoning in ein Krankenhaus der Provinzhauptstadt Shenyang verlegt, bis zur letzten Stunde bewacht von Polizisten vor dem Hospital und vor seinem Krankenzimmer im 23. Stock. Dort starb er am 13. Juli 2017, der erste Friedensnobelpreisträger seit dem von den Nazis verfolgten Carl von Ossietzky 1938, der in Staatsgewahrsam starb. Bei ihm war seine Frau Liu Xia, nach jahrelangem Hausarrest selbst kaum noch bei Kräften.

Der im Berliner Exil lebende Schriftsteller Liao Yiwu hat einen erschütternden Bericht geschrieben über den Todeskampf seines Freundes Liu Xiaobo und die Bemühungen der Bundesregierung, Liu zur Behandlung seines Krebsleidens nach Deutschland auszufliegen. Er schildert darin die Telefonate mit der im Pekinger Hausarrest stehenden Liu Xia, ihre Einsamkeit, ihre Angst, ihre Hoffnungslosigkeit.[18] Schon zwei Tage nach dem Tod Liu Xiaobos wurde seine Asche ins Meer gestreut. «Die völlig verzweifelte Liu Xia wurde von einem Trupp Geheimpolizisten nach Dali in Yunnan verschleppt, und erst nach 40 Tagen, in denen sie wie vom Erdboden verschwunden war,

Der inhaftierte Dissident und Bürgerrechtler Liu Xiaobo erhält
2010 den Friedensnobelpreis. Er stirbt 2017 im Gefängnis.

bekam sie von der höchsten Stelle der Kommunistischen Partei die
Erlaubnis, nach Beijing zurückzukehren.» [19]

Ein Jahr nach dem Tod ihres Mannes durfte Liu Xia unvermittelt
nach Deutschland ausreisen. Bundeskanzlerin Angela Merkel persönlich hatte sich in Gesprächen mit Xi Jinping und Ministerpräsident Li
Keqiang für sie eingesetzt. Auch der deutsche Botschafter in Peking,
Michael Clauss, hatte telefonisch Kontakt zu ihr gehalten und ihr immer wieder Mut zugesprochen. Liu Xia hatte in Peking unter Hausarrest gestanden, seit ihrem Mann der Friedensnobelpreis zuerkannt
worden war. Seither durfte sie ihre Wohnung allenfalls hin und wieder
zum Einkaufen verlassen, bewacht von Beamten der Staatssicherheit.
Die Isolation hat sie fast um den Verstand gebracht, sie magerte ab,

verfiel in Depressionen. Dabei war sie selbst ein eher unpolitischer Mensch, eine Dichterin, Malerin und Fotografin. Nie wurde sie eines Vergehens angeklagt, stand nie vor Gericht.[20] Am 10. Juli 2018 bestieg sie eine Maschine der Finnair, die sie nach Helsinki flog. In Berlin warteten gute Freunde auf sie, unter ihnen der Schriftsteller Liao Yiwu. Endlich war Liu Xia frei.

Aber das Mahlwerk des chinesischen Unterdrückungsapparats arbeitete unermüdlich weiter. Schon am nächsten Tag wurde in Wuhan der Bürgerrechtler Qin Yongmin wegen «Unterwanderung der Staatsmacht» zu dreizehn Jahren Gefängnis verurteilt. Auch bei ihm kannte der Staat keine Gnade. Es war nicht Qins erste Haftstrafe. 22 Jahre hatte er bereits hinter Gittern verbracht, nur weil er mehr Demokratie gefordert hatte.

Niemand legt sich ungestraft mit der Partei an. Wer ihr widerspricht, den lässt sie ihre Macht spüren. Es gibt Wochen, manchmal sind es nur Tage, in denen sich die Nachrichten über eine erbarmungslose Staatsgewalt häufen. So war es im Sommer 2008.

Der Journalist Zhao Yan, ein Mitarbeiter der New York Times, wurde des «Verrats von Staatsgeheimnissen» angeklagt, nachdem sein Blatt 2004 den bevorstehenden Rückzug des ehemaligen Parteichefs Jiang Zemin aus seinem letzten Amt gemeldet hatte. Der Verrat konnte ihm nicht nachgewiesen werden. Dafür verurteilte ihn ein Pekinger Gericht wegen «Betrugs» zu drei Jahren Gefängnis.[21]

Der Bürgerrechtsanwalt Gao Zhisheng wurde verhaftet, weil er gegen verfassungswidrige Methoden bei der Verfolgung von Mitgliedern der Sekte Falun Gong protestiert hatte.

Der blinde Anwalt Chen Guangcheng, der sich Jura im Selbststudium beigebracht hatte, wurde zu vier Jahren und drei Monaten Haft verurteilt, nachdem er eine Sammelklage von Bäuerinnen gegen Zwangsabtreibungen und Zwangssterilisierungen eingereicht hatte.

Gerade Anwälte, die chinesischen Bürgern zu ihren von Verfassung und Gesetz garantierten Rechten verhelfen wollen, müssen mit unnachsichtiger Verfolgung rechnen. Ihnen ergeht es nicht besser als ihren Mandanten. Im Juli 2015 statuierte das Regime ein Exempel, als zeitgleich rund 250 Anwälte und Menschenrechtsaktivisten verhaftet wurden. Die nach dem Datum «709» genannte Aktion sollte die kleine Gruppe der Bürgerrechtsanwälte in China einschüchtern. Die Botschaft: Wer Staatsfeinde verteidigt, ist selbst ein Feind des Staates. Im Zentrum der Aktion stand die Pekinger Kanzlei Fengrui, für die auch der Anwalt Wang Quanzhang tätig war. Dreieinhalb Jahre blieb er verschwunden, weder seine Familie noch seine Anwaltskollegen durften Kontakt zu ihm aufnehmen. Im Dezember 2018 wurde ihm dann in Tianjin der Prozess gemacht. Das Gericht verurteilte Wang zu viereinhalb Jahren Gefängnis. Auch ihm wurde «Unterwanderung der Staatsmacht» vorgeworfen, wie so vielen Bürgerrechtlern, deren Verteidigung sich Rechtsanwälte wie Wang Quanzhang zur Lebensaufgabe gemacht haben.

Man kann den Rechtsstaat, wie im Westen üblich, als «Herrschaft des Rechts» definieren, oder man versteht ihn, wie es chinesische Tradition seit Kaiserzeiten ist, als «Herrschaft durch das Recht». Wer sich in der Volksrepublik bei einer Auseinandersetzung mit dem Staat auf die Verfassung und die Gesetze beruft, wird nicht weit kommen. «Das Gesetz ist ein Instrument, mit dem die Kommunistische Partei die fortdauernde Herrschaft der Partei selbst sicherstellen kann.»[22]

Recht, Freiheit, Demokratie – es verlangt noch immer großen Mut, sie in China einzufordern und zu verteidigen. Das erfuhr auch der Lyriker Bei Dao. Nach dem blutigen Ende der Tiananmen-Proteste durfte er, damals gerade als DAAD-Stipendiat in West-Berlin, nicht in seine Heimat zurückkehren. Knapp zwanzig Jahre lang lebte er im europäischen und amerikanischen Exil. Im Jahr 2007 zog er nach Hongkong, lehrte dort an der Chinese University und rief 2009 das Literaturfestival International Poetry Nights ins Leben. Von der Politik hält sich Bei Dao eher fern. Lieber versammelt er Intellektuelle um sich, Schriftsteller und Künstler. Das war seine Rolle im Peking der siebziger und achtziger Jahre, so hielt er es später in Hongkong.

Im Frühsommer 2015 las er in Hamburg auf Einladung des dortigen Konfuzius-Instituts aus seinen Werken. Am nächsten Tag trafen wir uns zum Mittagessen. Wir sprachen über die neuen bleiernen Zeiten, die Partei zog gerade wieder einmal gegen «westliche Werte» zu Felde. Er sei ein Pessimist, meinte Bei Dao. «In 3000 Jahren chinesischer Geschichte hat sich nichts geändert.» Er mischt sich ein, in seiner stillen Art setzt er auf die Kraft der Poesie. «Freiheit», heißt es in einem seiner berühmtesten Gedichte, «ist der Abstand zwischen Jäger und Gejagtem.» Weil er sich, auch ohne tagespolitische Bekenntnisse, immer mutig zur Freiheit bekannt habe, schrieb sein deutscher Übersetzer Wolfgang Kubin einmal, sei Bei Dao «zur Symbolfigur eines demokratischen China geworden».[23]

Warum aber fürchtet eine hundert Jahre alte Partei, seit über siebzig Jahren an der Regierung, über das bevölkerungsreichste Land mit der zweitgrößten Volkswirtschaft der Welt gebietend, bis heute das freie Wort? Warum duldet sie keine Opposition? Keine mit ihr konkurrierenden Parteien? Keine unabhängigen Gewerkschaften? Warum überwacht sie ihre Bürger auf Schritt und Tritt, zensiert das Internet, lenkt die Justiz, erlaubt keine autonome Lehre und Forschung? So sicher kann sie sich ihrer Macht nicht sein. Ist es möglich, dass die ruhmreiche Kommunistische Partei Chinas von der Furcht vor dem Niedergang getrieben wird? Von der Furcht, dass auch sie das Schicksal der sowjetischen Bruderpartei ereilt – trotz all der gewaltigen Erfolge bei der wirtschaftlichen Modernisierung des Landes?

So ist es wohl. Als sich vom 19. – 21. Juni 1989, vierzehn Tage nach der Niederschlagung der Tiananmen-Proteste, das erweiterte Politbüro traf, um den Schaden zu begutachten und die Partei hinter Deng Xiaoping zu einen, formulierte die Parteiführung drei Schlussfolgerungen aus der tiefen Krise. Erstens, die Kommunistische Partei Chinas sei dauerhaft bedroht von ihren Feinden im eigenen Land, und diese arbeiteten mit äußeren Feinden zusammen. Zweitens, die wirtschaftliche Reform müsse zurücktreten hinter ideologische Disziplin und soziale Kontrolle. Drittens, die Partei werde ihren Feinden zum Opfer fallen, wenn sie sich spalten lasse.[24]

Damals war die KPdSU in Moskau noch an der Macht. Der «Ostblock» reichte von Ost-Berlin bis nach Ulaanbaatar. Doch dann implodierte das sowjetische Imperium, aus Mitgliedern des Warschauer Pakts wurden Mitglieder von Nato und EU. Entsetzt sahen Chinas Kommunisten zu, wie wenige Jahre später die Regierungen in der Ukraine und in Georgien die Farbe wechselten und wie der «arabische

Frühling» Despoten von Tripolis bis Kairo stürzte. Warum sollte es allein der Führung in Peking gelingen, dem Sturmwind der Demokratisierung zu trotzen? Vielleicht, weil sie nach kurzer Schockstarre den Kurs der Wirtschaftsreform und der Öffnung des Landes fortsetzte. Vielleicht, weil über die Jahre die Freiräume wuchsen, in der Wirtschaft aber auch im privaten Leben der Menschen. Die Chinesen kamen zu bescheidenem Wohlstand, sie kauften sich Wohnungen, reisten nach Europa, ließen ihre Kinder in den Vereinigten Staaten, in Australien oder in Großbritannien studieren. Es ging ihnen spürbar besser. Wer sich nicht in die Politik einmischte, der konnte in Frieden leben.

Und doch blieb die Furcht der Partei. Im Januar 2019 berief Xi Jinping hohe Funktionäre zu einer Dringlichkeitssitzung in der Zentralen Parteischule zusammen. Er sah Risiken an allen Fronten. Wenn sich das Wachstum weiter verlangsame, gab er zu bedenken, wenn der Handelskonflikt mit den USA eskaliere, müsse es dann nicht über kurz oder lang zu sozialen Unruhen kommen? Gelinge es der Partei eigentlich noch, fragte Xi, die Jugend ideologisch auf Kurs zu halten? Müsse das Internet nicht noch viel strenger kontrolliert werden, um sicherzustellen, dass auch die Angehörigen der jungen Generation sich als «Erben des Sozialismus» verstünden?[25] Nein, sicher ist sich die KP ihrer Sache nicht. Seit dem Amtsantritt Xi Jinpings, sagte der frühere australische Ministerpräsident und exzellente Chinakenner Kevin Rudd 2018, habe sich das Tempo der Reform aus einem Grund verlangsamt: der Angst der Partei vor dem Kontrollverlust.

Aber immer wieder hat die Kommunistische Partei Chinas eine erstaunliche Anpassungsfähigkeit bewiesen. Diese hat ihr bis heute das Überleben gesichert. Die KPCh, schreibt David Shambaugh, weise viele «klassische Symptome einer verkümmernden und zerfallenden leninistischen Partei auf».[26] Zugleich jedoch zeige sie sich in der Lage, sich unter geänderten Umständen immer wieder zu reformieren. Eines jedenfalls sei klar: «Die KPCh wartet definitiv nicht den unvermeidlichen Kollaps ihrer Macht ab.»[27] Sie handele vielmehr, und zwar erstaunlich erfolgreich.

Derselbe Autor sagte der Kommunistischen Partei sieben Jahre später das baldige Ende voraus. David Shambaugh ist ein freundlicher, zurückhaltender Wissenschaftler, der China seit Jahrzehnten genau beobachtet, das Land immer wieder bereist und bei seinen Kollegen dort in hohem Ansehen steht. Aber in einem furiosen Beitrag für das *Wall Street Journal* rechnete er 2015 mit dem Regime Xi Jinpings ab. Chinas politisches System funktioniere nicht mehr, niemand wisse dies besser als die Partei selbst. «Das Endspiel der chinesischen kommunistischen Herrschaft hat begonnen», schrieb sich Shambaugh regelrecht in Rage. «Es ist unwahrscheinlich, dass die kommunistische Herrschaft ruhig zu Ende gehen wird. (...) Ihr Abschied (...) dürfte chaotisch und gewaltsam sein. Ich würde die Möglichkeit nicht ausschließen, dass Xi in einem Machtkampf oder durch einen Staatsstreich gestürzt wird.»[28]

Die KP ist immer noch an der Macht, und auf einen kommenden Staatsstreich deutet nichts hin. Pekings Führung hat den Handelskrieg mit den Vereinigten Staaten durchgestanden, die Massendemonstrationen in Hongkong, die Enthüllungen über die Internierungslager in Xinjiang und auch die Corona-Krise. China hat unter Xi Jinping den Systemwettbewerb mit dem Westen selbstbewusst angenommen. Es ist von der Überlegenheit des eigenen Systems überzeugt und spricht von einem «Modell China», das auch für andere Länder interessant sein könnte, die ihre Entwicklung beschleunigen und dabei ihre Unabhängigkeit bewahren wollen. Wirtschaftswunder plus politische Stabilität dank Einparteiensystem – so lautet das Erfolgsrezept, das Peking der Welt offeriert. Wenn China im kommenden Jahrzehnt die größte Volkswirtschaft der Welt werden sollte, schrieb Kevin Rudd, dann werde dieser Erfolg auf einer Form des Staatskapitalismus beruhen, in dem steigende Einkommen ausdrücklich nicht mit weiterer ökonomischer Liberalisierung und nicht mit politischer Demokratie einhergingen. «Mit der Zeit würde Xi gern die Seite zum Thema liberale westliche Ordnung umblättern und in der Weltgeschichte ein neues Kapitel schreiben.»[29]

IV. Überwachungsstaat:
Auf dem Weg zur totalen Kontrolle

Auch Zensoren müssen ihr Handwerk lernen. Das trifft insbesondere für diejenigen zu, die selbst unter der Zensur aufgewachsen sind. Sie können oft nicht unterscheiden zwischen wahr und unwahr, zwischen Fakten und Gerüchten. Denn sie kennen die Fakten nicht. Wie sollen sie das Verbotene löschen können, wenn sie nicht verstehen, was verboten ist und warum? Ein interessantes Problem, das sich die Diktatoren da geschaffen haben und das sie nun lösen müssen.

In China kam man auf die Idee, Zensurschulen einzurichten, die dem Berufsnachwuchs das nötige Rüstzeug mitgeben. Die *New York Times* hat Anfang 2019 in einer lesenswerten Reportage aus der Stadt Chengdu über diesen florierenden Ausbildungszweig berichtet.[1] Wir lernen den 24 Jahre alten Li Chengzi kennen, der bei der Firma Beyondsoft auf seinen Einsatz für private Online-Anbieter vorbereitet wird. Li hatte nur vage Vorstellungen davon, was am 4. Juni 1989 auf dem Platz des Himmlischen Friedens geschah. Von dem Essayisten und Friedensnobelpreisträger Liu Xiaobo, der als politischer Häftling in staatlichem Gewahrsam an Leberkrebs starb, hatte er noch nie gehört.

Also musste der Universitätsabsolvent Li Chengzi erst einmal ins Zensoren-Training, wie die meisten der 4000 Mitarbeiter von Beyondsoft. Eine Woche lang büffeln sie dort «Theorie», lernen, welche Namen, Zahlen, Zitate, Wortspiele, Fotos oder Karikaturen der Staat nicht im Netz und in den Zeitungen sehen will. Anschließend wird ihr neues Wissen geprüft. So kann das Foto eines leeren Stuhls eine Anspielung auf das Schicksal Liu Xiaobos sein, denn bei der Verleihung des Friedensnobelpreises an ihn im Jahr 2010 blieb sein Stuhl in Oslo leer. Die Prüflinge müssen auch wissen, wer Li Xiaolin ist, nämlich die

Tochter von Ex-Premier Li Peng, der 1989 das Kriegsrecht über Peking verhängte. Li Xiaolin hat ein Faible für teure Mode und wird dafür im Netz gern und oft geschmäht. Was nicht geprüft werden kann, weil es weniger Faktenwissen verlangt als einen wachen Verstand und einen geübten Blick, sind die Versuche gewitzter Netz-Aktivisten, die Zensur zu überlisten, indem sie beispielsweise «35. Mai» schreiben, wenn sie den 4. Juni meinen.

Ist der Test bestanden, können sich die Jungzensoren an die Arbeit machen. Etwa tausend bis zweitausend Artikel müssen sie nun am Tag lesen, jeder neu ins Netz gestellte Beitrag soll innerhalb einer Stunde überprüft werden. Der Datensatz, auf den Beyondsoft dabei zurückgreift, enthält mehr als 100 000 sensible Wörter und über drei Millionen von ihnen abgeleitete Begriffe. Es geht dabei nicht um politisch Anstößiges allein, auch pornografische Inhalte sollen herausgefiltert werden. Zu Beginn jeder Schicht erhalten die Mitarbeiter die neuesten Instruktionen ihrer Kunden, die wiederum auf den jeweils aktuellen Wünschen der Staatsaufsicht beruhen.

Zensur hat es in der Volksrepublik China immer gegeben. Bisweilen so krude, dass es schon wieder komisch war. Etwa wenn auf Fotos der Parteiführung plötzlich Lücken auftauchten, weil ein in Ungnade gefallener Spitzenfunktionär einfach wegretuschiert worden war. Lin Biao etwa, Verteidigungsminister und designierter Mao-Nachfolger, der eben noch auf dem Tiananmen-Platz das Kleine Rote Buch mit den Worten des Großen Steuermanns geschwenkt hatte – plötzlich war der Verräter auf alten Fotos verschwunden. Man konnte solche Aufnahmen schön nebeneinanderlegen, vorher und nachher, und gucken: Wer fehlt? So betrieben westliche Geheimdienste und Denkfabriken einst Aufklärung.

Heute ist alles etwas komplizierter und technisch aufwendiger geworden. Aber im Prinzip funktioniert die Zensur immer noch wie damals. Mehr als 800 Millionen Chinesen sind inzwischen im Netz unterwegs, da ist es schon eine Herausforderung, der Anweisung von Parteichef Xi Jinping zu folgen und «die Kommandohöhen im Internet zurückzuerobern». Dazu muss man zunächst einmal China vom Rest der Welt abschotten. Google, Facebook, Twitter – in der

Volksrepublik alles verboten und blockiert. Die chinesischen Nutzer bewegen sich gewissermaßen in einem gigantischen Intranet. Alibaba ist die eigene Version des Onlineanbieters Amazon; Facebook wird durch WeChat ersetzt und Google durch die Suchmaschine Baidu. Google wurde in China schon 2010 abgeschaltet. Inhalte, die bei der Zensur unerwünscht sind, wird man bei Baidu vergeblich suchen.

Als Eric Schmidt noch Vorstandschef von Google war, warnte er vor einer «Aufspaltung» des Internet in einen westlichen und einen chinesischen Teil. Diese Voraussage ist inzwischen Wirklichkeit geworden. Nur so glaubt China seine «Cyber-Souveränität» verteidigen zu können, von der Xi Jinping erstmals 2015 auf der «Welt-Internet-Konferenz» in der Küstenprovinz Zhejiang sprach. Seither sind die Ausweichmöglichkeiten chinesischer Nutzer immer geringer geworden. Einen Weg boten lange Zeit die Virtual Private Networks (VPN), mit deren Hilfe man ins weltweite Netz gelangen konnte. Aber seit 2017 müssen sich VPN-Betreiber offiziell registrieren lassen; seit 2018 sind nur noch VPN-«Tunnel» erlaubt, die über staatliche Anbieter lizenziert und zugelassen sind. Auch dieses Schlupfloch für Informationen von außen ist nun verstopft – nicht zuletzt zum großen Ärger westlicher Geschäftsleute und ihrer Familien.

Fast noch unappetitlicher als die Zensur ist die Selbstzensur. Wenn es um die eigenen Geschäfte in China geht, wird manches Online-Unternehmen ohne viel Umstände zum Hilfspolizisten der Staatssicherheit. Zum Beispiel die im kalifornischen San Jose beheimatete Videokonferenz-Plattform Zoom, die in der Coronakrise einen enormen Aufschwung nahm. Drei Menschenrechtsaktivisten – zwei aus den Vereinigten Staaten und einer aus Hongkong – hatten vor dem 4. Juni 2020 zu Online-Konferenzen eingeladen, um der blutigen Niederschlagung der Proteste am Tiananmen-Platz 31 Jahre zuvor zu gedenken. Die drei hatten in den sozialen Netzwerken auf die Gedenkveranstaltungen hingewiesen. So hatte auch das Ministerium für Öffentliche Sicherheit in Peking davon erfahren. Es forderte die Zoom-Verantwortlichen auf, die Veranstaltungen zu stoppen. Was die auch prompt taten.

Das amerikanische Unternehmen sperrte also drei Konten in den USA und in Hongkong, weil sich auch Teilnehmer aus der Volksrepublik zu den Gedenkveranstaltungen zugeschaltet hatten. Zoom fühlte sich gegenüber den chinesischen Gesetzen in der Pflicht – so wie man sich, argumentierte die Firma, überall auf der Welt an die jeweils geltenden Gesetze halte. Und die Zensur Chinas ist nun einmal bestrebt, die Erinnerung an das Geschehen am 4. Juni 1989 aus dem kollektiven Gedächtnis zu löschen. Jedes Online-Unternehmen und jedes Medienhaus aus dem Ausland, das in China tätig ist, kann leicht zerrieben werden zwischen dem hehren Prinzip der Pressefreiheit und der Wirklichkeit der Zensur. Das muss wissen, wer sich auf den chinesischen Markt begibt. Schnell steht dann die eigene Glaubwürdigkeit auf dem Spiel.

Was Zoom aus der Intervention der Zensoren gelernt hat? Man wollte sich rasch, gab das Unternehmen bekannt, technisch in die Lage versetzen, Konferenzteilnehmer nach dem Land ihrer Herkunft ausschließen zu können. Wenn also ein chinesischer Teilnehmer sich in eine bei den staatlichen Autoritäten unerwünschte Konferenz in den USA oder in Deutschland einwähle, werde dieser aus dem Netz geschmissen, der Veranstalter könne mit den nicht-chinesischen Teilnehmern weiter konferieren. «Das ermöglicht es uns, Forderungen lokaler Behörden zu erfüllen, wenn diese Aktivitäten auf unserer Plattform als illegal innerhalb ihrer Grenzen betrachten», erklärte Zoom. Unter Zensoren könnte man dies eine salomonische Lösung nennen.[2]

Die Konferenzveranstalter sahen das naturgemäß anders. Zu ihnen gehörten die beiden ehemaligen Studentenführer Wang Dan, dessen Foto auf den Fahndungslisten 1989 ganz oben stand, und Zhou Fengsuo, der heute Vorsitzender der Organisation Humanitarian China ist. Bei Zhous Gedenkveranstaltung hatten sich etwa 250 Teilnehmer zugeschaltet, ungefähr zur Hälfte aus China, darunter auch Mütter von Opfern des 4. Juni. Ihnen wurde von der US-Firma das Wort genommen. Doch vorher konnte eine von ihnen, Zhang Xianliang, noch berichten, wie Soldaten damals medizinische Helfer daran gehindert hätten, ihren mit einer Schusswunde im Sterben liegenden

Sohn zu versorgen. Er war auf die Straße gegangen, um die Proteste zu fotografieren.[3] Wang Dan machte aus seinem Zorn keinen Hehl. «Unternehmen mit einem Gewissen sollten keine Forderungen von Diktaturen akzeptieren», sagte der ehemalige Studentenführer. «Als amerikanische Firma hat Zoom die Verantwortung, amerikanische Werte zu verteidigen.»[4]

In China ist das schwer. Westliche Medien erreichen ein chinesisches Publikum nur mit großer Mühe. Die Websites etwa der *New York Times* oder der *Washington Post* sind gesperrt, vom freien Empfang westlicher Nachrichtensender wie *CNN*, *BBC* oder der *Deutschen Welle* ist ohnehin schon lange keine Rede mehr. Wobei die aus Sicht des Regimes gar nicht einmal besonders gefährlich sind, erreichen sie doch nur eine kleine englischsprachige Elite. Bedrohlicher erscheinen der Partei heute die Blogger, die sich zu Tausenden im Netz zu Wort melden. Manche von ihnen haben eine nach Millionen zählende Leserschaft, die umso rascher wächst, je mehr sich die Staatsmedien im Lobpreis des Vorsitzenden Xi erschöpfen. Auch dies kann eine Form der Zensur sein: Kritik in einer Flut positiver Nachrichten zu ertränken. Der Staat heuert dafür Gefälligkeitsschreiber an, die das Netz mit Erfolgsmeldungen und Jubelarien füllen. *Wumao* werden diese Trolle genannt, «Fünfzig Cent», nach dem Honorar, das sie in den Anfangsjahren des Internet für einen Beitrag erhielten.

Wenn dann doch einmal Kritik öffentlich wird, wenn ein allzu wahres «Gerücht» seinen Weg in eine Zeitung, eine Zeitschrift oder ins Netz findet, dann kann die Partei damit leben, solange aus den Worten keine Taten werden. «Nichts erregt die Aufmerksamkeit der Zensoren und der Sicherheitsdienste so sehr wie Rufe nach Solidarität und kollektivem Handeln, hier liegen die wahren Grenzen des chinesischen Internet», schreibt der *CNN*-Korrespondent James Griffiths. Münde ein kritischer Beitrag in die Forderung nach Aktion, «dann erfolgt die Reaktion rasch und entschlossen».[5] Das Netz soll nicht der Ort werden, an dem sich die Opposition organisiert. Deshalb reagierte die Partei so nervös auf den Arabischen Frühling 2011. In Tunesien und in Ägypten hatte sich gezeigt, wie Appelle zur Solidarität die Massen auf die Straßen treiben können. Um Ähnliches in China zu verhindern, baute das Regime seinen Sicherheitsapparat beim Übergang ins digitale Zeitalter noch einmal gewaltig aus.

Die Pekinger Führung, schreibt Kai Strittmatter in seinem fabelhaften Buch «Die Neuerfindung der Diktatur», wolle «den perfektesten Überwachungsstaat schaffen, den die Welt je gesehen hat».[6] Nach einem Strategiepapier des Staatsrats vom Juli 2017 soll China Weltführer bei der Künstlichen Intelligenz (KI) werden; bis 2030 soll diese «strategische Technologie» bereits einen Umsatz von 150 Milliarden Dollar erwirtschaften und die Vereinigten Staaten hinter sich lassen. Die Erringung der Weltführerschaft bei der KI soll gewissermaßen das chinesische Gegenstück werden zur amerikanischen Apollo-Mondmission, jener entschlossenen Antwort der USA auf die sowjetische Herausforderung im Weltraum; wenig hat die Amerikaner so sehr schockiert wie der Flug des «Sputnik», die erste Erdumrundung eines Satelliten überhaupt, im Oktober 1957.

China erlebte seinen eigenen «Sputnik-Moment», als der Google-Computer AlphaGo gleich zweimal einen Menschen im urchinesischen, mehr als 2500 Jahre alten Brettspiel Go schlug – erst im März 2016 den koreanischen Meisterspieler Lee Sedol, dann im Mai 2017 den gerade 19-jährigen weltbesten Spieler aus China, Ke Jie.[7] Die Niederlage des Menschen gegen die Maschine waren Kränkung und Weckruf zugleich. Die chinesische Führung beschloss, den Rückstand bei der Künstlichen Intelligenz gegenüber den USA mit einem Kraftakt aufzuholen.

Die Voraussetzungen dafür, dass dies gelingt, sind so schlecht nicht. In China nutzen mehr Menschen das Netz als in Europa und den Vereinigten Staaten zusammen. Täglich fallen dabei unvorstellbare Massen an Daten an. Je mehr Daten aber die Forscher in die Computer füttern können, desto rascher lernen diese – bei der Gesichtserkennung, beim Übersetzen fremder Sprachen oder beim autonomen Fahren. Den großen Technologiefirmen, meist sind es private Unternehmen, kommt dabei die enge Zusammenarbeit mit der Regierung zugute. Der Staat schützt die Daten seiner Bürger nicht, er stellt sie den Firmen vielmehr in großem Umfang zur Verfügung, etwa bei gemeinsamen Forschungsprojekten. Für die Entwicklung von Algorithmen beim maschinellen

Fußgänger in der Stadt Tianjin warten an einer Ampel,
während Überwachungskameras das Geschehen verfolgen.

Lernen ein unbezahlbarer Vorteil. Dafür akzeptieren die Firmen, dass
ihnen der Staat jeweils eine besondere Aufgabe zuweist: Alibaba und
dem Telekommunikationsgiganten Huawei bei der Weiterentwicklung
von «smart cities», Baidu beim autonomen Fahren, Tencent bei der
medizinischen Bildgebung.[8] Alle großen Technologiekonzerne betreiben
gemeinsam mit der Regierung Forschungs- und Entwicklungslabore.[9]

Noch aber liegen die Vereinigten Staaten bei der Künstlichen Intelligenz vorn, nicht zuletzt dank ihrer exzellenten Universitäten. Im
Jahr 2018 forschten in den USA 78 000 Wissenschaftler im Bereich
der KI, in China waren es 39 000. Bei der Innovation führten die
Amerikaner, bei der Anwendung die Chinesen. Dies zeigte 2019 eine
Studie der Universität Oxford («Deciphering China's AI Dream»). Sie
kam zu dem Ergebnis, China bleibe bei der Produktion von Halbleitern noch weit hinter den USA zurück, bei der Zahl möglicher Nutzer sei es voraus, die Zahl der KI-Experten und KI-Firmen sei ungefähr halb so hoch. Alles in allem entspreche Chinas Potential etwa zur
Hälfte dem der USA.[10]

Aber China holt auf, angetrieben von einer ehrgeizigen Industriepolitik («Made in China 2025»), die das Ziel hat, die Volksrepublik bis zum Jahr 2025 in zehn Schlüsselindustrien an die Weltspitze zu führen. Eine Weile stand der schnellste Supercomputer der Welt in Wuxi, nahe Shanghai: Der Sunway TaihuLight kann 93 000 Billionen Rechenoperationen in der Sekunde durchführen. Inzwischen sind die Amerikaner wieder an den Chinesen vorbeigezogen. Die schnellsten Computer arbeiten heute am Oak Ridge National Laboratory und am Lawrence Livermore National Laboratory. Und doch, beim Quanten-Computing, beim superschnellen Mobilfunk und eben bei der Künstlichen Intelligenz macht China gewaltige Fortschritte. Nicht von ungefähr fragte die *Frankfurter Allgemeine Zeitung*: «Ist die Zukunft noch ein Ami?»[11]

Das ist sie gewiss. Aber China wird sich mit den USA einen verbissenen Wettlauf liefern. Und mit dem technologischen Fortschritt wird es den Überwachungsstaat immer weiter ausbauen. «Chinas KP erträumt sich eine Revolution, die das alte Regime zementiert.»[12] Forschung und Wissenschaft haben der Politik zu dienen und ihren sehr handfesten Interessen. Vor allem anderen rangiert der Wunsch der Partei nach «gesellschaftlicher Stabilität». Wie schön, dass die Künstliche Intelligenz dabei hilft. Etwa indem sie die Kontrolle der Bevölkerung perfektioniert. Beispiel Chongqing: Die Metropole am Yangtze gilt als die am strengsten überwachte Stadt der Welt. Im Jahr 2019 zählte Chongqing 15,35 Millionen Einwohner und 2,58 Millionen Überwachungskameras. Eine Kamera auf sechs Bürger.[13] Im Jahr 2022 soll in der Volksrepublik auf jeden zweiten Bürger eine Kamera kommen. Ob dann im Lande endlich die von der Partei beschworene «Harmonie» herrscht?

Draußen in der weiten, manchmal finsteren Welt gibt es Regierungen, die sich an China ein Beispiel nehmen. Chinesische Ratgeber und chinesische Technik sind ihnen willkommen. Und Peking hilft bereitwillig mit Krediten. Vorbild für die Welt zu sein und damit auch noch Geschäfte machen – dieser doppelten Verlockung ist schwer zu widerstehen. Von Angola bis Zimbabwe, von Bolivien bis Venezuela exportieren chinesische Firmen hochmoderne Ausspähungstechnik, installieren Systeme zur Gesichtserkennung, entwerfen ganze «smart cities». Exportschlager Überwachungstechnologie: In 18 Ländern sind chinesische Firmen bei der Modernisierung der Sicherheitsapparate aktiv.

Beispiel Ekuador: Dort haben das staatlich kontrollierte Unternehmen CEIEC und der Privatkonzern Huawei das Überwachungssystem ECU-911 aufgebaut, dessen Kameras heute im ganzen Land stehen, vom Urwald am Amazonas bis zu den Galapagos-Inseln, und die Sicherheitsbehörden mit Daten versorgen.[14] Beispiel Zimbabwe: Dort zieht die chinesische Firma CloudWalk ein landesweites Netz zur Gesichtserkennung hoch. Zu der Vereinbarung gehört, dass Zimbabwe die biometrischen Daten von Millionen Bürgern nach China schickt, «wo CloudWalk seine Algorithmen darauf trainiert, auch Gesichter mit dunkleren Hauttönen zu erkennen».[15]

Der Export der Sicherheitstechnologie funktioniert auch deshalb so gut, weil China im eigenen Land bewiesen hat: Zensur funktioniert! Informationen und Meinungen lassen sich lenken, Opposition lässt sich ausschalten, auch im digitalen Zeitalter. Da vielleicht sogar besonders effektiv. Bill Clinton jedenfalls lag falsch, als er am 8. März 2000 in Washington den Chinesen etwas herablassend «viel Glück» wünschte bei dem Versuch, das Internet zu kontrollieren: «Das ist etwa so, als wolle man einen Wackelpudding an die Wand nageln.» In den Jahren seither haben Chinas Zensoren die Prognose des amerikanischen Präsidenten widerlegt. Sie haben den Wackelpudding an die Wand genagelt, und er hängt da immer noch. Der Erfolg ermutigt die chinesische Führung, einen Schritt weiter zu gehen und die gesamte Gesellschaft einem Großexperiment zu unterwerfen.

Es gibt zwei Möglichkeiten, auf dieses Experiment zu blicken. Für die einen ist es der lobenswerte Versuch, die Chinesen zu gesetzestreuen Bürgern zu erziehen. Für die anderen ist es der verdammenswerte Wille, die Gesellschaft einer totalen sozialen Kontrolle zu unterwerfen. Es geht um das massenhafte Sammeln von Daten und deren Auswertung mit den Mitteln der Künstlichen Intelligenz, um schließlich alle Einwohner und Unternehmen der Volksrepublik in einem «Sozialkreditsystem» erfassen zu können. 2014 begann eine sechsjährige Testphase in zwölf Städten, darunter Hangzhou, Nanjing, Xiamen,

Chengdu und Wenzhou. Alle wichtigen staatlichen Institutionen arbeiten zusammen: Polizei, Gerichte, Finanzamt, Umwelt- und Gesundheitsbehörde, Stromversorger und Verkehrsbetriebe. Es gilt, die «Vertrauenswürdigen» von den «Unehrlichen» zu unterscheiden; wer nicht ehrlich ist, kommt auf eine schwarze Liste, wer sich als vertrauenswürdig erweist, auf eine rote Liste.

Für jede Wohltat und jede Missetat gibt es Punkte beziehungsweise einen Punktabzug. In Rongcheng, einer Stadt mit 670 000 Einwohnern an Chinas Ostküste, geht das so: Jeder Bürger startet mit 1000 Punkten. Streitet sich jemand mit seinen Nachbarn, verliert er 5 Punkte. Lässt er das Geschäft seines Hundes auf der Straße liegen, kostet ihn das 10 Punkte. Spendet er aber Blut, dann werden ihm 5 Punkte gutgeschrieben. Fällt sein Punktestand unter ein bestimmtes Minimum, wird er beispielsweise kein Ticket für den Hochgeschwindigkeitszug mehr kaufen können.[16] Und so soll es künftig allen Chinesen gehen: Wer vertrauenswürdig ist, kann die U-Bahn ohne Sicherheitscheck betreten, wer nicht, muss anstehen und sich kontrollieren lassen. Vielleicht erhält er auch keinen Kredit mehr für den Kauf eines Autos oder einer Wohnung. Möglicherweise wird er auch nie wieder ein Flugzeug besteigen. Denn er ist ja ständig bei Rot über die Ampel gegangen und hat außerdem seine Steuern nicht bezahlt.

Den Unternehmen soll es nicht besser gehen, auch sie werden überprüft. Halten sie die Umweltauflagen ein? Bezahlen sie anständige Löhne? Setzen sie Gerichtsurteile um? Zahlen sie pünktlich ihre Steuern? Engagieren sich genügend Mitarbeiter in der Kommunistischen Partei? Je nach Stand des Punktekontos bekommen die Firmen Kredite oder andere Hilfen des Staates. Wenn es schlecht läuft, wird dem Eigentümer oder dem Vorstandschef das Konto gesperrt. Und Geschäftsreisen sind erst einmal abgesagt.

Eine irrwitzige Vorstellung. Aber die meisten Chinesen scheinen nicht sonderlich beunruhigt zu sein, viele haben von dem Projekt noch gar nicht gehört. Eine Online-Umfrage der Freien Universität Berlin ergab, dass achtzig Prozent der Befragten das Sozialkreditsystem für eine gute Sache hielten, gerade einmal zwei Prozent lehnten es ab. Drei Viertel, fanden die Forscher der FU heraus, trauten der

Regierung in Peking einen «verantwortlichen Umgang mit Daten» zu.[17]

Für liberale Beobachter aus dem Westen ein erstaunliches Ergebnis. Kann es wirklich sein, dass die Chinesen keine Angst vor dem Überwachungsstaat haben? Warum fordern sie keinen strengeren Datenschutz, warum machen sie sich keine Sorgen um ihre Privatsphäre? Oder rechnen sie einfach damit, dass es so schlimm am Ende nicht kommen wird?

Der große Aufschrei ist in China jedenfalls ausgeblieben. «Von außen wirkt das Sozialkreditsystem wie die Wirklichkeit gewordene Dystopie einer autoritären Macht, die ihre Übergriffe auf das Leben der einzelnen auf unheimliche Weise perfektioniert. Das Verblüffende ist, dass in China selbst ... das Projekt bisher kaum Aufregung verursacht hat.»[18] Vielleicht weil die Chinesen darauf bauen, dass der Staat doch nicht jeden sieht, dass er doch nicht alles erfährt. Vielleicht weil sie die Schlampereien der Bürokratie kennen, mit der ein perfekter Überwachungsstaat so schnell nicht zu errichten ist.

Es gehört zu den Überlebensstrategien in autoritär regierten Gesellschaften, dass man sich wegduckt, sich zurückzieht in die Nischen des Privaten. Dass man Kompromisse eingeht und sich mit der Macht arrangiert. Im Alltag mag das sogar einigermaßen funktionieren. Die wenigsten sind als Märtyrer geboren, und niemand sollte aus der Sicherheit des westlichen Rechtsstaates heraus über jene den Stab brechen, die in der Diktatur um ihr Fortkommen oder um ihre Familie bangen und sich daher anpassen. Es gibt aber Berufe, zu deren Wesen ganz elementar die Suche nach der Wahrheit gehört. Wenn der Staat sich dort einmischt, nimmt nicht nur der Einzelne Schaden an seiner Seele, dann verliert leicht die ganze Gesellschaft ihren Halt.

Ohne Wahrheit kann beispielsweise Wissenschaft nicht funktionieren. Deswegen ist die akademische Freiheit ein solch hohes Gut. In der Volksrepublik war sie immer gefährdet, Mao verlachte und bekämpfte sie. Als nach der Kulturrevolution die Universitäten wieder ihre Tore öffneten, hofften Professoren und Studierende, Gelehrsamkeit möge endlich wieder etwas gelten. In den führenden Hochschulen hoffte mancher, den Geist der Bewegung vom 4. Mai 1919 neu beleben zu können, jenen kulturellen Aufbruch, der auf «Mr. Science and Mr. Democracy» setzte. Und tatsächlich nahm die Wissenschaft einen Aufschwung, die Freiräume wurden größer, der internationale Austausch belebte sich. Wie sollte es auch «Reform und Öffnung» geben ohne eine Befreiung des Denkens?

Seit Xi Jinping 2012 die Macht übernahm, leidet die akademische Freiheit wieder. Die Universitäten werden zu Orten der Ödnis, der Anpassung und des Denunziantentums. Die «westlichen Werte», die das Regime so sehr fürchtet, sollen nicht über die Hörsäle und Seminarräume nach China eindringen. Und so werden die Professoren genau überwacht, ob sie sich an die Vorgaben der Partei halten. Bei den Vorlesungen richten sich Kameras auf sie, in den Reihen vor ihnen sitzen Studenten, die sich jede anstößige Bemerkung notieren. «Es ist unsere Pflicht, sicherzustellen, dass die Lernumgebung rein ist und die Professoren den Regeln folgen», sagt einer der von der Partei rekrutierten studentischen Spitzel.

Eines ihrer Opfer wurde You Shengdong, Wirtschaftswissenschaftler an der Universität Xiamen. Er wurde 2018 entlassen, nachdem er sich in einer seiner Vorlesungen kritisch über den «chinesischen Traum» geäußert hatte, mit dem Xi Jinping China zu neuem Glanz verhelfen möchte. «Ich habe gesagt, Träume sind keine Ideale, das sind Wahnvorstellungen und Fantasien.»[19] You Shengdong verließ China, zog nach New York. Er sah für sich daheim keine berufliche Zukunft mehr. «Die Professoren stehen unter Druck, niemand wagt zu sprechen.»[20]

Altes Spitzelunwesen und neue Überwachungstechnik sorgen für ein Klima der Furcht. Die Partei greift durch, und die Hochschulleitungen kuschen. Was bleibt ihnen auch übrig. Parteichef der berühmtesten akademischen Institution des Landes, der Peking Universität (*Beida*), wurde ausgerechnet ein ehemaliger Beamter des Ministeriums für Staatssicherheit. Und manche renommierte Hochschule passte sogar die Satzung den neuen Verhältnissen an. Wie die traditionsreiche Fudan-Universität in Shanghai. Als Leitprinzip löste dort die Treue zur Partei die bisher in den Leitlinien verankerte Gedankenfreiheit ab. Die Revision der Satzung, ließ die Universität verlauten, «reflektiert den Geist des 19. Parteitags und unterstreicht die Führung der Partei bei der Arbeit der Universität». Das war einigen Studenten doch zu viel: Sie versammelten sich in der Cafeteria und stimmten dort die Universitäts-Hymne an, die sich zur akademischen Freiheit bekennt.[21] An der Entscheidung der Universität änderte das nichts.

Wegen der repressiven Atmosphäre an seinen Hochschulen wird das kommunistische China bei führenden Wissenschaftlern fast immer zweite Wahl bleiben. Denn Spitzenforschung braucht das freie Wort. Ohne eine offene, angstfreie Debatte kann es dauerhaft keinen wissenschaftlichen Fortschritt geben. Singapurs Ministerpräsident Lee Hsien Loong hat daran erinnert, dass von neun Nobelpreisträgern chinesischer Abstammung in den Naturwissenschaften acht amerikanische Staatsbürger waren oder es später geworden sind. Die Anziehungskraft für Talente aus aller Welt, argumentierte Lee, bleibe eine der großen Stärken der Vereinigten Staaten.[22]

Doch nicht nur im eigenen Land zeigt Chinas Führung keinen Respekt für die Unabhängigkeit von Lehre und Forschung. Auch jenseits der Grenzen mischt sie sich in das Universitätsleben ein. Zum Beispiel in Australien. Das Land zieht nach den Vereinigten Staaten die meisten chinesischen Studenten an, im Jahr 2019 waren es 153 000. Einer von zehn Hochschülern in Australien kam aus der Volksrepublik. Ein lukrativer Wirtschaftszweig ist so entstanden, er trägt einen beachtlichen Teil des australischen Hochschulsystems. Die Universität Sydney etwa finanziert ein Viertel ihres Haushalts mit den Studiengebühren chinesischer Studenten.

Vielleicht hörten auch deshalb Hochschulen und Politik lange Zeit nicht genau hin, als sich Klagen von Dozenten häuften, die von chinesischen Studenten attackiert wurden, sobald sie sensible Themen anschnitten wie die Tiananmen-Proteste, die Spannungen in Tibet oder das Beharren Taiwans auf Souveränität. Es konnte ihnen ergehen wie dem Hochschullehrer, dessen chinesische Studenten sich beschwerten, weil er Taiwan als eigenständiges Land bezeichnet hatte. Die Studenten hatten die Diskussion heimlich aufgezeichnet; sie forderten ihren Lehrer darin auf, ihre Gefühle zu respektieren.[23]

Die Reibereien an den australischen Hochschulen eskalierten, als es auf dem Höhepunkt der Hongkonger Protestbewegung im Sommer 2019 zu gewaltsamen Zusammenstößen zwischen Anhängern der Demokratiebewegung und Studenten aus der Volksrepublik kam. Diese wollten Kritik an der Pekinger Politik in der ehemaligen Kronkolonie verhindern. Die australische Regierung erließ daraufhin Richtlinien, um die akademische Freiheit an den Hochschulen zu schützen. Zugleich wollte sie die Cyber-Sicherheit an den Universitäten stärken. Und schließlich sollte verhindert werden, dass militärisch relevantes Wissen in die Volksrepublik gelangen konnte.

Aus Sicht der australischen Politik war da schon einiges zusammengekommen, weit über den Raum der Universitäten hinaus. Ein Senator der Labor Party, Sam Dastyari, hatte seinen Hut nehmen müssen, weil ihm ein aus der Volksrepublik stammender Bauunternehmer Reisen nach China und Rechtsanwaltskosten bezahlt hatte; dafür hatte der Labor-Politiker die Politik Pekings im Südchinesischen Meer verteidigt. Australiens Geheimdienst ASIO (Australian Security Intelligence Organization) fand heraus, dass die beiden führenden politischen Parteien, die Liberalen von Ministerpräsident Malcolm Turnbull und Labor, allein von zwei chinesischen Milliardären Spenden in Höhen von 6,7 Millionen Australischen Dollar erhalten hatten. Das hatte China keineswegs davon abgehalten, zugleich einen Cyber-Angriff auf das Parlament in Canberra und die darin vertretenen Parteien zu starten. Zudem war die chinesischsprachige Presse im Land fast vollständig unter Pekings Kontrolle geraten.

Missachtung der akademischen Freiheit, Bestechung von Politikern, eine Cyber-Attacke auf das Parlament, wachsende Medienmacht: Der australischen Regierung reichte es. Sie setzte eine Taskforce zum Schutz der Universitäten gegen Unterwanderung ein. Sie verbot politische Spenden und verdeckten Lobbyismus aus dem Ausland. Die australische Regierung verweigerte sich einer Beteiligung an Chinas strategischem Prestigeprojekt, der «Neuen Seidenstraße». Als erstes Land, noch vor den Vereinigten Staaten, schloss Australien zudem eine Beteiligung des Huawei-Konzerns beim Bau des superschnellen Mobilfunknetzwerks 5G aus.

In einer melodramatischen Geste wandte sich Premier Malcolm

Turnbull im Wahlkampf 2017 sogar auf Chinesisch an seine Zuhörer: *Aodaliya renmin zhan qi lai!* – «Das australische Volk hat sich erhoben», eine Anspielung auf Mao Zedongs Ausrufung der Volksrepublik 1949 vom Tor des Himmlischen Friedens in Peking. Nun wurde es manchen besonnenen Australiern doch zu viel: Sie warnten vor anti-chinesischer Hysterie und vor der Heraufbeschwörung einer «Gelben Gefahr».

Ein Zufall ist es nicht, dass Chinas wachsende Macht und sein selbstbewusstes Auftreten gerade in Australien die Emotionen hochkochen lassen. Mit 1,2 Millionen Menschen machen die chinesischstämmigen Bürger rund 5 Prozent der 24 Millionen Australier aus. Die Volksrepublik ist der größte Handelspartner des Landes, wichtigster Abnehmer von Eisenerz und Kohle. Aber keineswegs alle Australier mit chinesischen Wurzeln sind der Volksrepublik freundlich gesonnen. Die chinesische Einwanderung begann schon vor 200 Jahren, in ein damals noch «weißes Australien», das den Neuankömmlingen oft mit blankem Rassismus begegnete. Nach der kommunistischen Machtübernahme in China 1949 kam mancher aus Furcht vor den neuen Herrschern, oft über Hongkong oder Südostasien; auch aus Taiwan wanderten Chinesen ein. Erst später beschleunigte sich die Zuwanderung aus der Volksrepublik. Seit 2006 kamen über eine halbe Million Neubürger von dort ins Land.

Spannungsfrei kann es da in der chinesisch-stämmigen Community kaum zugehen. Die Regierung muss deshalb umsichtig zu Werke gehen. Sie muss aber auch entschieden die Freiheitsrechte einer liberalen, offenen Gesellschaft verteidigen – gegen Einmischung und Einschüchterung, vorauseilenden Gehorsam und Selbstzensur. Wie schwierig das manchmal ist, zeigt die emotionale Kontroverse um eine Buchveröffentlichung. «Silent Invasion: How China Is Turning Australia into a Puppet State» (Stille Invasion: Wie China Australien in einen Marionettenstaat verwandelt) sollte im April 2018 in dem angesehenen Verlag Allen & Unwin erscheinen. Das Manuskript war abgeschlossen, die Werbung bei den Buchhändlern hatte bereits begonnen. Dann, im November 2017, verschob der Verlag plötzlich das Datum der Veröffentlichung. Die Anwälte hätten gewarnt, die Zeit sei zu knapp, um den Verlag gegen «mögliche Aktionen aus Peking» abzusichern, schrieb der Verlagschef in einer Mail an den Autor Clive Hamilton. Offenbar befürchtete er kostspielige gerichtliche Schritte von chinesischer Seite.

Empört verlangte Hamilton, ein in Australien bekannter Intellektueller, Professor für allgemeine Ethik an der Charles Sturt Universität, seine Rechte zurück und bot das Manuskript einem anderen Verlag an. Es erschien dann bei Hardie Grant Books, sogar zwei Monate früher als geplant. Drohungen habe es doch gar nicht gegeben, zürnte Hamilton, Chinas «Schatten über Australien» habe genügt, seinem alten Verlag Furcht einzujagen. Und in der Tat schien dessen Hasenherzigkeit die These des Autors zu bestätigen, der mit seinem Buch zeigen wollte, «wie ein mächtiger, autoritärer Staat Kritik im Ausland unterdrücken kann und so den Weg bereitet, dieses Land in seine Umlaufbahn zu ziehen».[24]

Niemand soll seine Nase zu tief in Chinas Angelegenheiten stecken. Schon gar nicht der westliche Journalismus. Besonders schwer erträglich findet das Regime die kleine Schar der in Peking akkreditierten Auslandskorrespondenten. Denn über sie erfährt die Welt vieles, was nach dem Wunsch der Partei nie das Licht der Öffentlichkeit erreichen sollte. Und weil die englischsprachigen Medien die meisten Leser, Zuschauer und Hörer haben, wird die Arbeit ihrer Reporter in China mit Argusaugen überwacht. Besonders die renommierten amerikanischen Blätter, wie die *New York Times* und die *Washington Post*, genießen aufgrund des Umfangs und der Qualität ihrer Berichterstattung rund um den Globus eine hohe Glaubwürdigkeit. Sie sind die entscheidenden Multiplikatoren, die das Bild Chinas weit über die Vereinigten Staaten hinaus prägen. Allein die *New York Times* hatte bis vor kurzem acht Korrespondenten in Peking akkreditiert, für europäische Zeitungen ein unvorstellbarer Luxus.

Umso größer war der Schock, als das chinesische Außenministerium im März 2020 die Ausweisung von einem Dutzend Korrespondenten der *New York Times*, der *Washington Post* und des *Wall Street Journal* bekanntgab. Allein sechs der acht *Times*-Reporter mussten China verlassen. Eine solche Strafaktion gegen die ausländische Presse hatte es in China seit der Kulturrevolution nicht mehr gegeben. Die

Spannungen zwischen Peking und Washington waren zu einem regelrechten «Medienkrieg» (*Washington Post*) eskaliert.

Begonnen hatte er damit, dass die Regierung Trump die Auslandsbüros fünf chinesischer Staatsmedien – der Nachrichtenagentur *Xinhua*, des Auslandsfernsehsenders *China Global Television Network* (CGTN), des Rundfunksenders *China Radio International* und der beiden Parteiblätter *China Daily* und *Renmin Ribao* (Volkszeitung) – zu «ausländischen Missionen» erklärte, die weniger Journalismus als Propaganda betrieben und Nachrichten für die eigene Regierung sammelten.

Dann war Peking am Zug. Dort war man empört über einen Kommentar, der am 3. Februar 2020 im *Wall Street Journal* unter der Überschrift «China Is the Real Sick Man of Asia» erschienen war. Der Politikprofessor Walter Russell Mead kritisierte darin die chinesische Regierung für ihren Umgang mit der Corona-Krise. Als das Blatt die geforderte Entschuldigung und eine Bestrafung der verantwortlichen Redakteure verweigerte, entzog Peking drei Korrespondenten des *Wall Street Journal* ihre Akkreditierung und forderte sie auf, innerhalb von fünf Tagen das Land zu verlassen. Die chinesische Bevölkerung heiße Medien nicht willkommen, «die sich rassistisch und diskriminierend äußern und die China böswillig verleumden und beleidigen», erklärte der Sprecher des Außenministeriums.

Es dauerte nur wenige Tage, dann reagierte Washington. Die eben erst zu «ausländischen Missionen» erklärten Vertretungen der chinesischen Staatsmedien hätten ihr Personal drastisch zu reduzieren, von mehr als 160 auf nur noch 100 Mitarbeiter, verfügte die US-Regierung. Dass dies nicht das Ende des Konflikts war, zeigte die Antwort aus Peking. «Die Vereinigten Staaten haben das Spiel eröffnet, dann lasst uns spielen», schrieb die Leiterin des Informationsamtes im Außenministerium auf Twitter. Vierzehn Tage später kündigte das Ministerium den Rauswurf der Korrespondenten von *New York Times*, *Washington Post* und *Wall Street Journal* an. Es war ihnen auch nicht gestattet, ihre Arbeit von Hongkong aus fortzusetzen. Bis dahin hatte die Sonderverwaltungszone ausländische Journalisten geduldet, die in Peking ihre Akkreditierung verloren hatten.

Ein «Spiel» war dies nun schon nicht mehr. Die Qualitätsbericht-
erstattung aus der Volksrepublik, für die diese drei Blätter standen,
war in ihrem Kern bedroht. Wie schlecht es um die Arbeitsbedingungen in China stand, war kurz zuvor in einem Bericht des Clubs der
Auslandskorrespondenten (Foreign Correspondents' Club of China)
zu lesen. Danach gaben acht von zehn Berichterstattern an, bei ihrer
Arbeit behindert worden zu sein: Sie seien überwacht, kontrolliert,
eingeschüchtert und auch gewaltsam angegriffen worden. Korrespondenten erhielten ihr Visum für immer kürzere Zeiträume, bisweilen
nur noch für einen Monat. Bewilligung oder Ablehnung von Visaan-
trägen seien zu «Waffen gegen die ausländische Presse geworden wie
nie zuvor», schrieb der Club der Auslandskorrespondenten in seinem
Bericht.

Allenfalls die eigenen Dissidenten hat Chinas Staatssicherheit so
fest im Auge wie die ausländischen Berichterstatter. Aber mit der Behinderung ihrer Arbeit schadet sich das Regime letztlich selbst. Aus
den Staatsmedien erfährt es die Wahrheit über die Zustände im Lande
nicht. Allenfalls durch interne Berichte der Nachrichtenagentur *Xinhua*, die nicht für die Öffentlichkeit gedacht sind, sondern sich an Parteifunktionäre und staatliche Amtsträger richten. Aber auch wer dort
schreibt, möchte nicht gern der Überbringer schlechter Nachrichten
sein. Also wird geschönt und verharmlost. «Selbstzensur ist in China
so selbstverständlich, dass kaum noch über sie gesprochen wird»,
schrieb Petra Kolonko einmal, die langjährige Peking-Korresponden-
tin der *Frankfurter Allgemeinen Zeitung*. «Jeder Journalist, jeder
Redakteur oder Lektor, jeder Blogger oder Wissenschaftler, jeder Be-
treiber eine Website weiß, wo die politischen Grenzen sind, die man
nicht überschreiten kann, ohne Konsequenzen fürchten zu müssen.»[25]

Deshalb ist die Berichterstattung der ausländischen Presse ein so
wichtiges Korrektiv. Die Klugen im Regime wissen dies natürlich.
Aber sie werden sich hüten, dies laut zu sagen. So kommt zur Zensur
und Selbstzensur bei den heimischen Medien der unablässige Druck
auf die ausländischen Beobachter. Und das kann, wie US-Außenminister Mike Pompeo mit Blick auf das Coronavirus sagte, im Extremfall
«tödliche Folgen» haben. «Hätte China es seinen eigenen und den

ausländischen Journalisten sowie dem medizinischen Personal erlaubt, frei zu sprechen und nachzuforschen, wären die chinesischen Behörden und andere Nationen weit besser vorbereitet gewesen, sich dieser Herausforderung zu stellen.»

Die Epidemie, die von Wuhan aus Tod und Verderben um die ganze Welt trug, offenbarte die bis dahin nicht vorstellbaren Kosten des chinesischen Überwachungsstaats. Das eigens für einen Fall wie diesen geschaffene Frühwarnsystem funktionierte nicht: Die Warnungen aus den Krankenhäusern erreichten die zentralen Gesundheitsbehörden nicht, weil örtliche Funktionäre dies verhinderten.

Es waren Tage, in denen der Ruf nach Meinungsfreiheit vieltausendfach in den sozialen Medien erklang. In denen eine Gruppe von Mittelschullehrern aus Chengdu ihren Schülern online einen offenen Brief schickte: «Albert Camus schrieb in ‹Die Pest›, der einzige Weg, die Seuche zu bekämpfen, ist Ehrlichkeit. Wir können aus einer Beerdigung keine Hochzeit machen. Wir können unsere Fragen nicht durch Lobpreisungen ersetzen.» Da hatte die Partei schon begonnen, die Geschichte ihres Versagens zu einem Heldenepos umzudichten. Vom «Volkskrieg» gegen das Virus war nun die Rede, in dem sich der «chinesische Weg» als siegreich erweisen würde. Aber in Wuhan hatten die Menschen ja die Wahrheit vor Augen.

Der Ausbruch der Epidemie zeigte aber auch Beispiele eines mutigen investigativen Journalismus. Als Redakteur hatte Li Zehua einst für den staatlichen Fernsehsender CCTV gearbeitet. Nun ging er nach Wuhan, um über die Verheerungen des Virus dort zu berichten. Li Zehua ließ sich im Krematorium als Leichenträger einstellen, recherchierte über ein Labor. Bis ihn schließlich die Staatssicherheit entdeckte und er verhaftet wurde. Wichtigstes aufklärerisches Medium in der Coronakrise wurde das in einem privaten Verlag erscheinende Wirtschaftsmagazin *Caixin*. Das Magazin entsandte mehrere Reporterteams nach Wuhan und berichtete über Vertuschung und Einschüchterung. *Caixin*-Reporter führten auch das letzte Interview mit dem Augenarzt Li Wenliang, der als einer der ersten vor dem Virus gewarnt hatte, als dieser schon auf dem Sterbebett lag. Natürlich wurden auch die Beiträge des Magazins zensiert und gelöscht. Aber sogar der Chefredakteur des nationalistischen Propagandablatts *Global Times* nannte die Berichterstattung von *Caixin* in diesen Tagen «herausragend».

Das Regime hätte daraus lernen können. Stattdessen bewies Wang Zhonglin, der neu eingesetzte Parteichef von Wuhan, dass die Partei nichts begriffen hatte. Er verlangte, die Einwohner von Wuhan müssten zur «Dankbarkeit» gegenüber Xi Jinping und der Kommunistischen Partei «erzogen» werden. Oder hatte Wang nur allzu gut verstanden? Wusste er zu genau, dass der Staat nur die Schrauben anziehen musste, um die im Internet aufbrausende Wut schnell wieder zum Verstummen zu bringen? Einsicht, Demut, Umdenken? Nichts davon. Der Staat behielt seine Kritiker im Auge und ließ sie ihre Ohnmacht spüren. «Wir sehen im Zuge der Epidemiebekämpfung in China eine drastische Steigerung in der gebündelten Auswertung von Standortdaten, Gesichtserkennung und Verhaltensprofilen», sagte Sebastian Heilmann, Professor an der Universität Trier und ehemaliger Direktor des Berliner China-Thinktanks Merics. «Diese Epidemie hat den Ausbau der digitalen Überwachung in China markant beschleunigt. Die zur Epidemiebekämpfung entwickelten Kontroll-Apps werden in angepasster Form im chinesischen Alltag Einzug halten.»[26] In einem Alltag, in dem ungeachtet des letzten Wunsches von Dr. Li Wenliang weiterhin «nur eine Stimme» zu hören war.

V. Xinjiang: Verfolgung und Umerziehung

Erst waren es einzelne, verstörende Nachrichten, die da aus dem unwirtlichen Nordwesten Chinas drangen. Nachbarn und Freunde verschwanden plötzlich. Lehrer, Händler, Wissenschaftler, Bauern – von einem Tag auf den anderen wurden sie aus ihrem vertrauten Leben gerissen. Der Bruder wusste nicht, wo die Schwester war; die Tochter kehrte aus den Semesterferien heim und fand die elterliche Wohnung verlassen vor. Waisenhäuser wurden eingerichtet, weil Vater und Mutter abgeholt worden waren.

Was geschah da in den Städten und Dörfern, die sich in den unendlichen Weiten der Wüsten und Gebirgszüge der Uigurischen Autonomen Region Xinjiang verlieren? Allmählich verdichteten sich die Meldungen zu einem Bild, das die Welt schaudern machte: Unter größter Geheimhaltung hatte die Regierung in Peking ein System von Umerziehungslagern errichtet, in denen sie die Angehörigen der muslimischen Minderheiten – Uiguren vor allem, aber auch Kasachen und Kirgisen – vom Krankheitskeim eines «religiösen Extremismus» heilen wollte, der die Gläubigen nach Ansicht der Kommunistischen Partei befallen hatte.

Im Ausland meldeten sich Angehörige zu Wort. Die Unternehmensberaterin Rushan Abbas zum Beispiel, die China im Alter von 21 Jahren als Studentin verlassen hatte und nun im US-Bundesstaat Virginia nahe der Hauptstadt Washington lebte. Ihre daheim lebende kranke Schwester und eine 64 Jahre alte Tante waren innerhalb von sechs Tagen verschleppt worden, seit einem Monat hatte kein Familienangehöriger von ihnen gehört.[1]

Oder Abdusalam Muhemet. Er wurde festgenommen, als er bei einem Begräbnis einen Vers aus dem Koran zitierte. Sieben Monate verbrachte er in einer Polizeizelle, zwei weitere Monate im Lager, ohne eines Verbrechens angeklagt worden zu sein. Nach seiner Entlassung floh er aus China. Im Lager musste er Vorträgen lauschen, in denen vor islamischem Radikalismus, dem Streben nach uigurischer Unabhängigkeit und vor Widerstand gegen die Kommunistische Partei gewarnt wurde.[2]

Nicht nur Betroffene sprachen über ihre Erfahrungen. Wissenschaftler ergänzten diese Berichte. So legte der deutsche, in den USA forschende Anthropologe Adrian Zenz, der sich seit Jahren mit der Entwicklung in Xinjiang beschäftigt hatte, Schätzungen zur Zahl der Internierten vor. Aus Stellenausschreibungen, Bau- und Budgetplänen in amtlichen chinesischen Veröffentlichungen zog er Rückschlüsse auf den Umfang des von den Behörden errichteten Lagersystems. Detailliert beschrieb auch James A. Millward, ein an der Georgetown-Universität in Washington lehrender Historiker, den «neuen Gulag» in Xinjiang.[3]

Satellitenaufnahmen bestätigten den Bau der Lager. Journalisten machten sich auf den Weg nach Xinjiang und brachten Berichte mit über das angstvolle Schweigen, dem sie begegneten. Über die Behinderung ihrer Recherchen durch Staatssicherheit und Polizei. Sie reisten weiter in das Nachbarland Kasachstan, wohin sich ehemalige Lagerinsassen geflüchtet hatten, die bereit waren, über das Erlebte zu sprechen. Die Menschenrechtsorganisation Human Rights Watch legte einen 125 Seiten langen Bericht vor.

So fügten sich die Schilderungen und Analysen allmählich zum Bild einer Region, über die sich wie nirgendwo sonst in China die bleierne Hand der Unterdrückung und der totalen Überwachung gelegt hatte. Xinjiang erlebte, schrieb Chris Buckley, Korrespondent der *New York Times*, der ein ums andere Mal in die Region reiste und zahllose Puzzlestücke des verborgenen Repressionsgeschehens zusammentrug, das «weitreichendste Internierungsprogramm seit der Mao-Ära».[4]

Die Regierung in Peking bestritt dies alles entschieden. Als bei den Vereinten Nationen in Genf im August 2018 die Lage in Xinjiang auf der Tagesordnung stand, erklärte der chinesische Delegationsleiter Hu Lianhe kategorisch: «So etwas wie Umerziehungslager gibt es nicht.» Und er fügte hinzu: «Es gibt keine Folter, keine Verfolgung und kein

Verschwinden heimgekehrter Personen.» Eine dreiste Lüge, wie sich zeigen sollte.

Unruhig war Chinas ferner Westen immer gewesen. Die Weiten zwischen Altai-Gebirge und Taklamakan-Wüste gehörten nicht zum Kernland der chinesischen Kultur, so wenig wie Tibet und die Mongolei. Erst in der Qing-Dynastie wurden sie Teil des chinesischen Staatsgebiets. Jahrhundertelang war es zu Kämpfen mit den Reiterheeren der Dsungaren über die Vorherrschaft in Zentralasien gekommen, eine klare Grenze gab es nicht. Unter Kaiser Qianlong (1736–1799) führten die Qing einen erbarmungslosen Eroberungskrieg, die Truppen des Mandschu-Generals Zhaohui nahmen im Jahr 1759 Kaschgar und Yarkand ein, zwei der bedeutendsten Städte einer Region, die erst später den Namen Xinjiang, «Neues Grenzgebiet», erhielt.

Endgültig wurde Xinjiang 1884 Teil des Qing-Reichs. Der mit Russland 1881 geschlossene Vertrag von St. Petersburg hatte den Grenzverlauf zwischen den beiden Staaten festgelegt. Als die Kommunisten 1949 die Macht in Peking übernahmen, verkündete die Regierung der Volksrepublik eine fortschrittliche Minderheitenpolitik. Neben der Mehrheit der Han-Chinesen erhielten 55 ethnische Gruppen einen offiziellen Nationalitäten-Status samt besonderer, von der Verfassung garantierter Rechte. China zeigte sich stolz auf seine kulturelle Vielfalt. Die Muslime der Turkvölker Xinjiangs sollten ebenso wie die buddhistischen Tibeter und Mongolen ihre Traditionen pflegen, ihre eigenen Sprachen sprechen und sich politisch weitgehend selbst verwalten können.

Die Wirklichkeit sah anders aus. Die Zentralregierung begann in den Autonomiegebieten systematisch Han-Chinesen anzusiedeln. In Politik und Verwaltung, zunehmend auch in der Wirtschaft hatten sie das Sagen, stiegen beruflich schneller auf. Bald waren sie an vielen Orten zahlenmäßig in der Mehrheit. In den Schulen, an den Universitäten, auf den Ämtern wurde jetzt Hoch-Chinesisch gesprochen. Die Uiguren, noch immer knapp die Hälfte der 24 Millionen Einwohner, fühlten sich mehr und mehr wie Fremde im eigenen Land.

Als 1990 die Sowjetunion zerfiel und sich auf den Gebieten der ehemaligen Teilrepubliken souveräne Staaten gründeten, wurde auch unter den Uiguren in Xinjiang die Forderung nach Eigenständigkeit lauter. Peking unterdrückte diese Unabhängigkeitsbestrebungen mit aller Härte. Eine Gruppierung wie die Islamische Bewegung Ost-Turkestans (East Turkestan Islamic Movement – ETIM) galt ihr als terroristische Organisation. («Ost-Turkestan» war der Name von zwei für kurze Zeit, 1933 und 1944–49, von lokalen Warlords errichteten unabhängigen Staaten auf dem Gebiet des heutigen Xinjiangs.) Nach dem 11. September 2001 stufte auch die amerikanische Regierung die ETIM als Terrorgruppe ein; mehrere hundert Uiguren hatten sich den afghanischen Taliban angeschlossen. Von nun an konnte China den Kampf gegen jegliches Streben nach mehr Autonomie als Teil des weltweiten «Krieges gegen den Terror» rechtfertigen. Xinjiang, schrieb die Staatspropaganda, sollte kein weiteres Afghanistan oder Tschetschenien werden.

Tatsächlich nahm die Gewalt zu, von beiden Seiten. Im Juli 2009 eskalierten Unruhen in Xinjiangs Hauptstadt Urumqi, fast zweihundert Han-Chinesen kamen ums Leben. Im Oktober 2013 fuhr ein Uigure in Peking seinen Wagen auf dem Platz des Himmlischen Friedens in eine Menschenmenge und tötete zwei Touristen. Im März 2014 gingen acht mit Messern bewaffnete Uiguren auf dem Bahnhof der südchinesischen Stadt Kunming auf Reisende los. Sie erstachen 31 Menschen und verletzten 141 weitere.

Es gab also Gründe dafür, dass die Zentralregierung den Kampf gegen die «drei bösen Kräfte des Terrorismus, Separatismus und islamischen Extremismus» verschärfte. Und dieser Kampf, sagte der neue Staats- und Parteichef Xi Jinping 2014 bei einem Besuch in Xinjiang vor örtlichen Funktionären, sollte «ohne Erbarmen» geführt werden. Vier Tage hielt sich Xi in der Region auf. Am letzten Tag seiner Reise verübten zwei militante Uiguren in Urumqi einen Selbstmordanschlag, bei dem 80 Menschen verletzt wurden und ein Opfer starb. Nur wenige Wochen nach Xis Abreise warfen Attentäter in Urumqi mehrere Bomben in einen Gemüsemarkt. Sie töteten 39 Menschen, weitere 94 wurden verletzt.

All dies erklärt die helle Wut der Parteiführung. «Wir müssen genauso brutal sein wie sie», erklärte Xi vor einer Antiterroreinheit in

Urumqi. Mit der Niederschlagung der militanten Opposition wurde Xinjiangs neuer Parteichef Chen Quanguo beauftragt, der zuvor fünf Jahre lang mit harter Hand in Tibet, der anderen Unruheregion, durchgegriffen hatte. Im August 2016 übertrug die Parteiführung ihm die neue Aufgabe, ein Jahr später berief sie ihn ins Politbüro. Chen war nun der starke Mann in Xinjiang, und er räumte auf.

Im Frühjahr 2017 begann der systematische Bau der Internierungslager. Eineinhalb Jahre später existierten bereits mehrere hundert von ihnen. Gut eine Million Menschen wurden dort festgehalten, ideologischer Indoktrinierung unterworfen, mussten Loblieder auf die KP singen («Ohne die Kommunistische Partei gäbe es kein neues China»). Waren sie freiwillig dort, wie Pekings Propaganda behauptete, um Mandarin zu lernen und sich beruflich weiterzuqualifizieren? So lautete nämlich die neue Erklärung für die Existenz der Lager, die eben noch bestritten worden war. Berufsschulen gewissermaßen, welche die «Schüler» nach erfolgreicher Ausbildung mit besseren Chancen auf dem Jobmarkt verließen. Doch warum dann die Wachtürme um die Lager, die Stacheldrahtzäune und die bewaffneten Posten vor den Toren?

Und wenn es um Sprachenausbildung und Jobtraining ging: Warum wurden dann führende Intellektuelle eingesperrt, berühmte Dichter, Gelehrte, Musiker, Ärzte, Leiter von Universitäten? Die Hüter der uigurischen Geschichte und Kultur.

Und warum wurden Waisenhäuser und Internate eingerichtet für Kinder und Jugendliche, deren Eltern sich plötzlich nicht mehr um sie kümmern konnten? Fast eine halbe Million Jungen und Mädchen wurden von ihren Familien getrennt. Die anti-religiöse Erziehung stand im Mittelpunkt des Unterrichts, gelehrt wurde die Liebe zur Nation, zur chinesischen Kultur und zur Partei. Während viele uigurische Lehrer im Lager verschwanden, wurden überall im Land chinesische Lehrkräfte als «Ingenieure der menschlichen Seele» für den Dienst in Xinjiang angeworben.[5]

Glaubten die Behörden wirklich, ihr «Entradikalisierungsprogramm» würde aus gläubigen Muslimen und deren Kindern fromme Anhänger der Kommunistischen Partei und des Vorsitzenden Xi machen? Würden Internierung und Umerziehung sie nicht erst recht radikalisieren?

Im Herbst 2019 zerriss das Lügengespinst, mit dem Peking den chinesischen Gulag im Verborgenen halten wollte. Erst wurden der *New York Times* 403 Seiten hochgeheimer Parteidokumente zugespielt, von einem «Mitglied des chinesischen politischen Establishments», wie das Blatt schrieb. Darunter waren Reden Xi Jinpings, in denen der Staats- und Parteichef verlangte, im Kampf gegen religiöse Extremisten «absolut keine Gnade» walten zu lassen.[6] Dann veröffentlichte das Internationale Konsortium Investigativer Journalisten (ICIJ) gemeinsam mit 17 Medienpartnern die «China Cables», die detailliert zeigten, wie Peking die Internierung der rund eine Million Uiguren organisierte. Bei den «China Cables» handelt es sich um eine neunseitige Anleitung zum Betrieb von Internierungslagern, um vier interne Bekanntmachungen zu einer Überwachungsdatenbank («Integrationsplattform für gemeinsame Einsätze») und um das Urteil eines Gerichts gegen Uiguren aus dem Jahr 2018.[7]

«Verhaftet jeden, der verhaftet werden sollte» – so lautete der Befehl, den Xinjiangs Parteichef Chen Quanguo ausgegeben hatte. Verdächtig war, wer einen langen Bart trug, außerhalb der staatlich kontrollierten Moscheen betete, keinen Alkohol trank und nicht rauchte, im Ramadan fastete; wer Arabisch lernte, seinen Kindern «radikale» Namen wie Mohamed oder Fatima gab, auf dessen Smartphone sich Koranverse fanden oder wer einfach nur Verwandte im Ausland hatte.

Die veröffentlichten Geheimreden, die Anweisungen an die lokalen Funktionäre, aber auch Satellitenfotos von zerstörten Moscheen und verwüsteten Friedhöfen ließen keinen Zweifel mehr: Die Identität der Uiguren und anderer turkstämmiger Völker im Nordwesten Chinas sollte zerstört werden. Adrian Zenz, der mit seinen Forschungen einen großen Beitrag zur Aufdeckung des Lagersystems geleistet hatte, sprach von einem versuchten «kulturellen Genozid». Der Historiker James A. Millward beschrieb die Furcht der Parteiführung vor einem Übergreifen des islamistischen Terrors auf China. Es sei nicht zu bestreiten, dass es auf Seiten der Uiguren Gewalt gegeben habe, aber die Antwort Pekings sei «exzessiv und wahllos» gewesen.[8]

Zu den häufigsten Gründen, warum Frauen in Umerziehungslager gesperrt wurden, gehörten Verstöße gegen Chinas strenge Geburtenkontrollpolitik. Zwar durften die Angehörigen der Nationalen Minderheiten auch während der jahrzehntelangen Ein-Kind-Politik mehrere Kinder bekommen, in der Regel zwei bis drei Kinder pro Familie. Aber in Xinjiang war eine noch größere Kinderzahl lange üblich gewesen und auch geduldet worden. Mit dieser Toleranz war es 2017 vorbei. Mit drakonischen Maßnahmen wurde seitdem versucht, die Kinderzahl zu senken. Es kam zu Zwangssterilisierungen. Bei Verstößen gegen die Vorschriften mussten Eltern hohe Bußgelder zahlen; waren sie dazu nicht in der Lage, verschwanden sie in den Lagern. Die Nachrichtenagentur *AP* ging den Berichten in einer groß angelegten Recherche nach, studierte Regierungsstatistiken und andere staatliche Dokumente, führte auch zahlreiche Interviews mit ehemaligen Häftlingen, deren Familienmitgliedern und Lehrkräften aus den Lagern. Die Kampagne zur Reduzierung der Geburtenzahl, resümierte *AP*, habe bei Paaren mit Kinderwünschen zu einem «Klima der Angst» geführt.[9]

Die Repression in Xinjiang hatte viele Formen. An Checkpoints wurden Smartphones kontrolliert, ob auf ihnen verbotene Apps installiert waren. Geschäfte durfte nur betreten, wer sein Gesicht scannen ließ. Kameras wurden über den Eingängen von Moscheen und sogar von Privathäusern installiert. Bei medizinischen Routine-Untersuchungen wurden regelmäßig DNA-Proben, Iris-Scans und Fingerabdrücke genommen. Zuverlässige Kader wurden bei uigurischen Familien einquartiert, um diese im Auge zu behalten. «Patenschaftsprogramm» hieß das.

Xinjiang wurde zum Labor des totalen Überwachungsstaates. Auf Schritt und Tritt wurden die Bürger beobachtet. Peking setzte dabei modernste Technik wie Gesichts- und Spracherkennung ein. Im Herbst 2019 verhängte die amerikanische Regierung Sanktionen gegen beteiligte US-Unternehmen. Diese bedurften von nun an einer Sondergenehmigung für Lieferungen an acht chinesische Firmen und zwanzig Sicherheitsbehörden. Unter den chinesischen Partnern waren die auf Gesichtserkennung spezialisierten Unternehmen Megvii und SenseTime sowie der Hersteller von Überwachungskameras Hikvision.

Am 17. Juni 2020 unterzeichnete US-Präsident Donald Trump den Uighur Human Rights Policy Act. Damit war der Weg für zusätzliche Sanktionen frei. Das Handelsministerium in Washington setzte auf seine schwarze Liste elf weitere chinesische Unternehmen, die nach Ansicht der amerikanischen Regierung an Menschenrechtsverletzungen gegen Uiguren und andere muslimische Minderheiten beteiligt waren. Aber auch gegen hochrangige Funktionäre wurden nun Strafmaßnahmen ergriffen. Ihnen wurden keine Visa für die Vereinigten Staaten mehr ausgestellt; sollten sie Vermögenswerte in den USA haben, wurden diese beschlagnahmt. Zu den Betroffenen zählten der Parteichef von Xinjiang, Politbüromitglied Chen Quanguo, und sein früherer Stellvertreter Zhu Hailun.[10]

Auch deutsche Konzerne, die in Xinjiang produzierten, wie Siemens, VW oder die BASF, mussten sich kritischen Fragen zu ihrem wirtschaftlichen Engagement in der Region und ihrer Haltung zu den Menschenrechtsverletzungen stellen. Martin Brudermüller, Vorstandschef der BASF, versicherte: «Keiner unserer 120 Mitarbeiter dort arbeitet unter Zwang.» Und er versprach: «Wir werden prüfen, ob wir uns etwas vorzuwerfen haben, und dann gegebenenfalls Maßnahmen ergreifen.» Aber Brudermüller sagte auch: «China ist ein wichtiger Wirtschaftsfaktor und stark verwoben mit uns, stärker als uns manchmal bewusst ist. Unsere Zukunftsprobleme werden wir nicht ohne China lösen. (…) Deshalb ist eine echte, ehrliche gesellschaftliche Diskussion über alle Konsequenzen wichtig.»[11]

Welche Konsequenzen also zogen Deutschland und Europa? Anders als die Trump-Administration verhängte die Bundesregierung keine Sanktionen. Immerhin, gemeinsam mit 22 anderen Staaten verlangte Deutschland in der UN-Vollversammlung von der chinesischen Regierung, «willkürliche Inhaftierungen von Uiguren und Angehörigen anderer muslimischer Gemeinschaften» zu beenden. China konnte allerdings eine größere Gruppe von Staaten gegen diese Entschließung mobilisieren. 54 Regierungen unterstützten eine Erklärung von Belarus, die China für seine «Erfolge» im Kampf gegen den Terrorismus lobte. «Ein paar wenige westliche Staaten» hätten «eine schmähliche Niederlage erlitten», triumphierte das Außenministerium in Peking.

Fotografien von Mai 2019 zeigen eine Hochsicherheitsanlage in Hotan im Südwesten der Region Xinjiang, die offenbar zu einem System an Umerziehungslagern gehört.

Als weltweit die Empörung über die Verfolgung der Uiguren dennoch immer lauter wurde, trat Xinjiangs Gouverneur Shohrat Zakir in Peking vor die Presse. Er hatte gute Nachrichten: «Alle Studenten in den Zentren, die die Nationalsprache und das Gesetz studiert haben und eine betriebliche Ausbildung gemacht und De-Radikalisierungskurse belegt haben, haben ihren Abschluss gemacht.»[12] Allerdings, viele von denen, die angeblich in die Gesellschaft entlassen worden waren, wurden stattdessen in reguläre Gefängnisse gesteckt – und zugleich in die Produktion geschickt. Denn vielen Haftanstalten sind Firmen angegliedert, in denen die Häftlinge Zwangsarbeit leisten müssen.

Die Regierung wollte ohnehin gern mehr Angehörige der muslimischen Minderheiten in Arbeit bringen – um die noch immer bestehende Armut in Xinjiang zu überwinden und zugleich die so Beschäftigten politisch auf den rechten Weg zu bringen. Und es gab ja genug zu tun. Xinjiang produziert ungefähr 85 Prozent der in China angebauten Baumwolle. Bekleidungsunternehmen aus den USA, Europa und Japan kaufen hier ein. Für die Arbeit auf den Baumwollfeldern und in den Textilfabriken wurden daher arme Bauern, kleine Händler oder Müßiggänger vom Dorf rekrutiert, teilweise mit offenem Zwang, weil die lokalen Behörden ihre vorgegebenen Quoten zu erfüllen hatten. Die «überflüssige ländliche Arbeit» sollte so in den Dienst der wirtschaftlichen Modernisierung gestellt werden.

Etliche Fabriken waren in unmittelbarer Nähe zu den Lagern errichtet worden. Manche der Internierten mussten nach ihrer Entlassung dort für billigen Lohn arbeiten. «Die Drohung der Lager hängt über jedem, deshalb gibt es keinen wirklichen Widerstand gegen die zugewiesene Fabrikarbeit», sagte Darren Byler von der Universität Colorado in Boulder.[13] Menschenrechtsorganisationen warfen den westlichen Modefirmen vor, unter ihnen weltweit bekannte Marken, das Zwangsarbeitssystem aus Internierungslagern und Fabriken zu ignorieren und in Xinjiang weiterhin Stoffe und Garne produzieren zu lassen.[14]

Im Dezember 2019 verlieh das Europäische Parlament den Sacharow-Preis an Ilham Tohti. Der uigurische Wirtschaftswissenschaftler, der zuletzt in Peking gelehrt hatte, konnte die Menschenrechts-Auszeichnung allerdings nicht selbst entgegennehmen. Denn Ilham Tohti saß im Gefängnis. Er war 2014 wegen «Separatismus und Anstiftung zum Rassenhass» zu lebenslanger Haft verurteilt worden.

Ein skandalöses und groteskes Urteil, denn der Ökonom hatte sich stets für ein verträgliches Zusammenleben zwischen Uiguren und Han-Chinesen eingesetzt. Die Parlamentarier in Straßburg würdigten Ilham Tohti als eine «Stimme der Mäßigung und der Versöhnung». Ähnlich wie bei der Verleihung des Friedensnobelpreises 2010 an den Schriftsteller und Bürgerrechtler Liu Xiaobo reagierte die chinesische Regierung empört: Tohti sei ein Separatist und Terrorist. Das EU-Parlament gebe den Preis einem «Kriminellen», sagte der Sprecher des Außenministeriums. Für den grünen Europa-Abgeordneten Reinhard Bütikofer hingegen war Ilham Tohti «der exemplarische gewaltfreie politische Gefangene».

Parlamentspräsident David Sassoli erinnerte an die Werte, für die der Preisträger stehe: «Dialog, wechselseitiges Verständnis, Mäßigung, Versöhnung und kulturelle Vielfalt – Werte, die auch Europa ausmachen». In einer Resolution verlangten die Abgeordneten, alle in den Internierungslagern Xinjiangs Inhaftierten «sofort und bedingungslos» freizulassen. Die Europäische Union solle Sanktionen gegen die für die Repression Verantwortlichen verhängen und ihre Vermögenswerte in der EU einfrieren.

Für Ilham Tohti nahm dessen in den Vereinigten Staaten lebende Tochter Jehwer Ilham den Sacharow-Preis entgegen. Im Jahr 2013 hatte sie ihren Vater zum letzten Mal gesehen. Damals wollten die beiden gemeinsam in die USA reisen, Ilham Tohti sollte dort eine Gastprofessur antreten. Doch auf dem Flughafen Peking hinderten ihn Sicherheitsbeamte an der Ausreise. Tohti drängte seine achtzehnjährige Tochter, ohne ihn zu fliegen. «Ich hasse Politik», sagte Jehwer Ilham sechs Jahre später in Straßburg am Tag der Preisverleihung. «Ich will singen, ich will tanzen, ich will Zeit mit meinen Freunden verbringen.»[15]

Doch dafür war dies nicht die Zeit. Die Welt hatte erstmals eine Ahnung bekommen vom Ausmaß der Unterdrückung in Xinjiang. Sie wollte mehr erfahren. Deshalb musste Jehwer Ilham Zeugnis ablegen. Im Westen wuchs der Druck auf Regierungen und Unternehmen, zum chinesischen Gulag nicht länger zu schweigen oder gar von ihm zu profitieren.

Und die Kommunistische Partei in Peking? Sie feierte sich dafür, dass es drei Jahre lang keinen Terroranschlag mehr gegeben hatte. «Xinjiang ist der sicherste Platz in China», bilanzierte die *Global Times*, Pekings für das Ausland bestimmtes Propagandablatt. Zwischen 1990 und 2016 habe es «tausende terroristischer Angriffe» gegeben. Deshalb seien sich Angehörige aller ethnischen Gruppen einig: Die «De-Radikalisierung» und die «gezielte Erziehung» müssten weitergehen.[16]

VI. Hongkong: Das Sterben einer freien Stadt

Ein warmer Nachmittagsregen fiel auf Hongkong, als am 30. Juni
1997 vor dem Government House an der Upper Albert Road feierlich
der Union Jack eingeholt wurde. Mit ernstem Blick überreichte ein
britischer Offizier in weißer Uniform Chris Patten das zusammenge-
faltete schwere Tuch. Dem letzten Gouverneur Hongkongs liefen die
Regentropfen über das Gesicht. Und es sah ganz so aus, als hätten sich
ein paar Tränen daruntergemischt. So wie bei seiner Frau Lavender
und den drei Töchtern, die an seiner Seite standen. Dann stieg Patten
in seinen Rolls Royce, die Militärkapelle spielte Auld Lang Syne, das
melancholische schottische Abschiedslied, es wurde gewinkt und geweint. Die Dienstlimousine verließ den Amtssitz, bog nach links in die
Upper Albert Road und rollte mit Polizeieskorte durch den nachmit-
täglichen Verkehr zum Hafen, wo die königliche Yacht Britannia vor
Anker gegangen war.

Etwa zur gleichen Stunde landeten Chinas Staatspräsident Jiang
Zemin und Regierungschef Li Peng auf dem Flughafen Kai Tak. Ihnen,
den Führern der Volksrepublik China, würde Großbritannien um
Mitternacht die Herrschaft über Hongkong zurückgeben. Aus Lon-
don waren Prinz Charles und Premierminister Tony Blair angereist.
4000 Gäste versammelten sich im neu errichteten Convention and
Exhibition Centre zu der historischen Zeremonie, die eine halbe Stunde
vor Mitternacht begann. Prinz Charles hielt eine gemessene Abschieds-
rede, es erklang «God Save the Queen», dann wurde auch hier im
Kongresszentrum langsam die britische Nationalflagge eingeholt. Am
Fahnenmast glitt nun, unter dem Jubel der chinesischen Gäste, die rote
Fahne der Volksrepublik mit den fünf gelben Sternen nach oben.

Die britischen Gesichter blieben ernst. Kurz nach Mitternacht begaben sich Prinz Charles und Chris Patten auf die Yacht Britannia.

Hongkongs Skyline war hell erleuchtet, als das Staatsschiff ablegte, Richtung Hafenmitte steuerte und dann Kurs auf das Südchinesische Meer nahm. In dieser verregneten Nacht ging eine Epoche zu Ende. Hongkong war das letzte verbliebene Juwel unter den britischen Überseebesitzungen. Nach 156 Jahren Kolonialherrschaft war die stolze Geschichte des Empire im Fernen Osten endgültig vorbei. Den Briten, oder doch den Klugen unter ihnen, war immer klar gewesen, dass Hongkong nur «ein geborgter Ort für eine geborgte Zeit» war. Nun war ihre Zeit abgelaufen.

Vier Jahre vor diesem Tag hatten wir mit Chris Patten im Government House zusammengesessen. Als Parteichef der Konservativen war er 1992 in Großbritannien Architekt des überraschenden Tory-Wahlsiegs geworden, hatte aber seinen eigenen Wahlkreis Bath verloren. Premier John Major trug ihm daraufhin den Posten in Hongkong an: Letzter Vertreter Londons sollte nach Ansicht Majors nicht, wie bis dahin üblich, ein Karrierediplomat sein, sondern ein erfahrener und erprobter Politiker. Die fünf Jahre bis zur Übergabe, soviel war klar, würden schwierig werden. Vertragliche Vereinbarungen mussten durchgesetzt, das Vertrauen der Bevölkerung in ihre Zukunft gewahrt und Einmischungsversuche Pekings abgewehrt werden. So lautete der Auftrag an Patten. Und der nahm die Herausforderung mit Gusto an.

Der neue Gouverneur ging keinem Streit mit den künftigen Herren aus dem Wege, zur Verwunderung und zum wachsenden Zorn der chinesischen Führung. Einen «Kriminellen» schimpfte ihn die Pekinger Propaganda, eine «Hure», einen «Mann von historischer Schuld». Patten «spreche wie ein Buddha und denke wie eine Schlange». Dabei wollte der Gouverneur nur die verbleibende Zeit vor dem Abzug der Briten nutzen, um ein Mindestmaß an demokratischer Mitsprache der Bevölkerung zu garantieren. Patten wollte die Verbindlichkeit der «Gemeinsamen Erklärung» von 1984 sicherstellen. In dieser Vereinbarung hatten sich Briten und Chinesen darauf verständigt, dass Hongkong nach der Rückgabe fünfzig Jahre lang ein «hohes Maß an Autonomie» genießen sollte. Deng Xiaoping, damals Chinas starker Mann, hatte die geniale Idee, die Formel «Ein Land, zwei Systeme», die ursprünglich für Taiwan ersonnen worden war, auch auf Hong-kong anzuwenden. Als Sonderverwaltungszone sollte die Stadt ihr kapitalistisches Wirtschaftsmodell und ihre freiheitliche, rechtsstaat-liche Ordnung behalten. Aber wie genau diese Ordnung nach 1997 aussehen sollte, wie etwa die Wahlen zum Parlament, dem «Legis-lativrat», und die Wahl des Regierungschefs, des «Chief Executive», organisiert werden sollten, das musste noch geregelt werden. Pattens Vorstellungen dazu, vor allem jedoch die forsche Art, wie er sie vor-trug, wurden in Peking als Zumutung empfunden.

Ihn selbst kümmerte das wenig. Die Wut, die er zu spüren bekam, schien ihn nur weiter anzuspornen. So sehr ihn die Führung in Peking hasste, so wenig traute er ihr über den Weg. China werde doch die Gans nicht schlachten, die dem Land goldene Eier lege, hatte man ihm vor Amtsantritt versichert. Ach, gab Patten ungerührt zurück, «die Geschichte ist voll von Kadavern enthaupteter Gänse».

Bei unserem Besuch im Government House trafen wir einen sehr entspannten Gouverneur. Pattens dreizehnjährige Tochter Alice lag rücklings auf dem Boden der Eingangshalle, um sie herum sprangen die beiden Terrier Whiskey und Soda. Im *drawing room* wurde Tee serviert. Unten glitzerte der Hafen in der Mittagssonne. «Schauen Sie sich in Hongkong um», sagte ein mit seiner Arbeit zufriedener Gast-geber: «Was einst ein öder Felsen im Südchinesischen Meer war, hat sich durch die Kombination von chinesischem Unternehmergeist und britischer Rechtsstaatlichkeit ganz gut gemacht.»

Damit hatte Patten wohl recht. Das Pro-Kopf-Einkommen lag in-zwischen höher als in den meisten Staaten der Europäischen Union, höher auch als in Großbritannien selbst. Aber wie sollte das bisherige Erfolgsmodell über den Machtwechsel hinweg gerettet werden? Die Hongkonger würden ihr Schicksal ja nicht selber gestalten können, sie konnten nur auf das Eigeninteresse Chinas hoffen. Bisher lebten sie in einer freien Gesellschaft, konnten sagen, was sie wollten, sich versam-meln, mit wem sie wollten, reisen, wohin sie wollten, sie konnten pro-testieren und prozessieren. In einer Demokratie allerdings lebten sie nicht, von einem allgemeinen Wahlrecht hatten die Briten anderthalb Jahrhunderte lang nichts wissen wollen. Es jetzt rasch noch einzuführen, dafür war es zu spät. Chris Patten wusste das, wie er an diesem Julitag 1993 offen einräumte. «Überall sonst haben wir die Kolonien auf die Unabhängigkeit vorbereitet. Ein Teil dieser Vorbereitung bestand darin, ihnen eine Demokratie nach dem Westminster-Modell zu geben. Unglücklicherweise ist das für Hongkong keine Option. Wir bereiten Hongkong nicht auf die Unabhängigkeit vor, sondern auf den Übergang zur chinesischen Souveränität.»[1]

Die Anfänge britischer Herrschaft waren wenig ehrenvoll gewesen. Um ihren lukrativen Opiumhandel gegen den Willen der chinesischen Regierung fortzusetzen, entsandten die Briten 1840 ein Expeditionskorps nach Südchina. Im ersten Opiumkrieg (1839–1842) besiegt und gedemütigt, musste der Kaiserhof in Peking die Insel Hongkong «für alle Zeiten» an Großbritannien abtreten. Nach dem zweiten Opiumkrieg (1856–1858) riss London auch die Hongkong gegenüberliegende Halbinsel Kowloon an sich, ebenfalls «für alle Zeiten». Noch einmal dreißig Jahre später, nach der Niederlage Chinas im sino-japanischen Krieg, rangen die Briten der allmählich in Agonie versinkenden Qing-Dynastie auch die New Territories ab, die Gebiete nördlich von Kowloon, mitsamt 235, großenteils unbewohnten Inseln. Die New Territories, neunzig Prozent der Gesamtfläche der Kolonie, wurden 1898 allerdings nur auf 99 Jahre gepachtet.

Lange vor dem magischen Jahr 1997, an dem der Pachtvertrag auslief, gab es keinen vernünftigen Zweifel, dass zu diesem Zeitpunkt die ganze Kolonie an China zurückfallen würde. Das musste auch Margaret Thatcher einsehen, die noch im September 1982 bei einem Besuch in Peking selbstbewusst vom «britischen Recht und Anspruch auf dauerhafte Souveränität über Hongkong» gesprochen hatte. Denn die Insel Hongkong und die Halbinsel Kowloon konnten ohne die New Territories nicht existieren; im Nu hätte ihnen die Versorgung mit Wasser und Lebensmitteln abgeschnitten werden können. Viel zu verhandeln gab es also nicht. Aber Stolz und Staatsinteresse geboten es den Briten, für Hongkong das Optimum herauszuholen. Waren schon die Anfänge unehrenhaft gewesen, sollte der Abzug nicht schmählich sein.

Nach dem China-Besuch der Eisernen Lady begannen intensive Verhandlungen, die zwei Jahre später erfolgreich abgeschlossen wurden. Am 19. Dezember 1984 unterzeichneten Margaret Thatcher und Chinas Premier Zhao Ziyang die «Gemeinsame Erklärung». Danach erlangte China zum 1. Juli 1997 die Souveränität über Hongkong zurück, Großbritannien aber ließ sich zusichern, dass «das sozialistische System und die sozialistische Politik in der Sonderverwaltungszone Hongkong nicht praktiziert wird und dass Hongkongs bisheriges kapitalistisches System und sein Lebensstil fünfzig Jahre unverändert beibehalten werden». Die britische Diplomatie feierte die Vereinbarung als diplomatische Großtat. Und tatsächlich waren die Zugeständnisse Pekings erstaunlich. Alle bürgerlichen Rechte wurden garantiert: Rede- und Pressefreiheit, Freizügigkeit, Versammlungs- und Koalitionsfreiheit, Streik- und Demonstrationsrecht, Glaubensfreiheit und eine unabhängige Justiz. Hongkong sollte seinen Status als Freihafen und internationales Finanzzentrum behalten, ebenso wie seine konvertible Währung. Lediglich in der Außen- und Verteidigungspolitik wollte Peking von 1997 an das Sagen haben. Ansonsten sollte sich Hongkong selbst regieren.

Warum diese Zugeständnisse? Weil die Volksrepublik ein elementares Interesse daran hatte, weiterhin von der wirtschaftlichen Dynamik Hongkongs zu profitieren. Das Land hatte gerade das große Experiment der Reform- und Öffnungspolitik begonnen. In den Wirtschaftssonderzonen an der Grenze zu Hongkong wurden marktwirtschaftliche Instrumente ausprobiert. Aus Hongkong kamen das Geld und die Expertise dafür. Aber Peking hatte auch politische Motive für seine Kompromissbereitschaft. Ein Erfolg des Modells «Ein Land, zwei Systeme» in Hongkong würde, so die Hoffnung, auf Taiwan Vertrauen dafür schaffen, den Weg zu der von China geforderten Wiedervereinigung ohne Furcht vor kommunistischer Willkür einzuschlagen.

Es bestand also Grund zu der Hoffnung, China werde Wort halten. Dann kam der 4. Juni 1989. Das Massaker am Platz des Himmlischen Friedens erschütterte die Menschen in Hongkong und nahm vielen von ihnen den Glauben an die ihnen verheißene Zukunft. Voller Enthusiasmus hatten sie die Demokratiebewegung in der Volksrepublik wachsen sehen. «Die Reinheit der Forderungen und die Entschlossenheit der Studenten in Peking haben bei uns eine Saite zum Klingen gebracht», sagte die Journalistin Emily Lau, eine der wichtigsten Stimmen unter den Demokraten Hongkongs.[2] Wer in jenen Wochen Hongkong besuchte, erlebte die Verzweiflung, die viele Einwohner der Stadt ergriffen hatte. Die Niederschlagung der Proteste auf dem Festland hatte sie brutal daran erinnert, dass ihnen nur noch acht Jahre blieben, in denen Großbritannien Sicherheitsgarantien für das künftige Leben unter kommunistischer Herrschaft aushandeln konnte. Aber das Zutrauen in die Briten war gering. Deshalb begannen sich jetzt Schlangen zu bilden vor den Generalkonsulaten der Vereinigten Staaten, Kanadas oder Australiens. Nur noch in der Auswanderung schienen viele Menschen einen Ausweg zu sehen. Manchem Konsulat gingen nach dem Tiananmen-Massaker die Antragsformulare aus.

Gouverneur David Wilson, der Vorgänger Chris Pattens, versuchte die Lage zu beruhigen. In einer persönlichen Erklärung vor dem Parlament wandte er sich an die Bevölkerung. «Wir müssen zusammenarbeiten, um der Welt – wieder einmal – zu beweisen, dass Hongkong über die Not triumphieren kann und dass dieser bemerkenswerte Ort, der für die große Mehrheit seiner Menschen Heimat bleiben wird, mit unser aller Anstrengung durchhalten und blühen kann.»

Worte allein reichten den Hongkongern jedoch nicht, sie wollten Sicherheiten. Die aber konnten die Briten ihnen nicht geben. Dennoch reisten führende Mitglieder des Stadtparlaments und des Executive Council, des höchsten Beratergremiums des Gouverneurs, nach London. Ihre wichtigste Forderung: Die britische Regierung solle den 3,25 Millionen Hongkonger Bürgern, die in der Kolonie geboren waren und damit Anspruch auf einen britischen Pass hatten, das Recht auf Niederlassung (*right of abode*) in Großbritannien gewähren. Aber die Konservativen und die Labour Party wehrten entsetzt ab: Drei Millionen potentielle chinesische Einwanderer, politisch sei das nie und nimmer zu verkraften. Hongkongs Emissäre flogen unverrichteter Dinge zurück. Daheim schlug die Furcht vor Peking in Wut auf London um.

Es war die Geburtsstunde der großen Hongkonger Demokratiebewegung. Die Rückkehr nach China rückte näher, auf die Briten war kein Verlass. Die Zeiten, in denen in Hongkong nur über Geld gesprochen wurde und sich niemand mit Politik beschäftigte, sie waren endgültig vorüber. «Ein Teil der Schuld trifft uns selbst», räumte Emily Lau ein. «Demokratie und Menschenrechte werden einem nicht auf dem Silbertablett serviert.» Also ging Emily Lau in die Politik. Auf Anhieb wurde sie ins Stadtparlament, den Legislativrat, gewählt und stritt von nun an gemeinsam mit kampferprobten Demokraten wie dem Rechtsanwalt Martin Lee gegen London und Peking gleichermaßen.

Natürlich gab es auch das andere, das alte Hongkong immer noch. Das Hongkong, das an die Macht des Geldes glaubte und von der Politik wenig erwartete. In diesem Hongkong wurde die Frage, wer die Stadt regiere, seit jeher mit der Formel beantwortet: der Royal Hongkong Jockey Club, die Hongkong und Shanghai Bank, das Handelshaus Jardine & Matheson und der Gouverneur – in dieser Reihenfolge. Anfang der neunziger Jahre war demnach nicht Chris Patten der mächtigste Mann in Hongkong, sondern William Purves, der Vorstandsvorsitzende der Hongkong und Shanghai Bank, zugleich der stellvertretende Präsident des Royal Hongkong Jockey Club. Deshalb besuchten wir ihn im 35. Stock seines futuristischen Bankhauses mit einem atemberaubenden Blick auf den «Hafen der Düfte» tief unten, durch den die dunkelgrün gestrichenen Boote der Star Ferry mit der Verlässlichkeit einer Buslinie ihre Bahn zogen, von Hongkong Island nach Kowloon und wieder zurück.

William Purves, ein damals 60 Jahre alte Schotte, erklärte uns mit dröhnender Stimme, warum Hongkong nach der Übergabe von China nichts zu befürchten habe. «Die Chinesen hätten hier alles auf den Kopf stellen können. Sie hätten uns das Wasser abdrehen und die Volksbefreiungsarmee einmarschieren lassen können.» Hätten sie das gemacht? Na, bitte! «Dieser Ort ist lebenswichtig für China, das sich modernisieren und das Anschluss an den Rest der Welt finden will. Nie haben die Chinesen irgendetwas getan, um Hongkong zu zerstören, und meiner Ansicht nach werden sie das auch niemals tun.»[3]

So wie William Purves redeten damals eigentlich alle, die Banker, Kaufleute, Diplomaten. Die meisten konnten dem, was da auf sie zukam, auch gelassen entgegensehen, sie trugen ja einen ausländischen

Pass in der Tasche. Und als der 1. Juli 1997 näher rückte, packte der eine oder andere von ihnen tatsächlich die Koffer. Nicht nur aus Sorge. Manchmal einfach, weil die Zeit gekommen war, Abschied zu nehmen. Weil ein Kapitel zu Ende ging, in der Geschichte zweier Nationen und in der Lebensgeschichte manches Einzelnen, den es einst in diese herrliche Stadt verschlagen hatte – aus Abenteuerlust, wegen des Geldes oder wegen der Liebe.

Jimmy McGregor war einer von ihnen. Wir hatten ihn über die Jahre immer wieder besucht, weil er einen unvoreingenommenen Blick und ein kluges Urteil hatte. 1924 in Edinburgh geboren, hatte er es in Hongkong zum Direktor der Handelskammer gebracht, zum Abgeordneten im Legislativrat und zum Mitglied im Exekutivrat. Seine Frau war Chinesin, sein Sohn flog als Pilot bei Cathay Pacific. Er gehe nicht aus politischen Gründen, sagte er bei unserem letzten Treffen, die Stadt sei ihm zu teuer geworden. Er blicke voller Nostalgie zurück, «weil ich hier glücklich gewesen bin. Ich habe für Hongkong gearbeitet, viele gute Kämpfe gefochten, manche gewonnen. Es ist die Nostalgie eines alten Kriegers, der Schild und Waffen niederlegt.» Stolz sei er auf das Hongkong, das er nun hinter sich lasse. Aber Jimmy McGregor sagte auch: «Wir waren ein Zufall der Geschichte. Ich sehe keinen Grund, warum die Chinesen den Briten dankbar sein sollten. Wir haben unsere eigenen Interessen verfolgt.»[4]

Um die neuen Herren über Hongkong kennenzulernen, musste man sich auf den Weg machen zum Büro der Nachrichtenagentur *Xinhua*. Die rote Trutzburg an der Queens Road East, gleich neben der Pferderennbahn von Happy Valley, galt bis 1997 als die heimliche Botschaft Pekings. Ihre Kader kontrollierten die prochinesischen Medien, Gewerkschaften und Unternehmen. Sie lenkten auch die Geschicke der öffentlich nicht in Erscheinung tretenden Kommunistischen Partei. Zwar existierte die KP seit ihrer Gründung 1921 auch in Hongkong, aber sie agierte im Verborgenen.

Der bullige, machtbewusste *Xinhua*-Direktor Zhou Nan wurde während der Übergangsphase zum Gegenspieler des Gouverneurs. Chris Patten respektierte ihn als «hochintelligenten Hardliner».[5] Ob sich Hongkongs Bürger ihrer künftigen Autonomie sicher sein könnten, fragten wir Zhou Nans Stellvertreter, Vizedirektor Zhang Junsheng, wenige Tage vor der Übergabe. Oh ja, versicherte er. «Die Zentrale Volksregierung wird sich absolut nicht in die Angelegenheiten der künftigen Sonderverwaltungszone einmischen. Sie wissen, wie groß China ist. Die Zentrale Volksregierung hat genug damit zu tun, sich um die Angelegenheiten des Festlands zu kümmern.»[6] Wie er den 1. Juli feiern werde? «Wir werden die nationale Demütigung abwaschen, die wir in den vergangenen hundert Jahren erlitten haben», antwortete Zhang. «Wir werden aber nicht die britische Aggression ins Gedächtnis zurückrufen, die grausame Unterdrückung der Einwohner Hongkongs durch Großbritannien. Wir werden die Vertreter der britischen Regierung an diesem Tag sehr höflich behandeln.»

Höflich und kühl. Die Fronten im Umgang miteinander waren abgesteckt. Und dennoch war gänzlich offen, was kommen würde. Würden sich Hongkongs feindliche Lager unter der Zauberformel «Ein Land, zwei Systeme» versöhnen lassen? Würde man die Gegensätze zumindest kaschieren können? Oder war es nur eine Frage der Zeit, bis die Konflikte offen ausbrechen würden?

Peking agierte zunächst behutsam. Als neuen Chief Executive, also den Nachfolger des Gouverneurs, hatte die Kommunistische Partei den Reeder Tung Chee-wha ausgewählt, einen konservativen, schwerreichen Unternehmer. Ihm zur Seite stand Anson Chan als Chief Secretary. In dieser Funktion als oberste Verwaltungsbeamtin hatte sie schon Chris Patten gedient. Wäre es nach der Popularität gegangen, hätte nicht Tung, sondern Anson Chan an der Spitze der Stadtregierung gestanden. Aber auch so war sie für viele Hongkonger die Garantin der Kontinuität. Die liberale Verwaltungschefin war entschlossen, die vorbildlichen Standards des *civil service* zu verteidigen, in dem Leistungen über die Karriere entschieden, nicht Beziehungen. Ohne eine saubere, nicht von Korruption zerfressene Verwaltung, davon war Anson Chan überzeugt, gäbe es das Erfolgsmodell Hongkong nicht und könnte es auch keinen Bestand haben.

Aus Sicht der Pekinger Führung repräsentierten Beamte wie Anson Chan das alte Kolonialsystem. Sie selbst nahm für sich in Anspruch, Hongkong gedient zu haben, nicht den Briten. Deren Erbe verteidigte sie jedoch: die Herrschaft des Rechts, die Freiheiten einer pluralistischen Gesellschaft, die unabhängige Justiz, die freie Presse und, natürlich, den effizienten öffentlichen Dienst. Für Anson Chan verkörperte Hongkong «das Beste der asiatischen und der westlichen Kultur». Also blieb sie im Amt, überzeugt, der Stadt weiter dienen zu können. Im Jahr 2001 trat sie ab, ermüdet vom Streit mit der Zentralregierung. Nur zwei Jahre später erlebte die Sonderverwaltungszone Hongkong ihre erste schwere Krise.

Verfassungsrechtliches Fundament Hongkongs seit dem 1. Juli 1997 war das Basic Law, das neue Grundgesetz der Stadt, so war es in der britisch-chinesischen Gemeinsamen Erklärung von 1984 festgelegt worden. Dem Redaktionsausschuss, der das Basic Law formulierte, gehörten 36 Vertreter Chinas und 23 Repräsentanten Hongkongs an. Der Nationale Volkskongress in Peking verabschiedete das Grundgesetz am 4. April 1990. Artikel 23 des Basic Law verlangt, dass Hongkong Gesetze erlassen soll, die Subversion, Landesverrat, den Diebstahl von Staatsgeheimnissen und andere gegen den Staat gerichtete Taten unter Strafe stellen. Als Hongkongs Regierung 2003 ein entsprechendes Gesetz vorlegte, das ein hartes Vorgehen der Polizei und schwere Strafen für die Täter vorsah, gab es einen öffentlichen Aufschrei. Mehr als 500 000 Menschen gingen am 1. Juli 2003 auf die Straße. Es war der größte Protest, den Hongkong seit den Demonstrationen gegen das Massaker am Platz des Himmlischen Friedens 1989 gesehen hatte. Die Regierung beugte sich dem Druck und zog das Gesetz zurück.

Widerstand gab es auch 2012 gegen den Versuch der Stadtregierung, die «patriotische Bildung» in den Schulen zu verstärken. Die Führung in Peking war der Ansicht, Hongkongs Schüler müssten besser Bescheid wissen über Geschichte und Kultur Chinas. Ihrer Meinung nach gab es in Hongkong zu viele Jugendliche, denen es an Liebe zur Partei, zum Land und zum Sozialismus mangelte. Aber die Hongkonger – Schüler, Eltern und Lehrer – wollten von kommunistischer Indoktrination nichts wissen und legten wiederum lauten Protest ein. Auch diesmal gab die Regierung nach. Der Streit um die «patriotische Bildung» politisierte eine ganze Schülergeneration. Als sich zwei Jahre später ein viel größerer Konflikt an der Reform des Wahlrechts entzündete, waren sie – wie der damals gerade sechzehnjährige Joshua Wong – schon an vorderster Front dabei.

Joshua Wong wurde im Herbst 2014 das Gesicht der «Regenschirm-Revolution». Tausende von Schülern und Studenten besetzten damals über Wochen hinweg den Regierungs- und Finanzdistrikt, um allgemeine Wahlen zu erzwingen. «Occupy Central with Love and Peace» lautete ihr Motto. Es war eine friedliche, bunte Bewegung, voller Witz und Idealismus, unterstützt von Eltern, Lehrern und Professoren. Doch die Regierung blieb unnachgiebig. Nach 79 Tagen klappten die Demonstranten ihre Regenschirme ein, mit denen sie sich gegen den unablässigen Regen und das Tränengas der Polizei geschützt hatten, und gingen nach Hause.

Die Auseinandersetzung verlagerte sich von der Straße ins Parlament. Auch die Regierung wollte das Wahlrecht reformieren, so wie es ihr vom Basic Law aufgegeben war. Nach der Mini-Verfassung sollte der Chief Executive in «allgemeiner Wahl» bestimmt werden. Es sollte aber nicht einfach jeder kandidieren dürfen. Nach den Vorschlägen der Regierung sollten Kandidaten, und das war der Haken, von einem Komitee nominiert werden, auf dessen Zusammensetzung sie, und damit auch Peking, direkten Einfluss nehmen konnte. Aus diesem Grund plädierte Anson Chan, inzwischen lange nicht mehr im Dienst, gegen das Gesetz. «Was nützt das Prinzip one man, one vote, wenn die zwei oder drei Kandidaten, die zur Wahl stehen, von Peking nominiert werden? Nach dem Motto: Wir stellen euch drei Marionetten zur Auswahl und sagen, nun übt euer Wahlrecht aus. Was soll das?»[7]

Die Gegenposition vertrat Holden Chow, der Vizevorsitzende der Peking-treuen *Democratic Alliance for the Betterment and Progress of Hong Kong* (DAB). «Die Entscheidung ist gefallen, ob es uns passt oder nicht.» Ein Veto gegen die Wahlrechtsreform führe zu nichts. «Dann bleibt es beim Status quo.» Genauso kam es. Denn die Reform verlangte eine Zwei-Drittel-Mehrheit im Legislativrat, und über die verfügten die Parteigänger Pekings nicht.

Einen Kompromiss vermochten die beiden Lager nicht zu finden. Sie suchten ihn wohl auch nicht mit aller Kraft. In der Stadt war eine schleichende Polarisierung zu beobachten zwischen jenen, die sich mit der neuen Macht arrangiert hatten, und den anderen, die sich nicht in die geänderten Verhältnisse fügen wollten. Auch in Hongkong, wie im ganzen Land, wurde mit dem Amtsantritt Xi Jinpings das politische Klima unwirtlicher. Schritt für Schritt, unmerklich fast, wurde die Zensur verschärft, wurden Freiheitsrechte eingeengt. Hongkong wurde gewissermaßen immer «chinesischer», weit vor Ablauf der fünfzig Jahre, in denen die Stadt noch ein «hohes Maß an Autonomie» genießen sollte.

Übergriffe, Einschüchterung, Verfolgung – die Fälle mehrten sich, in denen China versuchte, das Recht in die eigene Hand zu nehmen. Ende 2015 verschwanden fünf Verleger und Buchhändler aus Hongkong, die sich auf den Druck und Vertrieb politischer Klatschliteratur spezialisiert hatten. Abnehmer für Kolportagen über das Treiben der chinesischen Spitzenfunktionäre fanden sie vor allem unter den Touristen vom Festland. Diese konnten in Hongkong Bücher kaufen, die der Zensor daheim sofort in den Schredder geworfen hätte.

Einer der Buchhändler, Gui Minhai, der die schwedische Staatsbürgerschaft besitzt, verschwand im Oktober 2015 aus seinem Feriendomizil in Thailand, offenbar entführt von chinesischen Geheimdienstagenten. Ein zweiter, der britische Staatsbürger Lee Bo, kehrte am Abend des 30. Dezember 2015 in Hongkong nicht nach Hause zurück. Wenig später präsentierte das chinesische Staatsfernsehen die beiden als reuige Sünder. Sie seien freiwillig über die Grenze gekommen, erklärten sie vor der Kamera, um den chinesischen Behörden bei der Aufklärung ihrer Missetaten zu helfen.

Den Bürgern Hongkongs lief es kalt über den Rücken. Waren sie entgegen allen Zusicherungen dem Zugriff des chinesischen Machtapparats in ihrer Stadt schutzlos ausgeliefert? «Bisher mussten wir nicht fürchten, dass es um Mitternacht an unsere Haustür klopft», schrieb ein Kolumnist der *South China Morning Post*. «Aber wenn wir die Angst nun haben müssen, wäre dies das Ende unserer Art zu leben.» Im Februar 2020 verurteilte ein Gericht in der Stadt Ningbo den Buchhändler Gui Minhai zu zehn Jahren Gefängnis, weil er Staatsgeheimnisse an das Ausland weitergegeben habe.

Was also waren die rechtsstaatlichen Garantien noch wert, die China den Einwohnern Hongkongs gegeben hatte? Musste künftig jeder Bürger damit rechnen, Opfer der chinesischen Sicherheitsbehörden und Justiz zu werden? Die Frage stellte sich umso drängender, als Regierungschefin Carrie Lam im Juni 2019 ein Gesetz im Parlament einbrachte, wonach Straftäter an die Volksrepublik China und an Taiwan ausgeliefert werden durften, um dort vor Gericht gestellt zu werden. Hintergrund war die Ermordung einer jungen Frau aus Hongkong; sie war von ihrem ebenfalls aus Hongkong stammenden Freund bei einer Reise nach Taiwan umgebracht worden. Der mutmaßliche Täter, nach dem Mord nach Hongkong zurückgekehrt, durfte nicht an Taiwan – laut Pekinger Lesart ja Teil der Volksrepublik – ausgeliefert werden. Taiwan wäre für die Hongkonger kein Problem gewesen, dort gibt es einen Rechtsstaat wie in Hongkong auch. In der Volksrepublik aber, so die überwiegende Meinung in der Stadt, herrsche Willkürjustiz, dort spreche die Politik Recht. Carrie Lam entfesselte mit ihren Plänen einen Sturm der Empörung.

Am 9. Juni 2019, einem Sonntag, marschieren eine Million Menschen in brütender Hitze durch die Straßenschluchten der Metropole, um gegen das Auslieferungsgesetz zu protestieren. Eine Million, das ist ein Siebtel der Bevölkerung. Nie zuvor in der Geschichte Hongkongs gab es so viele Demonstranten. Fast alle sind weiß gekleidet, weil das für sie die Farbe der Gerechtigkeit ist und zugleich die Farbe der Trauer. Vollkommen friedfertig protestieren sie und sehr diszipliniert. Wochen später allerdings wird die Farbe wechseln, werden die Demonstranten schwarz gekleidet sein; da sind die Aufmärsche längst nicht mehr friedlich, ist der Protest in Hass und Gewalt umgeschlagen.

Noch jedoch herrscht eine fast heitere Stimmung. Acht Tage nach der ersten Großkundgebung gehen fast zwei Millionen Menschen auf die Straße. Mit den Studenten und Schülern demonstrieren Geschäftsleute und Professoren, Künstler und Juristen, Familien mit Kind und Kegel. Zwei Millionen! Jeder spürt die Entschlossenheit in diesem Aufbegehren gegen das Auslieferungsgesetz. Es ist, als habe für viele Hongkonger eine Art politisches Endspiel begonnen. Von der 50 Jahre

Im Juni 2019 protestieren in Hongkong Zehntausende
gegen das geplante Auslieferungsgesetz.

währenden Übergangszeit sind nun 22 Jahre verstrichen. Im Jahr
2047 wird Hongkong seinen Status als Sonderverwaltungszone verlieren. Dann ist es für Proteste zu spät. Dies sei «der letzte Kampf für
Hongkong», sagt der Anwalt Martin Lee.

Für den distinguierten Juristen Lee, eine Ikone der Demokratiebewegung, war Gewalt nie eine Option. Es muss ihn schmerzen, dass
der Protest nicht friedlich bleibt. Am 1. Juli 2019, während das offizielle Hongkong den Jahrestag der Rückgabe feiert, stürmen Demons-

tranten das Parlamentsgebäude. Mit Eisenstangen brechen sie die Eingangstüren auf, im Plenarsaal beschmieren sie die Wände mit schwarzen Schriftzeichen und entfalten – größtmögliche Provokation – die alte britische Kolonialflagge. Ein paar hundert Meter entfernt von den Krawallen erheben die Repräsentanten der Stadt gemeinsam mit Vertretern der Pekinger Zentralregierung ihre Champagnergläser auf die Wiedererlangung der Souveränität über Hongkong. Das Fernsehen zeigt den gespenstischen Kontrast auf einem geteilten Bildschirm: hier der Festakt, dort die Verwüstung des Parlaments.

Unter dem Druck der Demonstrationen suspendiert Carrie Lam ihr Gesetzesvorhaben. Aber die Stadt kann sie damit nicht befrieden. Zu wenig, zu spät, sagen ihre Gegner. Die Regierungschefin weiß wohl selber am besten, dass sie das Vertrauen der Bevölkerung verloren hat und es nicht wieder zurückgewinnen wird. Anfang September trifft sie sich mit einer kleinen Gruppe von Geschäftsleuten zum Mittagessen. Das Gespräch ist vertraulich. Aber einer der Teilnehmer schneidet es heimlich mit und spielt die Aufnahme der Nachrichtenagentur Reuters zu. Carrie Lam, das zeigen ihre Worte, ist am Ende ihrer Kräfte. Hätte sie die Wahl, sagt sie, würde sie sofort zurücktreten. Das «Chaos», das sie über Hongkong gebracht habe, sei «unverzeihlich». Sie habe begreifen müssen, dass sie zwei Herren zu dienen habe, der Bevölkerung von Hongkong und der Zentralregierung in Peking. Nun, da die Krise die nationale Ebene erreicht habe, sei ihr Handlungsspielraum «sehr, sehr, sehr begrenzt».

Zwar nimmt in diesen Wochen die Zahl der Demonstrationen ab, aber der Protest wird umso gewalttätiger. Jenseits der Grenze Hongkongs, in Shenzhen, zieht China demonstrativ größere Einheiten der bewaffneten Volkspolizei zusammen, die darauf spezialisiert ist, Unruhen niederzuschlagen. Auch ist durchgesickert, dass im Rahmen einer routinemäßigen Truppen-Rotation die Zahl der in Hongkong stationierten Soldaten erheblich aufgestockt worden ist. Befinden sich normalerweise 3000 bis 5000 Angehörige der Volksbefreiungsarmee in den Garnisonen der Stadt, so sollen es jetzt 10000 bis 12000 sein. Nach dem Basic Law darf sich die Armee nicht in die Geschicke Hongkongs einmischen, es sei denn, die Stadtregierung fordert ihren Einsatz zur Aufrechterhaltung der öffentlichen Ordnung an. Doch damit rechnet niemand.

Die Hongkonger Aktivisten jedenfalls lassen sich nicht einschüchtern. Längst geht es ihnen nicht mehr allein um das Auslieferungsgesetz. Sie fordern eine Untersuchung der Polizeigewalt. Alle Festgenommen sollen freigelassen, ihr Protest soll nicht als «Aufruhr» verunglimpft werden. Vor allem aber rufen sie immer lauter nach freien, allgemeinen Wahlen. Im Herbst nehmen Zahl und Härte der Protestaktionen zu. Neuer symbolischer Termin für die Kraftprobe mit Peking ist der 1. Oktober, an dem die Volksrepublik den 70. Jahrestag ihrer Gründung feiert. Das Regime plant eine machtvolle Militärparade, die größte, die es in China je gegeben hat. Der Aufmarsch im Zentrum der Hauptstadt soll aller Welt Chinas neue Macht demonstrieren. In Hongkong dagegen erklärt die Demokratiebewegung den 1. Oktober zum «Tag der Trauer». Und während in Peking die Panzer und die Transporter mit den Interkontinentalraketen am Tiananmen-Platz vorbeirollen, verbrennen in Hongkong maskierte Demonstranten chinesische Flaggen, verhöhnen die «ChiNazis» und werfen Eier auf Bilder von Xi Jinping.

An diesem Tag schießt zum ersten Mal ein Polizist mit scharfer Munition auf einen Demonstranten. Die Kugel trifft den 18 Jahre alten Tsang Chi-kin in der Brust und verletzt ihn schwer. Nun eskaliert die Gewalt vollends. Aktivisten greifen Polizisten mit Pflastersteinen und Molotowcocktails an, schießen mit Zwillen, einzelne greifen gar zu Pfeil und Bogen. Sie werfen die Scheiben von Firmen mit Verbindungen zum Festland ein, legen Feuer. Sie attackieren das Gebäude der Nachrichtenagentur *Xinhua*, zertrümmern die Frontscheiben und beschmieren das Innere mir roter Farbe. Sie setzen die Eingänge von U-Bahnhöfen in Brand. Ein älterer Mann, der sich den Demonstranten in den Weg stellt, wird mit einer brennbaren Flüssigkeit übergossen und angezündet. «Schwarzer Terror», schreiben die Staatsmedien.

Auf der anderen Seite geht auch die Polizei mit großer Brutalität gegen die Gewalttäter vor, feuert aus nächster Nähe Tränengasgranaten und Gummigeschosse auf sie ab. Ein Student von der University of

Science and Technology, der vor der Polizei davonrennt, stürzt in einem Parkhaus in die Tiefe und stirbt. Mehrfach schießen Polizisten mit scharfer Munition aus kurzer Entfernung auf Demonstranten.

Die Härtesten unter den Aktivisten nennen sich «Frontkämpfer», sie suchen regelrecht die Konfrontation mit der Polizei. Ihr Schlachtruf: «Wenn wir verbrennen, dann verbrennt ihr mit uns.» Das Erstaunliche: Die Bevölkerung wendet sich nicht etwa mit Grausen ab. Sie zeigt Verständnis, und sie hilft. Brave Büroangestellte verteilen Wasserflaschen und Kekse an die Demonstranten. Abends sammeln sie mit ihren BMWs erschöpfte Straßenkämpfer ein und bringen sie nach Hause zu deren Eltern. «Protect the Children» heißt eine Gruppe, in der Pastoren und Anwälte den meist sehr jungen Aktivisten seelsorgerisch und juristisch zur Seite stehen. Notärzte versorgen in improvisierten Krankenstationen die Wunden, schienen gebrochene Knochen. Eine Umfrage im November 2019 ergibt, dass 60 Prozent der Befragten die Gewalt der Protestierenden billigen.

Und dann kehrt von einem Tag auf den anderen Frieden ein in der Stadt. Am 24. November sollen die Bezirksräte, die Kommunalparlamente, neu gewählt werden. Die Regierung hält an dem Termin fest, obwohl vieles auf ein gutes Abschneiden der demokratischen Opposition hindeutet. Aber das pekingtreue Lager hofft auf die «schweigende Mehrheit», rechnet trotz der Umfragen mit einem Votum für Recht und Ordnung, gegen Gewalt und Vandalismus. Schon früh am Morgen bilden sich vor den Wahllokalen lange Schlangen. Am Ende werden 71 Prozent der Wahlberechtigten ihre Stimme abgegeben haben, eine Rekordbeteiligung. Spektakulärer noch ist das Ergebnis: Die pro-demokratischen Kandidaten erringen 389 von 452 Mandaten, sie siegen in 17 von 18 Bezirken. Die Verbündeten Pekings bringen es gerade auf 58 Sitze. Vernichtender hätte die Niederlage nicht ausfallen können.

Wenn man sich ihr denn stellen will. Zeigt sich nicht auch in diesem Wahlergebnis das Wirken jener «schwarzen Hände», die nach Meinung Pekings und der Stadtregierung seit Jahren schon im Hintergrund die Fäden ziehen? Jener ausländischen Kräfte, vor allem aus den USA, die in Hongkong wie zuvor in Georgien oder der Ukraine eine «Farbenrevolution» in Gang setzen und die politischen Verhältnisse auf den Kopf stellen wollen? Wer die Wahrheit nicht wissen will, sucht Erklärungen gern in Verschwörungstheorien. Es seien die Amerikaner, die Hongkongs Bürger gegen Peking aufhetzten, so die Erklärung der Machthaber. Wie sonst hätte es diesen so sehr an patriotischer Liebe mangeln können?

Tatsächlich hatte der US-Kongress unmittelbar vor den Bezirksratswahlen den «Hong Kong Human Rights and Democracy Act» angenommen – der Senat einstimmig und das Repräsentantenhaus mit nur einer Gegenstimme. Präsident Trump hatte das Gesetz drei Tage nach der Wahl unterzeichnet. Es sah Sanktionen gegen Personen vor, die gegen die Autonomie Hongkongs verstoßen oder die Menschenrechte in der Stadt verletzen. Zudem verpflichtete das Gesetz das amerikanische Außenministerium, einmal im Jahr festzustellen, ob die Autonomie Hongkongs hinreichend gewahrt ist. Nur dann sollten die Sonderkonditionen, die der Stadt im Handel mit den USA gewährt werden, weiter gelten.

Sprecher der prodemokratischen Kräfte Hongkongs hatten daheim und bei Besuchen in Washington für das Gesetz geworben. Für Donald Trump, der sich wenig interessiert zeigte an der Lage der Menschenrechte in Hongkong, war das Gesetz mitten im Handelsstreit mit China eher lästig. Anders sein Vize Mike Pence, der Hongkongs Opposition zurief: «Wir stehen an eurer Seite.» Anders auch die Demokraten in Washington. Nancy Pelosi, die Sprecherin des Repräsentantenhauses, traf sich mit dem Hongkonger Zeitungsverleger Jimmy Lai und mit Rechtsanwalt Martin Lee. Nach dem Treffen schrieb sie auf Twitter: «Meine Unterstützung und Bewunderung gilt denjenigen, die Woche für Woche gewaltlos auf der Straße protestiert haben, um für Demokratie und die Herrschaft des Rechts zu kämpfen.»[8] Chuck Schumer schließlich, ranghöchster Demokrat im Senat, erklärte nach der Abstimmung über den «Hong Kong Human Rights and Democracy Act»: «Wir haben Präsident Xi eine Botschaft gesendet: Ihre Unterdrückung der Freiheit, ob in Hongkong, im Nordwesten China, wo auch immer, wird keinen Bestand haben.»[9]

Das Sternenbanner, flatternd über den Köpfen Hongkonger Demonstranten: Wenige Bilder provozierten die chinesische Führung mehr. Die amerikanische Flagge war immer wieder zu sehen, auch bei einer Kundgebung am 14. Oktober 2019, dem Abend vor der ersten Abstimmung über den *Human Rights Act* im Repräsentantenhaus, als sich Zehntausende zu einer Kundgebung im Bezirk Central versammelten. Empört warf Außenminister Wang Yi den USA vor, sie wollten Hongkong «zerstören». Er verdammte das Gesetz als eine «nackte Intervention in Chinas innere Angelegenheiten».

Die Empfindlichkeit Chinas hatte zuvor auch die Bundesregierung in Berlin zu spüren bekommen. Als erstes europäisches Land hatte Deutschland zwei Bürgern Hongkongs politisches Asyl gewährt. Ray Wong und Alan Li, Aktivisten der «Regenschirm-Bewegung» von 2014, waren geflohen, weil sie wegen «Anstiftung zum Aufruhr» vor Gericht gestellt werden sollten. Sie waren auf Kaution frei, als sie sich nach Deutschland absetzten. Regierungschefin Carrie Lam bestellte den amtierenden deutschen Generalkonsul ein und verlangte eine Auslieferung der beiden. Die Bundesregierung lehnte dies ab. Eine Sprecherin des Auswärtigen Amtes erklärte kühl, die Anerkennung als politischer Flüchtling folge in Deutschland einem «rechtlich sicheren, geklärten Verfahren (…) Dafür haben wir unsere Gesetze. Dafür haben wir unser Grundgesetz. Dafür stehen wir, und darauf sind wir auch stolz, dass wir solche Verfahren haben.»

Bei einer Chinareise im September 2019 mahnte Bundeskanzlerin Merkel gegenüber Ministerpräsident Li Keqiang an, den Bürgern Hongkongs müssten «Rechte und Freiheiten gewährt werden». Das war etwas lahm. Aber als Außenminister Heiko Maas im selben Monat mit dem jungen Aktivisten Joshua Wong bei einem Empfang der *BILD-Zeitung* in Berlin ein paar Worte wechselte, bekam er sofort den Zorn Pekings zu spüren. Der chinesische Boschafter legte Protest ein und verurteilte das kurze Party-Gespräch als schwere Einmischung in die inneren Angelegenheiten Chinas. Der Pekinger Amtskollege Wang Yi ging Heiko Maas monatelang demonstrativ aus dem Weg. Es dürfte Wangs Stimmung nicht aufgehellt haben, als er lesen musste, was Joshua Wong bei seinem Deutschlandbesuch gesagt hatte: «Wenn wir in einem neuen Kalten Krieg sind, dann ist Hongkong das neue Berlin.»

Aber wie wichtig ist Hongkong heute wirklich noch? Ökonomisch hat die Stadt für Peking zweifellos an Bedeutung verloren. Bei der Übergabe 1997 machte die Wirtschaftskraft Hongkongs noch 18,4 Prozent des chinesischen Bruttoinlandsprodukts aus, 2019 waren es nur noch 2,7 Prozent. Die moderneren Industrieunternehmen stehen längst jenseits der Grenze in Shenzhen. Hongkongs Bürger sollten sich nur nichts einbilden, ist auf dem Festland oft zu hören, technologisch seien sie längst abgehängt. Nicht China brauche Hongkong, die Stadt brauche China.

Ganz so einfach ist es nicht. Im Handel Chinas mit der Welt spielt Hongkong bis heute eine wichtige Rolle. Unternehmen aus der Volksrepublik haben hunderte von Milliarden in der Stadt investiert. Gerade die Staatskonzerne haben hier beträchtliche Vermögenswerte angelegt. Und natürlich ist auch viel privates Geld nach Hongkong geflossen. Vor allem aber gehört die Metropole gemeinsam mit Guangzhou, Shenzhen und Macao zu der «Greater Bay Area», die das neue wirtschaftliche und technologische Kraftzentrum Chinas werden und eines Tages das Silicon Valley in den Schatten stellen soll. Nein, die Führung in Peking hat mit Hongkong noch einiges vor. Allerdings zu ihren politischen Bedingungen.

Und die, das zeigte das Krisenjahr 2019, sind mit den Wünschen der Bürger Hongkongs schwer zu vereinbaren. Ein gutes halbes Jahr hatten die Unruhen angehalten, mehr als 7000 Demonstranten waren bis zum Jahresende vorübergehend festgenommen worden; ihnen drohten nun Anklagen wegen «Aufruhrs» mit Gefängnisstrafen bis zu zehn Jahren. Nach der Eskalation der Gewalt war in der Stadt allenthalben Erschöpfung zu spüren. Mit Ausbruch der Corona-Krise flauten die Demonstrationen weiter ab. Erst im April 2020 nahmen die Spannungen in der Stadt wieder zu, als die Polizei 15 prominente Führer der Demokratiebewegung vorübergehend festnahm. Unter ihnen waren der in Peking besonders verhasste Verleger Jimmy Lai und der Rechtsanwalt Martin Lee. Der inzwischen 81 Jahre alte Lee war in vierzig Jahren politischer Auseinandersetzungen nie festgenommen worden. «Stolz» sei er, sagte der Anwalt jetzt, «die Straße der Demokratie gemeinsam mit der außergewöhnlichen Jugend Hongkongs zu gehen». Trotz seines hohen Alters schien er zu weiteren Kämpfen bereit. «Ich werde nicht aufgeben.»

Aufgeben, das kam für die prodemokratischen Kräfte nicht in Frage. Zumal der schwerste Angriff auf die Freiheitsrechte der Stadt noch bevorstand. Als Antwort auf die Proteste und Krawalle des Jahres 2019 beschloss der Nationale Volkskongress, das Pekinger Scheinparlament, im Mai 2020, für Hongkong ein Sicherheitsgesetz auf den Weg zu bringen. Die rechtliche Grundlage bot Artikel 23 des Basic Law. Er forderte die Stadtregierung auf, «von sich aus» Gesetze zu verabschieden gegen «jede Art von Hochverrat, Sezession, Aufruhr oder Subversion». Daraus war nie etwas geworden, zu groß war der Widerstand in der Bevölkerung. Als die Hongkonger Regierung 2003 versuchte, ein Sicherheitsgesetz im Legislativrat beschließen zu lassen, verhinderte dies heftiger Protest. Danach geschah nichts mehr.

Im Frühsommer 2020 war es mit der Geduld in Peking vorbei. Innerhalb weniger Wochen stimmte der Ständige Ausschuss des Volkskongresses dem Gesetz zu, vorbei am Hongkonger Parlament und ohne jede öffentliche Erörterung. Am 30. Juni 2020 trat das Nationale Sicherheitsgesetz in Kraft – und veränderte das politische Klima in der Stadt über Nacht. Denn nun konnten Polizei und Geheimdienste vom Festland auch in Hongkong ermitteln. Angeklagte konnten jenseits der Stadtgrenzen vor die Gerichte der Volksrepublik gestellt werden. Aus Angst vor Verfolgung begannen Aktivisten ihre Konten in den sozialen Netzwerken zu schließen.[10]

Die ersten Verhaftungen gab es gleich am Tag nach Inkrafttreten des Gesetzes. Die öffentlichen Bibliotheken der Stadt sortierten die Bücher prominenter Regierungskritiker aus und ließen prüfen, ob die Schriften im Einklang mit den neuen Vorschriften stünden. Ladenbesitzer kratzten Flugblätter von ihren Schaufensterscheiben, auf denen zu Demonstrationen aufgerufen worden war. Journalisten fragten sich, wo künftig die roten Linien für sie verlaufen würden: Könnten sie wegen Werbung für Sezessionisten belangt werden, wenn sie über Anhänger der Unabhängigkeit Hongkongs berichteten? Was hieß es, wenn im Gesetz davon die Rede war, Hongkongs Regierung müsse die «Anleitung und Regulierung» der Medien verstärken?

Im September 2020 schloss die der FDP nahestehende Friedrich-Naumann-Stiftung ihr erst im Jahr zuvor eröffnetes Büro in Hongkong. Sie könne die Sicherheit ihrer Angestellten und Partner in der Stadt nicht mehr gewährleisten, begründete die Stiftung ihren Rückzug. «Unsere Mitarbeiter können unter dem Vorwand, sie seien ‹ausländische Agenten› angeklagt und zu mehrjährigen Haftstrafen verurteilt werden – ohne rechtsstaatliche Verfahren, ohne Chance auf einen fairen Prozess», sagte der Vorstandsvorsitzende der Naumann-Stiftung, Karl-Heinz Paqué.

«Ein Land, zwei Systeme» – mit diesem Prinzip war es nun vorbei. Die neue Wirklichkeit zeigte sich bei der Festnahme des mutigen Verlegers Jimmy Lai. Am 10. August ergriff die Polizei den Eigentümer des Boulevardblattes *Apple Daily* in seinem Privathaus. Dann fuhren sie mit ihm ins Verlagsgebäude, zweihundert Polizisten stürmten in die Redaktionsräume, durchsuchten Schränke und Schreibtische und führten Lai schließlich in Handschellen durch das Großraumbüro der Nachrichtenredaktion aus dem Haus, vorbei an den versammelten Mitarbeitern. Die Zeitungsleute übertrugen das Geschehen live auf Facebook. Jimmy Lai wurde «Kollaboration mit einer fremden Macht» vorgeworfen, wohl weil er sich in Washington mit führenden amerikanischen Politikern getroffen und US-Sanktionen gegen China gefordert hatte.

Aufgeben, das kam für den 71 Jahre alten Verleger tatsächlich nicht in Frage. So wenig, wie für seine drei Mitstreiter in der «Viererbande» der Hongkonger Demokratie-Veteranen: die frühere Verwaltungschefin Anson Chan und die beiden Anwälte Martin Lee und Albert Ho. Für sie alle galt, was Jimmy Lai sagte, nachdem er gegen eine hohe Kaution wieder auf freien Fuß gesetzt worden war: «Die Zeit ist auf unserer Seite. Die Zeit ist unsere Waffe, nicht Gewalt.»[11] Aufgeben auch deshalb nicht, weil sich die Demokratiebewegung weiterhin von der Bevölkerung getragen fühlen konnte. Am Tag nach Jimmy Lais Festnahme stieg die gedruckte Auflage von *Apple Daily*, normalerweise 70 000 Exemplare, auf eine halbe Million. Es wurden auch mehr Anzeigen geschaltet. Und der Aktienkurs von Jimmy Lais Medienfirma Next Digital stieg innerhalb von zwei Tagen um das Zehnfache. Gewiss, die Aktie war ein «penny stock», kostete nur ein paar Cent; aber ihr Kauf war ein Zeichen der Solidarität. Und eine Botschaft an die Machthaber: Versucht nicht, unsere unabhängigen Medien zum Verstummen zu bringen!

Es war in dieser aufgeladenen und zugleich angstvollen Atmosphäre, in der sich Regierungschefin Carrie Lam entschied, die für den September 2020 anberaumten Parlamentswahlen um ein Jahr zu verschieben. Als Grund nannte sie die Corona-Pandemie. Aber in Wahrheit fürchtete sie wohl das Votum des Volkes, das bei den Distriktwahlen ein knappes Jahr zuvor in 17 von 18 Bezirken der Opposition die Mehrheit gegeben hatte. Das Mandat der Abgeordneten im Hongkonger Legislativrat, das gesetzlich auf vier Jahre begrenzt ist, wurde vom Volkskongress in Peking flugs um ein Jahr verlängert. So funktionierte das in der Sonderverwaltungszone Hongkong jetzt. Ein Land, ein System.

VII. Taiwan:
Die demokratische Alternative

Die Wiederwahl wurde zum Triumph. Am 11. Januar 2020 bestimmten die Bürger Taiwans mit überwältigender Mehrheit Tsai Ing-wen erneut zur Staatspräsidentin. Die Kandidatin der Demokratischen Fortschrittspartei (DPP) errang 57 Prozent der Stimmen. Ihr Gegenkandidat von der nationalchinesischen Kuomintang (KMT) kam nur auf 38,5 Prozent. Die DPP gewann auch die parallel stattfindende Parlamentswahl mit klarem Vorsprung. Ein Sieg für Taiwans Identität und Souveränität.

Dabei hatte Tsai Ing-wen in den Umfragen lange zurückgelegen. Ihre sozialpolitischen Reformen waren nicht gut angekommen, bei den Lokalwahlen 2018 erlitt die DPP eine schwere Niederlage. Tsai trat als Parteivorsitzende zurück. Doch dann wendete sich ihr politisches Schicksal. Ausgerechnet Xi Jinping, Tsais erbitterter Widersacher, wurde zu ihrem besten Wahlkampfhelfer. Denn der hatte sich mit einer patriotischen Rede an die Landsleute auf Taiwan gewandt. Die Wiedervereinigung, hatte er verkündet, «muss kommen und sie wird kommen». Und zwar nach dem Prinzip «Ein Land, zwei Systeme».

Wenig später begannen in Hongkong, das seit 1997 nach dieser Formel regiert wurde, die Proteste gegen Pekings Vormacht. Sie hielten mehr als ein halbes Jahr an, fast bis zum Wahltag auf Taiwan. Sollte so auch ihre Zukunft aussehen, fragten sich die Bürger dort besorgt. Sollte China eines Tages auch bei ihnen einen Statthalter einsetzen, der seine Befehle von der Zentralregierung bekam? Tsai machte die Wahlen zu einer Abstimmung über die Eigenständigkeit der Inselrepublik. «In Hongkong, wo es ‹Ein Land, zwei Systeme› gibt, ist die Situation immer schlimmer geworden. Demokratie und Autoritarismus können nicht im selben Land nebeneinander existieren», sagte sie. Und heizte den Wahlkampf mit der Parole an: «Heute Hongkong, morgen Taiwan!»

Eben davor, ein zweites Hongkong zu werden, fürchtete sich die Mehrheit. Eine Wiedervereinigung mit dem Festland, das wünschten sich einer Umfrage kurz vor den Wahlen zufolge nur noch 6,2 Prozent der Bürger Taiwans. Nach formeller Unabhängigkeit strebten 27,2 Prozent. Am Status quo, der faktischen Eigenständigkeit, wollten 58,1 Prozent festhalten.[1] Für die meisten Bürger war Tsai Ing-wen die Garantin der Souveränität. Das galt besonders für die Jugend. Laut einer anderen Umfrage sahen sich 83,1 Prozent der Erstwähler als Taiwaner, gerade 1,1 Prozent betrachteten sich als Chinesen, und 11,5 Prozent als Taiwaner und Chinesen zugleich.[2]

Den Jungen auf Taiwan ist die Volksrepublik fremd, politisch wie kulturell. Groß war im Jahr 2019 ihre Sympathie für den Protest in Hongkong. Aus der Sympathie wurde Solidarität. Etwa sechzig Hongkonger Aktivisten waren auf die Insel geflohen. Dort hatten sie zwar kein politisches Asyl erhalten, aber ihr Aufenthalt wurde geduldet. Immer wieder verlängerten die Behörden die Touristenvisa der Geflüchteten. Anwälte und Abgeordnete halfen diskret beim Antrag auf ein Studentenvisum oder auf eine Arbeitserlaubnis.

Taiwan ist zum Zufluchtsort für Andersdenkende, Regimekritiker und Dissidenten geworden, so wie es einst Hongkong war. Der Buchhändler Lam Wing-kee, der 2015 vom chinesischen Geheimdienst aus Hongkong auf das Festland entführt worden war, weil man bei ihm kritische politische Literatur gefunden hatte, öffnete nach der Entlassung aus der Haft seinen Buchladen auf Taiwan neu. Hier fand nun auch das Festival für Menschenrechtsfilme statt, das in Hongkong nicht mehr erwünscht war; ebenso siedelte die journalistische Hilfsorganisation Reporter ohne Grenzen ihr erstes Büro in Asien hier an.

Die Taiwaner sind stolz auf ihr weltoffenes Land, ihre lebendige Demokratie und ihre offene Gesellschaft. Mit gerade einmal 23 Millionen Einwohnern ist die Insel ein politisches Gegenmodell geworden zur Volksrepublik mit ihren 1,4 Milliarden Menschen. Die Regierungsmacht in Taipei hat mehrfach friedlich gewechselt zwischen der

einst allmächtigen Kuomintang und der Demokratischen Fortschrittspartei. Die Presse ist frei, die Bürgerrechte werden geachtet. Anders
als es ein weit verbreitetes Vorurteil will, passen chinesische Kultur
und Demokratie wunderbar zusammen. Taiwan beweist es. Die eigene
Erfolgsgeschichte macht Taipeis Regierende selbstbewusst, mag das
Land außenpolitisch auch isoliert sein, weil die Volksrepublik eine
diplomatische Anerkennung des anderen Chinas nicht duldet. Außenminister Joseph Wu sagte in einem Interview: «Wir sind ein Modell,
das allen zeigt: Wenn Taiwan demokratisch sein kann, dann könnte
China natürlich genauso gut demokratisch sein.»[3]

Demokratie, Rechtsstaatlichkeit und sozialer Fortschritt – wie stabil das Gemeinwesen inzwischen ist, obwohl die Menschen politisch
bisweilen sehr unterschiedlicher Meinung sind, zeigte sich bei der Entscheidung über die Einführung der gleichgeschlechtlichen Ehe. Das
Oberste Gericht hatte im Mai 2017 entschieden, das Verbot einer
«permanenten Verbindung» verstoße gegen das Gleichheitsgebot der
Verfassung. Zwei Jahre hatte das Parlament Zeit, um die Gesetze zu
ändern. Eine nicht bindende Volksabstimmung ergab, dass die meisten Taiwaner anderer Auffassung waren als die höchsten Richter.
Aber die Mehrheit der Abgeordneten folgte der Vorgabe des Ver-
fassungsgerichts. Im Mai 2019 entschied der Legislativ-Yuan mit 66
zu 27 Stimmen, dass von nun an auch homosexuelle Paare auf Taiwan
heiraten durften. Tsai Ing-wen, zunächst verunsichert durch die ab-
lehnende Stimmung in der Bevölkerung, setzte sich schließlich vehement für das neue Gesetz ein. Taiwan habe die Chance, «in die Geschichte einzugehen und der Welt zu zeigen, dass progressive Werte in
einer ostasiatischen Gesellschaft Wurzeln schlagen können», schrieb
sie vor der Abstimmung im Parlament.[4] Taiwan wurde das erste asiatische Land, das ein Ende machte mit der Diskriminierung gleich-
geschlechtlicher Paare bei der Eheschließung.

Rasend schnell ist die Entwicklung zu einer pluralistischen Gesellschaft und einer debattenfreudigen Parteiendemokratie gegangen. Bis
1987 war Taiwan eine Militärdiktatur. Erst damals, als überall auf der
Welt, von Osteuropa bis nach Ostasien, autoritäre Strukturen auf-
brachen, wurde das Kriegsrecht aufgehoben. Und noch einmal vier

Jahre später erklärte Lee Teng-hui, der erste auf Taiwan geborene Präsident, die «Periode der nationalen Mobilisierung zur Niederschlagung der kommunistischen Rebellion» für beendet.

Eine solche «Niederschlagung» war natürlich lange vorher schon blanke Illusion gewesen. 1949 hatten sich die Reste der im Bürgerkrieg von den Kommunisten besiegten nationalchinesischen Truppen des Generalissimus Chiang Kai-shek nach Taiwan abgesetzt. Insgesamt zwei Millionen Menschen flohen damals über die Meerenge. Die Kuomintang errichtete auf der Insel eine brutale Herrschaft, jedes Aufbegehren der einheimischen Bevölkerung wurde niedergeschlagen. Man wollte ja nicht lange bleiben, nur die Kräfte neu sammeln, um dann auf dem Festland die kommunistischen «Banditen» von der Macht zu vertreiben.

Taiwan war seit 1895 japanische Kolonie gewesen. Nach dem Sieg über Japan im Zweiten Weltkrieg gaben die Alliierten die Insel 1945 an den mit ihnen verbündeten Chiang Kai-shek zurück und boten ihm so vier Jahre später, als die Übermacht der Kommunisten im Bürgerkrieg erdrückend geworden war, einen Zufluchtsort. Die Pläne für den Rückzug waren rechtzeitig geschmiedet worden. So ließ Chiang schon 1948 die unermesslichen Kunstschätze der kaiserlichen Sammlung aus Pekings Verbotener Stadt in vielen tausend Kisten nach Taiwan verschiffen. Die kostbarsten Exponate aus fünftausend Jahren chinesischer Kulturgeschichte sind seitdem im Palastmuseum von Taipei zu besichtigen: älteste Orakelinschriften auf Schildkrötenpanzern, Bronzen der Shang-Dynastie, Porzellan der Ming-Zeit, Landschaften der Sung-Malerei, Jade- und Lackarbeiten, Kalligraphien, seltene Bücher. Geraubt, empörten sich die Kommunisten. Gerettet, erwiderte die Kuomintang.

Für Chiang und die Führung der Kuomintang stand fest: Sie waren weiterhin die legitimen Herrscher ganz Chinas. Die «Republik China», ausgerufen 1912 nach dem Sturz der Qing-Dynastie, hatte demnach ihren Regierungssitz nur provisorisch auf die Insel verlegt. Eines Tages würden ihre Truppen zurückkehren und das Vaterland unter Führung der Kuomintang vereinigen. Glaubte man der eigenen Propaganda? Die Kuomintang schuf eine von Anfang an etwas wacklige politische

Gegenwelt, die aber immerhin fast vier Jahrzehnte lang halten sollte. Bis sie dann doch zu absurd wurde. So wurden alle drei Jahre nur die Abgeordneten der «Provinz Taiwan» neu gewählt. Die übrigen Parlamentarier waren Veteranen, die schon vor der Flucht auf die Insel 1949 gewählt oder danach von der Regierung ernannt worden waren. Der Tod begann ihre Reihen zu lichten.

In den achtziger Jahren sammelte sich mit Duldung der Regierung die politische Opposition. Anhänger einer Unabhängigkeit Taiwans taten sich mit Dissidenten und Menschenrechtsanwälten zusammen und gründeten 1986 die Demokratische Fortschrittspartei. Bei den Parlamentswahlen wenige Wochen später schnitt die DPP mit 23 Prozent der Stimmen überraschend gut ab. Im Legislativ-Yuan stellte sie nun zwölf von 77 Abgeordneten. Präsident Chiang Ching-kuo, der Sohn Chiang Kai-sheks, hatte sich zu einer vorsichtigen politischen Liberalisierung durchgerungen. Er hatte begriffen, dass er den Wunsch der Bevölkerung nach politischer Teilhabe auf Dauer nicht ignorieren konnte. Mit den Methoden des 1975 verstorbenen Generalissimus ließ sich der moderne, wirtschaftlich prosperierende «Tigerstaat» nicht länger regieren.

Erstmals wurde 1996 auf Taiwan der Präsident direkt gewählt. Für die Kuomintang trat der seit 1988 amtierende, auf Taiwan geborene Lee Teng-hui an. Ein in jeder Hinsicht eigenwilliger Kopf. Pekings Staatsmedien attackierten ihn mit maßloser Wut. Schon damals geschah, was sich mehr als zwanzig Jahre später bei der Wahl Tsai Ingwens wiederholen sollte: Je heftiger die Angriffe wurden, desto größer wurde der Vorsprung des Kandidaten in den Umfragen. Immer mehr Menschen drängten zu seinen Kundgebungen.

Zum Beispiel in der Basketball-Arena von Taoyuan, eine knappe Autostunde vom Zentrum Taipeis entfernt. An die zehntausend Anhänger Lee Teng-huis hatten sich versammelt, schwenkten weiß-rote Papierfähnchen. Als dann «Glory, Glory, Halleluja» ertönte, sprangen sie auf: Lee, groß gewachsen, mit seinem grauen Haarschopf die Honoratioren des Ortes um Haupteslänge überragend, zog in die Halle ein. «Das Volk wird endlich Herr des Landes!», schmetterte er in die Ränge der Sporthalle. «Diese Wahlen sind ein Wendepunkt in unserer Geschichte. Als die Herren der Nation werdet ihr eure Würde zurückerlangen und den Respekt der anderen.»[5]

China, das in Lee Teng-hui einen Wegbereiter der Unabhängigkeit sah, machte mobil. Nicht nur in den Medien, sondern auch militärisch. Mitten im Wahlkampf schlugen keine fünfzig Kilometer vor den beiden größten Häfen Taiwans Mittelstreckenraketen im Meer ein – furchteinflößende Ouvertüre zu großen See- und Luftmanövern, die unmittelbar danach begannen. Die Drohgebärde war unmissverständlich. Warum führt Peking gerade jetzt Militärübungen durch? So fragte Lee seine Zuhörer auf allen Kundgebungen, auch in Taoyuan. Und gab selbst die Antwort: «Weil sie Angst vor der Demokratie haben.»

Im Weißen Haus regierte damals Bill Clinton. Und der schickte umgehend zwei Flugzeugträger-Verbände durch die Straße von Taiwan, eine Demonstration amerikanischer Stärke. Die Wahlen fanden dann auch ungehindert statt, Lee wurde mit großer Mehrheit gewählt. Aber die Alleinherrschaft der Kuomintang neigte sich ihrem Ende zu. Mit der DPP war ihr ein ebenbürtiger Gegner herangewachsen. In ihren Reihen sammelte sich das junge Taiwan, das den Gedanken an Rückkehr auf das Festland aufgegeben hatte.

Eine Woge dreifacher Opposition – gegen die seit 1945 herrschende Kuomintang, gegen die aus Peking drohenden Kommunisten und ein wenig auch gegen die sich im Falle eines Wahlsiegs der DPP um den Frieden sorgende Schutzmacht Amerika – brachte im Jahr 2000 den ehemaligen Menschenrechtsanwalt Chen Shui-bian an die Macht. Radikal wollte er mit dem Erbe Chiang Kai-sheks brechen und die «Taiwanisierung» der Insel vorantreiben. Peking beschimpfte ihn als einen Spalter, einen Separatisten; Washington hielt ihn für unberechenbar; die Kuomintang warf ihm vor, er handle unverantwortlich, ja irrational. Aber Chen wurde gewählt und vier Jahre später im Amt bestätigt.

Bei einem Interview im Präsidentenpalast 2007, gegen Ende seiner zweiten Amtszeit, zeigte er sich überaus selbstbewusst. Alle Kritik aus Peking wischte er beiseite. «Sie haben wirklich Angst vor unserer Demokratie», sagte er. «Die Existenz Taiwans steckt ihnen wie eine Gräte im Hals.» Von der auf dem Festland als unantastbar geltenden

Maxime, es gebe nur ein China, an der auch die Kuomintang bis heute festhält, hatte er sich längst verabschiedet. «China ist China. Taiwan ist Taiwan. Beide haben eine unterschiedliche Kultur», diktierte er dem Reporter aus Deutschland in den Notizblock. Aber natürlich war auch Chen Shui-bian klug genug, die Unabhängigkeit nicht formell auszurufen, wusste er doch, dass dies für Peking der Casus Belli sein würde. «Ich werde in meiner Amtszeit Taiwan niemals für unabhängig erklären», sagte er. «Wir wollen den Status quo bewahren. Taiwan ist längst unabhängig, wir müssen die Unabhängigkeit nicht erklären.»[6]

Inzwischen hatten sich die demokratischen Verfahren auf der Insel eingespielt. Das zeigte sich, als gegen Chen Shui-bian und seine Frau Korruptionsvorwürfe erhoben wurden. Der ehemalige Präsident musste sich vor Gericht verantworten und wanderte ins Gefängnis. An die politische Macht kehrte nun wieder die Kuomintang zurück. Unter dem neuen Präsidenten Ma Ying-jeou entspannte sich das Verhältnis zu China. Zwischen Taiwan und dem Festland wurden Direktflüge aufgenommen, immer mehr chinesische Touristen kamen auf die Insel. Im September traf sich Ma sogar in Singapur mit Chinas Staatspräsidenten Xi Jinping. Ein deutliches Zeichen, wie sehr Peking in Taiwans Parteienwettbewerb auf den alten Bürgerkriegsfeind Kuomintang setzte, der wie die KP am Prinzip des einen China festhielt.

Ma Ying-jeous Nähe zu China stieß daheim auf Kritik. Vor allem gegen eine zu große wirtschaftliche Abhängigkeit regte sich Protest. Im März 2014 zogen Studenten in Taipei vor das Parlament, durchbrachen die Absperrungen und besetzten den Legislativ-Yuan. Knapp vier Wochen dauerte das laute, aber friedliche Sit-in. Dann hatten die Besetzer ihr Ziel erreicht: Die Ratifizierung eines Abkommens über erleichterte Investitionen chinesischer Unternehmen auf Taiwan wurde abgesagt. Eine Erfahrung in «direkter Demokratie», die vielen Jugendlichen Mut machte, weil sie friedlicher verlief als die «Regenschirm-Revolution» im selben Jahr in Hongkong, und weil die Staatsgewalt, anders als dort, dem Protest am Ende nachgab.

Zwei Jahre später eroberte die DPP das Präsidentenamt zurück und das Parlament gleich dazu. Dabei musste den Wählern klar gewesen sein, dass sich die Beziehungen zu China deutlich abkühlen würden. Tsai Ing-wen, die Kandidatin der DPP, hatte im Wahlkampf keinen Zweifel daran gelassen, dass ihr die Ein-China-Politik nichts mehr galt. Für sie war der sogenannte «Konsens von 1992» nie akzeptabel gewesen, auf den sich einst Kommunisten und Kuomintang verständigt hatten. Diese ungeschriebene Vereinbarung besagte, dass es nur ein China gebe, auch wenn beide Seiten China unterschiedlich definierten – für die KP war es die Volksrepublik China, für die Kuomintang die Republik China. Taiwan war für beide Seiten ein Teil Chinas.[7]

Die DPP lehnt den «Konsens von 1992» bis heute ab. Im Parteiprogramm heißt es seit 1999, Taiwan sei ein «souveränes und unabhängiges Land». Wie Chen Shui-bian wird sich auch Tsai Ing-wen hüten, die Unabhängigkeit formell zu erklären. Aber an der faktischen Souveränität des Inselstaates lässt sie keinen Zweifel. Und so wundert es nicht, dass China ihr mit offener Feindseligkeit begegnet. Alle offiziellen Kontakte zwischen Peking und Taipei sind seit Tsais Amtsantritt 2016 unterbrochen.

Für Xi Jinping ist das Beharren auf Eigenständigkeit eine Provokation. Auf seiner nationalistischen Agenda rangiert Taiwan ganz oben. Die Wiedervereinigung des Vaterlandes gehört aus Sicht der KP zu den «Kerninteressen» Chinas, hier gibt es keine Kompromisse. In einer Grundsatzrede wandte sich Xi zu Jahresbeginn 2019 an die «Landsleute» auf Taiwan. In der Großen Halle des Volkes hatten sich hohe Funktionäre, Mitglieder der Regierung und Angehörige der Armee versammelt, die Rede wurde im Fernsehen übertragen. «Das Vaterland muss wiedervereinigt werden und es wird wiedervereinigt werden», verkündete Xi entschlossen. Zwar versicherte der Parteichef: «Chinesen kämpfen nicht gegen Chinesen», um dann jedoch fortzufahren: «Wir versprechen nicht, auf die Anwendung von Gewalt zu verzichten, und wir behalten uns vor, alle notwendigen Maßnahmen zu ergreifen.»

Die Wiedervereinigung, bekräftigte Xi einmal mehr, solle nach dem Prinzip «Ein Land, zwei Systeme» verlaufen. Tatsächlich hatte Deng Xiaoping die Formel einst mit Blick auf Taiwan, nicht Hongkong ersonnen. Aber in Taipei hatte man sich mit dieser Formel nie anfreunden können. Nach den Unruhen in Hongkong 2014 und dann wieder 2019 war sie auf Taiwan endgültig diskreditiert. Tsai Ing-wen wies den Vorstoß Xi Jinpings denn auch mit großer Entschiedenheit zurück. «Für mich ist es unmöglich – und ich denke, das gilt für alle verantwortlichen Politiker in Taiwan –, die jüngsten Bemerkungen von Präsident Xi Jinping zu akzeptieren, ohne das Vertrauen und den Willen der Bevölkerung Taiwans zu verraten.» Auch ihr Gegenspieler bei den Präsidentschaftswahlen 2020, Han Kuo-yu von der Kuomintang, wollte von dem Prinzip «Ein Land, zwei Systeme» nichts mehr wissen: «Nur über meine Leiche!»

Die Drohungen aus China waren wohl einfach zu massiv geworden. Zahl und Umfang militärischer Übungen rund um Taiwan hatten während der Präsidentschaft Tsais erheblich zugenommen. Mehr als 1600 Raketen waren inzwischen in den Küstenprovinzen gegenüber Taiwan aufgestellt worden. Und der Ton wurde aggressiver. «Wir sind bereit, den blutigen Kampf gegen unsere Feinde zu kämpfen», sagte Xi Jinping im März 2018 zum Abschluss des Nationalen Volkskongresses. Und Verteidigungsminister Wei Fenghe warnte auf einer Sicherheitskonferenz im Oktober 2018 davor, Chinas «Kerninteressen» zu missachten. «Wenn irgendjemand jemals versucht, Taiwan von China zu trennen, dann wird Chinas Militär entschlossen handeln. Wir werden jeden Preis zahlen, der gezahlt werden muss.»[8]

Leere Drohungen? Wer konnte das schon wissen. Chinas Führung hatte seine Streitkräfte seit Jahren modernisiert. Vor allem die Marine war viel schlagkräftiger geworden. War China bis zur Jahrhundertwende den Vereinigten Staaten militärisch bei weitem nicht gewachsen, so begann das Land jetzt aufzuholen. Die strategische Balance hatte sich zugunsten der Volksrepublik verändert, schrieb Brendan Taylor, Professor für Strategische Studien an der Australian National University, in einer Studie 2019. Auch wenn die USA in einer militärischen Konfrontation mit China immer noch die Oberhand behalten würden, seien die Kosten und die Risiken doch erheblich gestiegen. Innerhalb eines Jahrzehnts werde es mit der amerikanischen Überlegenheit vorbei sein. Setzten sich die Trends im militärischen Wettlauf zwischen China und den USA fort, dann werde Amerika die Fähigkeit, Taiwan zu verteidigen, im Jahr 2030 verloren haben.[9]

Das mag so kommen. Doch zunächst geschah das Gegenteil. Die Muskelspiele Chinas weckten eine Art Abwehrreflex. Unter Donald Trump wurden die Beziehungen zwischen den USA und Taiwan so eng wie lange nicht mehr. Das begann unmittelbar nach seiner Wahl zum Präsidenten, als Trump ein Glückwunschtelefonat Tsai Ing-wens entgegennahm. So etwas hatte es seit vierzig Jahren, seit Aufnahme der diplomatischen Beziehungen zwischen Amerika und China 1979 nicht gegeben. Die Führung in Peking war außer sich. Und die freundlichen Gesten aus Washington setzten sich fort. Im Mai 2019 traf sich Trumps Nationaler Sicherheitsberater John Bolton in der amerikanischen Hauptstadt mit dem Generalsekretär des taiwanischen Sicherheitsrates David Lee. Im Herbst 2019 besuchte ein hochrangiger Beamter des Pentagons Taiwan.

Beide Gespräche standen im Einklang mit dem Taiwan Travel Act, den das Repräsentantenhaus 2018 mit 414 zu null Stimmen verabschiedet hatte. Danach sind offizielle Gespräche zwischen den Regierungen ausdrücklich erwünscht. Als bisher ranghöchster Besucher aus Washington reiste im August 2020 US-Gesundheitsminister Alex Azar nach Taipei. Er lobte die vorbildlichen Schutzmaßnahmen, mit denen die Behörden der Insel gleich zu Beginn der Corona-Pandemie eine Ausbreitung des Virus verhindert hatten. Dass Peking den Besuch als Bedrohung für den «Frieden und die Stabilität» in Ostasien verurteilte, kümmerte die Amerikaner wenig. Die Stimmung gegen China war in Washington auf ganzer Linie umgeschlagen, und Taiwan – einst der größte Verlierer der amerikanisch-chinesischen Annäherung – profitierte davon.

Die Freunde Taiwans sitzen nicht nur im State Department und im Pentagon; sie finden sich auch im Kongress, bei Republikanern wie Demokraten. Zu ihnen gehört Senator Marco Rubio, Republikaner aus Florida, der sich zu einem der schärfsten Kritiker Chinas entwickelt hat. «Wir müssen unsere Allianz mit Taiwan, einer Demokratie wie der unseren, angesichts von Chinas wachsender Aggression in der Region stärken. (...) Taiwan ist ein entscheidender Sicherheitspartner,

Als Teil der jährlichen Anti-Invasions-Übungen führt das
taiwanische Militär im Mai 2019 in Pingtung im Süden des Landes
eine Artillerieübung durch.

wenn wir unser gemeinsames Ziel eines freien und offenen Indo-Pazi-
fiks erreichen wollen.»[10]

Aber genauso verlangen die Demokraten Härte im Umgang mit
China. «Geben Sie nicht nach», appellierte New Yorks Senator
Charles Schumer im Mai 2019 an Donald Trump. «Nur mit Stärke ist
gegen China zu gewinnen.» Als Präsidentin Tsai Ing-wen wenig später
bei einer Reise in die Karibik zu einigen der wenigen verbliebenen
Verbündeten Taiwans Zwischenstation in New York machte, hielt sie
dort regelrecht Hof, traf sich mit Diplomaten und Geschäftsleuten.
Auch Nancy Pelosi, die Sprecherin des Repräsentantenhauses und
höchste Demokratin im Kongress, telefonierte während Tsais Aufent-
haltes mit ihr. Peking kritisierte all dies als ein Spiel mit dem Feuer.

Der Stimmungsumschwung in Washington sollte sich für Taiwan
auf sehr handfeste Weise auszahlen. Unter Trump wurden die militärischen Lieferungen deutlich ausgeweitet. Das galt auch für hochmoderne Rüstungsgüter, die frühere US-Regierungen nicht an Taiwan

verkaufen wollten. Im Sommer 2019 billigte der Kongress den Verkauf von 108 Panzern vom Typ M1A2T Abrams und 250 Luftabwehrraketen vom Typ Stinger im Gesamtwert von 2,2 Milliarden Dollar. Wichtiger noch für Taiwan war die Lieferung von 66 Kampf-Jets F-16 im Wert von 8 Milliarden Dollar. Ein Jahr später, im August 2020, eröffnete Präsidentin Tsai Ing-wen ein Wartungszentrum für die F-16, das Taiwans Regierung gemeinsam mit dem Rüstungshersteller Lockheed Martin betreibt. Die Einrichtung in Shalu, im Zentrum der Insel, ist das erste Wartungszentrum für F-16-Kampfflugzeuge im gesamten indo-pazifischen Raum. Aus Pekinger Sicht eine Provokation. Aber Tsai Ing-wen bekräftigte bei der Eröffnungsfeier, sich Druck aus der Volksrepublik nicht beugen zu wollen.[11] Die gesetzliche Grundlage für die militärische Zusammenarbeit war vierzig Jahre vorher geschaffen worden. Nach Abbruch der diplomatischen Beziehungen hatten sich die Vereinigten Staaten 1979 im Taiwan Relations Act verpflichtet, die Sicherheit der Insel durch die Lieferung von «Waffen defensiven Charakters» zu schützen.

Dies alles änderte nichts daran, dass die Vereinigten Staaten an der Ein-China-Politik festhielten – ganz so, wie es beim Besuch Richard Nixons 1972 im Shanghai-Kommuniqué mit der chinesischen Führung vereinbart worden war. Darin hieß es: «Die Vereinigten Staaten erkennen an, dass alle Chinesen auf beiden Seiten der Straße von Taiwan daran festhalten, dass es nur ein China gibt und dass Taiwan ein Teil Chinas ist.»

Das Shanghai-Kommuniqué war eine diplomatische Glanzleistung der beiden Unterhändler Zhou Enlai und Henry Kissinger. Aber eine Kompromissformel schafft ein Problem nicht aus der Welt, sie hegt es im besten Fall nur ein, entschärft es, schafft Raum für behutsames politisches Handeln. Ein so gezimmerter Rahmen hält oft mehr schlecht als recht, aber das Shanghai-Kommuniqué hat seine Belastbarkeit bewiesen. Es hat jedoch zu dem Paradox geführt, dass Washington den ehemaligen Verbündeten, zu dem es die Beziehungen abgebrochen hat, weiter mit Waffen versorgt – gegen jenes Land, das es offiziell anerkennt, aber in dem es heute seinen gefährlichsten strategischen Kontrahenten und eine dauernde Bedrohung des früheren Verbündeten sieht. Die Amerikaner versuchen zweierlei: Sie wollen China von einem Angriff auf Taiwan abhalten und Taiwan von einer Provokation Chinas durch die Erklärung seiner Unabhängigkeit. Misslänge diese «doppelte Abschreckung», käme es zu einem Krieg, würden die Amerikaner Taiwan wahrscheinlich zu Hilfe eilen, sicher aber ist dies nicht. Experten sprechen von «strategischer Uneindeutigkeit» (*strategic ambiguity*).

Aber diese Politik ist inzwischen in die Kritik geraten. Angesichts von Chinas wachsender militärischer Stärke und dem aus Peking immer ungeduldiger vorgetragenen Wunsch nach Wiedervereinigung, halten außenpolitische Fachleute «strategische Klarheit» für notwendig. Dies meint auch Richard Haass, Präsident des einflussreichen New Yorker Council on Foreign Relations. In einem gemeinsam mit David Sacks verfassten Artikel schrieb er in *Foreign Affairs*, Ungewissheit über die amerikanische Antwort werde China auf Dauer nicht von einem bewaffneten Angriff auf die Insel abhalten. Im Gegenteil, sie mache einen Krieg wahrscheinlicher. Vierzig Jahre lang habe die von Henry Kissinger und anderen Diplomaten entworfene Politik funktioniert. Nun aber müssten die USA unmissverständlich erklären, dass sie Taiwan im Falle eines chinesischen Angriffs zur Hilfe kommen würden. «Der beste Weg, um sicherzustellen, dass die Vereinigten Staaten Taiwan nicht verteidigen müssen, ist es, China zu signalisieren, dass wir darauf vorbereitet sind.»[12]

«Strategische Uneindeutigkeit» oder «strategische Klarheit»: Wenn es um Taiwan geht, ist höchste Vorsicht geboten. Und diplomatisches Fingerspitzengefühl. Das aber nicht mit Furchtsamkeit und Opportunismus verwechselt werden sollte. Ihre offizielle Vertretung in Taipei mussten die Amerikaner nach der Anerkennung Pekings schließen. An ihrer Stelle eröffneten sie das «American Institute in Taiwan». Und das zählt mit fast 500 Mitarbeitern – die meisten sind vom State Department beurlaubte Karrierediplomaten – zu den größten US-Auslandsvertretungen weltweit. Am 12. Juni 2018 wurde in Anwesenheit von Präsidentin Tsai Ing-wen ein prächtiger Neubau eröffnet. 250 Millionen Dollar hatte er gekostet. Das Institut sieht aus wie eine Botschaft, es arbeitet wie eine Botschaft, darf aber keine sein. Amerikas Außenpolitik improvisiert.

Ein paar richtige Botschaften gibt es noch in Taipei, zu Beginn der zweiten Amtszeit Tsai Ing-wens ließen sie sich an genau drei Händen abzählen. Und so machte sich die Präsidentin immer wieder auf, nach Palau etwa, nach Nauru, auf die Marshall-Inseln oder eben in die Karibik, um die letzten Freunde bei der Stange zu halten, natürlich auch mit Geld. Doch was geschieht, überlegen taiwanische Staatsrechtler, wenn uns eines Tages keine einzige Regierung mehr anerkennt? Sind wir selbst dann noch ein Staat?

Kurios ist es schon. Ein Pass der Republik China öffnet viele Grenzen. In 146 Ländern brauchen die Einwohner Taiwans kein Visum. Bei den Bürgern der Volksrepublik China sind es nur 70 Länder. Aber die Zentrale der Vereinten Nationen in New York und andere UN-Gebäude dürfen Taiwaner nicht betreten. Ihr Staat ist ja kein Mitglied dort. Er ist ein Paria in der internationalen Gemeinschaft. Über die Jahrzehnte mussten Taiwans Bürger lernen, damit zu leben. Sie waren dankbar, wenn ihre Vertreter bei internationalen Konferenzen nicht gleich vor die Tür gesetzt wurden. Fanden sich damit ab, dass ihre Sportler bei Olympischen Spielen unter dem Namen «Chinese Taipei» antreten mussten. Ihre Regierung hat versucht, wenigstens informelle Kontakte aufzubauen zu den demokratischen Ländern, zu denen sie ja gehören.

An Peinlichkeiten und Kränkungen blieb Taiwan dennoch nichts erspart. Das war auch 2020 zu spüren, als das Land wieder in vorbildlich freier Wahl sein Staatsoberhaupt und sein Parlament gewählt hatte. Fast niemand aus dem Ausland gratulierte, wünschte dem Land Glück, freute sich auf gute Zusammenarbeit. Doch, eine unüberhörbare Gratulation gab es, sie kam vom amerikanischen Außenminister Mike Pompeo: Taiwan habe erneut «die Stärke seines robusten demokratischen Systems» unter Beweis gestellt. Aus Europa nichts, nur betretenes Schweigen.

VIII. Die «Neue Seidenstraße»: Globalisierung nach chinesischen Regeln

Am 7. September 2013 hielt Xi Jinping an der Nasarbajew-Universität in Kasachstans Hauptstadt Astana (heute: Nur-Sultan) eine Rede mit der Überschrift: «Fördert die Freundschaft zwischen den Völkern und schafft eine bessere Zukunft». Entlang der alten Seidenstraße, sagte Xi, hätten die Menschen über Jahrtausende in Freundschaft gelebt. Nun sei die Zeit gekommen, daran anzuknüpfen und «in der eurasischen Region engere ökonomische Verbindungen zu schmieden». Die Seidenstraße. Ein Name, von dem seit jeher ein Zauber ausgeht. Der Bilder aufscheinen lässt von Marco Polo und alten Handelswegen, auf denen Händler, ihre Kamele beladen mit Seide und Porzellan, den langen Weg von China über Zentralasien bis ans Mittelmeer wagen.

Aber Xi, seit einem halben Jahr Staatspräsident, wollte mehr, als nur die alte Seidenstraße wiederzubeleben. Was er verkündete, war nicht weniger als «Pekings Vision einer Globalisierung mit chinesischen Vorzeichen».[1] Ein gigantisches Infrastrukturprojekt schwebte ihm vor: neue Straßen, Eisenbahnlinien, Pipelines, Brücken, Häfen, die Ost- und Zentralasien, den Mittleren Osten, Europa und Afrika miteinander verbinden sollten, zu Lande und zu Wasser. Kraftwerke und Staudämme, die Energie liefern sollten für Industrie und Verkehr. Ausbau der Telekommunikation und der Finanzdienstleistungen. Der Name änderte sich, aus One Belt One Road (OBOR) wurde die Belt and Road Initiative (BRI). Doch die Dimensionen blieben gigantisch, ja, sie wuchsen von Jahr zu Jahr. Bis nach Lateinamerika und in die Arktis, bis in den Cyberraum und sogar ins Weltall sollte sich das Projekt schließlich erstrecken. 150 Länder und internationale Organisationen zeigten sich an einer Teilnahme interessiert.

Für den in Singapur lehrenden Politikwissenschaftler Parag Khanna ist die Belt and Road Initiative «das bedeutendste diplomatische Projekt des 21. Jahrhunderts, vergleichbar mit der Gründung der Vereinten Nationen und der Weltbank Mitte des 20. Jahrhunderts und dem Marshallplan zusammen. Der entscheidende Unterschied: Die BRI wurde in Asien entworfen, in Asien gestartet und wird von Asiaten geleitet werden».[2] Khannas Euphorie mag leicht übertrieben sein. Am Ehrgeiz Xi Jinpings allerdings gibt es keinen Zweifel. Mit der neuen Seidenstraße will er die Welt verändern. Es ging ihm von Beginn an um mehr als den Aufbau einer modernen Infrastruktur. Xi verfolgt geostrategische Ziele, die Verwirklichung seines «chinesischen Traums» über die Grenzen des eigenen Landes hinaus. China soll seinen historischen Rang unter den Nationen wieder einnehmen, den ihm die Westmächte seit der Mitte des 19. Jahrhunderts streitig gemacht hatten.

Die Belt and Road Initiative wurde sogar in die Statuten der Kommunistischen Partei und in die Verfassung der Volksrepublik aufgenommen. Nun konnte niemand mehr einen Zweifel haben, wie wichtig der Führung des Landes die neue Seidenstraße war.

Chinas wirtschaftliche und strategische Interessen sind dabei miteinander verknüpft. Das zeigt sich nirgendwo deutlicher als in Pakistan. Die beiden Nachbarstaaten wollen einen Wirtschaftskorridor (China-Pakistan Economic Corridor, CPEC) bauen, der den entlegenen Westen Chinas mit dem Arabischen Meer verbindet. CPEC ist das bis heute größte Einzelprojekt der Seidenstraße, etwa 60 Milliarden US-Dollar will Peking dafür bereitstellen. 2015 hat der Bau begonnen. Der Korridor führt durch den pakistanischen Teil Kaschmirs, den auch Indien für sich beansprucht. Schon deshalb stößt die BRI in Delhi auf Widerstand.

Indien fühlt sich von China bedrängt, ja regelrecht eingekreist, denn BRI-Projekte sind auch in Bangladesch, Sri Lanka, Myanmar und auf den Malediven geplant. Die Kräfteverhältnisse in der Region könnten sich verändern, fürchtet die indische Regierung. Der Vorstoß Chinas nach Süden könnte den südasiatischen Kooperationsverbund SAARC (South Asian Association for Regional Cooperation) schwächen, in dem Indien den Ton angibt.

China macht aus seinen strategischen Interessen kein Geheimnis. Im pakistanischen Gwadar baut die China Overseas Port Holding Company einen neuen Tiefseehafen. Er ist Teil einer Wirtschaftssonderzone, die in der dünn besiedelten Gegend am Indischen Ozean entstehen soll. Firmen, die hierher kommen, sollen 43 Jahre lang Steuerfreiheit genießen. Das mit dem Hafenbau beauftragte chinesische Unternehmen hat den Hafen für vierzig Jahre geleast. Auch wenn die Verträge eine militärische Nutzung ausschließen, trauen die Inder den chinesisch-pakistanischen Plänen nicht.

Kritikern in Pakistan stellt sich aber eine ganz andere Frage: Kann sich das Land die gewaltigen Infrastrukturvorhaben überhaupt leisten? Schon vier Jahre nach Baubeginn des Wirtschaftskorridors war das Land bei China so hoch verschuldet, dass es Hilfe beim Internationalen Währungsfonds suchte. Ein Alarmzeichen, denn Pakistan gehört bei weitem nicht zu den ärmsten Ländern, die sich an der BRI beteiligen. Die damalige IWF-Chefin Christine Lagarde warnte Anfang 2018 auf einer Konferenz in Peking davor, wirtschaftlich schwachen Staaten eine zu hohe Schuldenlast aufzubürden. Für unnötige und nicht nachhaltige Projekte, mahnte sie, sollte es keine Kredite geben.

Vielleicht dachte Christine Lagarde dabei an Sri Lanka. Der Inselstaat ist ein besonders drastisches Beispiel für das Versagen der Kontrollmechanismen bei der Kreditvergabe. Die Schuld daran trägt keineswegs China allein. Es war Sri Lankas früherer Präsident Mahinda Rajapaksa, der sich glanzvolle Bauprojekte zu seinem höheren Ruhme wünschte: ein Kongresszentrum, ein Kricketstadion, einen Flugplatz und einen tollen neuen Hafen in seiner Heimatstadt Hambantota. Die Schulden häuften sich, und im nächsten Wahlkampf wurde Rajapaksas Nähe zu den Chinesen ein großes Thema. Der Präsident wurde abgewählt, aber sein Nachfolger Maithripala Sirisena stand nun vor Schulden von über einer Milliarde US-Dollar für den neuen Hafen. China bestand auf Bezahlung, es musste ja nicht in Bargeld sein. Und so übertrug Sri Lanka die Nutzungsrechte für den Hafen von Hambantota für 99 Jahre an ein chinesisches Staatsunternehmen.

Für 99 Jahre! Das ist genau der Zeitraum, für den einst Großbritannien vom chinesischen Kaiserreich Hongkongs «New Territories» pachtete. Bis heute prangert Peking die «ungleichen Verträge» an, die China nach seiner Niederlage in den Opiumkriegen von den imperialistischen Westmächten aufgezwungen worden seien. Und nun handelt es ebenso? Kein Wunder, dass es beißende Kritik gab. Von «Gläubiger-Kolonialismus» und «Schuldenfallen-Diplomatie» schrieb Professor Brahma Chellaney vom indischen Center for Policy Research.[3]

Hambantota gilt allerdings als Extremfall. Empirisch sei es «die Ausnahme, nicht die Regel», argumentieren amerikanische Experten. Man könne China nicht vorwerfen, es locke arme Staaten bewusst in eine «Schuldenfalle». Probleme mit BRI gebe es allerdings genug: Korruption, Missachtung von Umwelt- und Sozialstandards, Mangel an Transparenz.[4]

Beispiel Malaysia. Unter dem durch und durch korrupten Ministerpräsidenten Najib Razak gab der südostasiatische Staat bei einem chinesischen Staatsunternehmen den Bau einer knapp 700 Kilometer langen Eisenbahnstrecke an der Ostküste in Auftrag. Es war das klassische Muster: Eine chinesische Staatsbank (Export-Import Bank of China) finanzierte das Projekt, ein chinesisches staatliches Bauunternehmen (China Communications Construction Company) führt es aus. Die East Coast Railway sollte ursprünglich 16 Milliarden US-Dollar kosten. Viel zu viel, fand Razaks Nachfolger Mahathir Mohamad, ein scharfzüngiger, damals schon 93 Jahre alter Autokrat, der bereits einmal an der Spitze der Regierung in Kuala Lumpur gestanden hatte. Mahathir sprach von «Neokolonialismus» und verhandelte den Preis mit den Chinesen nach – und siehe da, er konnte ihn von 16 Milliarden auf 10,7 Milliarden Dollar reduzieren. China habe ja Erfahrung mit «ungleichen Verträgen», hatte Mahathir im Wahlkampf geätzt. Einfach kündigen konnte er die Vereinbarung aber nicht, Malaysia hätte sonst eine Konventionalstrafe von 5 Milliarden Dollar bezahlen müssen.[5]

Ein letztes Beispiel: Tansania. Dort war Präsident John Magufuli einst froh gewesen, in China eine Alternative zum Westen gefunden zu haben. Denn dieser knüpfte an die Kreditvergabe bisweilen, wie der Präsident fand, «merkwürdige Bedingungen» – etwa die Erwartung, Tansania solle schwule Männer nicht mehr ins Gefängnis sperren.

China hingegen sei ein «wahrer Freund». Im Jahr 2013 stimmte Peking zu, den Hafen von Bagamoyo – einst ein wichtiger Ort für den Sklaven- und Elfenbeinhandel, inzwischen ein verschlafenes Fischerdorf – für 10 Milliarden US-Dollar auszubauen. Bagamoyo, so die chinesisch-tansanische Vision, sollte eines Tages mehr Container umschlagen als Rotterdam, Europas größter Frachthafen. Doch dann wuchsen auch Tansania die Schulden über den Kopf. Und als die Chinesen, genau wie in Sri Lanka, den Hafen von Bagamoyo für 99 Jahre zu pachten wünschten und zugleich forderten, jede andere Hafenentwicklung in Tansania zu unterlassen, stieg John Magufuli im Juni 2019 aus dem Projekt aus. Dies seien «Bedingungen, die nur von Verrückten akzeptiert werden könnten».[6]

Es gab weitere Rückschläge. In Kenia stoppte ein Gericht den Bau eines Kohlekraftwerks, nachdem Umweltschützer wegen drohender Luftverschmutzung und der Gefährdung bedrohter Tierarten geklagt hatten. Die Malediven baten um Schuldennachlass, als die Inselrepublik im Indischen Ozean mit rund 3 Milliarden Dollar, fast zwei Dritteln seines Bruttoinlandprodukts, bei Peking in der Kreide stand. In Bangladesch kam es beim Bau eines Kohlekraftwerks unter einheimischen Arbeitern zum Aufruhr, weil die chinesischen Unternehmen ihre eigenen Mitarbeiter viel besser bezahlten. In Kambodscha wurden Spielkasinos als BRI-Projekte deklariert.

Alles nicht so schön. Beim zweiten BRI-Forum im April 2019 versprach Xi Jinping Besserung. Mehr als vierzig Staats- und Regierungschefs waren seiner Einladung ins Pekinger Olympiazentrum gefolgt, unter ihnen Wladimir Putin, Viktor Orbán und Alexis Tsipras. Für Deutschland nahm Bundeswirtschaftsminister Peter Altmaier in einer der hinteren Reihen Platz. Die neue Seidenstraße solle «offen, grün und sauber» werden, verkündete Xi. «Alles sollte auf transparente Weise getan werden, und es wird null Toleranz für Korruption geben.» Und IWF-Chefin Christine Lagarde forderte auf der Konferenz «Nachhaltigkeit in jeder Hinsicht». Denn: «Die Vergangenheit lehrt uns, dass Infrastruktur-Investitionen zu einem problematischen Anstieg der Verschuldung führen können, wenn sie nicht sorgfältig geplant und umgesetzt werden.»

Auch wenn die Ansichten über die Belt and Road Initiative im Westen geteilt sind, so wird China doch Mut und strategischer Weitblick attestiert. Weltbank und Internationaler Währungsfonds haben zu wenig Kredite für den Bau von Infrastrukturprojekten in den armen Ländern Asiens, Afrikas und Lateinamerikas bereitgestellt. China ist nach der internationalen Finanzkrise 2008 in diese Lücke gesprungen. Einer Studie der Harvard-Ökonomin Carmen Reinhart und der deutschen Ökonomen Sebastian Horn und Christoph Trebesch zufolge hat Peking mit mehr als fünf Billionen Dollar mehr Forderungen an fremde Länder als jede andere Regierung. Machte Chinas Kreditvergabe im Jahr 2000 erst ein Prozent der Weltwirtschaftsleistung aus, so waren es 2018 bereits acht Prozent.[7]

Das Problem: China gehört nicht dem Pariser Club an, in dem sich Gläubigerstaaten regelmäßig treffen, um mit Schuldnerstaaten die Restrukturierung von deren Verbindlichkeiten zu verhandeln. Die Regeln, die sich dabei im Laufe der Jahrzehnte entwickelt haben, lässt die Volksrepublik für sich nicht gelten, auch nicht die Sozial- und Umweltvorschriften, auf die sich die westlichen Industriestaaten verständigt haben. Das macht China für manches arme Land als Kreditgeber attraktiver, führt zugleich auf den internationalen Finanzmärkten zu Verzerrungen und einem Absenken der Standards. Das Centre for Global Development hat acht Länder identifiziert, die inzwischen bis über beide Ohren verschuldet sind und sich dennoch weiter an der Belt and Road Initiative beteiligen wollen: Dschibuti, Kirgistan, Mongolei, Montenegro, Pakistan, Laos, Tadschikistan und die Malediven.[8]

Wie viel Geld tatsächlich für BRI-Projekte geflossen ist, weiß niemand genau. Mit «einer Billion US-Dollar» wird das Gesamtvolumen gern beziffert. Doch David Dollar von der Brookings Institution in Washington meldet Zweifel an. Nach allem, was man wisse, habe China pro Jahr bisher höchstens 50 Milliarden Dollar investiert.[9] Die Weltbank schätzte 2019 den Gesamtwert aller BRI-Investitionen auf 575 Milliarden US-Dollar, aber die meisten der in dieser Summe enthaltenen Projekte waren noch nicht abgeschlossen, sondern befanden sich noch in der Bau- oder erst in der Planungsphase.

Auch europäische Länder sind für die chinesische Versuchung empfänglich. Schon vor der Belt and Road Initiative traf sich China mit 16 Staaten Osteuropas und des Balkans zu regelmäßigen Gesprächen («16+1»; inzwischen «17+1»). Westeuropäische Regierungen sahen darin den Versuch, Europa zu spalten und einzelne Länder durch wirtschaftliche Zusammenarbeit und finanzielle Unterstützung politisch von China abhängig zu machen. Chinas Unternehmen erhielten den Auftrag, eine Brücke in Kroatien – das teuerste Infrastrukturprojekt in der Geschichte des Landes – zu bauen und die Eisenbahnstrecke von Belgrad nach Budapest zu modernisieren.

Strategisch von besonderem Interesse für China ist Griechenland. Schon 2009 hatte das Staatsunternehmen Cosco Pacific für 35 Jahre die Konzession für den Containerumschlag im Hafen von Piräus bekommen. Seitdem hat China seine Präsenz dort immer weiter ausgebaut. Für Schiffe aus China ist Piräus nach der Fahrt durch den Suez-Kanal der erste Anlaufpunkt in Europa. Von dort können die Güter aus Fernost mit der Bahn bequem weiter transportiert werden. Und Chinas Engagement zeigt Erfolg. Piräus stieg zu einem der zehn größten Häfen Europas auf. Kein europäischer Frachthafen ist seit 2009 schneller gewachsen. Auch deshalb erwies Alexis Tsipras beim zweiten Belt and Road Forum in Peking Xi Jinping seine Reverenz. Genau wie Viktor Orbán.

Und was die Westeuropäer befürchtet hatten, trat ein. Die Europäische Union sprach nicht mehr mit einer Stimme, Griechen und Ungarn begannen China gegenüber Wohlverhalten zu zeigen. So verhinderte Griechenland im Juni 2017 beim UN-Menschenrechtsrat in Genf eine gemeinsame Erklärung der EU zur Menschenrechtslage in China. Prompt bedankte sich ein Sprecher des Außenministeriums in Peking dafür, dass Griechenland eine «korrekte Position» eingenommen habe. Ungarn wiederum weigerte sich im Frühjahr 2017, einen Brief zu unterzeichnen, mit dem die EU Menschenrechtsverletzungen in China verurteilte.[10]

Noch aber war kein großes Industrieland der Belt and Road Initiative beigetreten. Das änderte sich im März 2019. Als erstes G7-Land erklärte Italien, die entsprechende Absichtserklärung bei einem Be-

Mit einem Händedruck bekräftigen der CEO des COSCO-Konzerns
Fu Chengqiu, der Parteiführer von To Potami Stavros Theodorakis
und der chinesische Botschafter in Griechenland Zou Xiaoli
am 15. Mai 2015 das chinesische Investitionsprogramm für den
griechischen Hafen Piräus.

such Xi Jinpings unterzeichnen zu wollen. Chinas Staatspräsident erhielt in Rom einen «pharaonischen Empfang» (*La Stampa*). Und Xi
ließ sich nicht lumpen, zitierte in einem vom *Corriere della Sera* veröffentlichten Brief an die «Amici italiani» Vergil und Alberto Moravia,
erinnerte an Marco Polo und Dante Alighieri.[11] Besonderes Interesse
zeigten die Chinesen an einem Ausbau der Häfen von Genua und Triest.
Dort träumte der Hafendirektor schon: «Triest könnte ein neues Singapur werden.»[12] Insgesamt 29 bilaterale Vereinbarungen mit einem
Umfang von 2,5 Milliarden Euro wurden bei der Visite Xis unterschrieben. Nicht alle Italiener aber waren über das große Interesse Chinas an
ihrem Land glücklich. Das Nachrichtenmagazin *Panorama* empfing
den Staatsbesucher auf seiner Titelseite mit einem Bild Xis vor rotem
Hintergrund und mit der Zeile: «Dieser Mann will uns kaufen.»

Diese Sorge hatten andere in Europa auch. Xi Jinping flog von Rom
weiter nach Frankreich. In Paris empfing ihn Präsident Emmanuel

Macron zu einem eigentlich bilateralen Staatsbesuch. Doch Macron hatte auch Bundeskanzlerin Angela Merkel und den Präsidenten der EU-Kommission, Jean-Claude Juncker, in den Elysée-Palast eingeladen. Es sollte eine Demonstration der Einigkeit gegenüber dem auftrumpfenden China sein.

Alle drei Europäer zeigten sich offen für eine Beteiligung an der Belt and Road Initiative – wenn diese denn keine Einbahnstraße sei. Europäische Firmen müssten in China den gleichen Marktzugang haben wie chinesische Unternehmen in der EU. Vom gemeinsamen Auftritt Macrons, Merkels und Junckers sollte jedoch nicht nur ein Signal an Peking ausgehen, sondern eine mindestens ebenso klare Botschaft an die europäischen Regierungen, nicht den chinesischen Verlockungen zu erliegen. Beteiligt sich die eine Hälfte der EU-Staaten an der BRI, die andere nicht, dann ist es schwer, in Peking gemeinsame Interessen zu vertreten. Deshalb die Mahnung aus Paris: Wir dürfen uns nicht auseinanderdividieren lassen.

Da war allerdings in manchen Ländern Mittel- und Osteuropas bereits Ernüchterung eingekehrt. Besonders in Tschechien, wo die Erwartungen besonders hoch gewesen waren und wo sich der Staatspräsident Miloš Zeman den Chinesen mit besonderer Hingabe an den Hals geworfen hatte. «Wir waren alle naiv», bilanzierte der ehemalige Außenminister Jan Kohout, der im Zeichen großer Pläne eigens ein «New Silk Road Institute» gegründet hatte. Das er aber wieder schließen musste, denn es gab nicht genug zu tun. Ein paar Investitionen in Luxusimmobilien, den Aufkauf einer Brauerei und eines berühmten Fußballclubs – mehr brachte die Belt and Road Initiative den Tschechen nicht. «Die Seidenstraße ist eine ökonomische Fata Morgana», lautete das Urteil des Sinologen Martin Hála, der in Prag den Thinktank Sinopsis gegründet hatte. Oder wie Jan Kohout seinen Frust fröhlich zusammenfasste: «Wir haben an ein Märchen geglaubt. Es gab zu viele Zeremonien, zu viel Feuerwerk, zu wenig Ergebnisse.»[13]

Eine Fata Morgana war die Seidenstraße nicht. Aber ihre Schwächen waren offenkundig. Den Lauf der Welt, das konnte allmählich jedermann erkennen, würde sie nicht verändern. Und doch blieb Respekt vor der Größe der Herausforderung. Der frühere Bundesaußenminister Sigmar Gabriel sah in BRI den Versuch, ein «umfassendes System zur Prägung der Welt im chinesischen Interesse» zu errichten. So oder so stellte sich die Frage, wie Europa reagieren sollte. Viel ist den Europäern dazu nicht eingefallen. Im September 2018 legte die damalige EU-Außenbeauftragte Federica Mogherini eine «Konnektivitätsstrategie» vor. Der Seidenstraße wollte die EU-Kommission einen europäischen Weg entgegensetzen. Ihren Partnern in Asien bot sie Zusammenarbeit auf der Basis von «Qualitätsstandards» an. Sie versprach all das, was bei den Chinesen vermisst wird: Rechtsstaatlichkeit, Demokratie, Pluralismus, Transparenz und Nachhaltigkeit. Für den Sieben-Jahres-Zeitraum von 2021 bis 2027 nannte Mogherini ein Investitionsvolumen von 123 Milliarden Euro, das durch private Investoren auf das Doppelte aufgestockt werden könne.[14] Nach den Sternen griff die EU-Kommission damit nicht; aber sie zeigte sich gewillt, den Wettbewerb mit China aufzunehmen.

Auch Japan wollte dem Vordringen Chinas in seiner Nachbarschaft nicht untätig zusehen. Über Jahrzehnte hatte das Land besonders in Südostasien große Infrastrukturvorhaben finanziert. Von China war damals noch nichts zu sehen. Nachdem sich diese Situation grundlegend gewandelt hatte, war Tokio entschlossen, der Seidenstraßen-Initiative mit zusätzlichen Anstrengungen zu begegnen. Dafür wollte die japanische Regierung innerhalb von fünf Jahren rund 200 Milliarden Dollar bereitstellen. Japan war auch bereit, sich an einzelnen BRI-Projekten zu beteiligen, ohne der Initiative insgesamt beizutreten. Plötzlich flossen Gelder, die ohne BRI vielleicht nicht freigegeben worden wären. So beschlossen im November 2018 Japan, die USA, Australien und Neuseeland, für 1,7 Milliarden Dollar ein Stromnetz in Papua-Neuguinea zu errichten. Auch im Südpazifik war China diplomatisch und wirtschaftlich sehr aktiv geworden. Davon aufgeschreckt, versuchten die bisher dort dominierenden Mächte ihren Einfluss zu wahren. «Blue Dot Network» nannten Amerikaner, Japaner und Australier ihre Antwort auf die chinesische Seidenstraße.

Dann kam die Corona-Pandemie über die Welt, und es wurde still um die «Neue Seidenstraße». Die Prioritäten änderten sich, allenthalben wurden die ohnehin knappen Gelder für andere, dringendere Aufgaben gebraucht. Die pakistanische Regierung meldete in Peking als eine der ersten den Wunsch nach Umschuldung an. In Pakistan ging es um die meisten Milliarden. Aber auch andere Länder konnten ihre Kredite nicht bedienen, Kirgistan etwa und Sri Lanka.[15] Afrikanische Staaten baten um Stundung und Streichung ihrer Schulden. Nigeria, Zambia, Zimbabwe, Algerien oder Ägypten – sie alle konnten ihre Megaprojekte nicht mehr finanzieren. Wie groß die Not war, ließ die chinesische Regierung im Juni 2020 erkennen. Ungefähr zwanzig Prozent aller BRI-Projekte seien von der Coronakrise «ernsthaft betroffen», sagte Wang Xiaolong, Generaldirektor für internationale Wirtschaftsfragen im Pekinger Außenministerium, etwa 40 Prozent empfindlich, 30 bis 40 Prozent ein wenig.[16] Es reiste sich nicht mehr sehr angenehm auf der Neuen Seidenstraße, der Weg war abschüssig und holprig geworden.

Dabei könnten BRI-Gelder, jenseits vom Propaganda-Getöse, viel Gutes tun. Bis zum Jahr 2040, haben Fachleute in den Vereinigten Staaten ausgerechnet, kommen für notwendige Infrastrukturmaßnahmen Kosten im Gesamtumfang von 94 Billionen US-Dollar auf die Welt zu.[17] Die im Zusammenhang mit BRI immer wieder genannte 1 Billion machte davon wenig mehr als ein Prozent aus. An Aufträgen auch für amerikanische, europäische, japanische, indische oder russische Firmen herrscht daher kein Mangel. Nur hat bisher allein China eine kohärente Strategie formuliert. Oder, wie es Sigmar Gabriel sagte, die Volksrepublik ist das einzige Land mit einer wirklich globalen geostrategischen Idee.

Das muss nicht heißen, dass die Welt «bald nach chinesischen Regeln» spielt, wie Siemens-Chef Joe Kaeser auf dem Weltwirtschaftsforum 2019 in Davos prophezeite. Und doch, die Verhältnisse haben sich grundlegend gewandelt. Wie sehr, das beschrieb James A. Millward, Geschichtswissenschaftler an der Georgetown University, in einem Beitrag für die *New York Times*. «Chinas erste Eisenbahnen wurden von westlichen Unternehmen gebaut, finanziert mit westlichen Krediten an eine fast bankrotte Qing-Dynastie. Binnen zwei Jahrzehnten hat der Streit über den ausländischen Besitz an chinesischen Eisenbahnen eine Revolution ausgelöst, die im Jahr 1912 die

Dynastie stürzte.» Heute nun seien es die «damaligen Opfer des westlichen Eisenbahn-Imperialismus», die Milliarden Dollar an Staaten in Asien, Afrika und in Europa ausliehen.[18]

Präsentiere China der Welt damit ein neues Entwicklungsmodell, überlegte Millward, oder einen neuen Kolonialismus? Der Historiker ließ die Frage offen.

IX. Europa: Das Ende der Naivität

Es war das kleine Dänemark, das Europas Ehre verteidigte. Ganz allein und in niemandes Auftrag. Jahr für Jahr, seit der Niederschlagung der Demokratiebewegung 1989, hatte die Europäische Union in Genf bei der UN-Menschenrechtskommission eine Resolution zur repressiven Politik Chinas eingebracht. Dann, im Jahr 1997, scherten die Franzosen plötzlich aus. Staatspräsident Jacques Chirac plante eine Reise nach Peking. Wichtiger noch: Die Chinesen wollten bei Airbus fünfzig Flugzeuge kaufen. Für zwei Milliarden Dollar. Daraufhin war die Regierung in Paris der Ansicht, Chinas Menschenrechtsverletzungen seien nun oft genug angeprangert worden. Deutschland, bei Airbus ebenfalls im Geschäft, fiel auch um. Dann Spanien, dann Italien.

Die Holländer, bei denen die EU-Ratspräsidentschaft lag, wollten nur eine Resolution einbringen, wenn sie im Namen aller Mitgliedsländer sprechen konnten. Den Haags Außenminister Hans van Mierlo hatte versucht, an der bisherigen Politik der Union festzuhalten, und argumentiert: Wenn Europa zu China nichts sage, dann müsse es auch zu Zaire und Nigeria, zum Irak und Iran schweigen. Woraufhin sein französischer Amtskollege kühl erwiderte, China sei anders zu beurteilen als «weniger wichtige Staaten».

Also kein Resolutionsantrag aus Europa? Das wollten die Dänen nicht akzeptieren. Sie brachten den Entwurf im eigenen Namen ein – zur Verwunderung der anderen Europäer und zur Empörung Chinas. Die Resolution werde sich «in einen großen Stein verwandeln, der die dänische Regierung am Kopf treffen wird», drohte ein Regierungssprecher in Peking. Am Ende wurde in Genf über die Resolution nicht einmal abgestimmt, die Mehrheit der UN-Kommission votierte für Nichtbefassung. Aber Dänemarks Außenminister Niels Helveg Petersen konnte für sich reklamieren, die Prinzipien der EU gegen alle Anfechtungen hochgehalten zu haben. «Wir setzen fort, was die Europäische Union sieben Jahre lang getan hat. Ich habe keinen Grund gesehen, die Chinapolitik zu diesem Zeitpunkt zu ändern», sagte er im Gespräch.[1] Petersen und seine Regierung handelten aus Überzeugung, nicht aus Kalkül. Das findet man in der Politik nicht oft. Schon gar nicht gegenüber China.

Wenn es eine Konstante in der europäischen Chinapolitik gibt, dann ist es die Verzagtheit. Gepaart mit einer gehörigen Portion Opportunismus. Europa macht sich klein. Dabei ist es eine Macht, die China ernst nehmen muss. Und die viel durchsetzungsfähiger wäre, wenn sie geeint aufträte. Nicht nur, weil die Europäische Union Chinas größter Exportmarkt ist. Im Jahr 2019 gingen 17,1 Prozent aller chinesischen Ausfuhren in die EU – mehr als in die Vereinigten Staaten oder in die südostasiatischen Asean-Staaten. Europa ist auch als Hochtechnologie-Standort und als Partner in der Forschung höchst bedeutsam. Kulturell ist für Reisende aus China ohnehin kein anderer Kontinent attraktiver.

Und dennoch lässt sich Europa von China immer wieder wirtschaftlich unter Druck setzen und politisch spalten. 2012 schlossen sich elf mittel- und osteuropäische EU-Mitglieder sowie fünf Balkan-Staaten mit der Volksrepublik zur Gruppe «16+1» zusammen. Aus der EU waren dabei Bulgarien, Estland, Kroatien, Lettland, Litauen, Polen, Rumänien, Slowakei, Slowenien, Tschechien und Ungarn. Als Nicht-EU-Mitglieder schlossen sich Albanien, Bosnien und Herzegowina, Montenegro, Nordmazedonien und Serbien an. 2019 kam dann noch Griechenland dazu, da waren es «17+1». Jedes Jahr treffen sich die siebzehn Regierungschefs aus Europa zu einem Gipfel mit dem chinesischen Ministerpräsidenten. In Pekings Außenministerium hat Chinas Regierung ein ständiges Generalsekretariat für die Gruppe eingerichtet.

China lockt mit Geld, mit viel Geld. Seine Staatskonzerne bauen Kraftwerke, Autobahnen, Brücken oder Eisenbahnlinien, von deren Nutzen Brüssel nicht immer überzeugt ist. Oder die mit europäischen Umweltstandards nicht zu vereinbaren sind. Die sich bisweilen schlicht nicht rechnen. Aus chinesischer Sicht aber sind es Investitionen, deren Ertrag sich in wachsendem politischem Einfluss misst und die der eigenen Wirtschaft nützen. Natürlich kann dies nicht ohne Spannungen und Konflikte abgehen. Etwa dann, wenn Bosnien und Herzegowina mit chinesischem Geld ein Kohlekraftwerk erweitern, gegen den ausdrücklichen Wunsch der Europäischen Union.

Da ist die hohe Verschuldung, die manche Länder eingehen. Montenegro zum Beispiel nahm für den Bau einer Autobahn bei der chinesischen Export-Import-Bank einen Kredit von 800 Millionen Euro auf. Dadurch stieg seine Außenverschuldung um 80 Prozent. In Bosnien und Herzegowina finanziert China Projekte für 3,8 Milliarden Euro – in einem Land, dessen Wirtschaftsleistung keine 17 Milliarden Euro beträgt.[2] Warnungen aus Brüssel vor einer «Schuldenfallen-Diplomatie» verbinden sich mit Kritik an dem von der Belt and Road Initiative bekannten Vorgehen Pekings: Chinesische Staatsbanken geben Kredite an chinesische Staatskonzerne, die für die Verwirklichung ihrer Projekte chinesische Arbeiter und Ingenieure anheuern. Wirtschaftlich macht das für die Empfängerländer oft wenig Sinn, politisch ist es nach Ansicht des Europa-Abgeordneten Reinhard Bütikofer von den Grünen ein «Spalterformat».[3]

Seit Gründung der Gruppe «16+1» hat Peking nach eigenen Angaben über 15 Milliarden Dollar in den beteiligten Ländern investiert. Aber ist das Geld wirklich angekommen? Und wofür wurde es ausgegeben? In Tschechien beispielsweise kauften chinesische Investoren vornehmlich Immobilien, dazu eine Brauerei und den Fußballverein Slavia Prag, der seither im Sinobo-Stadion spielt. Arbeitsplätze wurden kaum geschaffen. Besonders ärgerlich ist dies für Tschechiens Präsidenten Miloš Zeman, denn niemand hat so enthusiastisch für enge Beziehungen zu Peking geworben wie das Staatsoberhaupt. Nun zeigt sich Zeman enttäuscht. «Ich meine, dass China seine Versprechen nicht eingehalten hat.»[4] Auch in Polen oder in Ungarn hat Ernüchterung über das wirtschaftliche Engagement der Volksrepublik eingesetzt.

Im Westen und Norden Europas hat das Werben Pekings nie in ähnlicher Weise verfangen, im Süden schon. Griechenland zeigte sich für

Chinas Hilfe in den Jahren der schweren Finanzkrise dankbar. Auch Portugal war empfänglich für die Verheißungen der «Neuen Seidenstraße». Aber erst als Italien im Frühjahr 2019 ankündigte, der Belt and Road Initiative beitreten zu wollen, schrillten in Brüssel, Paris und Berlin die Alarmglocken.

Gerade hatte die Europäische Kommission ein anspruchsvolles Grundsatzpapier zur Chinapolitik vorgelegt. Darin formulierte die EU ihre Erwartungen an die Volksrepublik – beim Klimaschutz, bei den Menschenrechten, beim Handel, bei Auslandsinvestitionen, bei einer nachhaltigen Entwicklung. Die EU forderte von der Regierung in Peking, eine größere Verantwortung zur Sicherung der regelbasierten internationalen Ordnung zu übernehmen. Und sie definierte China in ungewohnter Klarheit nicht nur als Partner und wirtschaftlichen Wettbewerber, sondern auch als «systemischen Rivalen, der alternative Modelle des Regierens fördert».[5] Das Zehn-Punkte-Papier zeigte: Die Europäische Union hatte die chinesische Herausforderung verstanden und war gewillt, sie anzunehmen.

Es war Frankreichs Staatspräsident Emmanuel Macron, der am entschiedensten den Weg zur Selbstbehauptung Europas einschlug. Er wollte dem chinesischen Streben nach Einfluss mit europäischer Geschlossenheit begegnen. Früh hatte er sich irritiert gezeigt über die Bereitwilligkeit mancher Partnerstaaten, sich an der Belt and Road Initiative zu beteiligen. «Diese Straßen», hatte Macron bei einem China-Besuch im Januar 2018 gesagt, «dürfen nicht eine neue Hegemonie begründen und die durchquerten Länder in einen Vasallenzustand versetzen.»[6] Es empörte ihn, dass die italienische Regierungskoalition aus Rechts- und Linkspopulisten Xi Jinping ein Jahr später in Rom einen pompösen Empfang bereitete und als erstes G7-Land eine Rahmenvereinbarung zur Mitwirkung in der «Neuen Seidenstraße» unterschrieb.

Zumal die nächste Station auf Xis Europareise Frankreich war. Die Botschaft, die Macron dem chinesischen Staats- und Parteichef mit auf den Heimweg geben wollte, war das exakte Gegenteil der römischen Schmeicheleien. Macron hatte diese Botschaft in Brüssel formuliert, nachdem der Europäische Rat das Papier der Kommission ange-

Xi Jinping trifft im März 2019 den Präsidenten der Europäischen Kommission Jean-Claude Juncker, den französischen Staatspräsidenten Emmanuel Macron und Bundeskanzlerin Angela Merkel in Paris.

nommen hatte, und sie bestand aus zwei Sätzen: «Viele Jahre lang haben wir unseren Umgang mit China nicht untereinander abgestimmt, und das hat China ausgenutzt.» – «Die Zeit der europäischen Naivität ist vorbei.»

Xi Jinping kam nach Paris, um 55 Jahre diplomatische Beziehungen zwischen China und Frankreich zu feiern. Xi hatte eine rein bilaterale Begegnung erwartet. Aber Macron machte daraus eine Demonstration europäischer Einheit. Er lud auch Bundeskanzlerin Angela Merkel ein und EU-Kommissionspräsident Jean-Claude Juncker. Europa, dies sollte das Signal an Xi sein, lasse sich nicht auseinanderdividieren. Und so forderte Juncker für die europäischen Unternehmen «den gleichen offenen Zugang auf dem chinesischen Markt, wie ihn die Chinesen in Europa finden». In eben diesem Sinne verlangte auch Merkel mehr «Reziprozität». Macron schließlich wünschte sich «Respekt für die Einheit der EU». Xi Jinping hörte geduldig zu, lächelte viel – und versprach nichts.

Er hatte wohl verstanden, dass die Mahnungen seiner drei Gesprächspartner in Paris nicht nur ihm galten. Ein französischer Regierungsvertreter hatte es am Rande des Treffens so gesagt: «Es geht hier vor allem um ein Signal an die anderen Europäer.» Ja, so hatte er hinzugefügt: «Das Problem ist ausschließlich europäisch.»[7] Warum sollte Xi also den Eindruck gewinnen, in den Beziehungen zwischen Europa und China sei nun eine neue Zeit angebrochen? Macrons eigene Beamte glaubten dies ja nicht. Dabei hatte das Grundsatzpapier der EU-Kommission den Systemkonflikt in wünschenswerter Klarheit formuliert. Mit der Naivität war es tatsächlich vorbei. Nur waren die Europäer deswegen nicht mutiger geworden. Sie fürchteten noch immer den Zorn des großen Chinas. Und hatten weiterhin vor allem das eigene nationale Interesse im Sinn.

Als zum Jahresende 2019 die neue EU-Kommission in Brüssel ihre Arbeit aufnahm, machte ein Wort die Runde, das einer Beschwörungsformel glich. Kommissionspräsidentin Ursula von der Leyen gebrauchte es; und Josep Borrell, der designierte EU-Außenbeauftragte, wiederholte es bei seiner Anhörung vor dem Europäischen Parlament: «Europa muss die Sprache der Macht lernen.» Endlich zeigt Europa Selbstbewusstsein, dachte man und rief sich die Stärken ins Gedächtnis, mit denen die Union auch gegenüber China wuchern konnte. Zumal die Stimmung gegenüber der Volksrepublik umgeschlagen war. Die wachsende Repression im Inneren, die aggressivere Außenpolitik, die sich beschleunigende Rückkehr zur Staatswirtschaft – das alles war den Europäern ja nicht verborgen geblieben.

Wie skeptisch der Blick auf China geworden war, zeigte 2019 eine Umfrage der Unternehmensberatung Ernst & Young bei Managern international tätiger Konzerne. Auf die Frage nach dem «derzeit attraktivsten Investitionsstandort nannten 56 Prozent Westeuropa, 40 Prozent Osteuropa, 38 Prozent Nordamerika und nur 37 Prozent China (Mehrfachnennungen waren erlaubt). 2012 war das Bild noch ganz anders gewesen. Da war nur für 33 Prozent der Manager Westeuropa der weltweit attraktivste Standort gewesen, für 44 Prozent war es China.[8]

Die Schwärmereien für Chinas Aufstieg waren einem neuen Realismus gewichen. Die Kritik der Regierung Trump an Chinas Wirtschaftspraktiken wurde in vielen Regierungen und Unternehmen Europas geteilt. Den vulgären Ton und den aggressiven Stil Washingtons wollte man sich nicht zu eigen machen, aber in der Sache teilte man die Kritik der Amerikaner am beschränkten Marktzugang, am erzwungenen Technologietransfer, am Diebstahl geistigen Eigentums, an Subventionen, Cyberangriffen und Spionage. Seit 2013 verhandelten Europäer und Chinesen über ein Investitionsabkommen und kamen nicht voran. Im Januar 2020 zählten die Unterhändler bereits ihre 26. Verhandlungsrunde. Peking war nicht bereit, den Markt für europäische Firmen in dem erwünschten Umfang zu öffnen, und verhinderte damit aus Brüsseler Sicht einen fairen und freien Wettbewerb.

Im Juni 2020 legte die EU-Kommission ein «Weißbuch für faire Wettbewerbsbedingungen in Bezug auf ausländische Subventionen» vor. Fremde Firmen sollten in Europa nicht mit Staatsgeldern auf Einkaufstour gehen und nicht-subventionierte Konkurrenten bei der Jagd auf europäische Hochtechnologie aus dem Felde schlagen dürfen. Der Name China kam auf den 57 Seiten des Weißbuchs nicht vor, und doch wusste jeder, gegen wen sich die Gesetzesinitiative der Kommission richtete. Auch dies gehörte zum Ende der Naivität: Europa wollte seine Hightech-Juwelen besser vor unerwünschten Übernahmen aus der Volksrepublik schützen.

Ohnehin waren die chinesischen Direktinvestitionen in den zurückliegenden Jahren deutlich zurückgegangen, allein im Jahr 2019 um ein Drittel von 18 auf 12 Milliarden Euro. 2016 hatten die chinesischen Investitionen in der EU sogar noch 37 Milliarden Euro betragen. Dies zeigte eine gemeinsame Untersuchung des Mercator Instituts für Chinastudien in Berlin und der Rhodium Group, einer New Yorker Unternehmensberatung, vom April 2020.[9] Chinesische Investoren fühlten sich nicht mehr so umworben wie in den Jahren zuvor. Die Europäer waren vorsichtiger geworden, aus Wettbewerbs- und Sicherheitsgründen.

Sie hatten begriffen, dass die Zusammenarbeit in Forschung und Entwicklung in China auch militärischen Zwecken dienen oder für den weiteren Ausbau des Überwachungsstaats missbraucht werden konnte. Ein Beispiel war die Kooperation mit chinesischen Partnern bei der Entwicklung des europäischen Satellitensystems Galileo. Zu diesen gehörten auch führende militärische Luftfahrtunternehmen der Volksrepublik. Nachdem China die Partnerschaft verlassen hatte, nutzten die beteiligten Firmen das erworbene Wissen für den Bau des eigenen Satellitensystems Beidou, das sowohl zivil als auch militärisch eingesetzt wird. Unfreiwillig haben die Europäer so dabei geholfen, die Fähigkeiten der Volksbefreiungsarmee bei der Ortsbestimmung und der Kommunikation zu verbessern.[10]

China ist unter Xi Jinping ein anderes Land geworden. Darin stimmten europäische und amerikanische Landeskenner überein, die sich im Februar 2020 auf Einladung der Bertelsmann-Stiftung in Berlin trafen. Der Bericht über das Treffen der hochkarätigen Experten – unter ihnen renommierte Sinologen, Parlamentarier, Ex-Diplomaten, frühere Regierungsbeamte und Mitarbeiter von Denkfabriken – liest sich wie ein Abgesang auf vierzig Jahre Engagement-Politik gegenüber China, an der viele der Teilnehmer selbst mitgewirkt haben. Einbeziehung statt Ausgrenzung, das war der Kern dieser Politik, die versucht hatte, eine konstruktive Antwort des Westens auf Deng Xiaopings Reformpolitik zu geben.

Engagement hieß: Förderung der Integration Chinas in die globale internationale Ordnung; Ermutigung zu inneren Reformen; Zusammenarbeit bei der wirtschaftlichen Modernisierung; Hilfe beim Aufbau einer Zivilgesellschaft; Kooperation beim Umweltschutz; Ermutigung zum Austausch in Wissenschaft und Forschung; Dialog bei den Menschenrechten; Unterstützung bei dem Versuch, eine stabile Sicherheitsarchitektur in Asien zu bauen.[11]

Alle diese Bemühungen, darin stimmten die Teilnehmer der Berliner Konferenz überein, hätten nach Amtsantritt Xi Jinpings als KP-Generalsekretär 2012 einen herben Rückschlag erlitten. Der Einparteienstaat sei neu gefestigt worden durch politische und soziale Kontrolle, durch Überwachung und Repression. Frühere Bemühungen um eine kollektive Führung und um innerparteiliche Demokratie seien zunichte gemacht und ersetzt worden durch einen «wiedererstarkten leninistischen Apparat unter der persönlichen Herrschaft

Xi Jinpings». China sei zurück geschlingert vom «Neo-Autoritarismus zum Neo-Totalitarismus», vom «weichen Leninismus zum harten Leninismus».[12]

Diese «leninistische Kehrtwende» habe den Westen veranlasst, statt auf Kooperation jetzt wieder mehr auf Konkurrenz zu setzen – Amerika spreche von einem neuen «Wettbewerb der Großmächte», Europa von «systemischer Rivalität». Ein Unterschied zwischen den transatlantischen Partnern aber bleibe: Aus Sicht der USA sei China vor allem eine geopolitische Bedrohung, aus Sicht der Europäer eher eine wirtschaftliche Herausforderung. Anders als Amerika sei Europa militärisch in Asien praktisch nicht präsent. Hinzu komme die in Washington, nicht nur bei den Republikanern, tiefsitzende Skepsis gegen eine multilaterale Politik und gegen internationale Institutionen.

Kann es trotz dieser Differenzen eine gemeinsame Antwort des Westens auf den Rückfall Chinas in die Diktatur geben? Hinter Donald Trumps rüder Sanktionspolitik wollten sich die Europäer aus gutem Grund nicht versammeln. Aber die Desillusionierung war auch bei ihnen groß – nicht nur unter Chinafachleuten, auch in Politik und Wirtschaft hatte eine tiefe Ernüchterung eingesetzt. Das strategische Ziel, einen Keil zwischen Europäer und Amerikaner zu treiben, hatte die chinesische Führung jedenfalls nicht erreicht. Im Gegenteil. In der Auseinandersetzung mit China begann der Westen seine gemeinsamen Werte neu zu entdecken. Daran hatte das anmaßende Verhalten Pekings und seiner Vertreter im Ausland einen erheblichen Anteil. Ein schriller chinesischer Nationalismus und eine unangenehme Großmannssucht brachen sich Bahn.

Neujahrsempfang des Prager Bürgermeisters im Januar 2019. Zdenek Hrib steht mit einem Sektglas im obersten Stock seiner offiziellen Residenz und nimmt die guten Wünsche des diplomatischen Corps entgegen. Bis die Reihe an den chinesischen Botschafter kommt. Statt dem Bürgermeister zum Neuen Jahr zu gratulieren, verlangt er den Rauswurf des ebenfalls eingeladenen Vertreters Taiwans. Doch Hrib antwortet ihm: «Wir werfen unsere Gäste nicht hinaus.» Der Chinese aber insistiert. In der Reihe hinter ihm beginnen andere Botschafter zu murren: Warum es nicht vorangehe? Chinas Diplomat steigert sich in immer größere Rage, wiederholt seine Forderung, ohne Erfolg. Wutentbrannt stürmt er aus dem Raum.

Zdenek Hrib hat das Amt des Prager Bürgermeisters im November 2018 für die Piratenpartei erobert. Der Arzt, der während seines Medizinstudiums zwei Monate auf Taiwan verbrachte, hält nichts vom prochinesischen Kurs des tschechischen Staatspräsidenten Zeman. Als er aus dem Städtepartnerschaftsabkommen zwischen Prag und Peking einen Bezug auf die – von allen europäischen Regierungen anerkannte – offizielle «Ein-China-Politik» der Volksrepublik streichen will, kündigt Peking empört die ganze Vereinbarung auf. Dem Piraten Hrib ist das nur Recht. Er schließt nun einen Partnerstadtvertrag mit Taiwans Hauptstadt Taipei.

So erbost sind die Chinesen über die Politik des Bürgermeisters, dass sie eine zwei Jahre lang vorbereitete Tournee der Prager Philharmoniker durch vierzehn Städte der Volksrepublik absagen. Zdenek Hrib lässt sich nicht beirren. Der offene Druck der chinesischen Regierung, sagt er, erinnere ihn an die Herrschaft der Kommunisten im eigenen Land.[13] Nein, er werde sich nicht einschüchtern lassen. Immer wieder mal lässt der Bürgermeister die Fahnen Taiwans und Tibets am Prager Rathaus aufziehen. Damit stellt er sich frohgemut in die Tradition des vom Dissidenten zum Präsidenten aufgestiegenen Václav Havel, der ein guter Freund des Dalai Lama war und sich um Proteste aus Peking nicht weiter kümmerte.

Eine Haltung, zu der Mut gehört. Denn wenn es um Taiwan geht oder um Tibet, kennt China keine Nachsicht. Im Kampf gegen «Separatismus» und «religiösen Extremismus» ist die Führung der Volksrepublik absolut kompromisslos. Bei den Pragern hingegen hat der Bürgermeister durch seine Kraftprobe mit Peking eher noch gewonnen. Bis dahin hatten sie gegen die Städtepartnerschaft nichts einzuwenden. Sie fragten sich allenfalls, wo die von Miloš Zeman erhofften Milliarden blieben. Schließlich aber, als der Streit mit dem Bürgermeister eskalierte, so sagte es der frühere tschechische Außenminister Karel Schwarzenberg, «haben die Chinesen durch hoperdatschiges Benehmen allen Kredit verloren.»[14]

Hoperdatschig, mindestens, benahm sich auch die chinesische Botschaft in Kopenhagen. In der Zeitung *Jyllands-Posten* war eine Karikatur erschienen, die Chinas Flagge nicht mit fünf gelben Sternen zeigte, sondern mit fünf gelben Corona-Viren. Eine «Beleidigung für China», empörte sich die Botschaft. Die Karikatur verletze «die Gefühle des chinesischen Volkes». Zeitung und Zeichner sollten «ihren Fehler bereuen und sich öffentlich beim chinesischen Volk entschuldigen». Premierministerin Mette Frederiksen musste den Chinesen erklären, dass in ihrem Lande Rede- und Pressefreiheit herrsche. So, wie Dänemark einst den Drohungen von Islamisten wegen der ebenfalls im *Jyllands-Posten* gedruckten Mohammed-Karikaturen standhielt, so ließ es sich jetzt auch nicht von den chinesischen Protesten beeindrucken. «China unterdrückt die Freiheiten seines eigenen Volkes. Das ist schlimm genug», kommentierte die Zeitung *Politiken*. Man dürfe der chinesischen KP aber nicht erlauben, ihre Methoden nun «in den Rest der Welt» zu exportieren.[15]

Noch rabiater als seine Kollegen in Kopenhagen trat Chinas Botschafter in Stockholm auf. Gui Congyan hatte sich, schon bevor der Ehrentitel während der Coronakrise populär wurde, den Ruf eines diplomatischen «Wolfskriegers» erworben. Als dem in China verhafteten Verleger und Buchhändler Gui Minhai der Tucholsky-Preis für verfolgte und bedrohte Schriftsteller zugesprochen wurde, drohte der Diplomat Schweden mit «schweren Konsequenzen». So etwas habe sie in dreißig Jahren Einsatz für die Menschenrechte noch nicht erlebt, sagte Elisabeth Lofgren von der schwedischen Sektion des PEN, die den Tucholsky-Preis verleiht. «So benimmt man sich als Diplomat einfach nicht. Das Problem ist, es handelt sich um China. Und China macht, was es will.»[16]

Neu waren diese chinesischen Anmaßungen nicht. Als das – von der Regierung unabhängige – norwegische Nobelpreiskomitee 2010 den regimekritischen Essayisten und Literaturkritiker Liu Xiaobo mit dem Friedensnobelpreis auszeichnete, fror China die Beziehungen zu Oslo sechs Jahre lang ein. Schon im Sommer zuvor, als erste Gerüchte kursierten, Liu könne den Preis erhalten, reiste die stellvertretende Außenministerin Fu Ying nach Oslo und warnte vor einer Belastung der chinesisch-norwegischen Beziehungen. Das Komitee wies sie kühl ab. Liu Xiaobo erhielt den Nobelpreis. Sein Stuhl bei der Preisverleihung blieb leer. Liu saß damals im Gefängnis, und Peking erlaubte ihm nicht die Ausreise. Bis zu seinem Tod 2017 erlangte er die Freiheit nicht zurück.

Anmaßend war auch der Auftritt Chinas bei der Frankfurter Buchmesse 2009. Die Volksrepublik war in jenem Jahr Partnerland der Messe. Dass es Ärger geben konnte, war den Veranstaltern klar. Aber wie sie dann zwei Dissidenten – die Autorin und Umweltaktivistin Dai Qing und den im amerikanischen Exil lebenden Dichter Bei Ling – erst einluden, dann wieder ausluden, sie schließlich doch ängstlich auf die Bühne baten, um sich danach für diesen Auftritt bei den angereisten chinesischen Funktionären zu entschuldigen, das war peinlich mitanzusehen. Chinas Offizielle verfolgten das traurige Schauspiel mitleidlos. «Wir sind nicht gekommen, um uns in Demokratieunterricht belehren zu lassen, diese Zeiten sind vorbei», herrschte Pekings ehemaliger Botschafter in Deutschland, Mei Zhaorong, die Frankfurter Gastgeber an. Und der Messechef buckelte, dass es zum Erbarmen war.[17]

Gebuckelt wird noch immer. Selbst im Zentrum der Brüsseler Bürokratie. So legte im April 2020 der Auswärtige Dienst der EU einen Bericht zur Coronakrise vor, in dem einige Formulierungen fehlten, die in einer internen Version des Berichts noch gestanden hatten. Hieß es ursprünglich, China habe «sowohl offene als auch verborgene Taktiken» angewandt, um in einer «globalen Desinformationskampagne» den Ursprung der Krise zu verschleiern, so tauchten diese Worte in der veröffentlichten Version nicht mehr auf. Mindestens dreimal, stellte sich heraus, hatte die Regierung in Peking interveniert, um den Bericht in seiner ursprünglichen Form zu verhindern. Andernfalls wäre man «sehr enttäuscht» und «sehr traurig», hatte das Außenministerium verlauten lassen, eine Veröffentlichung würde der europäisch-chinesischen Zusammenarbeit schweren Schaden zufügen. Der Diplomatische Dienst der EU entschärfte die Ursprungsfassung im Sinne Pekings.[18]

Um sich wenig später ein zweites Mal zu blamieren. Da erschien in der englischsprachigen Zeitung *China Daily* ein Gastbeitrag aller 27 EU-Botschafter und des EU-Missionschefs in Peking. Anlass waren 45 Jahre diplomatische Beziehungen zwischen der Volksrepublik und der Europäischen Union. Eine harmlose Sache, sollte man meinen. Doch dann verschwand auch in diesem Artikel ein Halbsatz, den die Chinesen in einem ihrer eigenen Blätter nicht lesen wollten. Und dieser Halbsatz wies darauf hin, dass «das Coronavirus in China seinen Ursprung nahm und sich in den folgenden drei Monaten auf der ganzen Welt verbreitete». Oh, oh! Das war nun gar nicht im Sinne der chinesischen Propaganda. Das Außenministerium bestand auf der Streichung des Halbsatzes. Man informierte die Europäer, und EU-Botschafter Nicolas Chapuis stimmte der Kürzung des Textes nach «erheblichem Zögern» zu. Habe man doch den Beitrag retten wollen, um der Leserschaft von *China Daily* andere wichtige Aussagen «in Bezug auf Klimawandel und Nachhaltigkeit, Menschenrechte, Multilateralismus und die globale Antwort auf das Coronavirus» übermitteln zu können.[19]

Die Europäische Union beugte sich also der chinesischen Zensur. Einfach so. Wollte sie nicht «die Sprache der Macht» lernen? Stattdessen wieder nur Leisetreterei und Duckmäusertum. Als Peking zum 1. Juli 2020 das Nationale Sicherheitsgesetz über Hongkong verhängte, brachte die EU ihre «ernste Besorgnis» zum Ausdruck. Das war's. Nur Tränengas und Gummigeschosse sollten nicht mehr an die Polizei der früheren britischen Kolonie geliefert werden. Man stand ja «an der Seite der Bürger Hongkongs».

Sehr eindrucksvoll war dies alles nicht. Dabei könnten die Europäer der chinesischen Hybris doch so selbstbewusst entgegentreten. Um die eigene Furchtsamkeit zu überwinden, müssten sie nur an die Erfahrungen der Vergangenheit denken. Ob Frankreich Waffen an Taiwan lieferte; ob Angela Merkel den Dalai Lama im Kanzleramt empfing; ob das norwegische Nobelpreiskomitee den Friedensnobelpreis an Liu Xiaobo verlieh: Stets war die Empörung in Peking groß, wurden Drohungen ausgestoßen und Strafen verhängt. Und dann, nach angemessener Zeit, kehrte wieder Ruhe ein, die Beziehungen normalisierten sich und die Geschäfte blühten auf. Immer war es so.

Niels Helveg Petersen kannte diesen Mechanismus. Deshalb war ihm nicht bange. Außerdem hatte er seine Prinzipien. So kam es, dass Dänemarks Außenminister und seine Regierung vor der Genfer Menschenrechtskommission Europas Ehre retteten. Dieses eine Mal.

X. Deutschland: Die Geschäfte gehen vor

Es war der Beifall im falschen Moment am falschen Ort, der den Kanzler verstimmte. Im Ostsaal der Großen Halle des Volkes kam Ministerpräsident Li Peng zum Ende seiner Ansprache vor den vierzig Unternehmenschefs, die Helmut Kohl im November 1993 nach Peking begleiteten. «Ich hoffe», und damit schloss der Premier, «dass der Bundeskanzler günstige Exportkredite gewähren wird.» Da lachten die deutschen Banker und Industriemanager und applaudierten dem chinesischen Regierungschef. Li Peng stimmte in das Lachen ein, und mit ihm amüsierten sich die Funktionäre, die der deutschen Delegation gegenübersaßen. Nur Helmut Kohl machte sich mit säuerlicher Miene Notizen.

Die Retourkutsche kam am Abend. Im «Café Kranzler» des Pekinger Kempinski-Hotels schob sich Kohl jovial am Tisch der Wirtschaftsbosse vorbei: Für die «Fürsorgeempfänger» stehe nun das Buffet bereit. Im vertrauten Kreis der politischen Delegationsteilnehmer machte er dann seinem Ärger Luft: Nie hätten sich französische und englische Manager so gehen lassen. «Aber so sind sie eben, die deutschen Unternehmer!»[1]

Siemens, Daimler, Volkswagen, Deutsche Bank – sie alle waren auf dieser Reise mit ihren Vorstandschefs vertreten. Eine Wirtschaftsdelegation von ähnlichem Kaliber hatte es bei keiner früheren Kanzlerreise nach China gegeben. Nicht alle Spitzenmanager fanden Platz in der Maschine des Bundeskanzlers, sie machten sich in einem zweiten Flugzeug auf den Weg. Vier Jahre nach Niederschlagung der Protestbewegung war in der deutschen Wirtschaft zum zweiten Mal akutes China-Fieber ausgebrochen. Jeder Konzern wollte seine Claims abstecken und hoffte dabei auf die Hilfe der Politik. Und tatsächlich haben sich seit Kohl alle deutschen Regierungschefs als Türöffner bei den

Machthabern in Peking verstanden. Brachen sie nach China auf, dann reiste mit ihnen die Deutschland AG. So ist es bis heute geblieben.

Das war bei Helmut Schmidt noch anders. Damals allerdings war auch China noch ein anderes Land. Als erster Bundeskanzler besuchte Schmidt die Volksrepublik 1975. Die Kulturrevolution klang allmählich ab, Mao Zedong lebte noch, Geschäfte mit China wurden auf der Messe in Kanton gemacht. Wenn überhaupt. Mit seinem Interesse an geostrategischen Fragen hatte Schmidt, so schrieb er später, schon in den sechziger Jahren «geahnt, dass China wieder zu einer Weltmacht aufsteigen würde».[2] Als Verteidigungsminister unternahm er 1971 eine ausgedehnte Reise nach Asien und in den Pazifischen Raum, die ihn endgültig von der wachsenden außen- und sicherheitspolitischen Bedeutung Chinas überzeugte, nicht nur für die Region, sondern auch für das ferne Europa. Deshalb habe er den damaligen Bundeskanzler Willy Brandt gedrängt, die Volksrepublik endlich offiziell anzuerkennen. 1972, im Jahr des Peking-Besuchs Richard Nixons, nahmen die Bundesrepublik und China diplomatische Beziehungen auf.

Mit dem körperlich hinfälligen, aber geistig noch sehr präsenten Mao Zedong sprach Helmut Schmidt bei seinem Besuch über Marx und Hegel, Kant und Clausewitz – und über den von Mao erwarteten Krieg mit der «revisionistisch» gewordenen Sowjetunion. «Es ist die Sowjetunion, die sich grundlegend verändert hat, nicht China. Die heutigen Männer im Kreml sind nicht mehr Männer wie Stalin. Wir haben es heute mit den Chruschtschows und Breschnews zu tun, und das sind alle Verräter an Lenins Sache.»[3]

Der Krieg mit der Sowjetunion sei unvermeidlich, davon war Mao überzeugt, und er riet den Westeuropäern, energisch aufzurüsten. Auch Deng Xiaoping, Schmidts Gastgeber in Vertretung des erkrankten Ministerpräsidenten Zhou Enlai, bekräftigte Maos These von der Unvermeidlichkeit des Krieges. Sie habe ihren Grund in der Entwicklung des «sozialimperialistischen Gesellschaftssystems» in der Sowjetunion. Moskau strebe nach Welthegemonie.[4]

Es ging also bei Schmidts erster Chinareise vor allem um die Außen- und Sicherheitspolitik. Aber der Wissensdurst des Bundeskanzlers erschöpfte sich nicht in seinen politischen Gesprächen. Sein Interesse galt der Geschichte, Philosophie und Kultur dieses gewaltigen Landes. So viel wie möglich wollte er darüber lernen, daher reiste er nach seiner Kanzler-Zeit ein ums andere Mal nach China. Kein anderes Land hat ihn in seiner zweiten Lebenshälfte so sehr beschäftigt. «Mit ehrfürchtigem Respekt habe ich in China von jeher die einzige Weltkultur gesehen, die sich über Jahrtausende hinweg bis in die Gegenwart kontinuierlich entfaltet und bewahrt hat.»[5]

Dass dieses Land nach Maos Tod voller Tatendrang in die Zukunft aufbrach, sich öffnete und wirtschaftlich modernisierte, hat Helmut Schmidts Bewunderung nur noch weiter wachsen lassen. Vielleicht hat es ihn auch ein wenig unkritisch gemacht. Er sah die Schattenseiten, aber er schob sie beiseite. Vor allem wehrte er sich gegen die, wie er fand, wohlfeile Kritik aus dem Westen. «Manche Amerikaner und einige europäische Intellektuelle (und in Deutschland einige Grüne) halten sich für moralisch legitimiert, den Chinesen Vorhaltungen, ja schwere Vorwürfe in Sachen Demokratie und Menschenrechte zu machen. Es fehlt ihnen an Respekt vor einer in Jahrtausenden gewachsenen anderen Kultur.»[6]

Unbeirrt hielt Schmidt an seinem politischen Urteil fest, dass die westliche Demokratie für China das falsche Modell sei. Die Einparteienherrschaft, die er im eigenen Land mit aller Kraft «bekämpfen» würde, erschien ihm in China, nach dem langen Bürgerkrieg und den maoistischen Experimenten, «als zweckmäßig, ja als wohltuend für das chinesische Volk – und auch für seine Nachbarn. (…) Man muss der weiteren Entfaltung Zeit lassen. Ein ernster politischer Versuch, den Prozess von außen zu beschleunigen, verspricht keinen Erfolg, im Gegenteil, er könnte großes Unheil auslösen.»[7]

Illusionen, die wirtschaftlichen Reformen würden unweigerlich zu einer politischen Liberalisierung führen, hatte Schmidt nie. Anders als viele Chinakenner heute, hätte ihn die autoritäre Rückwärtsentwicklung unter Xi Jinping wohl wenig überrascht. Schmidt kam jedenfalls schon 1987 zu einer nüchternen Einschätzung der von Deng Xiaoping betriebenen Reform. «Sie will Innovation und Effizienz *innerhalb* (Hervorhebung im Original) des Kommunismus. Es ist ein grobes Missverständnis, sie als ein Verlangen nach Überwindung des Kommunismus zu deuten. Es erscheint mir als schwärmerische Eselei, wenn gutmeinende westliche Politiker und Kommentatoren auf eine Entwicklung in Richtung westlicher Freiheitsvorstellungen bauen. (...) Nichts haben die Reformer weniger im Sinn als pluralistische Demokratie, allgemeine Meinungsfreiheit oder politische Freiheit der Person.»[8]

Helmut Schmidt, der 1982 das Kanzleramt räumen musste, traf 1984 bei seinem ersten Chinabesuch nach dem Ausscheiden aus der Politik mit Ministerpräsident Zhao Ziyang zusammen, der ihn wegen seiner Offenheit und wirtschaftlichen Kompetenz beeindruckte. Zum Abschied versicherte er Zhao: «Die deutsche Politik Ihrem Lande gegenüber wird unter meinem Amtsnachfolger unverändert bleiben.»[9] Und so war es auch. Helmut Kohl teilte das Interesse Schmidts an China, seiner Geschichte und Kultur. Die Volksrepublik blühte während seiner langen Amtszeit – trotz des entsetzlichen Rückschlags nach dem Tiananmen-Massaker 1989 – wirtschaftlich auf. Die Bundesrepublik wurde der wichtigste Handelspartner Chinas in Westeuropa. Kohl half, wo er konnte. Kritik an den inneren Verhältnissen in China war auch von ihm selten zu vernehmen.

Zhao Ziyang besuchte 1985 die Bundesrepublik. Es war der Beginn einer innigen Freundschaft zwischen der chinesischen Politik und der deutschen Wirtschaft. Im Bonner Haus des Deutschen Industrie- und Handelstages feierten rund 400 Manager den Gast aus Peking mit stehenden Ovationen. Der chinesische Premier konnte eine stolze Bilanz der ersten Reformjahre ziehen: eine durchschnittliche Wachstumsrate von 8,2 Prozent, 51 Millionen neue Arbeitsplätze in den Städten, eine Verdoppelung der bäuerlichen Einkommen. Und Zhao Ziyang lud die deutschen Unternehmen ein, beim Aufbau Chinas dabei zu sein. Eine Botschaft, die DIHT-Präsident Otto Wolff von Amerongen gern hörte: «Die deutsche Wirtschaft begleitet den Weg Chinas mit großer Sympathie.»[10]

Andere waren schneller gewesen. Zwischen China und Japan stieg der Handel 1984 um 36,3 Prozent, zwischen China und den USA gar um sagenhafte 50,6 Prozent, wohlgemerkt: in einem Jahr. Der Handel zwischen der Volksrepublik und der Europäischen Gemeinschaft dagegen war im selben Jahr um 8,4 Prozent abgesackt. Die Führung in Peking aber wollte keine Abhängigkeit von Japanern und Amerikanern. Deshalb warb sie in Westeuropa um Partner. Und diese suchte sie besonders in der Bundesrepublik, deren moderne Unternehmen sie bewunderte. Vor allem der großzügige Technologietransfer hatte den Deutschen viel Sympathie eingetragen, ganz im Gegensatz zu den Japanern, die ihre Industriegeheimnisse ängstlich hüteten. Und so nahm die wirtschaftliche Zusammenarbeit in den achtziger Jahren an Fahrt auf. Spektakuläre Großprojekte wurden vereinbart: das Gemeinschaftswerk von Volkswagen in Shanghai oder der Ausbau des Stahlwerks Baoshan durch ein Konsortium unter Führung von Schloemann-Siemag. Der DIHT hatte bei Zhao Ziyangs Besuch großzügig deutsche Hilfe bei der Modernisierung chinesischer Betriebe angeboten. «Sie können sich auf unsere industriellen Maßanzüge verlassen», hatte Otto Wolff von Amerongen versichert.[11]

Helmut Kohls China-Leidenschaft reichte nicht ganz an die von Helmut Schmidt heran. Aber er hatte den sehnlichen Wunsch, Tibet kennenzulernen. Chinas Staatsführung erfüllte dem Kanzler seine Bitte gern, legitimierte dessen Reise auf das Dach der Welt 1987 doch die brutale chinesische Herrschaft über die nach größerer Eigenständigkeit strebenden Tibeter. Noch größer war die Freude bei den Machthabern in Peking, als Kohl Interesse anmeldete, einmal eine Einheit der Volksbefreiungsarmee zu besuchen. Sechs Jahre nach Tiananmen machte der Bundeskanzler der nicht weit von der Hauptstadt stationierten 196. Infanteriedivision seine Aufwartung. Die deutsche Botschaft hatte zuvor prüfen müssen, ob die Division an der Niederschlagung der Proteste am Platz des Himmlischen Friedens beteiligt war. Das war sie offenbar nicht. Kohl besuchte, unbeeindruckt von der Kritik daheim, die Soldaten. Und Chinas Propaganda feierte die «Normalisierung» der militärischen Beziehungen zwischen Bonn und Peking.

Noch angenehmer waren für Chinas Machthaber die Jahre mit Gerhard Schröder. Sein Interesse konzentrierte sich auf die Pflege der wirtschaftlichen Beziehungen. Für Moralismus und Gutmenschentum, wie er es nannte, hatte er wenig Verständnis. «Rituale und Belehrungen bringen uns nichts», fasste der Kanzler seine Sicht der Dinge zusammen.[12] Gewiss, auch er ließ Listen mit den Namen politischer Gefangener überreichen. Aber anderes hatte Vorrang. Vier Spatenstiche in fünf Stunden Shanghai, das gefiel ihm.

Gern hätte Schröder das Waffenembargo aufgehoben, das die Europäer 1989 nach dem blutigen Ende der Protestbewegung über die Volksrepublik verhängt hatten. Er war sich darin einig mit Frankreichs Staatspräsident Jacques Chirac. Doch Druck aus Washington und Widerstand in der EU selbst ließen die Pläne scheitern. Schröder und Chirac konnten ihr Versprechen, das sie den Chinesen gegeben hatten, nicht einlösen.

Es war Bundespräsident Johannes Rau, der Schröders Menschenrechts-Wurstigkeit klare Worte entgegensetzte. An der Universität Nanjing hielt er 2003 eine mutige und aufrichtige Rede. Darin lauter richtige Sätze. «Die Pflege fester wirtschaftlicher Beziehungen und das Eintreten für Menschenrechte schließen sich nicht gegenseitig aus.» Weiter: «Kritik am Stand der Menschenrechte in anderen Staaten ist (...) keine Einmischung in deren innere Angelegenheiten.» Schließlich: «Man darf das Eintreten für Menschenrechte nicht (...) als ein spezifisch ‹westliches› Anliegen» missverstehen. Es war eine Lehrstunde in Demokratie. Der Kanzler hätte eine solche Rede in China nie gehalten.

Nicht mit Peking stritt Schröder, sondern mit seinem grünen Koalitionspartner. Siemens hatte einen Antrag auf Export der seit fast einem Jahrzehnt still liegenden Hanauer Brennelementefabrik nach China gestellt. Schröder versprach, den Verkauf der eingemotteten Anlage wohlwollend zu prüfen. Ausgerechnet Hanau! Dort wäre bei der Wiederaufarbeitung anfallendes Plutonium zu Brennstäben verarbeitet worden, hätte nicht Joschka Fischer als hessischer Umweltminister das Projekt gestoppt. Hanau nach China – rücksichtsloser konnte man die grüne Seele nicht malträtieren. Der Kanzler und sein Außenminister Fischer mussten sich zum Krisengespräch beim Mittagessen treffen, um zu einer gemeinsamen Linie zurückzufinden. Der Verkauf kam nicht zustande.

Unter Angela Merkel schien der Ton in der deutschen Chinapolitik ein wenig kühler zu werden. Bei ihrem ersten Besuch in Peking sprach sie das Thema Menschenrechte unverblümt an. Im dritten Jahr ihrer Kanzlerschaft dann der Schock für Chinas Machthaber: Merkel lud den Dalai Lama zum Besuch im Kanzleramt ein. Bei einer Chinareise kurz zuvor hatte sie Ministerpräsident Wen Jiabao nichts von ihren Plänen erzählt. Die chinesische Führung war außer sich – und strafte Deutschland ab. Der unter Rot-Grün vereinbarte Rechtsstaatsdialog wurde unterbrochen. Reisen von Finanzminister Peer Steinbrück und Umweltminister Sigmar Gabriel wurden abgesagt.

Merkels Einladung an den Dalai Lama belastete auch das Klima in der Großen Koalition. Außenminister Frank-Walter Steinmeier mokierte sich auf einem SPD-Parteitag über die «Schaufensterpolitik» der Bundeskanzlerin. Für ihn war das Treffen mit dem geistlichen Oberhaupt der Tibeter eine überflüssige Provokation Pekings. Ungewohnt polemisch teilte er auf dem Parteitag aus: «Eine wirklich gute Menschenrechtspolitik braucht nicht die Selbstbeweihräucherung einer moralischen Großmacht Deutschland.» Man konnte ja darüber streiten, ob es klug war, chinesische Empfindlichkeiten zu ignorieren. Regelrecht ungehörig aber war eine Wortmeldung Gerhard Schröders, der sich gerade in China aufhielt. «Einige Ereignisse jüngeren Datums haben die Gefühle des chinesischen Volkes verletzt, und das bedaure ich.» Die Attacke auf die Nachfolgerin von chinesischem Boden aus verstieß gegen jeden politischen Komment.

Hatten die Sozialdemokraten nicht gelesen, was Johannes Rau in Nanjing zur Universalität der Menschenrechte gesagt hatte? Es war der Liedermacher Wolf Biermann, der bei der Verleihung des Leo-Baeck-Preises an Angela Merkel viel treffendere Worte fand. Das «Menschenkind Angela aus dem Pfarrhaus», sagte der Dichter des geteilten Deutschlands, «ausgerechnet sie bringt den Großkopfeten lebensklug wie eine erfahrene Grundschullehrerin das kleine Einmaleins der politischen Moral bei».

Die schroffe Reaktion Pekings verunsicherte Merkel. Aber sie hielt an ihrer Politik fest, von nun an aber eher im Stillen. Bei jedem Besuch in der Volksrepublik traf sie sich mit Angehörigen oder Anwälten inhaftierter politischer Häftlinge. Beharrlich setzte sie sich für die Ausreise von Liu Xia ein, der unter Hausarrest stehenden Witwe von Friedensnobelpreisträger Liu Xiaobo. Der Bundeskanzlerin vor allem war es zu verdanken, dass die verzweifelte Liu Xia ein Jahr nach dem Tod ihres Mannes im Gefängnis China mit Reiseziel Deutschland verlassen konnte.

Zwischen Staaten zählen Interessen. Und China wünscht sich enge Beziehungen zu dem technologisch führenden Deutschland. Deshalb blieb der Streit um den Besuch des Dalai Lama eine Episode. Die chinesische Führung wusste, dass sie in Merkel eine verlässliche und keineswegs auf Konfrontation bedachte Partnerin hatte. Seit 2011 gibt es zwischen beiden Staaten regelmäßige Regierungskonsultationen. Alle zwei Jahre treffen sich die Regierungschefs und ein knappes Dutzend Minister zu einem intensiven Dialog. Deutschland kennt diese Form des Austausches eigentlich nur mit den engsten Freunden und Verbündeten, mit Israel etwa oder mit Frankreich. Selbst mit den Vereinigten Staaten oder Japan gibt es solche Regierungskonsultationen nicht.

Niemand ist sich der Bedeutung Chinas also mehr bewusst als Angela Merkel. Auf zwölf Reisen in vierzehn Jahren Kanzlerschaft hatte sie es bis 2020 gebracht. Und auf jeder Reise hat sie neben Peking mindestens eine weitere Stadt besucht, um sich ein besseres Bild von der Volksrepublik zu machen. Merkel besuchte neben anderen Städten Nanjing, Guangzhou, Tianjin, Shenyang, Shenzhen und – ein Jahr vor dem Ausbruch der Coronakrise – Wuhan. «Merkel saugt regelrecht auf, was sie über die Gesellschaft und die Geschichte, über Pekings laut vorgetragene Ansprüche und seine gar nicht laut ausgesprochenen Sorgen erfahren kann», schrieb die *Süddeutsche Zeitung*. «Das bevölkerungsreichste Land der Erde ist für die Kanzlerin längst zu einem ganz eigenen Forschungsgebiet geworden.»[13]

Auch auf der zwölften Reise im September 2019 standen wieder die Geschäfte im Vordergrund. Unter den Vorstandsvorsitzenden und Aufsichtsräten, die Merkel begleiteten, waren die Chefs von Siemens, Daimler, Volkswagen, BMW, der Allianz und der Deutschen Bank. Elf lukrative Wirtschaftsabkommen wurden unterzeichnet. Die Geschäfte liefen glänzend. Zum vierten Mal in Folge wurde China 2019 Deutsch-

Mitarbeiter kontrollieren neuproduzierte Fahrzeuge im
Volkswagen-Werk in Anting bei Shanghai.

lands größter Handelspartner. Das Handelsvolumen zwischen den
beiden Ländern war auf 205,7 Milliarden Euro gestiegen, die deutschen Exporte nach China betrugen 96 Milliarden Euro, die Importe
aus China 109,7 Milliarden Euro. Die Vereinigten Staaten waren
(nach den Niederlanden) Deutschlands drittgrößter Handelspartner
mit einem Volumen von 190,1 Milliarden Euro. Anders als gegenüber
China erwirtschaftete Deutschland gegenüber den USA einen kräftigen Überschuss: Die Exporte beliefen sich auf 118,7 Milliarden Euro,
die Importe auf 71,4 Milliarden Euro.

Für keinen Industriebereich war der chinesische Markt so wichtig
wie für die deutsche Automobilindustrie. VW, Daimler, BMW und Audi
produzierten 2019 in China 5,08 Millionen Fahrzeuge, zuhause in
Deutschland waren es nur 4,67 Millionen. Vor allem für Volkswagen
ist China inzwischen von überragender Bedeutung. Der weltgrößte
Autoproduzent verkaufte 2019 rund 40 Prozent seiner Fahrzeuge
dort – 4,2 Millionen von 10,97 Millionen. Und damit ist Volkswagen
nach den Plänen von Vorstandschef Herbert Diess noch lange nicht an
seine Grenzen gestoßen. Gemeinsam mit seinen chinesischen Partnern
will VW vor allem in die Elektromobilität investieren. Volkswagen
werde künftig in China nicht nur Autos verkaufen, sondern auch neue
Fahrzeuge entwickeln. «In den nächsten Jahrzehnten», das stand für
Diess fest, «wird das Machtzentrum der Automobilindustrie in China

sein.» Für den Konzernlenker aus Wolfsburg hieß das: «Die Zukunft von Volkswagen entscheidet sich in China.»[14]

Aber auch in anderen wichtigen Industriezweigen, im Maschinenbau etwa oder in der Chemie, entwickelte sich China zum wichtigsten Auslandsmarkt. BASF, in China schon lange mit mehreren Großanlagen präsent, bekam 2018 aus Peking grünes Licht für den Bau einer gigantischen Fabrik in der südchinesischen Provinz Guangdong. Die Vorverträge wurden in Anwesenheit von Kanzlerin Merkel und Ministerpräsident Li Keqiang unterzeichnet. Zehn Milliarden Euro wollte BASF in den Verbundstandort investieren – die größte Einzelinvestition in der Geschichte des Unternehmens. Für die Ludwigshafener besonders wichtig: Sie mussten keinen chinesischen Partner an Bord holen. Vorstandschef Martin Brudermüller prognostizierte, das Chinageschäft werde nach Fertigstellung des Standorts in Guangdong zwanzig Prozent des Weltumsatzes der BASF erreichen.[15]

Die Kehrseite der Medaille: Abhängigkeit kann stumm machen. Kritik an China? Aus deutschen Chefetagen war sie selten zu vernehmen. Passierte in der Kommunikation einmal eine Panne, war die Furcht groß. Dann warf man sich in den Staub, bevor Peking noch mit Strafen drohen konnte. Legendär wurde der Brief, den Daimler-Chef Dieter Zetsche und sein China-Vorstand Hubertus Troska im Frühjahr 2018 an den chinesischen Botschafter in Berlin schickten. Ein Mitarbeiter hatte bei Instagram für Mercedes geworben, dummerweise mit einem Kalenderspruch des Dalai Lama. Der Satz war an Harmlosigkeit nicht zu überbieten («Betrachte eine Situation von allen Seiten, und du wirst offener werden»). Aber es war eben ein Satz von Pekings Staatsfeind Nummer eins. Also entschuldigten sich Zetsche und Troska in ihrem Brief an den Botschafter zutiefst dafür, die «Gefühle des chinesischen Volkes verletzt» zu haben.

Als der Kamerahersteller Leica 2019 ein Werbevideo produzieren ließ, zeigte eine Einstellung darin einen Reporter, der vom Fenster einer Pekinger Wohnung heimlich den «Tank Man» fotografierte, jenen unerschrockenen Unbekannten, der sich nach dem 4. Juni 1989 nahe dem Platz des Himmlischen Friedens ganz allein einer Panzerkolonne entgegenstellte. Das weltberühmte Bild, mit einer Leica geschossen, dies sollte wohl die Botschaft des Videos sein. Aber in China kennt niemand den «Tank Man», das Bild ist verboten, strikteste Zensur. Erschrocken zog das Management den Werbefilm zurück, entschuldigte sich für «Missverständnisse», die entstanden, und «falsche Schlussfolgerungen», die vielleicht gezogen worden seien. Abermals, ein Bild des Jammers.

Es war zu dieser Zeit, dass die Stimmung in der deutschen Wirtschaft umzuschlagen begann. Die Kritik, die sich angestaut hatte, dokumentierte ein Grundsatzpapier des Bundesverbandes der Deutschen Industrie (BDI). Es wurde am 10. Januar 2019 veröffentlicht und trug den Titel «Partner und systemischer Wettbewerber – Wie gehen wir mit Chinas staatlich gelenkter Wirtschaft um?» Der BDI präsentierte darin 54 Forderungen an die Bundesregierung und an die EU, um deutsche und europäische Unternehmen besser gegen chinesische Konkurrenz zu schützen. «Zwischen unserem Modell einer liberalen, offenen und sozialen Marktwirtschaft und Chinas staatlich geprägter Wirtschaft entsteht ein Systemwettbewerb», lautete der Kernsatz des Papiers. Verlangt wurden Maßnahmen gegen Dumpingpreise und gegen den Aufkauf europäischer Hochtechnologiefirmen. «Der Systemwettbewerb mit China zwingt uns dazu, strategischer und langfristiger zu denken.»[16] Der BDI verlangte eine «ehrgeizige Industriepolitik» und die Förderung «europäischer Champions».

Das waren erstaunliche Töne von einem Verband, der sich als Hüter der freien Marktwirtschaft empfindet. Aber China war auch ein neuartiger Konkurrent. Vor allem die Strategie «Made in China 2025», mit der die Volksrepublik sich das Ziel gesetzt hatte, zur weltweit führenden Technologienation aufzusteigen, hatte die deutsche Industrie alarmiert. Langsamer als beim BDI setzte auch beim mächtigen Verband Deutscher Maschinen- und Anlagenbau (VDMA) ein Umdenken ein. «Wir brauchen nicht mehr Schutz vor China», hatte VDMA-Präsident Carl Martin Welcker noch 2018 selbstbewusst gesagt und Pläne von Bundeswirtschaftsminister Peter Altmaier kritisiert, «europäische Champions» zu fördern. Altmaier hatte dies, in Einklang mit den Vorstellungen des BDI, in seiner «Industriestrategie 2030» vorgeschlagen und die staatliche Unterstützung von Schlüsselindustrien wie der Batterieproduktion, der Künstlichen Intelligenz und der Biochemie empfohlen. Mancher in der deutschen Wirtschaft, auch beim VDMA, hatte zunächst skeptisch auf Altmaiers Ideen reagiert, die sich nicht nur nach Meinung der *Frankfurter Allgemeinen Zeitung* wie eine «China-Abwehrstrategie» lasen. Nun korrigierte der VDMA-Präsident seine Einschätzung. Die Hoffnung, China werde sich mit wachsendem wirtschaftlichen Erfolg und einem größer werdenden Anteil der Privatwirtschaft dem ausländischen Wettbewerb öffnen, habe sich nicht erfüllt. «Wir waren aus heutiger Sicht zu optimistisch», sagte Carl Martin Welcker.[17]

In der Industrie wurde jetzt sehr offen über die Schattenseiten des Engagements in China gesprochen. Friedolin Strack, Abteilungsleiter beim BDI und einer der besten Chinakenner in der deutschen Wirtschaft, beschrieb sie so: «Wer als Unternehmen in China tätig werden will, muss dazu oft ein Joint Venture mit einem lokalen Unternehmen eingehen. Ich weiß von Firmen aus der IT-Branche oder dem Bankensektor, dass sie sogar ihren Quellcode offenlegen müssen. Man kann sagen, die machen es ja freiwillig. Aus juristischer Sicht ist das auch so. De facto aber haben die Unternehmen keine Wahl. Der chinesische Markt ist zu groß und lukrativ.» Die gefährlichste Form der Industriespionage in China, resümierte Strack, sei «der legale Technologietransfer über erzwungene Kooperationen».[18]

Was hatte den Stimmungsumschwung ausgelöst? Neben der über die Jahre gewachsenen Frustration war es wohl die Einkaufstour, auf die sich chinesische Firmen in den Jahren 2015 und 2016 in Deutschland begaben. Der Mischkonzern HNA stieg bei der Deutschen Bank ein. Chinesische Firmen kauften den Betonpumpenbauer Putzmeister, den Gabelstaplerhersteller Kion und die Frankfurter Privatbank Hauck & Aufhäuser.[19] Der spektakulärste Deal aber gelang dem südchinesischen Haushaltsgerätekonzern Midea. Für 4,5 Milliarden Euro kaufte Midea das Augsburger Unternehmen Kuka, einen weltweit führenden Hersteller von Industrierobotern. Kuka in chinesischer Hand, war das eine gute Idee? Die Bundesregierung hatte ausgelotet, ob nicht ein deutsches Konsortium das Unternehmen kaufen wollte. Aber den angesprochenen Konzernführern fehlte es entweder am Geld oder am Interesse. Was tun? Die Bundeskanzlerin hielt ein Veto aus Gründen der nationalen Sicherheit für nicht möglich. Also nahm Berlin den Verkauf hin.

Es war für lange Zeit das letzte Mal. Zu groß war die Sorge vor einem Ausverkauf deutscher Spitzentechnologie an China geworden. Ende 2016 stoppte Wirtschaftsminister Sigmar Gabriel die Übernahme des Halbleiter-Anlagenbauers Aixtron durch den chinesischen Investor Fujian Grand Chip Investment (FGC). 670 Millionen Euro wollte FGC aus dem südchinesischen Xiamen für den Mittelständler aus Herzogenrath bei Aachen zahlen. Die Übernahme war beschlossene Sache, das Bundeswirtschaftsministerium hatte eine Unbedenklichkeitsbescheinigung erteilt. Aber dann intervenierten die Vereinigten Staaten; Aixtron, protestierten sie in Berlin, verfüge bei der Chipherstellung über ein Wissen, das sicherheitsrelevante Technologien umfasse.

Da Aixtron eine Tochtergesellschaft im Silicon Valley besaß, hatte auch der amerikanische Regierungsausschuss für Auslandsinvestitionen (Cfius) den geplanten Verkauf überprüft und war zu dem Ergebnis gekommen, die Übernahme würde die nationale Sicherheit der Vereinigten Staaten gefährden. Denn die Chips, die auf den Anlagen von Aixtron in den USA hergestellt wurden, kamen auch in Rüstungsgütern der amerikanischen Streitkräfte zum Einsatz. Im Dezember 2016 legte deshalb US-Präsident Barack Obama sein Veto gegen den Verkauf an die chinesischen Investoren ein. Sigmar Gabriel widerrief die Unbedenklichkeitsbescheinigung seines Ministeriums. Der Deal wurde abgesagt.[20]

Als Anfang 2018 der staatliche Energiekonzern State Grid Corporation of China (SGCC) bei dem Netzbetreiber 50Hertz einsteigen wollte, der in weiten Teilen Ostdeutschlands und in Hamburg 18 Millionen Menschen mit Strom versorgt, schritt die Bundesregierung erneut ein. Auf Wunsch Berlins machte der bereits an 50Hertz beteiligte belgische Stromnetzbetreiber Elia von seinem Vorkaufsrecht Gebrauch und erhöhte seinen Anteil von 60 auf 80 Prozent. Die restlichen 20 Prozent wurden von der staatlichen Förderbank Kreditanstalt für Wiederaufbau (KfW) übernommen. Das Stromnetz gehört zur «kritischen Infrastruktur» Deutschlands; auf die sollen Investoren aus China nach dem Willen der Bundesregierung keinen Zugriff bekommen.[21]

Kurz vor Weihnachten 2018 verabschiedete das Bundeskabinett eine Novelle der Außenwirtschaftsverordnung. Bis dahin konnten Investitionen von Firmen mit Sitz außerhalb der EU nur dann von der Regierung überprüft werden, wenn ihre Beteiligung mindestens 25 Prozent des Unternehmenswertes erreichte; jetzt wurde diese Schwelle auf 10 Prozent gesenkt. Auch wenn das Wort «China» in der neuen Verordnung nicht auftauchte, das Ziel war klar: Firmen aus der Volksrepublik sollten nicht länger Zugriff auf deutsche Schlüsselindustrien haben.

Schließlich hatten sogar die Nachrichtendienste gewarnt, Deutschland könne seinen technologischen Vorsprung riskieren und damit nicht nur die Wettbewerbsfähigkeit, sondern auch die Sicherheit des Landes gefährden. So hatte Hans-Georg Maaßen, der damalige Präsident des Bundesverfassungsschutzes, gesagt: «Wirtschaftsspionage ist nicht mehr notwendig, wenn man unter Nutzung des liberalen Wirtschaftsrechts die Unternehmen einfach aufkaufen und sie dann ausweiden oder ausschlachten kann, jedenfalls, was das Know-how dieser Unternehmen angeht.»[22]

Zwar konnte der chinesische Botschafter darauf hinweisen, die deutschen Investitionen in China seien doch um ein Vielfaches höher als die chinesischen in der Bundesrepublik. Tatsächlich lagen nach Angaben des BDI Chinas Investitionen Ende 2017 bei 13 Milliarden Euro, während sich Deutschlands Investitionen 2017 auf insgesamt 86 Milliarden Euro summierten. Nur brachten deutsche Konzerne, wenn sie in der Volksrepublik Fabriken bauten, neueste Technologie ins Land; chinesische Unternehmen dagegen bauten in der Regel keine neuen Industriewerke, sondern kauften bestehende Unternehmen – und deren technisches Wissen. Ein nicht unerheblicher Unterschied.

Vorsichtig hatte die Bundesregierung ihre Chinapolitik korrigiert. Aber an der «strategischen Partnerschaft» mit der Volksrepublik sollte sich im Prinzip nichts ändern. Angela Merkel stand mit ihrer wohlwollenden Haltung in der Tradition von Schmidt, Kohl und Schröder. Egal, welche Partei in Bonn und später in Berlin regierte –

im Bemühen um gute Beziehungen zu Peking herrschte Konsens. Aber die sich verschärfende Rivalität zwischen Peking und Washington brachte Merkel in eine unangenehme Lage. Besonders deutlich wurde dies beim Streit um die Beteiligung des chinesischen Netzausrüsters Huawei am Aufbau des neuen Mobilfunknetzes 5G. Der Druck der Amerikaner auf ihre Verbündeten, Huawei von einer Beteiligung auszuschließen, war brutal. Aber ebenso hart vertrat China die Interessen seines Vorzeigekonzerns. Bei einem Ausschluss Huaweis, drohte Pekings Botschafter in Berlin, müsse Deutschland mit «Konsequenzen» rechnen.

Merkel lavierte. Sie war für eine Beteiligung Huaweis und versuchte, die Entscheidung auf die lange Bank zu schieben. In der eigenen Fraktion dagegen verlangte eine Gruppe von Abgeordneten um Norbert Röttgen, den Vorsitzenden des Auswärtigen Ausschusses, einen Ausschluss Huaweis; den Chinesen dürfe man nicht den Zugang zum «Nervensystem der modernen Wirtschaft» ermöglichen. Kritik kam auch vom Koalitionspartner SPD, von den Grünen und der FDP. Merkel aber wollte den Chinesen keinen Korb geben, darin unterstützt von ihrem Wirtschaftsminister Peter Altmaier. «Einen Ausschluss darf es nur geben, wenn die nationale Sicherheit nachweislich gefährdet ist», bekräftigte der.[23]

Genau damit aber argumentierten die Amerikaner. Und zwar nicht nur Donald Trump und seine Minister. Selbst die härtesten Gegner des Präsidenten, wie die Sprecherin des Repräsentantenhauses Nancy Pelosi, warnten die Europäer vehement vor einer Zusammenarbeit mit Huawei. «Hüten Sie sich, diesen Weg zu gehen», rief Pelosi auf der Münchner Sicherheitskonferenz 2020 aus. «Es sei denn, Sie wollen in einer Gesellschaft wie der chinesischen leben.» Als auch Großbritannien im Sommer 2020 Huawei mit dem Hinweis auf Gefahren für die nationale Sicherheit vom Bau des 5G-Netzes ausschloss, wurde es für die Kanzlerin immer schwieriger, auf ihrer Position zu beharren.

Die Bundesregierung drohte in eine Zwickmühle zu geraten und sich entscheiden zu müssen: für China oder für Amerika. Genau eine solche Entscheidung aber wollte Merkel um jeden Preis vermeiden. Schon während der Proteste in Hongkong hatte die Regierung alles darangesetzt, einem Konflikt mit China auszuweichen. Zwar hatte Berlin zwei Oppositionellen Asyl gewährt, sehr zum Ärger Pekings. Auch hatte sich Außenminister Heiko Maas am Rande einer Party im Restaurant des Reichstags mit dem jungen Aktivisten Joshua Wong fotografieren lassen, was ihm seitens der chinesischen Botschaft den Vorwurf der «Respektlosigkeit» eintrug.

Aber als Peking begann, immer ungenierter in Hongkong einzugreifen und die der Stadt einst vertraglich zugesagte Autonomie offen missachtete, kam aus Berlin nur verhaltene Kritik. Es sei «schon eine besorgniserregende Entwicklung», räumte Angela Merkel bei einer Pressekonferenz auf Nachfrage ein. Das bisher geltende Prinzip «Ein Land, zwei Systeme» werde von Peking «durchaus in Frage gestellt». Darüber sei mit China zu «diskutieren». Zu lasch sei diese Haltung Merkels, fanden die in Berlin mitregierenden Sozialdemokraten. Ihr außenpolitischer Sprecher Nils Schmid sagte, die Bundeskanzlerin müsse sich «von ihrem überholten China-Bild verabschieden und der Realität stellen».[24]

Es war dann der Bundespräsident, der – für sein Amt durchaus ungewöhnlich – China in einem Fernsehinterview mit klaren Worten kritisierte. Frank-Walter Steinmeier warnte, es werde, wenn Peking an seinem Kurs festhalte, eine «nachhaltige negative Veränderung» in den Beziehungen zu den westlichen Staaten geben. Da hatte die chinesische Regierung gerade das «Nationale Sicherheitsgesetz» über die ehemalige britische Kronkolonie verhängt, das harte Strafen für alle Formen der «Subversion», des «Separatismus» und des «Terrorismus» vorsieht sowie jede Einmischung «durch ausländische und externe Kräfte, in welcher Form auch immer» verbietet. Darauf musste die Europäische Union dann doch reagieren. Unter deutschem Ratsvorsitz beschlossen die Außenminister, der Hongkonger Polizei kein Tränengas und keine Gummigeschosse mehr zu liefern, mit denen sie die Proteste in der Stadt niederschlagen konnte. Auch sollte es für politisch Verfolgte leichter werden, Zuflucht in der EU zu finden, für Studenten und Künstler sollte es mehr Stipendien geben.

Als dann aber Hongkongs Stadtregierung auch noch die für den September 2020 geplante Parlamentswahl wegen der erneut steigenden Zahl an Corona-Infizierten absagte, meinte die Bundesregierung entschiedener reagieren zu müssen. Wie vorher schon die USA, Großbritannien und Kanada setzte nun auch Deutschland das Auslieferungsabkommen mit Hongkong aus. «Wir haben wiederholt unsere Erwartung klargestellt, dass China seine völkerrechtlichen Verpflichtungen einhält», erklärte Außenminister Maas. Dazu gehöre auch das Recht der Bürger Hongkongs auf freie und faire Wahlen.

Das Interesse Deutschlands an guten Beziehungen zu China ist geblieben. Aber China hat sich verändert. Die Politik in Berlin tut sich bisher schwer damit, auf die Wende rückwärts zum Autoritären, ja Diktatorischen angemessen zu reagieren. Der Blick auf die Volksrepublik ist kritischer geworden, aber natürlich möchte niemand die Zusammenarbeit, da wo sie vernünftig und notwendig ist, aufs Spiel setzen. Denn China wird weiterhin gebraucht, die Kanzlerin ist nie müde geworden, dies zu betonen: beim Klimaschutz, beim Antiterrorkampf, bei der Hilfe für Afrika – auch bei der Eindämmung von Pandemien. Aber deshalb zu Fehlentwicklungen schweigen? In der Außenpolitik müssen Interessen und Werte immer wieder neu austariert werden. Was sehr unbequem sein kann. Gerade Angela Merkel hat sich zu außenpolitischen Fragen selten grundsätzlich geäußert. Sie wollte sich nie zu früh festlegen, hat lieber geschaut, wohin sich die Dinge bewegen, und dann entschieden. In der Chinapolitik hat ihr das den Vorwurf der Leisetreterei eingetragen.

Der heraufziehende neue Kalte Krieg zwischen den Vereinigten Staaten und China macht es schwer, eine neutrale Haltung einzunehmen. Jedenfalls für ein Land wie Deutschland, das fest im Westen verankert ist. In einem klugen Papier hat die SPD-Bundestagsfraktion ihre Grundsätze einer neuen deutschen und europäischen Chinapolitik formuliert.[25] Das Papier würdigt die Errungenschaften Chinas, benennt aber auch die Fehlentwicklungen. Heute stünden «zwei verschiedene Modelle im Wettbewerb», schreiben die Autoren, «das westliche Modell eines demokratischen Rechtsstaates mit freier und sozialer Marktwirtschaft und das chinesische Modell eines autoritären Staatskapitalismus». Im Hegemonialkonflikt zwischen Amerika und China komme es darauf an, «die strategische Autonomie Europas zu vergrößern». Was aber keine Äquidistanz zu den beiden Weltmächten bedeute. Für die SPD, heißt es in dem Papier, «bleibt die transatlantische Werte- und Sicherheitsgemeinschaft auch in Zukunft der zentrale Anker unserer Stellung in der Welt».

Keine Äquidistanz also, politisch ist Peking von Deutschland auch künftig weiter entfernt als Washington. Das unterschreibt, bei allen Zweifeln an der Verlässlichkeit des amerikanischen Verbündeten, die überwältigende Mehrheit des Bundestags. In der Bevölkerung wird dies schon anders gesehen. Nach einer Umfrage des Pew Research Center und der Körber Stiftung vom April 2020 waren 37 Prozent der Befragten der Meinung, Deutschland solle eher mit den Vereinigten Staaten enge Beziehungen pflegen als mit China. Für ein engeres Verhältnis zu Peking als zu Washington sprachen sich 36 Prozent aus.[26] China holt in der Gunst der Deutschen auf. Die inkompetente, erratische und rachsüchtige Amtsführung Donald Trumps hat viel Vertrauen in die Vereinigten Staaten zerstört. Umso höher waren die Erwartungen, die sich nach der Wahl Joe Bidens auf die neue US-Regierung richteten.

Eine politische Abwendung Deutschlands von Amerika zugunsten Chinas wird es nicht geben. In Gesprächen mit chinesischen Funktionären oder Diplomaten begegnet man bisweilen der Vorstellung, Deutschland könne gewissermaßen die Seiten wechseln. Aber in diesem zentralen Punkt herrscht Klarheit: Deutschland hat seinen Platz im Westen gefunden. Ob Schmidt, Kohl, Schröder oder Merkel – daran hat in fünfzig Jahren Chinapolitik wirklich kein deutscher Regierungschef einen Zweifel gelassen.

XI. Rivalität mit Amerika

1. Politische Annäherung und Entfremdung

Die Stimmung war aufgeräumt, ja heiter, als am 14. Februar 2020 die 56. Münchner Sicherheitskonferenz begann. Wie in jedem Jahr hatten sich Dutzende Staats- und Regierungschefs, Außen- und Verteidigungsminister, Hunderte von Abgeordneten, Diplomaten und Offizieren, dazu ganze Heerscharen von Journalisten eingefunden zum wichtigsten Treffen der globalen strategischen Community. Das Coronavirus war da bereits in Europa angekommen, in den überfüllten Sälen, Restaurants und Vestibülen des Hotels Bayerischer Hof nahm jedoch kaum jemand Notiz von der heraufziehenden Gefahr. Gewiss, den Teilnehmern wurde bei der Ankunft mit dem Konferenzprogramm auch ein Fläschchen Desinfektionsmittel in die Hand gedrückt. Gebrauch davon machten sie eher wenig. Sie schüttelten einander die Hände, klopften sich auf die Schultern, alte Freunde nahmen sich in die Arme. Bei den Auftritten der Starredner wie Emmanuel Macron oder Mark Zuckerberg herrschte im großen Festsaal ein Gedränge wie einst bei einer Bierzeltrede von Franz Josef Strauß. Social Distancing? Nicht die Spur.

Dabei wütete das Virus in Wuhan damals bereits seit über sechs Wochen, und aus China war eine recht große Delegation nach München gereist. Im Vorfeld hatten die Organisatoren mit dem Auswärtigen Amt beraten, ob die Konferenz wie geplant über die Bühne gehen könne. Man entschied, ja. Das Risiko schien kalkulierbar. Und der Gesprächsbedarf war groß – über den bröckelnden Zusammenhalt im Westen, die Intervention Russlands in Syrien, und, ja, auch über das immer selbstbewusster werdende Auftreten Chinas. «Meddle Kingdom», kalauerten die Autoren des «Munich Security Report 2020», und meinten damit die Neigung der Volksrepublik, sich zunehmend unverfroren in die Interessen anderer Nationen einzumischen.

China stand also von Beginn an auf dem Programm. Wie heftig dann aber in München der Streit zwischen Amerikanern und Chinesen werden sollte, wie giftig der Ton, das war nicht vorauszusehen. Oder doch? Schließlich hatte die Regierung Trump die Volksrepublik zur «revisionistischen Macht» und zum strategischen Hauptgegner der USA erklärt, hatte mit ihr einen Handelskrieg eröffnet und sich allen Ernstes daran gemacht, die beiden größten Volkswirtschaften der Welt zu «entkoppeln».

Die Münchner Sicherheitskonferenz wurde 1963 gegründet, auf dem Höhepunkt des Kalten Krieges, Wehrkundetagung hieß sie damals. Sollte sie mehr als ein halbes Jahrhundert später Zeuge vom Aufziehen eines zweiten Kalten Krieges werden? In den Denkfabriken Washingtons war davon schon seit längerem die Rede, immer mit dem Vorbehalt, der Ost-West-Konflikt damals und die chinesisch-amerikanische Konfrontation heute seien nicht zu vergleichen. «Und doch», hieß es dann. Die Auseinandersetzung zwischen Washington und Peking nahm an Schärfe zu. Dahin war die Hoffnung, China werde sich in die vom Westen geprägte liberale Weltordnung integrieren lassen. Der neue Washingtoner Konsens lautete: Wir müssen China mit aller Härte entgegentreten, denn Pekings Kommunisten greifen nach der Weltmacht.

Gleich die erste amerikanische Sprecherin in München gab den Ton vor. Und diese war nicht etwa ein Mitglied der Regierung Trump, sondern die Führerin der Opposition. Im leuchtend roten Hosenanzug diskutierte Nancy Pelosi auf der Bühne mit Bundestagspräsident Wolfgang Schäuble. Ohne Umschweife kam die Sprecherin des Repräsentantenhauses auf den chinesischen Telekommunikationskonzern Huawei zu sprechen. Seit Jahren schon setzte Trump die Verbündeten, darunter die Bundesrepublik, massiv unter Druck: Keine Zusammenarbeit mit Huawei beim Bau des superschnellen 5G-Mobilfunknetzes! Die Demokraten in Washington hatte er dabei hinter sich. Wie sehr, zeigte sich in München. «Wir müssen verhindern, dass die Autokratie über die Demokratie siegt», rief Nancy Pelosi aus. «Seien Sie sehr vorsichtig», appellierte sie an die Europäer. Aus dem Publikum meldete sich Senator Lindsey Graham zu Wort. Ein paar Tage zuvor hatte der Republikaner in Washington noch Donald Trump gegen das von den Demokraten angestrengte Impeachment verteidigt. Nun schloss er sich dem Appell Pelosis an. «Wir sind da sehr entschieden. Wenn Sie den Huawei-Weg gehen, dann verbrennen Sie eine Menge Brücken hinter sich.»

Aber das war nur ein Vorgeplänkel. Am nächsten Vormittag betraten zunächst Außenminister Mike Pompeo und dann Verteidigungsminister Mark Esper die Bühne des Bayerischen Hofes, beide in der Absicht, Klartext zu reden. Chinas Kommunistische Partei trete «immer aggressiver» auf, klagte Pompeo, um den Versammelten dann zu versichern: «Der Westen gewinnt! Gemeinsam gewinnen wir!» Auch Pompeo verlangte kategorisch: Keine Zusammenarbeit mit Huawei! Der Konzern sei das «Trojanische Pferd der chinesischen Geheimdienste». Espers Rede wurde zur regelrechten Kampfansage. China sei «die größte Sorge» des Pentagons. Die Aufnahme der Volksrepublik in die Welthandelsorganisation 2001 sei «ein Fehler» gewesen. Unter Xi Jinping gehe China «schneller und schneller in die falsche Richtung». Offenbar hätten die Europäer noch nicht begriffen, was auf dem Spiel stehe. Wie sonst könnten sie über eine Zusammenarbeit mit Huawei nachdenken? «Wir fürchten um den Austausch von Geheimdienstformationen. Die Nato ist in Gefahr!»

Eine Stunde später trat Chinas Außenminister Wang Yi an das Rednerpult. Wang ist ein Diplomat vom Scheitel bis zur Sohle, stets makellos gekleidet, immer beherrscht im Ton. Diesmal war er sichtbar aufgewühlt. Eigentlich habe er gute Nachrichten von der Eindämmung der Coronakrise überbringen wollen: «Der Morgen naht, und wir sehen das Licht.» Aber er müsse auf Pompeo und Esper antworten. Und das tat er mit Zorn und verletztem Stolz. «China als ein Land mit 5000 Jahren Zivilisationsgeschichte wird nicht das westliche Modell kopieren», rief Wang in den Saal. Pompeo und Esper hätten nur ihre «Schmierenkampagnen» gegen China fortgesetzt. «Die USA akzeptieren den Erfolg eines sozialistischen Landes nicht. Aber wir werden uns von keiner Macht der Welt aufhalten lassen.»

Abends, beim Essen unten in den Gewölben des Bayerischen Hofes konnte man einen tief deprimierten John Kerry erleben. «Die bereiten uns tatsächlich auf einen neuen Kalten Krieg vor», resümierte Barack Obamas Außenminister das Gehörte.

Zu Beginn des Jahres 2020 waren die amerikanisch-chinesischen Beziehungen auf ihren Tiefpunkt gesunken. Und da hatte das Coronavirus seinen Todeszug gerade erst begonnen. Die Verwüstungen der amerikanischen Wirtschaft waren nicht abzusehen, noch ahnte niemand etwas vom Toben des Präsidenten im Weißen Haus gegen das «chinesische Virus». Aber jedermann konnte es spüren: Ein halbes Jahrhundert nach dem vorsichtigen Gesprächsbeginn zwischen Peking und Washington erstarb der Dialog. Niemand fand noch ein freundliches Wort für den anderen. Stattdessen gegenseitige Angriffe, Aggressivität und Häme. Diplomatie, so nötig wie lange nicht mehr, war im Frühjahr 2020 nicht gefragt.

Die große, ja historische Stunde der Diplomatie hatte fünfzig Jahre zuvor geschlagen. Wachsende Spannungen zwischen China und der Sowjetunion sowie risikobereite Akteure in Washington und Peking, die keine Scheu hatten vor kühnen strategischen Plänen, öffneten den Weg zu einem Neuanfang zwischen Amerikanern und Chinesen. Den Aufschlag, um es einmal so zu sagen, machte die Führung der Volksrepublik. Verblüfft schaute die Welt am 14. April 1971 nach Peking. Dort, im stalinistischen Prunk der Großen Halle des Volkes, begrüßte Premierminister Zhou Enlai ein paar verlegene amerikanische Tischtennisspieler. Die waren wenige Tage zuvor, scheinbar spontan, bei einem Turnier in Japan von der chinesischen Mannschaft zu einem Abstecher nach China eingeladen worden. US-Sportler in Peking, das hatte es seit 1949 nicht gegeben. Mao Zedong selbst hatte die Einladung abgesegnet. Und so standen die jungen Amerikaner etwas verdattert im Riesenbau am Platz des Himmlischen Friedens, und Chinas Premier lächelte sie an: «Sie haben ein neues Kapitel in den Beziehungen zwischen dem amerikanischen und dem chinesischen Volk aufgeschlagen.» Den Sportlern fiel keine rechte Antwort ein. «Glauben

Sie etwa nicht?», hakte Zhou freundlich nach. Da klatschten die amerikanischen Tischtennisspieler. Und die Welt hatte ein neues Wort: «Ping-Pong-Diplomatie».

Zwei Jahrzehnte lang, seit Gründung der Volksrepublik, hatten sich Amerikaner und Chinesen feindselig angeschwiegen. Im chinesischen Bürgerkrieg hatten die USA die Nationalisten um Chiang Kai-shek unterstützt. Selbst nachdem die Kommunisten 1949 Peking erobert hatten und Chiang mit seinen verbleibenden Truppen nach Taiwan geflohen war, erkannte Washington sein Regime weiterhin als die legitime Regierung ganz Chinas an. Maos Volksrepublik hingegen galt als unberechenbarer Hort der Weltrevolution: So wie die Kommunisten im Bürgerkrieg von den Dörfern die Städte eingekreist hatten, so würden sie nun versuchen, von der Dritten Welt aus, die Metropolen des Kapitalismus zu erobern. Mit den Moskauer Kommunisten ließ sich ja noch verhandeln, aber der in Peking an die Macht gelangten Bauernguerilla konnte man doch nicht über den Weg trauen. Als US-Außenminister John Foster Dulles auf der Indochina-Konferenz 1954 in Genf Zhou Enlai begegnete, weigerte er sich, dem chinesischen Regierungschef die Hand zu geben. Eine unerhörte, in China nie vergessene Beleidigung.

«Who lost China?» – noch lange hallte nach 1949 in Washington diese vorwurfsvolle Frage nach. Einige der führenden Chinakenner des State Department mussten ihren Hut nehmen, weil sie im antikommunistischen Denunziationsklima der McCarthy-Jahre verdächtigt wurden, heimlich mit dem Regime in Peking zu sympathisieren. «Einer ganzen Generation amerikanischer Wissenschaftler, Studenten und Journalisten wurde der Pass für eine Chinareise verweigert und damit jeder persönliche Kontakt mit diesem Land verwehrt.»[1]

Einen einzigen offiziellen Gesprächskanal gab es in all diesen Jahren zwischen den beiden Ländern, das waren die – zunächst in Genf begonnenen – Warschauer Botschaftergespräche. Insgesamt 136 Mal trafen sich zwischen 1955 und 1971 die Leiter der Vertretungen Chinas und der USA in Polens Hauptstadt zum Austausch gegenseitiger Grundsatzerklärungen über den Status Taiwans. Es war ein für beide Seiten frustrierendes und ermüdendes Ritual geworden. Beim 135. Treffen im Januar 1970 aber kam plötzlich Bewegung in die Gespräche, als die chinesische Seite die Möglichkeit künftiger Begegnungen «auf höherer Ebene und über andere Kanäle» andeutete, und die Amerikaner antworteten, ihr Land sei «bereit, die Entsendung eines Vertreters nach Peking zu erwägen, der mit Ihren hohen Beamten direkte Gespräche führen könnte».[2]

US-Präsident Richard Nixon, 1969 ins Amt gekommen, wollte den Stillstand in den Beziehungen zu China überwinden. Schon vor seiner Wahl hatte er öffentlich über einen Politikwechsel nachgedacht. Im Oktober 1967 schrieb er in der Zeitschrift *Foreign Affairs*: «Wir können es uns einfach nicht leisten, China auf alle Zeit außerhalb der Familie der Nationen zu belassen, auf dass es dort seine Fantasien nährt, seinen Hass pflegt und seine Nachbarn bedroht. Auf diesem kleinen Planeten kann eine Milliarde seiner potentiell fähigsten Bewohner nicht in zorniger Isolation leben.»

In den sechziger Jahren hatte sich das Verhältnis zwischen der Sowjetunion und China immer weiter verschlechtert. Mao sah in den Nachfolgern Stalins revisionistische Verräter an der kommunistischen Revolution, die mit dem amerikanischen Imperialismus um weltweite Hegemonie rangen. Für die Führung in Moskau wiederum war Mao ein linksradikaler Hasardeur, dem man besser die Atomwaffen aus der Hand nehmen sollte, damit er mit ihnen kein Unheil anrichten könnte. Im Jahr 1969 hatten sich die Spannungen zur akuten Kriegsgefahr verschärft. Am Grenzfluss Ussuri kam es zu bewaffneten Gefechten. Im Oktober 1969 rechnete Mao Zedong mit einem unmittelbar bevorstehenden Angriff der Sowjetunion und befahl den Mitgliedern der Regierung, mit Ausnahme von Premier Zhou Enlai sollten alle Peking sofort verlassen. Tatsächlich hatte Moskau im Sommer 1969 entlang der Grenze zu China mehr als eine Million Soldaten mobilisiert. Sowjetische Diplomaten hatten diskret erkundet, wie die Welt auf einen Präventivschlag gegen Chinas Nuklearwaffenarsenal reagieren würde.[3]

Es war also der gemeinsame Feind Sowjetunion, der Amerikaner und Chinesen zusammenbrachte. Wobei einige der von Peking ausgesandten Signale von Washington zunächst nicht verstanden wurden. So gab Mao dem amerikanischen Journalisten Edgar Snow im Oktober 1970 ein Interview. Mao vertraute Snow, der ihn in den dreißiger Jahren im abgelegenen kommunistischen Rückzugsgebiet von Yenan besucht und danach über die chinesischen Partisanen sein epochales Buch «Roter Stern über China» geschrieben hatte. Wie wichtig ihm sein Treffen mit Snow war, demonstrierte Mao, indem er seinen Gast bei der Parade zum Nationalfeiertag auf dem Podium direkt neben sich platzierte.

Warum man in Washington die Signale nicht zu deuten verstand? In seinem Interview durfte Snow die Antworten Maos nur in indirekter Rede wiedergeben und musste mit der Veröffentlichung drei Monate warten. Die Pekinger Führung hatte erwartet, Snow werde den Wortlaut des Interviews sofort an die amerikanische Führung weitergeben. Doch dort kam die Originalfassung nie an. Sehr zum nachträglichen Bedauern von Nixons Nationalem Sicherheitsberater Henry Kissinger. Denn wie Kissinger später schrieb, enthielt das Gespräch einige «revolutionäre Ankündigungen» des Großen Vorsitzenden, etwa dass Richard Nixon in Peking jederzeit willkommen sei, «entweder als Tourist oder als Präsident». Aber im Weißen Haus galt Edgar Snow als Propagandist Pekings, niemand schenkte seinem Interview Beachtung.[4]

Zum Glück gab es Kanäle, die besser funktionierten. Am 8. Dezember 1970 brachte der pakistanische Botschafter persönlich eine Botschaft Zhou Enlais zu Henry Kissinger ins Weiße Haus. Zhou lud darin einen Sonderemissär des amerikanischen Präsidenten nach China ein, um über «chinesische Territorien genannt Taiwan» zu sprechen. Im April 1971 folgte eine zweite Botschaft Zhous mit einer Einladung an Kissinger, Außenminister William Rogers oder den Präsidenten selbst. Am 10. Mai nahm Nixon die Einladung an. Eine Reise Kissingers sollte den Besuch vorbereiten.

All dies geschah in Washington in vollkommener Geheimhaltung. Nicht einmal Außenminister Rogers war eingeweiht. Kissinger, der gern im Verborgenen die Strippen zog, war der ideale Verbindungsmann. Bei einer Reise, die Nixons Sicherheitsberater zunächst nach Saigon, Bangkok, New Delhi und Rawalpindi führte, setzte sich Kissinger in Pakistan – er gab vor, leicht erkrankt zu sein – für 48 Stunden von seiner Delegation ab. Die Maschine des pakistanischen Präsidenten trug ihn mit einer kleinen Gruppe Vertrauter über den Himalaya nach Peking. Dort traf Kissinger am 9. Juli 1971 ein. Noch am selben Nachmittag setzte er sich im Gästehaus Diaoyutai zu seinem ersten Gespräch mit Zhou Enlai zusammen – jenem Führer Chinas, dem Außenminister John Foster Dulles einst in Genf den Handschlag verweigert hatte.

«Die Reise war folgenreich», sagte Kissinger vierzig Jahre später in einem Interview mit der *ZEIT*, «weil sie eine grundsätzliche Verschiebung in der Politik des Kalten Krieges bewirkte. Sie gilt als Beginn eines Dialogs – das war sie auch. Aber sie war mehr als das: Sie kehrte die Allianzen um. Mit der Reise begann sich China in Richtung einer De-facto-Allianz mit den Vereinigten Staaten zu bewegen.»[5]

Kissinger mangelte es wahrlich nicht an Selbstbewusstsein. Dennoch hat er immer betont, die Lorbeeren für den spektakulären Kurswechsel in der Chinapolitik gebührten Richard Nixon. Und es stimmte ja: Nur ein ausgewiesener Antikommunist wie Nixon konnte eine Annäherung an China politisch durchsetzen. Ein Demokrat, zumal ein liberaler, wäre in Washington zum Teufel gejagt worden, hätte er sich auf den Weg zu Mao gemacht. So abwegig war es also nicht, als Mao, wie erwähnt, bei seinem ersten Treffen mit Nixon scherzte: «Bei den letzten Wahlen habe ich Ihnen meine Stimme gegeben.» Mit den Rechten, diese Erfahrung habe er gemacht, sei die Zusammenarbeit leichter.

Es war ein seltsames Paar, das sich da am 21. Februar 1972 in dem mit Büchern vollgestopften Arbeitszimmer Maos traf: Der Kalte Krieger aus Washington, der seine Karriere als Kommunistenfresser gemacht hatte, und der Künder der permanenten Revolution, der Millionen Menschen seinem Veränderungswahn geopfert und die Weltmacht Amerika als «Papiertiger» geschmäht hatte. Aber beide waren zu der Einsicht gekommen, dass sie im Konflikt mit der Sowjetunion gemeinsame Sicherheitsinteressen hatten und deshalb eine strategische Kooperation ihrer beiden Länder anstreben sollten. Dafür ließ Nixon in Peking sogar an der Seite von Maos Frau Jiang Qing eine Aufführung des Revolutionsballetts «Das rote Frauenbataillon» über sich ergehen.

1972 trifft sich US-Präsident Richard Nixon erstmals mit
dem chinesischen Staatsführer Mao Zedong.

Wichtigstes politisches Ergebnis der Reise war das kurz vor dem
Rückflug veröffentlichte Shanghai-Kommuniqué. Darin versicherten
Amerikaner und Chinesen einander: «Keine der beiden Seiten sollte in
der asiatisch-pazifischen Region nach Hegemonie streben, und jede
Seite wendet sich gegen Bestrebungen irgendeines anderen Landes
oder einer Gruppe von Ländern, eine solche Hegemonie zu etablieren.» Klarer hätte man die angestrebte, gegen Moskau gerichtete strategische Kooperation kaum in Worte fassen können. Kissinger spricht
im Rückblick zu Recht von einer «veritablen diplomatischen Revolution».[6]
Der Streit um Taiwan, das war beiden Regierungen klar, würde sich
bei diesem Besuch nicht lösen lassen. Er würde wahrscheinlich noch
auf viele Jahre nicht beizulegen sein. Man musste ihn daher, um Fortschritte bei der strategischen Neuausrichtung zu erzielen, von den

anderen Gesprächsthemen abtrennen. Beide Seiten formulierten dazu – wohlgemerkt: in einem gemeinsamen Dokument – in aller Klarheit und Härte ihre jeweiligen, schwer zu vereinbarenden Positionen. Da diese bis heute im Wesentlichen unverändert sind, seien sie hier ausführlich zitiert.

China erklärte seine Haltung so: «Die Taiwanfrage ist das Kernproblem, das der Normalisierung der Beziehungen zwischen China und den Vereinigten Staaten im Wege steht; die Regierung der Volksrepublik China ist die einzige rechtmäßige Regierung Chinas; Taiwan ist eine Provinz Chinas, die schon vor langer Zeit wieder ans Mutterland gefallen ist; die Befreiung Taiwans stellt eine innere Angelegenheit Chinas dar; kein anderes Land hat das Recht, sich in sie einzumischen (...). Die chinesische Regierung widersetzt sich nachdrücklich allen Aktivitäten, die darauf abzielen, ‹ein China, ein Taiwan›, ‹ein China, zwei Regierungen›, ‹zwei Chinas› oder ein ‹unabhängiges Taiwan› zu schaffen, oder sich dafür auszusprechen, dass ‹der Status Taiwans erst noch bestimmt werden muss›.»

Amerikas Position lautete: «Die Vereinigten Staaten erkennen an, dass sämtliche Chinesen beidseits der Formosa-Straße die Auffassung vertreten, es gebe nur ein China, und Taiwan sei ein Teil davon. Die Regierung der Vereinigten Staaten ficht diesen Standpunkt nicht an. Sie betont erneut ihr Interesse an einer friedlichen Regelung der Taiwanfrage durch die Chinesen selbst.»[7]

Die Streitkräfte, die Amerika damals noch auf Taiwan stationiert hatte, sind seit langem abgezogen. Allen Drohgebärden zum Trotz ist es zwischen Taiwan und der Volksrepublik bis heute nicht zum Krieg gekommen. Der Pragmatismus der Politiker in Washington und Peking, die den Kurswechsel in ihren Beziehungen beschlossen, wurde belohnt. Für Mao war es ganz einfach: «Das kleine Thema ist Taiwan, das große Thema ist die Welt.» Warum also nicht warten? Notfalls hundert Jahre.

Erst einmal aber ging es darum, zwischen den beiden Ländern normale diplomatische Beziehungen aufzunehmen. Diese Aufgabe wartete auf jene Politiker, die nun die Macht übernahmen. Denn Richard Nixon, in der Watergate-Affäre des Rechtsbruchs und der Lüge überführt, musste im Sommer 1974 zurücktreten. In Peking starben im Abstand weniger Monate Zhou Enlai, am 8. Januar 1976, und Mao Zedong, am 9. September 1976.

Hatte es einen Moment lang so ausgesehen, als könnten nach dem Tod Maos mit der «Viererbande» um Jiang Qing die Linksradikalen die Macht übernehmen, so gelang es den moderaten Kräften in der Partei, dies mit Hilfe des Militärs zu verhindern. Formell stand der von Mao selbst eingesetzte Hua Guofeng («Mit Dir im Amt ist mir leicht ums Herz») an der Spitze von Partei und Regierung, aber der blasse Provinzfunktionär erwies sich rasch als Mann des Übergangs. Immerhin, indem er half, die Viererbande auszuschalten, leistete er seinem Land einen bedeutenden Dienst. Dem Machtwillen Deng Xiaopings jedoch hatte Hua nichts entgegenzusetzen. Von den Linken ein zweites Mal aus seinen Ämtern vertrieben, kehrte Deng, unterstützt von der Armee, 1977 ein drittes Mal ins Zentrum der Macht zurück. Zwanzig Jahre lang bestimmte er nun mit seiner Reform- und Öffnungspolitik die Geschicke Chinas.

Auch im Umgang mit Amerika gab Deng jetzt den Ton an. Die antisowjetische Grundausrichtung der chinesischen Außenpolitik blieb unter ihm unverändert. «Wo immer die Sowjetunion ihre Finger ausstreckt, da müssen wir sie abhacken», sagte er im Gespräch mit US-Präsident Jimmy Carter.[8] Mehr als Mao zeigte Deng Interesse an wirtschaftlicher und wissenschaftlicher Kooperation. Er wollte sein Land ja modernisieren, es aus der Armut herausführen. Amerika war für Deng der Inbegriff von Wohlstand und technischem Fortschritt. Deng wusste, dass die Vereinigten Staaten der Volksrepublik in allen Belangen weit voraus waren. Er wollte von ihnen und den anderen Industrienationen lernen: «Wir müssen die westliche Erziehung nicht fürchten.»

Seine Amerikareise zu Jahresbeginn 1979 wurde ein diplomatischer Triumph. Beim Gala-Dinner im Weißen Haus, das Jimmy Carter für ihn gab, speiste Deng mit den Spitzen der amerikanischen Industrie. In Washingtons Kennedy-Center schüttelte er den Basketball-Stars der Harlem Globetrotters die Hände. Beim Rodeo in Texas setzte er sich einen riesigen Cowboy-Hut auf. Im Flugsimulator des Johnson Space

Chinas Staatsführer Deng Xiaoping besucht bei seinem ersten Staatsbesuch in den USA Anfang Februar 1979 in Texas eine Rodeoshow.

Center in Houston wollte er gleich zweimal die Landung einer Welt-
raumfähre nachahmen. Nie wieder sollten einem chinesischen Parteiführer die Herzen der Amerikaner so zufliegen wie diesem klein-
gewachsenen Reformpolitiker aus Sichuan mit dem wachen Verstand
und der scharfen Zunge.

Es war die Reise, mit der Amerikaner und Chinesen die Aufnahme
diplomatischer Beziehungen feierten. Seit dem 1. Januar 1979 residierte
Washingtons China-Botschafter nun nicht mehr in Taipei, sondern in
Peking. Seinen Sitz bei den Vereinten Nationen hatte Taiwan schon im
Herbst 1971 verloren. Damals begann der lange, demütigende Weg
der Inselrepublik in die Isolation. Taiwan wurde zum Paria der Welt-
gemeinschaft. Und je lebendiger die taiwanische Demokratie wurde,
je erfolgreicher die Wirtschaft und je offener die Gesellschaft, desto
schlechter wurde das Gewissen vieler Regierungen. Realpolitisch
allerdings hatten sie keine Wahl – was zählen 23 Millionen freie
Staatsbürger gegen den Markt und die Macht von 1,4 Milliarden

Menschen? Auch die Vereinigten Staaten folgten am Ende der kühlen Logik des Staatsinteresses, für den Hardliner Nixon galt das genauso wie für den sanften Menschenrechtler Jimmy Carter.

Allerdings gab es in Washington über die Parteigrenzen hinweg stets ein Gefühl der Verpflichtung gegenüber dem alten Verbündeten. Deshalb verabschiedete der Kongress im April 1979 den Taiwan Relations Act, in dem sich die Vereinigten Staaten verpflichteten, Taiwan die notwendigen militärischen Mittel zur Verfügung zu stellen, um die Insel in die Lage zu versetzen, «ausreichende Selbstverteidigungsfähigkeiten aufrechtzuerhalten». Peking war darüber empört, sah in dem Beschluss eine Verletzung der chinesischen Souveränität. Es dauerte gut drei weitere Jahre, bis im August 1982 ein Kompromiss gefunden wurde. Die Amerikaner versprachen, die Waffenlieferungen an Taiwan schrittweise zu reduzieren, dafür sicherte China zu, sich «um eine friedliche Wiedervereinigung des Vaterlandes zu bemühen». Tatsächlich versorgten die USA weiterhin Taiwan mit modernstem Kriegsgerät. Im Jahr 1983 lieferten sie Rüstungsgüter im Wert von 697 Millionen Dollar, 1984 im Wert von 680 Millionen Dollar. Wobei die Amerikaner Taiwan zwar schützen wollten; zugleich jedoch taten sie alles, um die Regierung in Taipei davon abzuhalten, China mit dem Streben nach offizieller Unabhängigkeit herauszufordern.

An dieser Linie hielten alle US-Präsidenten nach Nixon fest, auch wenn sie sich Taiwan noch so eng verbunden fühlten. Selbst der erzkonservative Ronald Reagan, der seinem Vorgänger Carter im Wahlkampf entgegengeschleudert hatte: «Kein weiteres Taiwan, kein weiterer Verrat!», hielt nach seinem Einzug ins Weiße Haus Kurs in der Chinapolitik. Für Reagan war der Kommunismus eine «Abirrung», die «keine normale Gesellschaftsform für Menschen» sei. Doch am Ende kam er mit der Führung in Peking genauso zurecht wie seine Vorgänger und seine Nachfolger. Die Führer der Volksrepublik empfingen Reagan im Frühjahr 1984 mit mehr Pomp als jeden ausländischen Besucher vor ihm. Der Präsident genoss den prächtigen Rahmen und wünschte sich für die Beziehungen zwischen den beiden Ländern in der Großen Halle des Volkes *hu yong hu wei* – «gegenseitigen Nutzen und gegenseitigen Respekt». Die Waffenlieferungen an

Taiwan allerdings, daran ließ er keinen Zweifel, sollten weitergehen: «Wir werden alten Freunden nicht den Rücken kehren.»[9]

Pragmatismus und nationales Interesse führten alle amerikanischen Präsidenten im Umgang mit China zu einer Politik der Mitte, ob sie von rechts kamen, wie Reagan und später George W. Bush, oder eher von links, wie Carter oder Bill Clinton – niemand stellte die Bedeutung des Verhältnisses in Frage; alle bewegten sich im Rahmen von Shanghai-Kommuniqué und Taiwan Relations Act. Bill Clinton etwa hatte Reagan die Nähe zu Chinas «Diktatoren» vorgeworfen und verstand sich dann bestens mit Parteichef Jiang Zemin.

Mit dem in den achtziger Jahren einsetzenden Niedergang der Sowjetunion und dem gleichzeitigen staunenswerten Wirtschaftsaufstieg Chinas hatten sich machtpolitisch die Gewichte allmählich verlagert. Das Verhältnis zwischen Washington und Peking wurde für die beiden Regierungen zur wichtigsten bilateralen Beziehung. Sie galt es zu pflegen, allen Verstimmungen, Missverständnissen und objektiven Interessendivergenzen zum Trotz. Daran änderte der chinesische Ärger über Waffenlieferungen an Taiwan so wenig wie die amerikanische Empörung über fortgesetzte schwere Menschenrechtsverletzungen. Man attackierte einander heftig und arrangierte sich dann wieder miteinander. «Diejenigen, die über viele Jahre hinweg die Beziehung beobachtet haben, wissen, dass es nie so schlimm ist, wie es scheint, und nie so gut, wie es scheint.»[10]

Dies galt auch für jene Tragödie, die zur größten Belastung des amerikanisch-chinesischen Verhältnisses werden sollte. Die achtziger Jahre waren ein Jahrzehnt des Aufbruchs in der kommunistischen Welt, wirtschaftlich in der Volksrepublik China, politisch in der Sowjetunion und in Osteuropa. Und auch wenn Michail Gorbatschow heute von der Führung in Peking als Totengräber des Kommunismus geschmäht wird – sein Versprechen von *glasnost* und *perestrojka* elektrisierte damals auch Chinas junge Generation. Gorbatschows Staatsbesuch im Mai 1989, der erste eines sowjetischen Parteichefs seit dem Schisma im Weltkommunismus Anfang der sechziger Jahre, ließ sie träumen von einer Liberalisierung auch im eigenen Land. Der Reformer aus Moskau war für sie ein Hoffnungsträger. Das politische Modell jedoch, von dem die Hunderttausenden träumten, die 1989 auf die Straße gingen, war nicht eine erneuerte Sowjetunion. Es war die Demokratie der Vereinigten Staaten – mit einer «Regierung des Volkes, durch das Volk und für das Volk», wie in Anlehnung an Abraham Lincolns Gettysburg Address auf Transparenten zu lesen war. Den amerikanischen Traum vieler Studenten symbolisierte nichts so treffend wie die der New Yorker Freiheitsstatue nachempfundene neun Meter hohe «Göttin der Demokratie», die Studenten der Kunsthochschule direkt vor dem Tor des Himmlischen Friedens errichteten. In der Nacht zum 4. Juni 1989 walzten Panzer der Armee sie nieder.

Kein Land nahm nach dem Tiananmen-Massaker so viele Anführer der Protestbewegung auf wie die Vereinigten Staaten. Einer der mutigsten Dissidenten, der Astrophysiker Fang Lizhi harrte gemeinsam mit seiner Frau mehr als ein Jahr lang in der Pekinger US-Botschaft aus, in der er Zuflucht gesucht hatte, um seiner drohenden Verhaftung zu entgehen. Amerikas Öffentlichkeit und der Kongress waren entsetzt über das Blutbad im Herzen der chinesischen Hauptstadt und verlangten, in den Worten der demokratischen Abgeordneten Nancy Pelosi, eine «klare und prinzipientreue Botschaft der Empörung an die Führer in Peking».

Natürlich teilte der damalige Präsident George H. W. Bush das Entsetzen seiner Landsleute. Aber der einstige Leiter des amerikanischen Verbindungsbüros in Peking wollte keinen Bruch der Beziehungen. In einem langen, persönlichen Brief wandte er sich «als Freund» an Deng Xiaoping, brachte seine «große Bewunderung für die chinesische Geschichte, Kultur und Tradition» zum Ausdruck, bat um Verständnis für die Sanktionen, die er als Präsident unter dem Druck der öffentlichen Meinung gegen China verhängt hatte, und beschwor Deng, die tragischen Ereignisse in Peking dürften nicht die «vitale Beziehung» zunichtemachen, die beide Regierungen «geduldig über die vergangenen siebzehn Jahre aufgebaut» hätten.[11]

Schon vier Wochen nach der Niederschlagung der Proteste, am 1. Juli 1989, sandte Bush seinen Nationalen Sicherheitsberater Brent Scowcroft und den stellvertretenden Außenminister Lawrence Eagleburger in geheimer Mission nach Peking. Ihre Gesprächspartner dort zeigten kein Verständnis für den weltweiten Aufschrei über das Blutvergießen, von Einsicht, von Reue keine Spur. Stattdessen bittere Vorwürfe. Amerika habe mit seiner Unterstützung der Proteste Chinas Regierung in die Ecke getrieben. Das Ziel des «konterrevolutionären Aufstands» sei der Umsturz der Volksrepublik China und des sozialistischen Systems gewesen. Deswegen müssten die Aufrührer hart bestraft werden. Amerikanische Sanktionen würden daran nichts ändern. «Wir fürchten sie nicht.»

Die einmütige Verurteilung Chinas im gesamten Westen war gewiss einer der Gründe, warum sich die Volksrepublik Anfang der neunziger Jahre wieder Moskau zuwandte. Schon Michail Gorbatschow hatte einen Schlussstrich unter die Konfrontation der beiden kommunistischen Großmächte ziehen wollen, aber sein Besuch war in den Tiananmen-Tumulten untergegangen. Zum Gegenbesuch reiste im Mai 1991 Jiang Zemin nach Moskau, als erster chinesischer Parteichef seit Mao 1957. Bereits vor der Peking-Reise Gorbatschows hatte die Sowjetunion die «drei Haupthindernisse» aus dem Weg geräumt, die aus Sicht Pekings normalen Beziehungen entgegenstanden: Sie hatte ihre massive Truppenkonzentration an der 7500 Kilometer langen gemeinsamen Grenze verringert, ihre Soldaten aus Afghanistan abgezogen und Vietnam gedrängt, die Besetzung Kambodschas zu beenden. An eine Rückkehr zur sowjetisch-chinesischen Allianz der fünfziger Jahre aber war nicht mehr zu denken. Die einst ruhmreiche Sowjetunion war nur noch eine leere Hülle; die Nationalitäten, die Lenin und Stalin einst zu einem mächtigen Reich zusammengezwungen hatten, suchten ihre Zukunft in unabhängigen Republiken. Russland, als größte Teilrepublik aus dem zerfallenden Vielvölkerstaat hervorgegangen, wandte sich vom Kommunismus ab.

Das Gleichgewicht der Kräfte zwischen den beiden Weltmächten des Kalten Krieges existierte nicht mehr. Und doch hatte China, außenpolitisch isoliert und vom Westen mit Sanktionen belegt, gute Gründe, einen Ausgleich mit Moskau zu suchen. Der Einfluss der Sowjetunion schwinde zwar, argumentierte Außenminister Qian Qichen. «Aber militärisch ist sie immer noch die einzige Macht, die fähig ist, den Vereinigten Staaten entgegenzutreten.»[12]

Wirtschaftlich hatte die Volksrepublik in den achtziger Jahren einen phänomenalen Aufstieg erlebt. Aber politisch stand sie nach dem Zusammenbruch des Ostblocks nahezu allein da – ohne Freunde und Verbündete. Der Kommunismus als Weltbewegung war an sein Ende gekommen – gerade vier sozialistische Bruderstaaten waren China geblieben: Nordkorea, Kuba, Vietnam und Laos. Eine große Stütze war keiner der vier. Gegen Vietnam hatte China zu Jahresbeginn 1979 sogar Krieg geführt.

Dagegen standen die Vereinigten Staaten nach dem Ende des Kalten Krieges im Zenit ihrer Macht. Von Amerikas «unipolarem Moment» schrieb der konservative Kolumnist Charles Krauthammer 1990, der Politikwissenschaftler Francis Fukuyama verkündete schon 1989 das «Ende der Geschichte». Und tatsächlich hatte der Westen im Konflikt der Systeme triumphiert. In Michail Gorbatschow fand der damalige US-Präsident George H. W. Bush einen Partner, der wie er an den Bau einer «neuen Weltordnung» glaubte. Die Vereinten Nationen sollten gestärkt werden, um endlich die ihr von den Gründern zugedachte Rolle spielen zu können. Die neunziger Jahre sahen die schönsten internationalistischen Träume reifen: eine Begrenzung der nationalen Souveränität, ja die Überwindung des Nationalstaats. Verbrechen wider die Menschlichkeit sollten keine «innere Angelegenheit» mehr sein, die Staatengemeinschaft sollte vielmehr eine «Schutzverantwortung» tragen und zu humanitären Interventionen berechtigt, ja verpflichtet sein.

Für die Führer der Volksrepublik waren dies alles gänzlich abwegige Ideen. Was führte der Westen im Schilde? Wollte er sich wieder in die Geschicke Chinas einmischen, wie die imperialistischen Mächte im 19. Jahrhundert, nur diesmal unter dem edlen Vorwand universeller Menschenrechte? Was ging ihn das Schicksal der Tibeter oder der Uiguren überhaupt an? Wollte er in der Volksrepublik die Nationalitäten gegeneinander aufbringen, um das Land zu schwächen? Und begriff er denn nicht, dass freie Wahlen, eine unzensierte Presse und eine unabhängige Justiz China unweigerlich ins Chaos stürzen würden? War dies sein Ziel?

Der Streit um die Menschenrechte wurde zur Belastung der chinesisch-amerikanischen Beziehungen in den neunziger Jahren – und ist es bis heute geblieben. Der Demokrat Bill Clinton hatte dem Republikaner George H. W. Bush im Präsidentschaftswahlkampf 1992 vorgeworfen, Pekings Machthaber nach dem Tiananmen-Massaker «gehätschelt» zu haben. «China kann den Kräften des demokratischen Wandels nicht für alle Zeiten widerstehen», hatte Clinton gesagt. «Eines Tages wird es den Weg der kommunistischen Regime in Osteuropa und der ehemaligen Sowjetunion gehen. Die Vereinigten Staaten müssen tun, was sie können, um diesen Prozess zu beschleunigen.» Für die Führung in Peking war dies ein Aufruf zum Umsturz.

Erst einmal im Amt, suchte Bill Clinton dann wie alle seine Vorgänger ein einvernehmliches Auskommen mit China. Zugleich aber band er die «Meistbegünstigung» im bilateralen Handel – also die Gewährung der im Warenverkehr allgemein üblichen Zolltarife – an eine Verbesserung bei den Menschenrechten. Es wurde ein jährliches Ringen. Der US-Kongress erhob stets noch schärfere Forderungen, Peking wollte keinerlei Bedingungen akzeptieren. Bis Clinton schließlich erklärte, die Politik der Konditionalität habe sich erschöpft. China war inzwischen zur Wachstumslokomotive ganz Asiens geworden, und keines seiner Nachbarländer unterstützte Washingtons Junktim zwischen Handel und Menschenrechten. Sogar prominente chinesische Regimegegner wandten sich gegen Handelssanktionen. Wang Dan, einer der Wortführer auf dem Platz des Himmlischen Friedens, gerade aus der Haft entlassen, plädierte für eine Verlängerung der Meistbegünstigung. Er hatte die Hoffnung, dass «eine blühende chinesische Exportindustrie die erfolgreiche Fortsetzung der Wirtschaftsreform ermöglicht, die langfristig automatisch auch einen Wandel des politischen Systems bewirken wird».[13]

Eine Illusion. Weder durch politischen Druck noch durch wirtschaftliche Verlockungen ließen sich Chinas Führer von ihrem Kurs abbringen. Aus ihrer Sicht war der naive Michail Gorbatschow spektakulär gescheitert. Mit ihnen würde es eine politische Liberalisierung nicht geben. Das musste am Ende auch die Regierung Clinton einsehen. China war einfach zu reich, zu mächtig geworden. Und, wie Clintons Außenministerin Madeleine Albright gelernt hatte, «sehr, sehr stolz».

Längst hatten die intellektuellen Debatten über das «Pazifische Jahrhundert» begonnen. Würde es China gehören, nicht mehr den Vereinigten Staaten? Doch erst einmal trat Asien in der amerikanischen Außenpolitik wieder in den Hintergrund. Der Grund dafür war nicht ein Mangel an strategischer Weitsicht – es war ja nicht zu übersehen, dass sich das Gravitationszentrum der Weltwirtschaft und damit auch der Weltpolitik in den pazifischen Raum verlagert hatte. Es waren die Anschläge vom 11. September 2001, die Amerikas außenpolitische Agenda mit Wucht veränderten. Die Herausforderung durch den islamistischen Terror ließ die Regierung von Präsident George W. Bush zwei Kriege beginnen, die fast zwei Jahrzehnte lang Energie, Aufmerksamkeit und finanzielle Ressourcen in einem Maße banden, das der veränderten geopolitischen Realität nicht mehr entsprach.

Die nach Bush ins Amt kommende Regierung von Barack Obama war sich dessen bewusst. Der «pivot to Asia», der Schwenk in Richtung Asien, wurde zum strategischen Kern ihrer Außenpolitik. Vordenker der Neuausrichtung hin zum asiatisch-pazifischen Raum war Kurt M. Campbell, im State Department unter Hillary Clinton von 2009 bis 2013 Assistant Secretary for East Asian and Pacific Affairs. In einem programmatischen Artikel für die Zeitschrift *Foreign Policy* hatte Hillary Clinton eingeräumt, die amerikanische Außenpolitik sei zu lange «abgelenkt» worden. Nun aber, da der Krieg im Irak zu Ende gehe und Amerika beginne, seine Truppen aus Afghanistan abzuziehen, sei es Zeit, sich den vernachlässigten Herausforderungen zuzuwenden. Und eine der wichtigsten Aufgaben des kommenden Jahrzehnts werde es sein, sich in der asiatisch-pazifischen Region «substantiell» stärker zu engagieren – diplomatisch, wirtschaftlich und strategisch. Amerikas Rolle sei wegen der fünf bilateralen Verteidigungsbündnisse in der Region (mit Japan, Südkorea, Australien, Thailand und den Philippinen) und wegen der vielen anderen Partnerschaften «unersetzbar».[14]

Nur fünf Wochen nach Erscheinen des Artikels bekräftigte Barack Obama in einer Rede vor dem australischen Parlament in Canberra die strategische Neuausrichtung der US-Außenpolitik nach Asien: «Hier sehen wir die Zukunft.» Die Vereinigten Staaten seien eine pazifische Macht – «und wir sind hier, um zu bleiben».[15] Während die USA beabsichtigten, ihre militärische Präsenz in anderen Weltregionen zu verringern, werde es im asiatisch-pazifischen Raum keinen Truppenabbau geben. Wie zur Bekräftigung seiner Worte flog der Präsident noch am selben Tag weiter nach Darwin im Norden Australiens, wo die USA gerade ihren Militärstützpunkt ausbauten. Künftig sollten dort 2500 Marines in die Kasernen einrücken.

Aus Sicht Pekings war die Stoßrichtung des «pivot to Asia» klar: China sollte eingekreist werden. Kurt Campbell bestreitet das. Es sei nicht um eine Politik des «containment» gegangen, einer Eindämmung Chinas. Sehr wohl aber habe die Regierung Obama dem Eindruck entgegentreten wollen, Amerikas Einfluss in der Region lasse nach. Peking sollte nicht dem Irrtum erliegen, die USA wollten sich aus Asien zurückziehen. Mit Containment habe dies nichts zu tun gehabt. «So gut wie kein ernstzunehmender amerikanischer Politiker unterstützte die Idee, China einzudämmen. Denn das Konzept des Containment, das auf die Auseinandersetzung mit der Sowjetunion während des Kalten Krieges zurückgeht, hat wenig bis keine Relevanz für die komplexen Gegebenheiten eines interdependenten Asiens, in dem die meisten Staaten enge wirtschaftliche Bindungen an China haben.»[16]

In diesem Punkt waren sich die Asienexperten in Washington einig: Eine Politik der Eindämmung würde nicht funktionieren. «Das ist nicht die amerikanische Politik», schrieb David Shambaugh, Professor an der George-Washington-Universität. «Die Vereinigten Staaten können China nicht ‹eindämmen›, selbst wenn sie es wollten. China ist nicht die Sowjetunion. Das internationale System ist viel stärker verflochten und globalisiert als während des Kalten Krieges, und China ist in dieses System stark integriert.»[17] Richard Bush von der Brookings Institution in Washington urteilte im Gespräch bündig: «Die Eindämmung Chinas war nie eine Option.»

Der Konsens der Fachleute lautete: China wolle die vom Westen nach dem Zweiten Weltkrieg aufgebaute und von ihm bis heute geprägte internationale Ordnung nicht sprengen, sondern an ihr teilhaben, profitiere es doch wie kaum ein anderes Land von ihr. Deshalb

Im Juni 2013 treffen sich Präsident Xi Jinping und Präsident Barack Obama auf einem Anwesen in Kalifornien.

sei die Volksrepublik den wichtigsten internationalen Institutionen beigetreten, der Weltbank, dem Internationalen Währungsfonds (IWF) und zuletzt, 2001, der Welthandelsorganisation (WTO). China sei keine revolutionäre Macht mehr, sondern eine Status-quo-Macht. Es werde sich nicht immer an alle Spielregeln halten, aber es werde auch nicht den Tisch umschmeißen, an dem es neben den anderen Mächten Platz genommen habe.

Xi Jinping zeigte sich denn auch zunächst auf Harmonie bedacht im Dialog mit Barack Obama. Bei einem Treffen der beiden Präsidenten 2013 in Kalifornien beruhigte er: «Der weite Pazifische Ozean bietet genügend Raum für China und die Vereinigten Staaten.» Doch die Volksrepublik trat immer selbstbewusster auf, sie sah den Einfluss Amerikas nicht nur in Asien, sondern weltweit schrumpfen. Dazu hatte vor allem die 2008 von Amerika ausgehende internationale Finanzkrise beigetragen. China hatte mit einem gewaltigen Konjunkturprogramm geholfen, die Panik an den Finanzmärkten zu stoppen. In

Peking begann der Stolz darüber in Arroganz umzuschlagen: Hatte sich das eigene System nicht gegenüber dem verrotteten Wallstreet-Kapitalismus als überlegen erwiesen? Das neue chinesische Selbstbewusstsein, schrieb David Shambaugh, habe im Kontrast gestanden zu den «wachsenden amerikanischen Selbstzweifeln», der Ungewissheit über die eigene wirtschaftliche Kraft und die globale Rolle einer sich aus den Kriegen im Irak und in Afghanistan zurückziehenden Nation.[18]

Auch wenn noch der Konsens hielt, nicht Eindämmung sei die richtige Politik, sondern Einbindung, so zeigten sich doch erste Zweifel, ob China artig seinen Platz in einem von der Weltmacht USA dominierten System einnehmen werde. Ob das Land wirklich der «responsible stakeholder» sein werde, der verantwortliche Teilhaber, den sich der stellvertretende US-Außenminister und spätere Weltbank-Präsident Robert Zoellick 2005 gewünscht hatte. Von einem neuen Kalten Krieg war noch nicht die Rede, aber in Washington wie in Peking war das Misstrauen zu spüren, das es beiden Ländern erschwerte, bei großen Herausforderungen wie dem Klimawandel oder bei akuten Krisen wie Nordkoreas atomarer Aufrüstung enger zusammenzuarbeiten. China begann sein Erfolg zu Kopf zu steigen. Unter Xi Jinping vergaß es den klugen Rat Deng Xiaopings, bescheiden aufzutreten und die eigenen Fähigkeiten lieber zu verbergen. Das Regime ließ nun seine Muskeln spielen: im Südchinesischen Meer, gegenüber Hongkong und Taiwan; beim Umgang mit Handelspartnern und ausländischen Investoren; beim Kauf technologisch führender Unternehmen und bei der Unterdrückung unliebsamer Meinungen selbst jenseits der eigenen Grenzen. China durfte sich daher nicht wundern, dass es im Ausland auf Widerstand stieß. Zuerst und am lautesten in den Vereinigten Staaten.

Dort hatte am 8. November 2016 Donald Trump die Präsidentschaftswahlen gewonnen. Die chinesische Führung war über das Votum der Amerikaner nicht weniger konsterniert als der Rest der Welt. Und sie war beunruhigt. Denn Trump hatte China im Wahlkampf wegen seiner hohen Handelsüberschüsse heftig angegriffen. Andererseits hoffte man in Peking, sich mit dem neuen Präsidenten arrangieren zu können. Trump, so war bei außenpolitischen Fachleuten zu hören, sei kein Politiker, sondern ein Geschäftsmann. Ihm gehe es nicht um Prinzipien, sondern um den wirtschaftlichen Vorteil. Er werde seine Gesprächspartner nicht über Menschenrechte und Demokratie belehren. Das mache es für China leichter.

Welch ein Irrtum. Trump ging gleich nach Amtsantritt mit einer ungeheuren Aggressivität auf China los. Er verdammte die hohen Exportüberschüsse, den Diebstahl geistigen Eigentums, den erzwungenen Technologietransfer, die Subventionen für chinesische Staatsunternehmen. China raubt uns aus, behauptete er. Und Amerika werde sich diesen Raubzug nicht länger bieten lassen. Die Vorwürfe waren nicht aus der Luft gegriffen. 2017 betrug Chinas Überschuss im Handel mit den USA gigantische 375 Milliarden Dollar. Nur war dies nicht allein unlauteren Methoden auf chinesischer Seite zuzuschreiben, sondern auch einem Mangel an amerikanischer Wettbewerbsfähigkeit. Allein mit dem Verkauf von noch mehr Sojabohnen würde sich die Handelslücke nicht schließen lassen.

Trump erließ Strafzölle, verhängte Sanktionen; er drängte amerikanische Unternehmen, ihre Produktion aus China zurück in die USA zu verlagern – mit dem einzigen Ergebnis, dass der chinesische Handelsüberschuss weiter stieg, auf 420 Milliarden Dollar im Jahr 2018. China exportierte in diesem Jahr Güter im Wert von 540 Milliarden Dollar in die USA, importierte aber umgekehrt nur Waren im Wert von 120 Milliarden Dollar. Also kündigte Trump 2019 noch höhere Strafzölle an: 25 Prozent auf Güter im Wert von 300 Milliarden Dollar. Fast der gesamte amerikanische Import aus China wäre davon betroffen gewesen. Zu Jahresbeginn 2020 einigten sich beide Seiten dann nach zähen Verhandlungen auf ein Zwischenabkommen («Phase 1»). Bevor weiter um die Tarife gerungen werden konnte, begann die Coronakrise ihr Zerstörungswerk in den beiden Ländern – und in den bilateralen Beziehungen.

In diesen Beziehungen ging es schon lange nicht mehr allein um den Handel. Immer mehr Ökonomen und Geostrategen in den USA hielten die Dominanz Chinas in den globalen Wertschöpfungsketten für das viel größere Problem als die Ungleichgewichte im Warenaustausch. Amerika sei auf unheilvolle Weise von China abhängig geworden; wolle es seine Souveränität bewahren, müsse es sich von China «abkoppeln».

Konnte es das geben, ein «decoupling»? Gewissermaßen einen Ausstieg aus der Globalisierung? Ökonomen wie Trumps oberster Wirtschaftsberater Peter Navarro glaubten das. Navarro, Autor von Büchern wie «The Coming China Wars» und «Death by China», hielt einen fairen Wettbewerb mit der Volksrepublik für unmöglich, denn amerikanische Unternehmen konkurrierten «nicht mit chinesischen Unternehmen, sie konkurrieren mit der chinesischen Regierung».[19] Die Verteidiger des Freihandels hörten es mit Schrecken. Henry Paulson, ehemaliger Vorstandschef von Goldman Sachs und unter Präsident George W. Bush US-Finanzminister, sagte im November 2018 auf einem Wirtschaftsforum in Singapur, er sehe deutliche Anzeichen dafür, dass zwischen Amerika und China ein «wirtschaftlicher Eiserner Vorhang» niedergehe.

Groß war die Enttäuschung bei denen, die eine Annäherung des autoritären Staatskapitalismus Chinas an das marktwirtschaftliche Modell der USA erwartet hatten. Der Historiker Niall Ferguson, der 2007 mit dem Ökonomen Moritz Schularick das Wort «Chimerica» geprägt hatte, um die symbiotische Beziehung der beiden Volkswirtschaften zu beschreiben, korrigierte sich: «Heute ist diese Partnerschaft tot. Der Kalte Krieg Nummer zwei hat begonnen.»[20]

Fast ein halbes Jahrhundert nach Nixons Besuch bei Mao Zedong kehrte in Washington endgültig Ernüchterung ein. Der Versuch, China in das liberale, regelbasierte internationale System einzubinden, galt als gescheitert. Dieser neue «anti-chinesische Konsens», schrieb Edward Luce in der *Financial Times*, «umspannt Donald Trumps Weißes Haus und den Kongress, Republikaner und Demokraten, Wirtschaft und Gewerkschaften, Globalisten und Populisten. Über fast alles andere mag Amerika mit sich selbst im Krieg sein, aber es findet zusammen in der Furcht vor China.»[21]

Niemand ging mit der Volksrepublik härter ins Gericht als Vizepräsident Mike Pence. Er war in der Regierung Trump – neben Außenminister Mike Pompeo – der ideologische Scharfmacher. Seine Angriffe richteten sich stets direkt gegen die Kommunistische Partei Chinas.

Nie attackierte er sie schärfer als in einer Rede am 4. Oktober 2018 vor dem Hudson Institute in Washington. Es war eine einzige Abrechnung. «Amerika hatte gehofft, wirtschaftliche Liberalisierung werde China in eine engere Partnerschaft mit uns und der Welt bringen. Stattdessen hat China wirtschaftliche Aggression gewählt.» Zuhause errichte die KP einen Überwachungsstaat, nach außen betreibe es eine «Verschuldungsdiplomatie», eine «Kultur der Zensur» und mische sich in Amerikas Demokratie ein. «Was die Russen tun, verblasst im Vergleich zu dem, was China überall in diesem Land treibt.»[22]

Zu dieser Zeit begann im Außenministerium der Planungsstab an einem Grundsatzpapier zur Chinapolitik zu arbeiten. Dessen zeitweilige Leiterin Kiron Skinner sah in dem Konflikt mit China nicht weniger als einen «Kulturkampf». China sei eine «wirklich andere Zivilisation», erklärte sie bei einer Veranstaltung in Washington im April 2019. Die Auseinandersetzung mit der Sowjetunion sei noch eine Art «Streit in der westlichen Familie» gewesen. «Dies ist das erste Mal, dass wir einen Großmachtrivalen haben, der nicht weiß (*caucasian*) ist.»[23] Das war blanker Rassismus, und so dürften die Bemerkungen in Peking auch wahrgenommen worden sein. Skinners Abteilung, berichteten amerikanische Medien, habe sich für ihre Arbeit den berühmten «X-Artikel» zum Vorbild genommen, jenen folgenreichen Essay in der Zeitschrift *Foreign Affairs* über «The Sources of Soviet Conduct» aus dem Jahr 1947. Unter dem Pseudonym «X» hatte George Kennan, der damalige Chef des Planungsstabes, seine Strategie der Eindämmung der Sowjetunion empfohlen.

Kalter Krieg Nummer zwei also – Washington hatte die neue Formel für die Beziehungen zu Peking gefunden. Sogar das längst dahingeschiedene «Committee on the Present Danger» erwachte zu neuem Leben, das in den fünfziger Jahren für eine Aufrüstung gegen die Sowjetunion getrommelt hatte. Stephen Bannon schloss sich ihm an, der Ex-Berater von Donald Trump, Senator Ted Cruz und Newt Gingrich, der ehemalige Sprecher des Repräsentantenhauses und Anhänger Ronald Reagans. Bei einer Anhörung im Senat sagte FBI-Direktor Christopher A. Wray, die chinesische Bedrohung richte sich «nicht nur gegen die ganze Regierung, sondern gegen die ganze Gesellschaft».[24]

Die Stimmung in Amerika war umgeschlagen, so heftig wie zuletzt nach dem Tiananmen-Blutbad 1989 und mit vielleicht noch weiter reichenden Folgen. «Wie beginnt ein kalter Krieg?», fragte die *Washington Post*. «Über Washington hängt eine aufgestaute Feindseligkeit gegen Peking wie eine dunkle Wolke.»[25]

Es gab nur wenige Stimmen, die zur Nüchternheit mahnten. Der Publizist Fareed Zakaria gehörte zu ihnen, der in *Foreign Affairs* argumentierte, Amerika solle mit Blick auf den Herausforderer China nicht in Panik verfallen. Die USA seien im Begriff, einen fundamentalen Fehler zu begehen. Sie setzten die Errungenschaften der vergangenen vier Jahrzehnte aufs Spiel. Die Folgen einer Konfrontation zwischen den beiden größten Volkswirtschaften wären Jahrzehnte der Instabilität und Unsicherheit. «Ein Kalter Krieg mit China dürfte länger und kostspieliger sein als der mit der Sowjetunion. Und der Ausgang wäre ungewiss.»[26]

Trotz solcher Warnungen, eine Sorge beschäftigte Washingtons politische Klasse kaum: Dass ein verschärfter Konflikt China in die Arme Russlands treiben könnte. Die lange verfeindeten Länder waren sich in den zurückliegenden Jahren wieder etwas nähergekommen. Beide lehnten ein internationales System unter der «hegemonialen Dominanz» der Vereinigten Staaten ab. Sie wollten sich keinen Strafmaßnahmen des Westens beugen. Der nüchterne Blick auf die gemeinsamen Interessen ließ Wladimir Putin und Xi Jinping zusammenrücken. Seit 2013 trafen sich die beiden Präsidenten rund dreißig Mal. Xi erklärte, Putin sei sein «bester und engster Freund».

In den Vereinten Nationen stimmten die beiden Regierungen oft gleich ab, ihr Blick auf Länder wie Iran, Nordkorea oder Belarus ähnelte sich. Aber aus der politischen Nähe war keine Partnerschaft geworden, schon gar keine Allianz. Zwar hatte eine Pentagon-Studie spekuliert, Putin könne den «umgekehrten Nixon» machen, also im Machtkampf mit den USA seine eigene «Chinakarte» ausspielen. Doch China war viel zu stark geworden, als dass es sich hätte instrumentalisieren lassen. Es nahm gern das russische Erdöl und Gas, zufrieden mit den vereinbarten Vorzugsbedingungen. Amerika blieb jedoch für Peking der mit Abstand wichtigere Wirtschaftspartner und Technologielieferant.

Sicher, ein gutes Verhältnis zu Russland konnte nützlich sein, wenn es darum ging, den Amerikanern Zugeständnisse abzuringen. Demonstrativ kaufte China in Moskau modernste Waffensysteme wie Boden-Luft-Raketen vom Typ S 400 oder SU-35 Kampfbomber. Die Streitkräfte beider Länder führten regelmäßig Marineübungen durch – im Ost- und im Südchinesischen Meer, im Mittelmeer, sogar in der Ostsee. Auch absolvierten ihre strategischen Bomber schon einmal elf Stunden lange, 9000 Kilometer weit reichende Langstreckenflüge gemeinsam. Aber ein Militärbündnis zwischen Moskau und Peking war nicht in Sicht.

Die alten geopolitischen Rivalitäten bestanden ja fort, in Zentralasien etwa. Vor allem aber hatten sich China und Russland wirtschaftlich und technologisch weit auseinanderentwickelt. Russland war für die Volksrepublik vor allem als Rohstofflieferant interessant. Doch wenn die Chinesen in die Zukunft schauten, dann blickten sie auf Amerika. Die Vereinigten Staaten blieben das Land, das sie eines Tages überholen wollten. Russland hatten sie in der eigenen Wahrnehmung längst hinter sich gelassen.

2. Technologische Konkurrenz und neue Kommunistenfurcht

Am 1. Dezember 2018 essen in Argentiniens Hauptstadt Buenos Aires US-Präsident Donald Trump und sein chinesischer Amtskollege Xi Jinping gemeinsam zu Abend. Sie haben sich zu diesem Gespräch am Rande des G20-Gipfels verabredet, weil sie versuchen wollen, den Handelskonflikt zwischen ihren Ländern zu entschärfen. Was beide nicht wissen: Genau zu dieser Stunde nehmen 11 000 Kilometer nördlich kanadische Polizisten am Flughafen von Vancouver die chinesische Managerin Meng Wanzhou fest. Die Geschäftsfrau ist auf dem Weg von Hongkong nach Mexiko, in Vancouver will sie nur das Flugzeug wechseln. Aber der Zwischenstopp wird für sie zur Endstation.

Gegen Meng Wanzhou liegt ein Haftbefehl vor, ausgestellt am 22. August 2018 von der Staatsanwaltschaft des Eastern District in New York. Ein kanadischer Richter hat am 30. November 2018 seinerseits einen Haftbefehl erlassen, nachdem die Sicherheitsbehörden des Landes erfahren hatten, dass Meng Wanzhou am folgenden Tag in Vancouver zwischenlanden wird.

In Buenos Aires verläuft das Dinner harmonisch. Beide Seiten wünschen im Streit um das riesige amerikanische Handelsdefizit keine weitere Eskalation, Unterhändler sollen nach Kompromissmöglichkeiten suchen. Trump und Xi gehen friedlich auseinander, die Chancen auf eine Einigung scheinen gut zu sein. Noch immer sind sie ahnungslos, was gerade im fernen Vancouver geschieht. Kanadas Premierminister Justin Trudeau, ebenfalls beim G20-Treffen anwesend, ist über den Polizeieinsatz informiert. Aber er schweigt.

Ein paar Tage lang erfährt die Welt nichts von der Aktion. Als die Festnahme Meng Wanzhous am Donnerstag der folgenden Woche bekannt wird, brechen weltweit die Aktienkurse ein. Der Handelsstreit zwischen Amerika und China, so befürchten die Händler an den Börsen, könnte in aller Schärfe wiederaufleben. Denn Meng Wanzhou ist die Finanzchefin von Huawei, des weltweit größten Telekommunikationsausrüsters, des erfolgreichsten chinesischen Technologiekonzerns und Vorzeigeunternehmens der Volksrepublik schlechthin. Und sie ist nicht nur Chief Financial Officer von Huawei, sie ist auch die älteste Tochter von Firmengründer Ren Zhengfei. *New York Times* und *Financial Times* vergleichen sie mit Sheryl Sandberg: So bekannt wie die Facebook-Chefin in den Vereinigten Staaten sei, so populär sei Meng in China.

Tatsächlich ist in Peking der Aufschrei groß. Die *Volkszeitung*, das Zentralorgan der Kommunistischen Partei, warnt Kanada in einem Leitartikel vor «schwerwiegenden Konsequenzen». Der Chefredakteur der nationalistischen *Global Times* schreibt, die Festnahme in Vancouver komme einer «Kriegserklärung» gleich. Das Außenministerium bestellt den amerikanischen und den kanadischen Botschafter ein und fordert die sofortige Freilassung Mengs. Besonders groß ist der Druck auf Kanada. Gegenüber Washington hält Peking sich einstweilen zurück, das Handelsabkommen soll nicht gefährdet werden.

Doch die Kanadier halten dem Druck stand. Ein Gericht in Vancouver setzt die 46 Jahre alte Meng Wanzhou gegen eine Kaution von zehn Millionen kanadischen Dollar (6,6 Millionen Euro) zwar auf freien Fuß. Aber sie darf die Stadt bis zur Entscheidung über ihre Auslieferung nicht verlassen. Es trifft sich gut, dass die Familie der Top-Managerin in Vancouver gleich zwei geräumige Häuser besitzt. In das eine zieht Meng jetzt ein. Sie muss eine elektronische Fußfessel tragen und wird rund um die Uhr von einem Sicherheitsdienst bewacht, den sie selbst bezahlen muss. In drei Stadtteilen von Vancouver darf sie sich bewegen, auch kann sie zuhause Gäste empfangen. Das Leben unter Hausarrest ist so unerträglich nicht.

Warum die New Yorker Staatsanwaltschaft ihre Auslieferung verlangt und sie vor ein US-Gericht stellen will? Meng Wanzhou soll von 2007 bis 2009 Mitglied der Geschäftsführung der Hongkonger Firma Skycom gewesen sein, einer Huawei-Tochter, die im Iran Geschäfte gemacht und damit gegen US- und UN-Sanktionen verstoßen haben soll. Meng soll amerikanische Banken über diese Geschäfte getäuscht und damit in Gefahr gebracht haben, die Iran-Sanktionen zu verletzen. Bankenbetrug lautet der Vorwurf. Sollte Meng dafür von einem amerikanischen Gericht verurteilt werden, drohen ihr wegen «Verschwörung» gegen Finanzinstitutionen bis zu dreißig Jahre Haft.

Die Regierung in Peking schlägt zurück. Knapp zwei Wochen nach der Festnahme Mengs werden in China zwei Kanadier unter dem Vorwurf verhaftet, die «nationale Sicherheit verletzt» zu haben. Michael Kovrig, ein beurlaubter Diplomat, arbeitet seit Februar 2017 für die International Crisis Group. Er ist Ostasien-Berater der hochangesehenen NGO, arbeitet von Hongkong aus. Die chinesische Staatssicherheit setzt ihn fest, als er gerade auf Dienstreise in Peking ist. Die International Crisis Group sei in China nicht registriert, sagt ein Sprecher des Außenministeriums. Ein nicht ungefährlicher Vorwurf, denn nach dem 2017 in Kraft getretenen NGO-Gesetz brauchen ausländische Nichtregierungsorganisationen chinesische Partner. Sonst dürfen sie im Land nicht tätig werden.

Am selben Tag wie Michael Kovrig wird Michael Spavor verhaftet. In der Stadt Dandong an der chinesisch-nordkoreanischen Grenze ist er im kulturellen und wirtschaftlichen Austausch mit dem abgeschotteten Nachbarland aktiv. Er soll in Nordkorea exzellente Kontakte haben, die bis hin zu Staatschef Kim Jong Un reichen. Am Tag seiner Verhaftung wollte Spavor vom chinesischen Dalian nach Seoul fliegen, doch in der Hauptstadt Südkoreas kommt er nie an. Nicht nur für kanadische Beobachter in Peking steht fest: Ihre beiden Landsleute sind in eine Art Geiselhaft genommen worden. Anders als Meng Wanzhou verbringen sie ihre Tage nicht in einer komfortablen Villa, sondern in Gefängniszellen, in denen 24 Stunden am Tag das Licht brennt. Anwälte haben keinen Zugang zu ihnen, immerhin darf ein Konsul der kanadischen Botschaft sie einmal im Monat besuchen.

Konkurrenz bis aufs Messer. Die harte Antwort Pekings auf die Festnahme Meng Wanzhous zeigte, wie erbittert die Auseinandersetzung zwischen den USA und China inzwischen geführt wurde. Das Beispiel Huawei machte auch deutlich, dass aus dem Handelsstreit ein Ringen um die Vorherrschaft bei den Technologien der Zukunft geworden war, ein «Tech Cold War», wie es in den USA hieß. Die Regierung Trump sah im chinesischen Staatskapitalismus einen Herausforderer, der sich nicht an die Regeln der freien Marktwirtschaft hielt. Einen fairen Wettbewerb könne es wegen der hohen Subventionen durch die chinesische Regierung und der billigen Kredite durch die Staatsbanken nicht geben.

In ihrem Vorgehen gegen China stützte sich die Regierung auf eine Untersuchung, die der Handelsbeauftragte Robert Lighthizer im August 2017 in Auftrag gegeben hatte. Darin ging es um die Frage, wie sehr der von China erzwungene Technologietransfer und der Diebstahl geistigen Eigentums der amerikanischen Wirtschaft geschadet habe. Ähnlich wie europäische Regierungen und Unternehmen empörte es die Amerikaner seit langem, dass sie Joint Ventures mit chinesischen Partnern eingehen und mit ihnen ihr technologisches Wissen teilen mussten; fügten sie sich dieser Forderung nicht, blieb ihnen der Zugang zum chinesischen Markt versperrt. «Chinas tiefe Taschen, verbunden mit der Fähigkeit, den ausländischen Wettbewerb zu begrenzen, bedeuten, dass es die Mittel hat, an die Spitze zu drängen, trotz Vergeudung, Ineffizienz und anscheinender Schwächen bei der Innovation», urteilte Elizabeth Economy vom New Yorker Council on Foreign Relations.[27]

Als besonders bedrohlich empfanden die Amerikaner die chinesische Herausforderung in der Informations- und Kommunikationstechnologie. Dort waren sie lange Jahre führend gewesen, nun griffen Konzerne aus der Volksrepublik die Weltmarktführer aus den USA frontal an. «Vergessen Sie die Zolltarife und Handelsquoten», kommentierte Philip Stephens in der *Financial Times*. «Was die Großmachtkonkurrenz zwischen den USA und China wirklich antreibt, ist das Wettrennen um die digitale Vorherrschaft. Angesichts dessen, was wirtschaftlich und militärisch auf dem Spiel steht, ist eine Periode ziemlich wilder Rivalität unvermeidlich.»[28]

Kein anderes Technologieunternehmen stand so sehr für die chinesische Angriffslust wie der erst 1987 gegründete Huawei-Konzern, der es vom Produzenten einfacher elektrischer Schalter zum weltweit führenden Netzwerkausrüster und nach Samsung zweitgrößten Handy-Hersteller der Welt gebracht hatte. Der Umsatz von Huawei lag im Jahr 2019 bei 123 Milliarden Dollar, der Gewinn erreichte neun Milliarden Dollar. Beim Europäischen Patentamt meldete Huawei im selben Jahr 3524 Patente an und stand damit auf Platz eins, vor Samsung mit 2858 Patentanmeldungen auf Platz zwei und Siemens mit 2619 Anmeldungen auf Platz fünf. Beim Bau des superschnellen Mobilfunknetzes 5G hatte sich Huawei eine globale Führungsposition erarbeitet. Am Aufsteiger aus dem südchinesischen Shenzhen schien auch für die Telekommunikationsfirmen in den westlichen Industriestaaten kein Weg mehr vorbei zu führen. Doch dann entschloss sich Donald Trump, den Vormarsch von Huawei zu stoppen. Um jeden Preis.

Die Mobilfunktechnologie der fünften Generation, kurz 5G, soll das Nervensystem der digitalisierten Wirtschaft und Gesellschaft werden. Sie soll Wirklichkeit werden lassen, was heute zum großen Teil noch Vision ist: das «Internet der Dinge», autonomes Fahren, Operationen per Telemedizin. Und Huawei produziert das gesamte dafür notwendige Inventar – von den Servern bis zu den Basisstationen und Radioantennen. Einer Studie zufolge lieferte Huawei 2019 gut ein Viertel der gesamten Telekommunikationsausrüstung weltweit.[29] Bei 5G können es allein Ericsson aus Schweden und Nokia aus Finnland mit den Chinesen aufnehmen. Kein amerikanisches Un-

Auf dem Konzerngelände von Huawei in Dongguan umfasst
der neue Forschungs- und Entwicklungscampus «Ox Horn»
auch eine Replik des Schlosses Versailles.

ternehmen bietet sich beim Aufbau der 5G-Netzstrukturen als Alternative an.

In den USA ist Huawei vom Markt verbannt, vom Staat gibt es keine Aufträge mehr. Der Streit um das Unternehmen geht bis in das Jahr 2012 zurück. Damals sah der Geheimdienstausschuss des Repräsentantenhauses in Huawei – wie auch in seinem chinesischen Konkurrenten ZTE – eine mögliche Sicherheitsgefahr. Huawei wurde eine zu große Nähe zur Kommunistischen Partei Chinas, zur Armee und zu den Geheimdiensten vorgeworfen. Es sei zwar ein Privatunternehmen, aber aufs Engste mit dem Staat verflochten und in seinen Entscheidungen nicht unabhängig. Huawei könne in seine Netze «Hintertüren» einbauen und so Spionage und Sabotage betreiben.

Tatsächlich ist Firmenpatriarch Ren Zhengfei, wie viele andere chinesische Privatunternehmer, Mitglied der KP. Bevor er 1987 Huawei gründete, arbeitete er als Forschungsingenieur für die Volksbefreiungsarmee. Es war seine Firma, die nach einem Treffen Ren Zhengfeis

1994 mit dem damaligen Partei- und Staatschef Jiang Zemin den Auftrag erhielt, das erste landesweite Kommunikationsnetzwerk für die Armee zu installieren.[30]

Huawei hat eine Verflechtung mit dem chinesischen Staat und seinem Sicherheitsapparat immer bestritten. Aber natürlich ist es als Netzausrüster Teil des Überwachungssystems, garantiert gewissermaßen dessen reibungsloses Funktionieren. In jedem Fall muss es wie alle chinesischen Unternehmen dem 2017 vom Nationalen Volkskongress verabschiedeten Geheimdienstgesetz Folge leisten, in dessen Artikel 14 es heißt: Die chinesischen Nachrichtendienste «können von den zuständigen Organen, Organisationen und Bürgern die erforderliche Unterstützung, Hilfe und Zusammenarbeit verlangen».

Für Donald Trumps Nationalen Sicherheitsberater Robert O'Brien bestand kein Zweifel: «Es gibt keinen Unterschied zwischen der Kommunistischen Partei Chinas und Huawei.» Der demokratische Abgeordnete Adam Schiff warnte auf der Münchner Sicherheitskonferenz 2020 vor Chinas Modell eines «digitalen Totalitarismus», dessen «Rückgrat» Huawei bilde. Auf derselben Veranstaltung drohte US-Verteidigungsminister Mark Esper den Verbündeten: Sollten sie beim Aufbau des 5G-Netzes den «Huawei-Weg» gehen, dann könnte dies den Austausch nachrichtendienstlicher Informationen zwischen ihnen und den Vereinigten Staaten gefährden.

Die Regierung Trump setzte die Alliierten seit Jahren unter Druck. Nachdem Washington allen US-Behörden die Zusammenarbeit mit Huawei verboten hatte, schlossen sich diesem Boykott auch Australien, Neuseeland und Japan an. Ausgerechnet Großbritannien, mit den anderen angelsächsischen Demokratien (USA, Australien, Neuseeland und Kanada) im Geheimdienst-Verbund «Five Eyes» zusammengeschlossen, wollte Huawei zunächst aber nicht vollständig vom Bau des 5G-Netzes ausschließen. Premier Boris Johnson musste am Telefon einen Wutausbruch von Donald Trump über sich ergehen lassen. Der republikanische Senator Tom Cotton aus Arkansas, der härteste der Hardliner, wenn es um China geht, warnte die Briten: «Huawei zu erlauben, Großbritanniens 5G-Netzwerk zu bauen, das ist so, als hätte der KGB während des Kalten Krieges das Telefonnetz des Landes errichten dürfen.»[31]

Einige Monate später revidierte Boris Johnson seine Haltung. Innerhalb von drei Jahren sollte Huaweis Marktanteil nun auf null gesenkt werden. Zu massiv war der Widerstand gegen den Anbieter aus Shenzhen auch in Johnsons eigener Konservativer Partei geworden. Der Abgeordnete Tom Tugendhat, Vorsitzender im Außenpolitischen Ausschuss des Unterhauses, hatte Huawei einen «Drachen im Nest» genannt. Hinzu kam das Votum des Nationalen Volkskongresses in Peking für ein neues Hongkonger Sicherheitsgesetz. Johnson schwenkte auf Trumps Kurs ein. Pekings Führung kochte vor Wut.

In Deutschland zog sich die Debatte über eine Zusammenarbeit mit Huawei hin. Bundeskanzlerin Angela Merkel und Bundeswirtschaftsminister Peter Altmaier wollten Huawei nicht gänzlich vom Bau des 5G-Netzes ausschließen, um die enge wirtschaftliche Zusammenarbeit mit China nicht zu gefährden. Denn ziemlich unverhohlen hatte die Regierung in Peking für den Fall eines deutschen Huawei-Boykotts mit Vergeltungsmaßnahmen gedroht. Doch im Bundestag gab es in allen Parteien heftigen Widerstand gegen Merkels chinafreundlichen Kurs. Auch das Auswärtige Amt riet von einer Kooperation mit Huawei ab. In einem Vermerk vom 24. Januar 2020 hieß es: «Die Vertrauenswürdigkeit chinesischer Unternehmen ist im Zusammenhang mit den Sicherheitserfordernissen beim Aufbau von 5G-Netzen nicht gegeben.»[32] Außenminister Heiko Maas warnte im Umgang mit Huawei vor Naivität: «Es geht nicht nur um Spionage, sondern potentiell auch um Sabotage.» Der Außenminister: «Wenn wir heute aus Kostengründen Sicherheitsrisiken eingehen, werden wir dafür in Zukunft sehr teuer bezahlen.»[33] BND-Präsident Bruno Kahl nannte bei einer öffentlichen Anhörung des Parlamentarischen Kontrollgremiums das 5G-Netz die «entscheidende kritische Infrastruktur der Zukunft». Wegen der Abhängigkeit chinesischer Unternehmen von der Regierung in Peking könne man ihnen nicht das nötige Vertrauen entgegenbringen, gewiss nicht in Bereichen, in denen «Kernsicherheitsinteressen» betroffen seien.[34]

Ob Auswärtiges Amt, Bundesnachrichtendienst oder die Mehrheit der Abgeordneten im Bundestag – sie alle vermissten bei Huawei die politische Glaubwürdigkeit. Die vier Telekommunikationsunternehmen, die in Deutschland am Bau des 5G-Netzes beteiligt sind, schlossen den chinesischen Anbieter denn auch schon vor einer Entscheidung der Bundesregierung vom «Kernnetz», also den Servern aus; Basisstationen und Radioantennen aber sollte Huawei in Deutschland errichten dürfen.

Die USA blieben jedoch bei ihrer radikalen Ablehnung jeglicher 5G-Beteiligung von Huawei. Republikaner und Demokraten waren sich ausnahmsweise einig, überboten sich geradezu in der Beschwörung der Bedrohung. «Es geht um unsere Werte», sagte Nancy Pelosi, die Sprecherin des Repräsentantenhauses. «Es geht um Autokratie oder Demokratie. Wir wählen die Demokratie.» Deshalb erhob Pelosi auch keinen Einspruch, als Trumps Handelsministerium Huawei im Mai 2019 auf eine schwarze Liste setzte. Ohne Ausnahmegenehmigung durfte nun kein US-Unternehmen mehr Technologie an die Chinesen verkaufen. «Mit seinem Bann sticht Donald Trump ins Herz der chinesischen Wirtschaft», kommentierte die *Frankfurter Allgemeine Zeitung*.[35]

Allerdings traten sofort Ausnahmegenehmigungen in Kraft, wohl auch um den von Trump geschätzten chinesischen Staatspräsidenten Xi Jinping zu besänftigen. Um neunzig Tage wurden die Exportlizenzen amerikanischer Firmen verlängert, sie konnten weiter an Huawei liefern. Und als die neunzig Tage abgelaufen waren, folgte die nächste Ausnahmegenehmigung. Was denn nun, fragten empörte Demokraten. Geht es Trump am Ende gar nicht um die nationale Sicherheit? Ist Huawei für ihn nur ein Pfand im Handelskonflikt mit China? Nein, nein, argumentierte das Handelsministerium, es gehe um die Versorgung ländlicher Gebiete in den USA, deren Telekommunikationsnetz von Huawei gebaut worden sei. Auch in Amerika war man also auf chinesische Technik angewiesen. Wie sich aus der Abhängigkeit befreien? Amerikanische Unternehmen sollten sich an den europäischen Huawei-Konkurrenten Ericsson und Nokia beteiligen, schlug die Regierung in Washington vor, solange es keine 5G-Alternative im eigenen Land gebe.

Huawei-Gründer Ren Zheifeng hatte eine andere Idee. Um Vertrauen zu schaffen und um das Geschäft zu retten, bot er im Herbst 2019 an, die gesamte 5G-Technologie seines Konzerns an US-Unternehmen weiterzugeben. So könnten sie, vollkommen unabhängig von Huawei, die moderne Mobilfunktechnik in den Vereinigten Staaten installieren. In zwei langen Interviews mit dem britischen *Economist* und mit der *New York Times* erläuterte Ren seinen Vorschlag. Gegen eine Gebühr könnten amerikanische Firmen die Patente, Lizenzen, technischen Blaupausen und das zur Produktion notwendige Knowhow von Huawei erwerben. Sie dürften sogar den Quellcode ändern, so dass Huawei nicht einmal hypothetisch die Möglichkeit hätte, über die in das amerikanische Netz eingebaute Technik das Land auszuspionieren.[36]

Aber Washington wollte von der Offerte nichts wissen. Trump war auf Konfrontation aus, er wollte Huawei in die Knie zwingen. Und einige Monate später wusste er auch, wie. Am 15. Mai 2020 gab das Handelsministerium bekannt, kein Chiphersteller auf der Welt dürfe noch Halbleiter an Huawei liefern, wenn diese mit Ausrüstung produziert würden, die auf Software und Technologien aus den USA beruhten. Die gesamte globale Chipproduktion benötigt aber amerikanische Technik. Nirgendwo auf der Welt können Halbleiter der höchsten Präzisionsstufe ohne amerikanische Maschinen und Technologien hergestellt werden. Das gilt für Intel in den USA selbst genauso wie für Samsung in Südkorea. Es gilt auch für den weltgrößten Chiphersteller TSMC in Taiwan, einen der wichtigsten Lieferanten Huaweis.

Eben noch hatte TSMC (Taiwan Semiconductor Manufacturing Co) angekündigt, das Unternehmen wolle für zwölf Milliarden Dollar eine Fabrik im US-Bundesstaat Arizona bauen und dort 1600 Arbeitsplätze schaffen. Der Konzern aus Taiwan wollte in Amerika gut Wetter machen, wusste er doch um den dringenden Wunsch der Regierung Trump, Jobs in die Vereinigten Staaten zurückzuholen. Doch für Washington hatte der Kampf gegen Huawei Vorrang. Monate vorher schon hatten die USA die Regierung in Taipei gebeten, TSMC weitere Lieferungen an Huawei zu untersagen. Da allein die USA der Garant von Taiwans

Sicherheit sind, konnte Taiwans Regierung diese Bitte kaum ausschlagen. Diskret, aber nicht unbedingt feinfühlig wiesen US-Regierungsbeamte taiwanische Diplomaten darauf hin, Chips von TSMC gingen direkt in den Bau von Raketen, die China auf Taiwan richte.[37]

Die Unternehmensleitung von Huawei war von der Ankündigung des US-Handelsministeriums entsetzt. Zu Beginn der Krise hatte sie sich mit großen Beständen an Chips eingedeckt. Doch diese Vorräte waren fast erschöpft. Die Produktion von Netzwerkelementen und Smartphones war akut gefährdet. Trump, so schien es, war nahe daran, dem chinesischen Widersacher den entscheidenden Schlag zu versetzen. Für Huawei, sagte Aufsichtsratschef Guo Ping, gehe es nun ums «Überleben».[38]

Im Kampf um die technologische Vormacht hatte Donald Trump die Samthandschuhe ausgezogen. Soviel hatte er verstanden: Das Land, das die digitale Infrastruktur der Zukunft beherrscht, das beherrscht die Weltwirtschaft. Einige von Trumps engsten Beratern meinten, um dieses Ziel erreichen zu können, müsse er die USA und China wirtschaftlich «entkoppeln».

Aber wer die Globalisierung partiell zurückdrehen will, um der Konkurrenz den Zugang zur Spitzentechnologie zu erschweren, schadet damit natürlich auch sich selbst. Deshalb zog die Regierung Trump auch den Protest von US-Konzernen auf sich, als sie sich anschickte, die Regeln für Investitionen in strategisch relevanten Industriefirmen zu verschärfen. Zuständig für die Überwachung solcher Regeln ist das Committee on Foreign Investment in the United States (Cfius), eine Abteilung im Handelsministerium. Das Cfius prüft, ob ausländische Firmen, etwa durch den Kauf amerikanischer Hightech-Unternehmen, an Technologien gelangen könnten, die Amerika nicht gern in fremder Hand sähe. Schon gar nicht in chinesischer Hand. Aber nun sollte das Cfius auch strenger auf amerikanische Investitionen im Ausland achten und den Abfluss technologischen Know-hows verhindern, das Chinas Wirtschaftskraft und seine militärischen Fähigkeiten stärken konnte. Die im Dezember 2017 verabschiedete Nationale Sicherheitsstrategie nannte ausdrücklich den Schutz der amerikanischen «Innovationsbasis» als wichtiges Ziel.

Regeln, die strategische Industrien schützen sollen, verwischen leicht die Grenzen zwischen legitimen nationalen Interessen und Protektionismus. Der technologische Fortschritt lebt vom Wettbewerb und vom freien Austausch neuer Ideen. Wenn sich die beiden größten Volkswirtschaften in der Informations- und Kommunikationstechnologie «entkoppeln», schadet das beiden Ländern. Aber den USA und China fällt es schwer, aus dem Teufelskreis ihrer Rivalität auszubrechen. So verkündete China im Mai 2020 ein neues gigantisches Zukunftsprogramm, mit dem sich das Land aus der Abhängigkeit von den Vereinigten Staaten lösen und zugleich die weltweite Führung in einigen Schlüsselindustrien erringen will.

Bis zum Jahr 2025 sollen 1,4 Billionen Dollar in den Bau des chinesischen 5G-Netzes, in die Entwicklung Künstlicher Intelligenz, des autonomen Fahrens, der Cloud-Infrastruktur und in eine noch perfektere öffentliche Überwachung mit Kameras und Sensoren fließen. Die Aufträge sollen vor allem an nationale Konzerne wie Huawei, Alibaba, Tencent oder SenseTime gehen, die dadurch im globalen Wettbewerb mit den amerikanischen Technologiegiganten gestärkt werden sollen. Dieser «Tech-Nationalismus» aber kann sich nur dann auszahlen, wenn Chinas Regierung zuallererst in die Halbleiter-Produktion investiert. Ansonsten wird ein wachsender Bedarf an modernsten Chips die Abhängigkeit von den USA eher noch verstärken. Denn in der Chipherstellung liegen selbst die besten chinesischen Produzenten zwei Generationen hinter den amerikanischen Marktführern zurück.

Unvorstellbar, dass Chinas Führung damit zufrieden sein könnte. Das Land ist stolz auf seine historisch bedeutsamen Innovationen wie die «vier großen Erfindungen» (chinesisch: *sidafaming*): Druck mit beweglichen Lettern, Schießpulver, Kompass und Papierherstellung. An diese Tradition will China anknüpfen und zur führenden Hightech-Nation aufsteigen. Doch wie soll das gelingen in einem Klima gegenseitiger Verdächtigungen? So wie Peking den eigenen Bürgern misstraut, so hat China mit seinem aggressiven, allein auf den eigenen Vorteil bedachten Handeln Argwohn und Misstrauen geweckt. Ausgerechnet dort, wo die Volksrepublik den freien Austausch am meisten braucht, in Forschung und Wissenschaft, wächst bei seinem wichtigsten Partner, den USA, der Widerstand. Wegen seines harten anti-west-lichen Kurses hat China unter Xi Jinping in den Vereinigten Staaten viel Kredit verspielt. Spionagefurcht breitet sich aus. Studenten aus China erhalten keine Visa mehr, Professoren keine Arbeitserlaubnis.

Es ist eine Tragödie, die sich da anbahnt. Gebildete Chinesen haben immer Bewunderung empfunden für die in Amerika herrschende aka-demische Freiheit. Das zeigte sich schon in der 4.-Mai-Bewegung vor gut hundert Jahren. «Mr. Science» und «Mr. Democracy» waren die Leitbilder dieser kulturellen Revolution, die China 1919 erfasste. Die Vereinigten Staaten waren damals der Sehnsuchtsort der wissenschaft-lichen Eliten und sind es bis heute geblieben. Rund 360 000 Studenten aus der Volksrepublik waren im Jahr 2020 an amerikanischen Hoch-schulen eingeschrieben. An den Universitäten selbst waren sie willkom-men, wegen ihres Fleißes und ihres Ehrgeizes. Natürlich auch wegen ihrer Studiengebühren, die auf die Konten der Hochschulen fließen. Aber die Politik hatte Verdacht geschöpft: Kam mancher Student nicht im heimlichen Auftrag der KP nach Harvard, Yale oder Stanford? Wer zuvor in China an einer Universität mit Verbindungen zur Volksbe-freiungsarmee studiert hatte, galt in Washington nun als Gefahr für die nationale Sicherheit. Mehr als tausend Studenten wurde aus die-sem Grund 2020 die Einreiseerlaubnis entzogen. Pekings Außen-ministerium protestierte, sprach von politischer Verfolgung und ras-sistischer Diskriminierung.

Schon 2018 hatte das State Department begonnen, in Studien-fächern, die als sensibel galten, Studentenvisa auf ein Jahr zu be-schränken. Damals hatte das FBI herausgefunden, dass eine Studen-tin, die an der Boston Universität Physik und Chemie studierte, zuvor als Armeeleutnant in China an der Nationaluniversität für Verteidi-gungstechnologie eingeschrieben war. Die Studentin wurde als Agentin eingestuft, ihr wurden Visabetrug und falsche Angaben vorgeworfen. Doch dies war ein Einzelfall.

Ebenso wie der Konflikt um den Chemiker Charles M. Lieber von der Harvard Universität, der sich von den Chinesen im Rahmen des Programms «Tausend Talente» zu einem Aufenthalt an der Univer-sität für Technologie in Wuhan hatte einladen lassen. Professor Lieber ist Spezialist für Nanotechnologie, nach Meinung der Staatsanwaltschaft von Massachusetts machte ihn schon dies für China interessant. Für Staatsanwalt Andrew E. Lelling ging es bei den «Tausend Talenten» um nichts anderes als den Versuch der chinesischen Regierung, strategisch relevantes Wissen abzuschöpfen. Professor Lieber sei «per definitionem» ein Träger sensibler Informationen. Von dem Augenblick an, da er in Wuhan sein Wissen mit den Kollegen dort teile, stehe seine Forschung und seine Expertise der chinesischen Regierung zur Verfügung. «So funktioniert das in China.»[39] Lieber musste sich in Boston vor Gericht verantworten, weil er gegenüber Bundesbehörden falsche Angaben gemacht habe.

Das Rekrutierungsprogramm «Tausend Talente» gibt es seit 2008. Über zehntausend Wissenschaftler aus aller Welt haben sich daran beteiligt. Der Neurobiologe Rao Yi, der zu den Begründern des Programms gehörte, verteidigte es als ganz normales Beispiel für den akademischen Austausch. Rao hatte 22 Jahre in den USA gearbeitet, bevor er nach China zurückkehrte, wo er das Chinesische Institut für Gehirnforschung in Peking leitete. Der Vorwurf, das Programm ziele darauf ab, geistiges Eigentum zu stehlen, sei eine «fette Lüge», protestierte er.[40] Mehrmals hat das «Committee of 100», ein Zusammenschluss prominenter chinesisch-amerikanischer Wissenschaftler, vor pauschalen Verdächtigungen gewarnt.

Natürlich gibt es Fälle von Spionage. Auch gibt es in sensiblen Forschungsbereichen einen Graubereich beim Umgang mit geheimen Daten. So wurde im Jahr 1999 der aus Taiwan stammende Wen Ho Lee festgenommen, der am Atombomben-Labor von Los Alamos forschte. Ihm wurde vorgeworfen, Pläne für den Bau von Nuklearsprengköpfen gestohlen und nach Peking weitergegeben zu haben. Neun Monate lang saß er in Einzelhaft. Aber ein endgültiger Beweis seiner Schuld konnte nicht geführt werden. In einem anderen Fall gingen das FBI und das Nationale Gesundheitsamt dem Verdacht nach, Wissenschaftler aus der Volksrepublik hätten biomedizinische Forschungsergebnisse abgesaugt, etwa am M. D. Anderson Center in Houston. Ein offener Wissenschaftsbetrieb wie in den USA kann gegen Missbrauch nicht gänzlich geschützt werden. Er ist deshalb noch lange kein «Paradies für Spione», wie manche Sicherheitsexperten meinen.

Ohne freie Wissenschaft und unabhängige Forschung kann es technologischen Fortschritt nicht geben. Aus Sicht der Führung in Peking muss es deshalb bestürzend sein, dass von den vier Millionen chinesischen Studenten, die seit 1987 im Ausland studiert haben, nur gut die Hälfte, nämlich 2,2 Millionen, nach China zurückgekehrt sind. Dies ergab eine Studie des chinesischen Erziehungsministeriums aus dem Jahr 2016.[41] Bis heute hat die Kommunistische Partei daraus nicht die richtigen Lehren gezogen. Im Gegenteil, unter Xi Jinping schottet sich das Land geistig ab, werden die «westlichen Werte» verteufelt wie seit den Zeiten Maos nicht mehr.

Gewinnen wird die Volksrepublik den «Kalten Krieg um die Technologie» so nicht. Die Amerikaner aber sollten sich hüten, ihren immer noch großen technologischen Vorsprung in einer Atmosphäre von «Red Scare», von neuer Kommunistenfurcht, verteidigen zu wollen. Davor warnt zu Recht der Publizist Fareed Zakaria: «Die Vereinigten Staaten haben immens davon profitiert, jener Ort zu sein, an dem die klügsten Köpfe zusammenkommen, um Forschung auf dem neuesten Stand zu betreiben und dann kommerziell zu nutzen. Sollten die Vereinigten Staaten ihre Türen vor solchen Talenten verschließen, weil sie mit dem falschen Pass kommen, würden sie schnell ihren privilegierten Platz in der Welt der Technologie und Innovation verlieren.»[42]

3. Wirtschaftliche Abhängigkeit und Entkopplung

Ein Samstagabend in Shanghai. Einheimische und Touristen flanieren über den Bund, die berühmte Uferpromenade mit den wuchtigen Bauten aus der Kolonialzeit. Shanghai Club, Hongkong und Shanghai Bank, das Zollhaus mit seinem Uhrenturm, das Peace Hotel, die Zentrale von Jardine Matheson und das alte britische Konsulat – in den dreißiger Jahren reihten sich hier die ersten Adressen der Stadt aneinander, die Prachtstraße am Huangpu vibrierte vor Energie. So wie heute wieder. Von der anderen Seite des Flusses leuchten die Lichter von Pudong herüber, dem glitzernden Geschäftsviertel mit seinen in den Himmel ragenden Hotel- und Bürotürmen. Im Shanghai Tower dort drüben rast der Fahrstuhl in 55 Sekunden bis zum 118. Stock in 546 Meter Höhe. Von hier oben kann, wer mag, die Zukunft bestaunen. Die Kolonialbauten unten am Bund jedenfalls wirken nicht mehr besonders wuchtig.

Ich habe mich mit einem chinesischen Geschäftsmann verabredet. Sein Fahrer hat mich in einem schweren SUV abgeholt. Jetzt sitzen wir in einem angesagten Restaurant, jeder Tisch ist besetzt, meist mit jungen Leuten, die sich lärmend unterhalten. Die Musik ist laut. Amerikanischer Pop. Dies sei die Zeit, um in Shanghai zu sein, sagt mein Gesprächspartner. Hier werde derzeit das große Geld gemacht, nicht in Hongkong, nicht in Tokio, nicht in New York. Schon gar nicht in Europa. Nein, Shanghai sei der richtige Ort, um reich zu werden. Und reich geworden ist er mit seinen Finanzgeschäften in den vergangenen Jahren.

Bisher hat der Handelskonflikt, der seit 2018 zwischen China und den Vereinigten Staaten eskaliert, daran nichts geändert. China habe nichts Besseres passieren können als der Druck, den Donald Trump ausübe, meint unser Gesprächspartner. Trump habe keinen Plan, keine Strategie, er handle aus dem Bauch heraus. Aber in seiner Kritik an China habe er vollkommen recht. Er zwinge das Land, sich mit der Realität auseinanderzusetzen.

Die USA seien China bis heute in allen Belangen überlegen – wirtschaftlich, technologisch, kulturell, politisch und militärisch sowieso. Man dürfe sich von den hohen Wachstumsraten nicht täuschen lassen. China nähere sich Amerika bei der Wirtschaftsleistung pro Person keineswegs an, im Gegenteil, die Schere öffne sich wieder. Mit ihrer Politik der Abschottung gegen «westliche Werte», mit Überwachung und Zensur verhindere die KP Innovationen. Es sei ausgeschlossen, dass China auf diesem Weg die USA einholen oder gar übertreffen könne.

Nicht, dass Donald Trump in China viele Bewunderer gehabt hätte. Wie überall auf der Welt galt er auch in der Volksrepublik als narzisstischer Angeber, als unberechenbar und politisch weitgehend ahnungslos. Ein eitler Schwadroneur. Aber in Chinas Chefetagen war man weit davon entfernt, die Schuld an der Zerrüttung der amerikanisch-chinesischen Beziehungen allein dem US-Präsidenten zu geben. Man konnte ja beobachten, wie sich das Wachstum abzuschwächen begann, lange bevor Trump die ersten Strafzölle verhängte, lange auch, bevor das Coronavirus Chinas Wirtschaft lahmlegte.

Vielleicht war der vierzig Jahre während Aufstieg einfach zu steil gewesen und zu rasch genommen worden. Schließlich war seit Beginn der Reformpolitik Ende der siebziger Jahre das chinesische Bruttoinlandsprodukt um das Achtzigfache gestiegen. Allein zwischen 2000 und 2019 hatte sich der Anteil Chinas an der Weltwirtschaft mehr als vervierfacht – von 3,6 Prozent auf 15,5 Prozent. Vergleichbares hatte es in der Wirtschaftsgeschichte nicht gegeben. So erfolgreich war die Verbindung von «Go-go-Kapitalismus» und Einparteienherrschaft, dass es viele in China und im Rest der Welt ganz kirre gemacht hatte. Nüchternen Beobachtern war seit langem klar: So konnte es auf Dauer nicht weitergehen. Die Frage war allein, würde es eine harte Landung geben oder einen sanften Abschwung?

Es schien dann zu klappen mit dem erhofften «soft landing». Im Jahr 2015, als das Wachstum schon auf 7 Prozent abgesackt war, sprach Premierminister Li Keqiang von einer «neuen Normalität». Aber als es dann vier Jahre später nur noch 6,1 Prozent waren, das niedrigste Wachstum seit 1990, machte sich doch eine leichte Unruhe bemerkbar. Denn China hat sich große Ziele gesetzt, die es nur erreichen kann, wenn die Wirtschaft nicht schwächelt.

So soll, um den 100. Geburtstag der Kommunistischen Partei gebührend zu feiern, China im Jahr 2021 zu einer «Gesellschaft mit bescheidenem Wohlstand» (*xiaokang shehui*) geworden sein. Und der ganz große Sprung nach oben, an die Spitze der entwickelten Industriestaaten, soll 2049 gelingen. Dann wird die Volksrepublik hundert Jahre alt sein. Symbolische Daten wie diese sind für Chinas Führung von immenser Bedeutung, das Handeln von Partei und Regierung ist an ihnen ausgerichtet. Und wenn ein alle und alles beherrschender Parteichef wie Xi Jinping diese Ziele setzt, dann müssen sie natürlich erreicht werden.

Gerade Xi aber hat einiges dafür getan, dass dies so leicht nicht werden wird. Unter ihm hat die Reformpolitik einen schweren Rückschlag erlitten. Seit 2012 wird die Privatwirtschaft wieder stärker gegängelt, die großen, schwer beweglichen Staatsunternehmen werden bei Subventionen und Krediten bevorzugt. Dabei zeigen zahlreiche Studien, dass der Privatsektor weit produktiver ist. 2018 trugen die privaten Unternehmen 50 Prozent zum Steueraufkommen bei, 60 Prozent zum Bruttoinlandsprodukt, 80 Prozent zur Beschäftigung in den Städten und 90 Prozent zur Schaffung aller neuen Jobs.[43]

Man möchte meinen, dies alles sei Grund genug, den Privatsektor zu stärken. Das Gegenteil aber ist der Fall. Die Kommunistische Partei will die Kontrolle über die Wirtschaft nicht aus der Hand geben. Deshalb müssen in den Unternehmen – auch in privaten und in ausländischen Firmen – Parteizellen eingerichtet werden. Weil China wieder auf den Staat setzt und weil die Partei überall mitredet, bleibt das Land hinter seinen Möglichkeiten zurück. Dies zeigen Berechnungen des Ökonomen Nicholas Lardy vom Peterson Institute for International Economics in Washington, einem der besten Kenner der chinesischen Wirtschaft. Selbst nach vierzig Jahren dramatischen Wachstums erreicht die chinesische Wirtschaftsleistung pro Kopf heute erst ein Viertel der amerikanischen. Und zwar gemessen an der Kaufkraftparität, nominal ist der Abstand noch größer. Damit befindet sich China auf dem Entwicklungsstand, den Japan 1951 erreichte, Singapur 1967, Taiwan 1975 und Südkorea 1977.[44]

Die Privatwirtschaft und einzelne Unternehmer sollen nicht zu Rivalen der Politik heranwachsen – für Richard McGregor vom australischen Lowy Institute ist dies der wichtigste Grund für die Bevorzugung der Staatsunternehmen: «Die Partei wünscht sich Wirtschaftswachstum, aber nicht um den Preis einer Tolerierung alternativer Machtzentren. Voller Entsetzen haben chinesische Führer in den neunziger Jahren beobachtet, wie die Sowjetunion zerbrach und die Vermögenswerte privatisiert wurden. Sie sahen, wie in Russland die Wirtschaft den Staat zu übernehmen drohte. Peking ist entschlossen, dafür zu sorgen, dass China nicht das gleiche Desaster widerfährt.»[45]

Die Partei nimmt also Wachstumseinbußen in Kauf, um die eigene

Macht zu verteidigen. Damit begibt sie sich in Widerspruch zu ihrer überaus ambitionierten Industriepolitik, mit der sie sich an die Spitze der Weltwirtschaft katapultieren möchte. «Made in China 2025» heißt das wichtigste, 2015 vom Staatsrat beschlossene Projekt, mit dem in zehn strategischen Bereichen nationale Champions geschaffen werden sollen, die es mit den führenden Technologiefirmen des Westens aufnehmen können. Die zehn vom Staatsrat definierten Schlüsselindustrien sind: (1) Maschinen für die Landwirtschaft. (2) Schiffbau und Meerestechnik. (3) Energieeffizienz und Elektromobilität. (4) Informations- und Kommunikationstechnologien. (5) automatisierte Werkzeugmaschinen und Robotik. (6) Elektrizitätsanlagen. (7) Luft- und Raumfahrttechnik. (8) neue Werkstoffe und Materialien. (9) moderne Anlagen für den Schienenverkehr. (10) Biomedizin und medizinische Geräte.

Der Plan wurde von 150 Wissenschaftlern entworfen, unter Aufsicht des Ministeriums für Industrie und Informationstechnologie. Beteiligt waren weitere zwanzig Institutionen mit Kabinettsrang, darunter die Kommission für Nationale Entwicklung und Reform. «Made in China 2025» steht im Zentrum der chinesisch-amerikanischen Rivalität. Chinakritiker in den USA sehen in dem Projekt einen direkten Angriff auf Amerikas Stellung als führende Technologiemacht, ausgetragen mit staatlichen Subventionen und billigen Krediten, mit Zwang zum Technologietransfer, mit Diebstahl geistigen Eigentums und Spionage. «Made in China 2025» ist für sie eine wirtschaftliche Kriegserklärung – der Versuch, wie es US-Vizepräsident Mike Pence in seiner Rede vor dem Hudson Institute im Oktober 2018 sagte, neunzig Prozent der am weitesten entwickelten Industrien zu kontrollieren und so «die Kommandohöhen der Wirtschaft im 21. Jahrhundert zu erobern». Die Antwort Washingtons sind Strafzölle, Lieferverbote, Boykottbeschlüsse und weltweite Kampagnen gegen einzelne chinesische Konzerne, die Forderung nach einem Abzug amerikanischer Firmen aus China und nach einem Ausschluss chinesischer Kapitalgesellschaften von den US-Börsen.

Ist die von China ausgehende Bedrohung wirklich so groß? Nicht, wenn man Liu Yadong glauben darf, dem Chefredakteur von *Science*

Blick in die Produktionsstätte des Arzneimittelherstellers Xiuzheng Pharmaceutical Group Co. Ltd. in Changchun im Nordosten Chinas.

and Technology Daily, einer Zeitung, die von Chinas Ministerium für Wissenschaft und Technologie kontrolliert wird. Liu meint, China mache sich etwas vor, wenn es glaube, die Vereinigten Staaten bald als Technologie-Vormacht ablösen zu können. Es mangele dem Land an theoretischem Wissen, auch an der nötigen Geduld, Projekte gegen Widerstände durchzusetzen.[46]

Tatsächlich kann sich China in der Grundlagenforschung mit dem Westen bisher nicht messen. Zwar meldet es inzwischen mehr Patente an als jedes andere Land; doch patentiert werden meistens Ergebnisse angewandter Forschung, Verbesserungen von Produktionsprozessen etwa, seltener grundlegend neue Erfindungen. Xi Jinping selbst hat den Mangel an Innovation beklagt. «Unsere unabhängige Innovationsfähigkeit, besonders was originelle Kreativität angeht, ist nicht stark. (...) Wir müssen aufholen und dann versuchen, andere zu überholen.»[47]

Aber nicht nur in der Spitzenforschung hinkt China hinterher. Das Bildungswesen hat noch lange nicht den Stand der Industrienationen erreicht. Haben in den OECD-Staaten durchschnittlich 80 Prozent der berufstätigen Bevölkerung eine höhere Schulbildung, so waren es in China im Jahr 2015 weniger als 30 Prozent. Im Vergleich dazu waren es in Mexiko 46 Prozent, in Südafrika 42 Prozent, in Malaysia 51 Prozent und auf den Philippinen 58 Prozent.[48]

China ist also aus vielen Gründen noch nicht der Rivale, zu dem er in den Vereinigten Staaten aufgebauscht wird. Schon vor Jahren glaubte die Mehrheit der Amerikaner, China habe die Vereinigten Staaten wirtschaftlich überholt. In Wahrheit hat die chinesische Wirtschaftsleistung erst zwei Drittel der amerikanischen erreicht. In Zahlen: Das chinesische BIP beträgt gut 14 Billionen US-Dollar, das amerikanische rund 21 Billionen. Das jährliche Pro-Kopf-Einkommen liegt in China bei 9700 US-Dollar, in den Vereinigten Staaten bei 63 000 US-Dollar. Ministerpräsident Li Keqiang erinnerte im Frühjahr 2020 daran, dass noch immer rund 600 Millionen Menschen in China über monatlich nicht mehr als 1000 Yuan (rund 140 US-Dollar) verfügen. Von den 1,4 Milliarden Einwohnern der Volksrepublik müssen demnach 43 Prozent mit weniger als fünf US-Dollar am Tag zurechtkommen.

Eine Milliardenbevölkerung ist eben Segen und Fluch zugleich. Ein chinesischer Regierungsbeamter formulierte dies vor Jahren einmal so: «Wenn es um China geht, multiplizieren Ausländer in Gedanken alles mit 1,3 Milliarden. Wir dagegen dividieren in Gedanken alles durch 1,3 Milliarden.»[49]

Natürlich, China holt auf, und zwar gewaltig. Nach der Kaufkraftparität gerechnet ist es bereits seit 2014 die größte Volkswirtschaft der Welt. Partei- und lagerübergreifend hat diese Aufholjagd in Washington die Sorge ausgelöst, Amerika könne abhängig werden von einem staatskapitalistischen, autoritär regierten Land. Es dürfe aber nicht sein, dass Wohlstand und Wissen, ja die eigenen Werte gegen ein immer aggressiver auftretendes China kaum noch zu verteidigen seien. Deshalb: Es sei nun genug mit der wirtschaftlichen Verflechtung.

Vom notwendigen «decoupling» war jetzt die Rede, von der Entkopplung zwischen den beiden größten Wirtschaftsmächten der Welt. Die USA, nach dem Zweiten Weltkrieg Begründer und Hauptprofiteur einer liberalen, regelbasierten Weltwirtschaftsordnung, begannen, ihre Rettung im Protektionismus zu suchen. In der Coronakrise wurde der Ruf nach Entkopplung lauter. Was Fachleute schon lange beunruhigte, schreckte nun die Öffentlichkeit auf: Der Westen, vorneweg die Vereinigten Staaten, hatte sich bei Medikamenten und anderen medizinischen Gütern von China abhängig gemacht. Chinesischen Herstellern wurden Gesichtsmasken und Schutzanzüge zu Beginn der Krise regelrecht aus den Händen gerissen, Regierungen und Großimporteure schacherten um Millionenpakete, Lieferungen verschwanden auf Flugplätzen. Dies alles offenbarte die zu diesem Zeitpunkt herrschende akute Not. Das Problem dahinter jedoch ist von grundsätzlicher Natur. Chinesische – und indische – Pharmaproduzenten dominieren den amerikanischen Markt. Neunzig Prozent der Antibiotika, der Ibuprofen-Tabletten und der Hydrocortison-Mittel kommen inzwischen aus China. Die letzte amerikanische Fabrik zur Herstellung von Grundstoffen für Penicillin schloss ihre Pforten im Jahr 2004. Die chinesische Konkurrenz, in staatlicher Hand oder von der Regierung subventioniert, arbeitete billiger.[50]

«Globalisierung unter Quarantäne», titelte der britische *Economist* im Frühjahr 2020. Nicht nur die üblichen Chinakritiker wie US-Senator Marco Rubio forderten, Amerika müsse sich, gerade in den kritischen Sektoren der Wirtschaft, aus der Abhängigkeit von China befreien. Allzu verwundbar schienen die Lieferketten zu sein, nicht nur bei unverzichtbaren Pharmaprodukten. Die Antiglobalisierer um Trump-Berater Peter Navarro wollten auch die Herstellung von Elektrogeräten oder die Produktion von Stahl aus China nach Amerika zurückholen. Schließlich hatte Donald Trump schon im Wahlkampf 2016 dem Rivalen vorgeworfen, die USA und ihre Arbeiter zu «vergewaltigen».

Aber lässt sich die Globalisierung überhaupt zurückdrehen? Ist diese Vorstellung mehr als nur das Hirngespinst verblendeter Protektionisten? Zumindest das politische Klima schlug um. Im April 2020 ergab eine Umfrage der Amerikanischen Handelskammer in China, 24 Prozent der Mitgliedsfirmen planten, ihre Produktion aus China heraus zu verlagern, doppelt so viele wie im Jahr davor.[51] Die Stimmung verdüsterte sich aber auch bei chinesischen Firmen. Wer sich in Amerika nicht willkommen fühlt, der kauft sich dort nicht mehr ein. Im Jahr 2016 hatten Unternehmen aus der Volksrepublik noch für 45 Milliarden Dollar in den Vereinigten Staaten investiert. Drei Jahre später war die Höhe der chinesischen Investitionen nach Schätzungen der Rhodium Group, einer New Yorker Unternehmensberatung, auf fünf Milliarden Dollar zurückgegangen.[52]

Die Entkopplung macht auch vor den Finanzmärkten nicht Halt. Der amerikanische Senat verabschiedete ein Gesetz, das Börsengänge chinesischer Unternehmen in den Vereinigten Staaten erschweren oder verhindern soll. Von den Firmen in der Volksrepublik, die ihre Aktien an US-Börsen listen wollen, wird gefordert, dass sie transparenter werden und ihre Bücher nach amerikanischen Vorschriften prüfen lassen. Den Initiatoren des Gesetzes kam es gerade recht, dass die chinesische Coffeeshop-Kette Luckin Coffee in einem spektakulären Skandal versank, nachdem sie mit ihrem Gang an die New Yorker Börse über eine halbe Milliarde Dollar eingesammelt hatte. Binnen kurzem war der Unternehmenswert auf zwölf Milliarden Dollar nach oben geschossen. Bis sich herausstellte, dass ein beträchtlicher Teil des Umsatzes auf Luftbuchungen beruhte. Der Aktienkurs brach ein, und innerhalb eines Tages war das Unternehmen fünf Milliarden Dollar weniger wert.

Im Internet, in der Industrie, an den Finanzmärkten: China und Amerika driften langsam auseinander – kein gutes Zeichen, denn die gegenseitige wirtschaftliche und finanzielle Verflechtung schien bisher die beste Garantie dafür zu sein, dass die Rivalität niemals so bedrohlich werden könnte wie einst der Ost-West-Konflikt. Auch jetzt hat dieses Argument noch viel für sich. Pragmatiker auf beiden Seiten wollen weiter zusammenarbeiten. Aber sie sind in die Defensive geraten. Zwei Wirtschaftssphären beginnen sich sachte voneinander zu lösen, Lieferketten und Wertschöpfung sich weltweit zu trennen. Ein verhängnisvoller Trend, doch die Protektionisten in Washington und die ideologischen Scharfmacher in Peking nehmen ihn hin – mit Gleichmut die einen, mit Genugtuung die anderen.

Man grenzt sich also voneinander ab, auch da, wo es ans eigene

Portemonnaie geht. Der «Thrift Savings Plan» verwaltet Sparguthaben in Höhe von über 600 Milliarden Dollar. Er ist die Altersvorsorge von 5,9 Millionen ehemaligen und aktiven Beschäftigten des Öffentlichen Dienstes in den USA. Auch Senatoren und Abgeordnete, Mitarbeiter des Weißen Hauses und pensionierte Militärs haben dort ihr Geld für den Ruhestand angelegt. Nun wollte der Fonds, wie jeder große Anleger weltweit, stärker in chinesische Firmen investieren. Darunter auch in umstrittene Unternehmen wie Hikvision oder ZTE. Daraufhin erhob sich Protest bei den Volksvertretern im Kongress: Ausgerechnet ihr persönlich Erspartes sollte trübe chinesische Geschäftsaktivitäten finanzieren! Senator Marco Rubio, Republikaner aus Florida, und seine Kollegin Jeanne Shaheen, Demokratin aus New Hampshire, schrieben an den Fonds und verwahrten sich gegen diese Form der Geldanlage. Es gehe nicht an, dass aus ihrer Altersversorgung Geld an Firmen flösse, die «der chinesischen Regierung bei militärischen Aktivitäten, bei Spionage und Menschenrechtsverletzungen helfen».[53] Davon wollten sie nicht profitieren. Konsequenz immerhin konnte man ihnen nicht absprechen. Und ihr Einspruch hatte Erfolg: Der Pensionsfonds verzichtete zunächst auf Anlagen in China.

4. Militärische Aufrüstung und neue Allianzen

Während des Kalten Krieges, nach eher hilflosen amerikanischen Antworten auf sowjetische Provokationen, hing im Pentagon der Spruch an der Wand: «Hätten wir es jemals mit einem richtigen Feind zu tun, wir würden ganz schön in Schwierigkeiten stecken.» Graham Allison zitiert den ironischen Satz in seinem Buch «Destined for War». Der Harvard-Professor hat die Verteidigungsminister unter den Präsidenten Reagan, Clinton und Obama beraten. In seinem Buch beschreibt er, wie Amerika und China sich fast zwangsläufig auf einen Krieg zu bewegten, wenn es den beiden Ländern nicht gelänge, der «Thukydides-Falle» zu entgehen, in die als erste Sparta und Athen im Peloponnesischen Krieg (431–404 v. Chr.) gestolpert seien. «Thukydides-Falle», so benannt nach dem großen Geschichtsschreiber des antiken Griechenlands, bedeutet: Wenn eine aufsteigende Macht einer etablierten Macht den Rang abzulaufen droht, dann wird es gefährlich. Allison hat in einem Forschungsprojekt an seiner Universität sechzehn historische Beispiele untersucht; in zwölf Fällen kam es zum Krieg.[54]

Die Sowjetunion war natürlich ein «richtiger Feind». Sie war konventionell und atomar hochgerüstet, gemeinsam mit den Streitkräften des Warschauer Pakts trat sie den Truppen der Nato als ebenbürtiger Gegner entgegen. Die Zahl ihrer Nuklearwaffen war größer als die der Vereinigten Staaten. Zugleich aber war die Sowjetunion ein bettelarmes Land, in dem Mangelwirtschaft herrschte und die Menschen oft genug vor leeren Regalen standen. «Obervolta mit Raketen» hat der damalige Bundeskanzler Helmut Schmidt die Sowjetunion 1977 genannt. Es war abzusehen, dass der alltagsgraue Moskauer Sozialismus im Wettbewerb der Systeme gegen den kapitalistischen Westen ökonomisch nicht würde bestehen können.

Da ist der «Sozialismus mit chinesischen Eigenschaften» von anderem Kaliber. In den vergangenen vierzig Jahren ist China wirtschaftlich aufgeblüht, Mangel kennt die Mehrheit der Bevölkerung heute nicht mehr. Technologisch sitzt das Land dem Westen im Nacken. Mit der wirtschaftlichen Stärke sind die politischen Ambitionen gewachsen und mit ihnen der Wunsch nach militärischer Stärke. Denn auch das gehört zu Xi Jinpings «chinesischem Traum»: Die Welt soll wieder Respekt haben vor dem Reich der Mitte, das in seiner Jahrtausende alten Geschichte gerade ein neues stolzes Kapitel schreibt.

Das Geld ist da, um militärisch aufzurüsten. Zwischen 1999 und 2020 hat sich Chinas Verteidigungsetat verzwölffacht. Nur die Vereinigten Staaten investieren mehr in ihre Streitkräfte. Amerikas Vorsprung ist jedoch noch immer beträchtlich. Nach Angaben des Internationalen Instituts für Strategische Studien (IISS) in London gaben die USA 2019 für ihr Militär 686 Milliarden Dollar aus, bei China waren es 181 Milliarden Dollar. Allerdings sind dies nur Pekings offizielle Zahlen. Viele Ausgaben für das Militär werden in anderen Haushaltsposten verbucht.

Nach Berechnungen des Stockholmer Friedensforschungsinstituts

Bei den Feierlichkeiten zum 70. Jahrestag der Gründung der
Volksrepublik China 2019 zieht eine Militärparade mit
Interkontinentalraketen vorbei.

SIPRI liegen die tatsächlichen Militärausgaben Chinas um 40 bis
55 Prozent über dem offiziellen Etat. Die Regierung in Peking weist
gern darauf hin, sie gebe nur 1,3 Prozent des BIP für das Militär aus.
Auch wenn es SIPRI zufolge in Wahrheit 1,9 Prozent sein dürften,
wäre dies deutlich weniger als in den USA mit 3,4 Prozent im Jahr
2019.

Auch ist Amerikas technologische Überlegenheit noch immer groß.
Doch China holt auf. Stolz führen die Streitkräfte bei Militärpara-
den – mal im Herzen der Hauptstadt, mal im Südchinesischen Meer –
ihre neuen Waffen vor. Als die Volksrepublik am 1. Oktober 2019
ihren siebzigsten Geburtstag feierte, rollten über Pekings Changan-
Avenue gewaltige Interkontinentalraketen vom Typ Dongfeng-41. Die
DF-41 soll eine Reichweite von 15 000 Kilometern haben, sie könnte
damit jeden Punkt in den Vereinigten Staaten erreichen. Sie kann zehn
Atomsprengköpfe unabhängig voneinander ins Ziel lenken. Ein furcht-
erregendes Monstrum.

Dennoch hat China als Nuklearmacht bei weitem nicht mit den

Vereinigten Staaten oder Russland gleichgezogen. Das chinesische Arsenal von rund 320 Bomben ist eher dem französischen und britischen Atomwaffenbesitz vergleichbar. Daher weigert sich Peking auch, an Abrüstungsgesprächen zwischen den USA und Russland über die Begrenzung von Mittelstreckenraketen oder strategischen, über Kontinente hinwegreichenden Waffen teilzunehmen. Erst einmal müssten die beiden Supermächte substantiell abrüsten, argumentiert die Führung in Peking. Und verweist auf die amtliche Doktrin, wonach China nie als erstes Land Atomwaffen einsetzen werde.

Nuklear mag sich das Land Zurückhaltung auferlegen, konventionell rüstet es vor allem zur See umso kräftiger auf. Im April 2017 hat die chinesische Marine ihren zweiten Flugzeugträger in Dienst gestellt, die im eigenen Land produzierte «Shandong». Den ersten Träger, die «Liaoning», hatte Peking 1998 von der Ukraine gekauft, wo das Schiff ursprünglich für die Sowjetunion gebaut worden war. Ein dritter Flugzeugträger ist im Bau. China hat auch die Zahl seiner mit Nuklearraketen bestückten U-Boote erhöht. Besonders beeindruckt es Militärfachleute jedoch, dass China in der Lage ist, Tarnkappen-Kampfflugzeuge wie die J-20 zu bauen, die nur schwer vom gegnerischen Radar zu erfassen sind. Auch bei dieser Technologie sind die USA bisher führend. Nicht mehr lange, wenn es nach China geht.

Im Jahr 2015 hat Parteichef Xi Jinping, zugleich Vorsitzender der Zentralen Militärkommission, eine grundlegende Modernisierung der Volksbefreiungsarmee befohlen. Innerhalb von dreißig Jahren solle sie «Weltklasse» sein, eine Armee, die «kämpfen und siegen» kann. Seither sind die Streitkräfte um 300 000 Soldaten auf eine Gesamttruppenstärke von rund zwei Millionen verringert worden. Die Armee sollte schlanker und schlagkräftiger werden. Die chinesische Verteidigungsstrategie wurde dabei neu ausgerichtet. War die Armee in der Vergangenheit eine Landstreitmacht, in der das Heer dominierte, werden seither die Luftwaffe, vor allem aber die Marine ausgebaut. In Peking ist der Kampf um die Weltmeere ins Zentrum des militärischen Denkens gerückt.

Schon Jiang Zemin hatte als Parteivorsitzender von der Marine verlangt, sie solle dem Vaterland als «Große Mauer zur See» dienen. Damals waren dies leere Worte, doch nach zwei Jahrzehnten großzügiger Finanzierung verfügt China heute mit mehr als 300 Kriegsschiffen und U-Booten über eine beachtliche «blue water navy», deren Einsatzfähigkeit längst über die Küstenverteidigung hinausreicht. Noch operiert sie vor allem in den «nahen Seegebieten», im Gelben Meer, im Ost- und Südchinesischen Meer. Aber sie zeigt auch im Indischen Ozean Flagge, bis hin zur Piratenbekämpfung im Arabischen Meer.

Die strategischen Planungen in Peking kreisen vor allem um den Westpazifik. Seit dem Ende des Zweiten Weltkriegs sind dort die Vereinigten Staaten die dominierende Macht. Wer auch immer in Washington regierte: Kein Präsident hat einen Zweifel daran gelassen, dass dies auch so bleiben solle. Für das zu neuer Macht aufgestiegene China ist dies ein inakzeptabler Zustand. «Die dominierende Rolle, welche die USA politisch und militärisch im asiatisch-pazifischen Raum spielen, muss angepasst werden», sagte Cui Liru, ehemaliger Präsident des Chinesischen Instituts für Gegenwärtige Internationale Beziehungen, ein Thinktank, der zum Ministerium für Staatssicherheit gehört und oft die Meinung der Regierung wiedergibt. Es sei «für China nicht normal, ewig unter amerikanischer Dominanz zu stehen».[55]

Wenige Jahre zuvor aber hatte Barack Obama den Anspruch Amerikas noch einmal bekräftigt, langfristig eine entscheidende Rolle im Pazifik zu spielen. Natürlich hatte er nicht von Vorherrschaft gesprochen, sondern von Partnerschaft; von den Prinzipien, die sein Land gemeinsam mit den Partnern verteidigen wolle. An einem aber hatte der Präsident keinen Zweifel gelassen: Die Vereinigten Staaten würden auch in Zukunft eine pazifische Macht sein. «Wir sind hier, um zu bleiben», rief er am 17. November 2011 vor dem australischen Parlament in Canberra aus.

Im westlichen Teil des Pazifiks stoßen die Interessen der beiden Mächte direkt aufeinander. Aus Sicht der Chinesen haben die Amerikaner in ihren «nahen Seegebieten» nichts zu suchen. In der Wahrnehmung der Vereinigten Staaten dagegen sorgt ihre Anwesenheit in diesem Raum seit Jahrzehnten für Stabilität. Chinas Nachbarn hätten das größte Interesse daran, dass die USA mit ihren Streitkräften weiterhin die Aufrechterhaltung der Machtbalance in der Region garantierten. Deshalb stellten Japan und Südkorea auf ihrem Territorium den Amerikanern Militärstützpunkte zur Verfügung; deshalb veranstalteten Vietnam, Singapur oder Thailand mit ihnen gemeinsame Manöver; deshalb tauschten die Nachrichtendienste der Partnerstaaten mit den USA Informationen aus.

China aber fühlt sich eingekreist. Es würde die Vereinigten Staaten gern hinter die «Erste Insellinie» zurückdrängen, die von der koreanischen Halbinsel über Japan, Taiwan und die Philippinen bis nach Indonesien reicht – eine Kette von lauter US-Verbündeten, die China den ungehinderten Zugang zum offenen Pazifik erschweren. Langfristig möchte sich China die Dominanz bis zur «Zweiten Insellinie» sichern, die sich auf den Karten der Strategen weiter östlich im Pazifischen Ozean von Japan aus in einem großen Bogen über die Nördlichen Marianen, Guam und Palau bis nach Papua-Neuguinea erstreckt.

Ob Chinas Seemacht jemals so weit reichen wird? Schon das bescheidenere Ziel, Amerika den Zugang zu den «nahen Seegebieten» zu versperren («anti-access/area denial» heißt die chinesische Strategie) wird auf Jahre nicht zu erreichen zu sein. Zu groß ist die Übermacht der US-Navy, zu viele Alliierte hat Amerika auf seiner Seite. Wenn aber China seinen Flottenausbau im bisherigen Tempo fortsetzt, wenn es seinen Machtanspruch weiterhin selbstbewusst formuliert, dann wächst die Gefahr einer militärischen Konfrontation zwischen den beiden Supermächten. Besonders bedrohlich ist die Lage im Südchinesischen Meer und im Konflikt um Taiwan. Und auch um die Senkaku-Inseln könnte es erneut zum Streit zwischen China und Japan kommen. Wenn die Beteiligten nicht auf der Hut sind, könnte es in diesem Teil des Stillen Ozeans sehr unruhig werden.

Wie schnell latente Spannungen eskalieren können, zeigte sich, als am 1. April 2001 über dem Südchinesischen Meer ein amerikanisches Aufklärungsflugzeug mit einem chinesischen Jagdflieger kollidierte. Die chinesische Maschine stürzte ab, der Pilot wurde getötet. Die Besatzung des amerikanischen Spionageflugzeugs vom Typ EP-3 musste auf Chinas Insel Hainan notlanden. Elf Tage lang wurde die Crew dort festgehalten. Ihr Flugzeug gaben die Chinesen erst später wieder frei, zu verlockend war die Gelegenheit, in aller Ruhe die moderne amerikanische Aufklärungstechnik an Bord der Maschine zu studieren.

Präsident George W. Bush, gerade ins Amt gekommen, musste seine erste Auslandskrise bestehen. Die Erleichterung in Washington war groß, als die Besatzung freigelassen wurde. Doch die Spannungen hielten an. Peking verkündete einen großen Sieg im «Kampf der chinesischen Regierung und des Volkes gegen die US-Hegemonie». Im Pentagon überlegten die Verantwortlichen, einen Flugzeugträger ins Südchinesische Meer zu entsenden. Am Ende siegte die Vernunft, die befürchtete Eskalation blieb aus. Aber allen war klar, dass jederzeit ein neuer militärischer Zwischenfall die beiden Supermächte auf Konfrontationskurs bringen konnte.

Das hat viel mit der strategischen Bedeutung des Südchinesischen Meers zu tun. Es ist eine der wichtigsten Wasserstraßen der Welt. Jährlich passieren sie mehr als 60 000 Schiffe mit Gütern im Wert von über fünf Billionen Dollar. Damit wird gut ein Drittel des weltweiten maritimen Güterverkehrs durch das Seegebiet zwischen Vietnam, Malaysia, Brunei, Indonesien, den Philippinen, Taiwan und China transportiert. Unter dem Meeresboden liegen zudem bedeutende Öl- und Gasvorkommen. Wer diese ausbeuten darf, wer überhaupt das Sagen hat auf dem Meer und seinen verstreuten, meist unbewohnten Inseln – darüber geht seit Jahrzehnten ein bitterer Streit zwischen den Anrainerstaaten. China als der größte unter ihnen hält diese Auseinandersetzung seit langem für entschieden. Seine Ansprüche stützt es auf dubiose historische Karten und die dort eingezeichnete «Neun-Striche-Linie», die rund neunzig Prozent des Südchinesischen Meeres als chinesisches Staatsgebiet ausweist.

Militärisch hat China die Herrschaft über das Meer weitgehend an sich gerissen. Dabei hatte Staatspräsident Xi Jinping 2015 im Rosengarten des Weißen Hauses bei einer Pressekonferenz mit Barack Obama feierlich versichert, es gebe «nicht die Absicht», die umstrittenen Spratly-Inseln «zu militarisieren». Ein Jahr später zeigten Satellitenaufnahmen, dass genau dies geschehen war: Auf den Inseln befanden sich nun Flugabwehrraketen und andere Waffen in großer Zahl.

Nach diesem Muster hat China das gesamte Südchinesische Meer aufgerüstet. Atolle, Felsen und Riffe wurden zu künstlichen Inseln aufgeschüttet. Hunderte von Meilen vom chinesischen Festland entfernt wurden Häfen ausgehoben, Landebahnen angelegt, Kasernen gebaut, Radaranlagen, Raketenstellungen und Hangars für Kampfflieger und Langstreckenbomber errichtet. «Kurz gesagt, China ist nun in der Lage, das Südchinesische Meer zu kontrollieren, und zwar in sämtlichen Szenarien mit Ausnahme eines Krieges gegen die Vereinigten Staaten»: So fasste Admiral Philip S. Davidson in einer Senatsanhörung im Mai 2018 die strategische Lage zusammen, bevor er seinen neuen Posten als Kommandeur des United States Indo-Pacific Command in Honolulu antrat.[56]

Gegen die rüde Landnahme Chinas zogen die Philippinen 2013 vor Gericht. Drei Jahre später gab der Ständige Schiedshof in Den Haag der Regierung in Manila in vollem Umfang Recht. Es gebe keinerlei Basis für die von Peking behaupteten historischen Ansprüche auf die Inseln im Südchinesischen Meer. China habe nicht nur die Rechte der Philippinen fundamental verletzt, es habe bei den Bauarbeiten auch irreparable ökologische Schäden angerichtet.

China allerdings hatte die Zuständigkeit des Haager Schiedsgerichts nie anerkannt und sich an dem Verfahren nicht beteiligt. Auf das Urteil reagierte Peking empört: Der Spruch aus Den Haag sei «null und nichtig». Damit stellte sich die chinesische Regierung offen gegen die Seerechtskonvention aus dem Jahr 1982, die sie selbst unterschrieben hatte.[57]

Bei Fragen der Souveränität kennt China keinerlei Kompromissbereitschaft. Darum aber geht es nach Ansicht Pekings im Südchinesischen Meer: um Souveränität, Sicherheit, territoriale Unversehrtheit und nationale Einheit. So definiert China seine «Kerninteressen», ein Begriff, der sonst im Zusammenhang mit Taiwan oder Tibet auftaucht. Der Souveränität über das Südchinesische Meer misst Peking damit die gleiche Bedeutung zu wie der Zugehörigkeit Taiwans oder Tibets zur Volksrepublik. Seine «Kerninteressen» aber verteidigt China – und wenn es dafür das Völkerrecht brechen muss.

Über den Territorialstreit mit den Nachbarländern würde China,

sich seiner Übermacht bewusst, gern bilateral verhandeln. Die Südostasiatische Staatengemeinschaft Asean, der alle anderen Anrainer an-
gehören, wünscht dagegen eine multilaterale Lösung – ein Wunsch,
den sich die damalige US-Außenministerin Hillary Clinton zu eigen
machte. Auf einer Konferenz in Hanoi bot sie im Juli 2010, ganz im
Sinne der meisten Asean-Mitglieder, eine amerikanische Vermittlung
an, denn ein Ende des Konflikts läge «im nationalen Interesse» der
Vereinigten Staaten.

Amerikanische Vermittlung? Im Südchinesischen Meer? Hillary
Clintons chinesischer Kollege Yang Jiechi verlor fast die Contenance.
25 Minuten lang ließ er seinem Ärger freien Lauf, insistierte, dass es
sich um bilaterale Probleme handele, vergaß auch nicht zu erwähnen,
dass China ein «großes» Land sei, die Asean-Mitglieder hingegen
«kleine» Länder seien. Vermittlungen, nein, das könnten die Amerikaner vergessen. Im Laufe der Jahre begannen die Chinesen und ihre
südostasiatischen Nachbarn über einen «Code of Conduct» zu sprechen, einen Verhaltenskodex für das Südchinesische Meer. Es gibt ihn
bis heute nicht.[58]

Für China geht es um viel. Es will die amerikanische «Hegemonie
im Westpazifik» beenden. So sagt es Wu Shicun, Präsident von Chinas
Nationalem Institut für Studien über das Südchinesische Meer. Für die
Seemacht USA, räumt er ein, sei das Südchinesische Meer eine «lebens-
wichtige Arterie». Aber er unterstellt den Amerikanern bei ihrem
Handeln politische Motive. Chinas Streit mit seinen Nachbarn komme
ihnen gerade recht im Kampf gegen «Chinas Aufstieg und seine wachsende maritime Macht». Insofern sei es nur konsequent, wenn China
seine zivile Verwaltung auf die Inseln im Südchinesischen Meer aus-
dehne, um so alle Zweifel zu zerstreuen, wer hier die Kontrolle ausübe.[59] Und tatsächlich hat die «Stadt» Sansha (Einwohnerzahl: rund
1400), Präfektursitz auf dem Inselchen Woody Island, im April 2020
zwei neue Verwaltungsbezirke erhalten: den Distrikt Xisha (Paracel-
Inseln) und den Distrikt Nansha (Spratly-Inseln). Beide Bezirke gehören damit nun ganz offiziell zum chinesischen Staatsgebiet und sind
doch nichts weiter als künstlich vergrößerte Felsen in einer fernen
Wasserwüste.

Die Vereinigten Staaten haben keinen Zweifel daran gelassen, dass sie die Freiheit der Schifffahrt, wenn sie diese bedroht sehen, notfalls militärisch durchsetzen wollen. Amerikanische Kriegsschiffe kreuzen demonstrativ durch die von Peking beanspruchten Seegebiete. Japaner und Australier beteiligen sich regelmäßig an diesen «Freedom of Navigation Operations» (FONOPs) der US-Navy. Auch Briten und Franzosen haben bereits Schiffe in das Südchinesische Meer entsandt, um dort die Freiheit der Schifffahrt zu schützen.[60]

Aber auch wenn China immer wieder provoziert; wenn es vietnamesische Fischerboote versenkt und malaysische Unternehmen an der Erdölexploration hindert; wenn es philippinisches Territorium besetzt und seine Kriegsschiffe auf direkten Kollisionskurs gegen amerikanische FONOP-Zerstörer gehen: Wer will schon einen Krieg riskieren um die im Meer verstreuten Felsen, wer möchte einen – wie die Amerikaner spotten – «war on the rocks» auslösen?

Die Frage stellt sich nicht allein im Südchinesischen Meer. Sie tauchte genauso auf, als im Jahr 2010 zwischen China und Japan der Konflikt um die Senkaku-Inseln eskalierte. Auch hier: einsame, unbewohnte Felsen, auf denen nur ein paar Ziegen herumspringen. Vom Rest der Welt ignoriert, liegen sie verloren im Ostchinesischen Meer. Und sind strategisch doch von großer Bedeutung. Von ihrem symbolischen Wert ganz zu schweigen. 1895 haben die Japaner von ihnen Besitz ergriffen. *Terra nullius*, Niemandsland, seien die Inseln gewesen, argumentiert das Gaimusho, Japans Außenministerium. Da sie niemandem gehört hätten, habe das japanische Kaiserreich sie sich rechtmäßig angeeignet. «Von daher existiert kein Territorialproblem bezüglich der Senkaku-Inseln, das gelöst werden müsste», sagt das Gaimusho.

Für die Chinesen ist das eine imperialistische Logik. Schon den japanischen Namen empfinden sie als Zumutung. Sie selbst sprechen von den Diaoyu-Inseln. Und die seien von alters her «ein untrennbarer Bestandteil des chinesischen Territoriums», argumentiert Pekings Diplomatie. Beide Seiten entstaubten in ihren Archiven Seekarten aus dem 19. Jahrhundert, um ihren Rechtsanspruch zu untermauern, förderten Belege zutage, mit denen sie ihre unvereinbaren Standpunkte begründen konnten. Der Konflikt schwelte weiter.

Dann, im September 2012, flammte er wieder heftig auf. Die japanische Regierung hatte drei der Inseln dem damaligen privaten Eigentümer abgekauft, um sie dem Zugriff des rechtsnationalen Gouverneurs von Tokio zu entziehen, der die Inseln erwerben wollte. Eigentlich ein vernünftiger Schritt der Regierung. Aber China sah in der Nationalisierung der Inseln eine diplomatische Kampfansage. Immer häufiger kamen nun Kriegsschiffe der beiden Staaten in den Inselgewässern einander bedrohlich nahe. Leicht hätte es zu einem Zwischenfall kommen können. Im November 2013 erklärte Peking das Gebiet um die Senkaku-Inseln dann zu einer Luftverteidigungszone (Air Defense Identification Zone – ADIZ). Flugzeuge, die durch dieses Gebiet flogen, mussten sich identifizieren. Wer das nicht tat, dem drohte Peking mit «defensiven Notfallmaßnahmen».

Vollkommen inakzeptabel, schallte es aus Tokio zurück. «Wir sind entschlossen, den Luftraum und die Seegebiete unseres Landes zu verteidigen», rief Premierminister Shinzo Abe vor dem Parlament aus.[61] Innerhalb von Tagen begannen die Chinesen, die von ihnen ausgerufene Luftverteidigungszone zu überwachen. Militärflugzeuge stiegen auf. Von einer Provokation sprach die Regierung in Washington und ließ B-52-Langstreckenbomer durch die Zone fliegen. Nichts passierte. Und es geschah auch nichts, als japanische und amerikanische Flugzeuge in den Jahren danach eine Identifikation verweigerten.

Zwar hatte sich die Regierung Obama im Inselstreit für neutral erklärt; sie wollte sich nicht dazu äußern, welche der beiden Seiten historisch im Recht sei. Zugleich aber hatte Außenministerin Hillary Clinton klargestellt, der amerikanisch-japanische Sicherheitspakt schütze auch die Senkaku-Inseln. Käme es zu einem militärischen Konflikt, bekräftigte Verteidigungsminister Robert Gates, würden die Vereinigten Staaten ihre «Bündnisverpflichtungen erfüllen». China war klug genug, dieses Sicherheitsversprechen nicht auf die Probe zu stellen.

Ob das auch für Taiwan gilt? Ungezählte Male hat die kommunistische Führung ihr heiliges Versprechen erneuert, die Insel eines Tages wieder mit dem Festland zu vereinigen. Und nie hat sie vergessen hinzuzufügen: Notfalls mit Gewalt. Niemand sollte daran zweifeln, dass es China mit der Verteidigung dieses «Kerninteresses» ernst ist.

Als die Vereinigten Staaten 1979 die Volksrepublik China diplomatisch anerkannten, kündigten sie das Verteidigungsabkommen mit Taiwan auf. Und doch fühlten sie sich der Sicherheit der Insel weiter verpflichtet. Die Lieferung modernster Waffen soll die Insel in die Lage versetzen, sich gegen einen Angriff vom Festland zu schützen. Und es ist kaum vorstellbar, dass ein amerikanischer Präsident einem Angriff auf Taiwan tatenlos zuschauen würde. Bill Clinton hat die Entschlossenheit seines Landes, an der Seite der Inselrepublik zu stehen, in der Raketenkrise 1996 eindrucksvoll demonstriert.

Aber seitdem haben sich die Kräfteverhältnisse geändert. Die Modernisierung von Chinas Marine und Luftwaffe würde ein amerikanisches Eingreifen heute viel risikoreicher machen. Achtzehn Mal spielte das Pentagon einen Krieg zwischen Amerika und China um Taiwan durch, achtzehn Mal ging China als Sieger aus der Übung hervor.[62]

Nach der Wahl Tsai Ing-wens zur Präsidentin Taiwans 2016 und ihrer triumphalen Wiederwahl 2020 hat China die Zahl der Schiffs- und Flugbewegungen rund um die Insel beständig erhöht. Immer bedrohlicher wurden die Manöver, immer schriller die politischen Attacken auf die «Separatisten» in Taipei. Sollte Taiwan, überlegte Harvard-Politikwissenschaftler Graham Allison, «einen dramatischen Schritt in Richtung Unabhängigkeit tun, der China veranlassen würde, mit Gewalt zu reagieren, würden die Vereinigten Staaten gegen China in den Krieg ziehen, um den Status Taiwans zu bewahren? Sollten sie es tun?»[63] Eine Frage, mit der sich die Regierung in Washington aus gutem Grund extrem schwertun würde. Jeder wüsste, was auf dem Spiel steht, auch in Peking. Deshalb wird China, allen Drohungen zum Trotz, wohl weiterhin vorsichtig agieren. Eine militärische Konfrontation mit den USA würde den wirtschaftlichen Aufbau von Jahrzehnten zunichte machen.

Zumal es China nicht mit Amerika allein zu tun hätte. Je selbstbewusster und fordernder Peking seit der Amtsübernahme von Xi Jinping aufgetreten ist, desto größer ist der Unwille über die chinesische Außenpolitik und der Widerstand dagegen geworden. Einstige Gegner Amerikas wie Vietnam haben sich den Vereinigten Staaten zugewandt; erprobte Alliierte wie Australien haben ihre Verbundenheit mit der traditionellen pazifischen Vormacht bekräftigt. Und selbst pragmatische Staaten wie Singapur, die sich mit beiden Seiten gut stellen wollen, wünschen sich eine starke Präsenz der USA in der Region. Zwar wollen sie mit China gute Geschäfte machen, aber sie möchten nicht erpressbar werden.

Das Unbehagen an China hat 2017 strategische Überlegungen neu belebt, die zehn Jahre zuvor Japans Premier Shinzo Abe erstmals formuliert hatte. In einer Rede vor dem indischen Parlament mit der Überschrift «Zusammenfluss der zwei Meere» hatte Abe 2007 für eine engere politische und wirtschaftliche Zusammenarbeit zwischen den Demokratien des Pazifiks und des Indischen Ozeans geworben. Abe schlug vor, Indien, Japan, Australien und die USA sollten einen «Quadrilateral Security Dialogue» (Quad) etablieren.[64]

Indien reagierte zunächst skeptisch. Und auch in Australien und den USA fiel das Echo verhalten aus. Aber je anmaßender sich China gebärdete, desto stärker wurden in den vier Ländern die Sympathien für eine engere Sicherheitspartnerschaft. An ein der Nato vergleichbares Bündnis dachte dabei niemand, eher an einen lockeren Verbund politisch ähnlich denkender Länder. Man begann, gemeinsame Manöver abzuhalten. Dazu gehörten militärische Übungen im Südchinesischen Meer, an denen auch Asean-Staaten wie Vietnam teilnahmen.

Es waren schließlich die Vereinigten Staaten, die ihre strategischen Planungen für den gesamten Raum grundlegend neu ausrichteten und dafür den Begriff des «Free and Open Indo-Pacific» (FOIP) prägten. Das bisherige «United States Pacific Command» in Hawaii wurde 2018 umbenannt in «United States Indo-Pacific Command» und umfasste damit nun zwei Weltmeere. Aus der antichinesischen Orientierung der neuen Strategie machte Washington keinen Hehl. «Der FOIP der Regierung Trump richtet sich dezidiert gegen den wachsenden Einfluss Chinas in der Region und zielt auf dessen Eindämmung ab», heißt es in einer Studie der Berliner Stiftung Wissenschaft und Politik.[65]

Auch wenn Pekings Außenminister Wang Yi voraussagte, der Zusammenschluss der Vier werde so rasch wieder verschwinden wie der Meeresschaum auf den Wellen der beiden Ozeane, intensivierte sich die Zusammenarbeit. Die Zahl der Manöver nahm zu, der Sicherheitsdialog fand nun auf Ministerebene statt, Indien und Australien vereinbarten eine umfassende strategische Zusammenarbeit (Comprehensive Strategic Partnership). Beide Länder fühlen sich von China bedrängt – Indien durch den Grenzkonflikt im Himalaya und die stärkere Präsenz der chinesischen Marine im Indischen Ozean, Australien durch Embargodrohungen und Hackerangriffe. Wie zuvor schon im Pazifik wird nun auch rund um den Indischen Ozean aufgerüstet. «Der Indo-Pazifik ist das Epizentrum des zunehmenden strategischen Wettbewerbs», sagte Australiens Premierminister Scott Morrison.[66]

Und wenn Australien und die Vereinigten Staaten bekanntgeben, sie wollten gemeinsam mit Papua-Neuguinea auf der Insel Manus den Marinestützpunkt Lombrum ausbauen, dann richtet sich auch das gegen China, genau wie die Stationierung amerikanischer Marines zehn Jahre zuvor im australischen Darwin, von wo aus sie das Südchinesische Meer rasch erreichen können.

So wie Europa während des Ost-West-Konflikts das Aufmarschgebiet der verfeindeten Militärblöcke war, so ist in Zeiten der chinesisch-amerikanischen Rivalität der pazifisch-indische Raum zum Zentrum der weltpolitischen Konkurrenz – und der militärischen Aufrüstung – geworden. Dies hat Folgen sogar für die Nato. Ende 2019 wurde China erstmals in einem Kommuniqué des Nordatlantischen Bündnisses erwähnt. In der «Londoner Erklärung» zum 70-jährigen Bestehen der Nato hieß es: «Wir erkennen, dass der wachsende Einfluss und die internationale Politik Chinas sowohl Chancen als auch Herausforderungen darstellen, die wir als Allianz zusammen angehen müssen.»

In Peking wusste man sehr wohl, dass es den Amerikanern, die das Thema China in der Nato auf die Tagesordnung gesetzt hatten, nicht um die «Chancen» ging, sondern um die «Herausforderungen». Die europäischen Bündnispartner zögerten, aber sie widersetzten sich dem amerikanischen Drängen nicht, milderten deren Kritik an China allenfalls etwas ab. Nato-Generalsekretär Jens Stoltenberg begründete sechs Monate später, warum China für die Allianz zu einem Thema geworden sei. «Der Aufstieg Chinas verändert fundamental die globale

Machtbalance.» Das Land komme «immer näher vor die Haustür Europas». Es investiere «in Nuklearwaffen und Langstreckenraketen, die Europa erreichen können. Die Nato-Verbündeten müssen sich gemeinsam dieser Herausforderung stellen.» Daher spiele China auch im «Reflexionsprozess Nato 2030» eine wichtige Rolle.[67]

Der Nato-Generalsekretär plädierte für eine engere Zusammenarbeit mit Australien, Japan, Neuseeland und Südkorea, wenn es etwa darum gehe, gemeinsame Normen und Regeln für den Cyberraum und die Rüstungskontrolle zu finden. Am Ende sollten die Nato und diese Staaten zusammenstehen «für eine Welt, die auf Freiheit und Demokratie gebaut ist, nicht auf Schikane und Nötigung».[68]

Basteln die Amerikaner an einer globalen Anti-China-Allianz? Und sollten die europäischen Verbündeten sich daran beteiligen? Vielleicht müssen die Europäer diese Frage rascher beantworten, als ihnen lieb ist.

Bundesverteidigungsministerin Annegret Kramp-Karrenbauer kann sich manches vorstellen, was in der deutschen sicherheitspolitischen Diskussion bisher allenfalls ein Nischenthema war. Frisch ins Amt gekommen, sagte sie am 7. November 2019 in einer Rede vor der Bundeswehr-Universität München: «Unsere Partner im Indo-Pazifischen Raum – allen voran Australien, Japan und Südkorea, aber auch Indien – fühlen sich von Chinas Machtanspruch zunehmend bedrängt. Sie wünschen sich ein klares Zeichen der Solidarität. Für geltendes internationales Recht, für unversehrtes Territorium, für freie Schifffahrt. Es ist an der Zeit, dass Deutschland auch ein solches Zeichen setzt, indem wir mit unseren Verbündeten Präsenz in der Region zeigen.»

Für eine deutsche Verteidigungsministerin waren dies erstaunliche Töne. Dahinter steckten langfristige strategische Überlegungen. Dies zeigte sich, als Kramp-Karrenbauer das Thema ein Jahr später in einer zweiten Grundsatzrede, diesmal an der Bundeswehr-Universität in Hamburg, erneut aufgriff. Seit Jahren schon hatte die Bundesregierung darüber nachgedacht, sich mit der Bundesmarine an den «Freedom of Navigation Operations» im Südchinesischen Meer zu beteiligen. Aber dann beließ sie es dabei, Offiziere als Beobachter an Bord von französischen Kriegsschiffen mitfahren zu lassen. Am 17. November 2020 jedoch, in ihrer Rede in Hamburg, kündigte Kramp-Karrenbauer an: «Deutschland wird präsenter, etwa durch mehr Verbindungsoffiziere und im kommenden Jahr, so Corona das zulässt, durch ein Schiff der Deutschen Marine. Wir werden Flagge zeigen für unsere Werte, Interessen und Partner.»

Natürlich würden die Europäer, zumal die Deutschen, im Indo-Pazifik nur sehr begrenzt Einfluss nehmen können, das wussten die Sicherheitspolitiker auf allen Seiten. Aber dass Amerika in der Region noch lange unverzichtbar bleiben würde, das war den realpolitisch denkenden Politikern dort klar. Und so sang denn Singapurs Premierminister plötzlich und unvermutet das Hohelied auf die «Pax Americana», die in Ost- und Südostasien seit dem Zweiten Weltkrieg für ein sicheres strategisches Umfeld gesorgt habe. «Es waren die Vereinigten Staaten, die Asiens Stabilität und Wohlstand möglich machten», schrieb Lee Hsien Loong. Sie hätten einen Sicherheitsschirm gespannt, «unter dem die Länder der Region kooperieren und friedlich miteinander konkurrieren konnten».[69]

Am wichtigsten aber war Lee die Feststellung: «Die Vereinigten Staaten sind keine absteigende Macht.» Niemand weiß dies besser als die bei allem Selbstbewusstsein vorsichtig agierende Supermacht China. Sie vermag die Kräfteverhältnisse am Pazifik und am Indischen Ozean realistisch einzuschätzen. Sie sieht die militärischen Verbündeten Amerikas in der Region: Australien, Japan, Südkorea, die Philippinen, Thailand. Sie weiß, welche Staaten mit Amerikas Streitkräften und Nachrichtendiensten zusammenarbeiten: Indien, Indonesien, Malaysia, die Mongolei, Singapur, Vietnam und Neuseeland. Und vor allem ist ihr klar, was China dagegen aufbieten kann: Brüderliche Beziehungen zu Kambodscha und Nordkorea. Keine Machtverhältnisse, die zu Übermut einladen. Da braucht es nicht einmal eine Nato in Fernost.

XII. Auf dem Irrweg

Es sind unfassbare Zahlen. Wer die historische Bedeutung des Aufstiegs Chinas in den vergangenen vierzig Jahren richtig ermessen will, muss sie sich hin und wieder in Erinnerung rufen. Kein Land hat Vergleichbares geschafft. Die Wirtschaftsleistung der Volksrepublik ist in den Jahren von 1952 bis 2018 um durchschnittlich 8,1 Prozent gestiegen. In den Jahrzehnten nach Beginn der Wirtschaftsreformen 1978 waren es fast immer mehr als 10 Prozent. Das Pro-Kopf-Einkommen stieg von 430 US-Dollar im Jahr 1980 auf gut 10 000 US-Dollar heute. Mit etwa 14 Billionen US-Dollar ist China heute die zweitgrößte Volkswirtschaft hinter den Vereinigten Staaten und auf dem Sprung, diese um das Jahr 2030 herum zu überholen. Die größte Handelsnation ist das Land bereits heute.

Zwei weitere Kennziffern sind mindestens so eindrucksvoll. Seit Gründung der Volksrepublik im Jahr 1949 hat sich die durchschnittliche Lebenserwartung mehr als verdoppelt, sie ist von 35 Jahren auf heute 77 Jahre gestiegen. Und seit 1978 wurden nach Angaben der Regierung 770 Millionen Menschen aus der Armut geführt. Staunenswerte Leistungen, auf die Chinas Bevölkerung und die politische Führung stolz sein können.

Mit der wirtschaftlichen Kraft wuchs der politische Machtanspruch. Deng Xiaoping, der Vater der Reformpolitik, hatte stets gemahnt, China solle sich lieber etwas kleiner machen, sich auf die Modernisierung des Landes konzentrieren, statt wichtigtuerisch auf der weltpolitischen Bühne herumzutrompeten. Seine Nachfolger haben diese Bescheidenheit abgelegt; sie melden einen globalen Führungsanspruch an. Was nicht heißt, dass sie an die Stelle der Vereinigten Staaten treten wollen. Schon gar nicht möchten sie weltweit in alle möglichen Konflikte hineingezogen werden und die Aufgabe übernehmen, diese zu lösen. Aber Peking will gehört werden, und das mit Fug und Recht.

Chinas Selbstbewusstsein bekam einen gewaltigen Schub in der Weltfinanzkrise 2008, die vom Verfall der Immobilienpreise in den USA und von den Spekulationen mit Schrottanleihen ausgelöst worden war. Rund um den Globus brachen die Aktienmärkte ein. Chinas Regierung investierte umgerechnet etwa 460 Milliarden Euro in Infrastruktur- und Sozialprojekte und half so, das Schlimmste zu verhindern und eine Weltwirtschaftskrise wie im Jahr 1929 abzuwenden. Es wirkte wie eine Ironie der Geschichte, dass ein kommunistisches Land dafür sorgte, das kapitalistische Finanzsystem vor dem Zusammenbruch zu retten.

Stolz blickt China auch auf die Bewältigung der Coronakrise im eigenen Land. Die Führung verwahrt sich gegen den Vorwurf, den Ausbruch des Virus vertuscht zu haben. Sie verweist lieber darauf, wie entschlossen sie gegen die Seuche zu Felde gezogen sei. Und tatsächlich konnte die Epidemie in China rascher und nachhaltiger eingedämmt werden als in vielen anderen Ländern. Vor allem im Vergleich zu den Vereinigten Staaten steht China glänzend da. Dort führte das totale Versagen der Regierung Trump in die Katastrophe. Nicht ohne Genugtuung war in Peking von den «institutionellen Vorzügen» des eigenen Systems die Rede.

Auch global gaben die USA in der Coronakrise jeden Anspruch auf Führungsverantwortung auf. Ähnlich wie beim Klimaschutz sprang China nur zu gern ein und pries sich als Vorbild und großherziger Helfer an. Wobei die Hilfe so selbstlos nicht war. Und weil die aus China geschickten Schutzmasken oft nichts taugten und der öffentliche Dank etwas zu penetrant eingefordert wurde, misslang das Bemühen um Reputationsgewinn. Gleichwohl, in die Lücke, die Washingtons Versagen hinterließ, stießen die Machthaber in Peking mit Verve vor, in dem «Glauben, dass Chinas geopolitischer Augenblick gekommen» sei. Sie «zogen den Vorhang weg und erlaubten der Welt einen nicht erbetenen Ausblick auf uneingeschränkte chinesische Macht».[1]

Froh über das Ende der Bescheidenheit waren vor allem jene regierungstreuen Intellektuellen, die schon seit langem der Ansicht waren,

China brauche keinen klugen Rat von außen mehr. Diese jungen Denker, oft enttäuschte Liberale, unterstützen den Kurs Xi Jinpings, verteidigen das harte Durchgreifen des Staates bei den Protesten in Hongkong. Sie wenden sich gegen universelle Menschenrechte und die Teilung der politischen Gewalten. Die westlichen Ideen hätten Einfluss gewonnen, als China schwach gewesen sei. Nun aber sei es stark und müsse sich auf seine eigenen Traditionen besinnen.[2]

Die große «Erneuerung» der chinesischen Nation, die Xi Jinping sich zum Ziel gesetzt hat, bedarf des starken Staates, daran lassen die Partei und ihre Vordenker keinen Zweifel. Autoritär nach innen und durchsetzungsfähig nach außen, verfolgt der chinesische Staat nach Ansicht der Rand Corporation, einer einflussreichen amerikanischen Denkfabrik, vier große strategische Ziele: Wiederherstellung und Bewahrung von Chinas territorialer Unversehrtheit; Verhinderung der Dominanz des asiatisch-pazifischen Raums durch eine andere Macht; Schaffung eines internationalen Umfeldes, das der eigenen wirtschaftlichen Entwicklung förderlich ist; Mitsprache bei der Herausbildung einer neuen globalen Ordnung.[3] Einige dieser Ziele, schreiben die Forscher, reichten bis zur Republikgründung 1949 zurück, aber Xi Jinping formuliere den globalen Führungsanspruch Chinas nun besonders selbstbewusst. Sein «chinesischer Traum» sei ein Land, das gut regiert werde, sozial stabil sei, ökonomisch prosperierend, technologisch fortgeschritten und militärisch mächtig.

Ist China auf dem Weg, diesen Traum zu verwirklichen? Kann das Land als ebenbürtige Weltmacht zu den Vereinigten Staaten aufschließen, sie vielleicht sogar als globale Führungsnation ablösen? Will China das überhaupt? Und wie sähe die Welt aus, in der es so viel Macht hätte wie heute Amerika?

Es ist ein gutes Jahrzehnt her, dass im Westen voller Hochachtung von dem Alternativmodell China die Rede war: schnell, effizient, entscheidungsfreudig. Ein autoritäres System, nun ja, aber eins, das lieferte. Das 21. Jahrhundert, so sah es aus, würde das Jahrhundert Chinas werden.

Inzwischen hat eine große Desillusionierung eingesetzt. Mit dem Machtantritt Xi Jinpings begann eine linke Restauration. Der Rück-

Das Plaza 66 ist ein luxuriöses Einkaufszentrum in Shanghai, der Baukomplex umfasst zwei Wolkenkratzer mit Büro- und Verkaufsflächen.

fall in die Diktatur hat das Gegenmodell Chinas gründlich in Misskredit gebracht. Die Herausforderungen, vor denen das Land steht, rücken stärker in den Vordergrund: die alternde Gesellschaft, die schrumpfende Zahl der Berufstätigen, die Umweltzerstörung, die allgegenwärtige Überwachung, die Abschottung des Landes hinter der «großen chinesischen Firewall», das aggressive Auftreten nach außen. Und wie es ist um die «soziale Stabilität» bestellt, um die sich die Führung so sorgt? So gut offenbar nicht, wenn man bedenkt, dass seit Jahren schon die Staatsausgaben für die innere Sicherheit höher sind als der Verteidigungshaushalt.

Herausforderung Umweltzerstörung und Klimawandel. Das Versprechen, das Xi Jinping am 22. September 2020 vor der UN-Vollversammlung abgab, wurde weltweit mit Verblüffung aufgenommen. Bis zum Jahr 2060, erklärte Xi in einer Video-Botschaft, werde China CO_2-neutral sein, es werde also die gesamte Menge an Kohlendioxid, die es dann noch ausstoße, kompensieren. Dieses Versprechen, wenn es denn eingehalten werden kann, wäre ein gewaltiger Beitrag zum globalen Klimaschutz. Denn China ist der mit Abstand größte Umweltsünder des Planeten, sein Anteil am CO_2-Ausstoß beträgt 28 Prozent. 2019 hat das Land 9826 Millionen Tonnen Kohlendioxid in die Luft geblasen, an zweiter Stelle folgten die USA mit 4965 Millionen Tonnen. Deutschlands CO2-Emissionen beliefen sich auf 684 Millionen Tonnen.

Chinas Treibhausgas-Emissionen sind seit 1990 um 323 Prozent gestiegen, Ergebnis des rasanten Wirtschaftswachstums. Lange wollte sich das Land nicht den gleichen Beschränkungen unterwerfen, die es von den Industrieländern forderte; China müsse seinen Entwicklungsrückstand aufholen dürfen, argumentierten die Regierenden in Peking, erst dann könne man das Land mit der gleichen Elle messen wie die Vereinigten Staaten oder Europa.

Inzwischen aber, nachdem China zur zweitgrößten Volkswirtschaft der Welt aufgestiegen ist, setzt sich das Land beim Klima- und Umweltschutz ehrgeizigere Ziele. So will die Volksrepublik führend bei der Elektromobilität sein. Sie ist heute bereits der größte Produzent von Windturbinen und Solarzellen. Im Jahr 2016 investierte China 78,3 Milliarden Dollar in erneuerbare Energien; in Europa waren es 59,8 Milliarden Dollar, in den USA 46,5 Milliarden Dollar.

Dennoch bleibt das Land die größte Dreckschleuder der Welt. Das liegt vor allem am hohen Anteil der Kohle an der Energieerzeugung. Während andere Teile der Welt aus der Kohle aussteigen, wächst in China die Zahl der Kohlekraftwerke weiter. In den ersten sechs Monaten des Jahres 2020 wurden Genehmigungen für den Bau weiterer Kraftwerke mit einer Gesamtkapazität von 17 Gigawatt erteilt; zusätzliche Kapazitäten von 41 Gigawatt waren geplant. Der Grund: Während China beim Erdöl zu 70 Prozent, beim Erdgas zu mehr als 40 Prozent auf Importe angewiesen ist, verfügt es über riesige heimische Kohlevorkommen.

Aber die Regierung will die Nutzung fossiler Brennstoffe nun endlich spürbar reduzieren. Zu sehr leidet die Gesundheit der Menschen, zu verheerend sind die Schäden an der Natur. Vor den Olympischen Sommerspielen 2008 in Peking zeigten sich internationale Athleten alarmiert über die Luftverschmutzung am Austragungsort. Im Pekinger Smog Marathon zu laufen, hatten Messungen ergeben, das sei so, als rauche man innerhalb von drei Stunden 50 Zigaretten. Werbung für Olympia war das nicht. Der chinesische Staat musste handeln. Fabriken wurden geschlossen, auf den Baustellen ruhte die Arbeit, der Autoverkehr wurde um die Hälfte reduziert. Als nach den Spielen in Peking der Alltag zurückkehrte, verdüsterte sich der Himmel rasch wieder.

Die Luftverschmutzung ist das größte, aber bei weitem nicht das einzige Problem. Andere Verheerungen der Umwelt wiegen kaum weniger schwer: die Verseuchung von Boden und Flüssen, Erosion, Wüstenbildung, Wasserknappheit. Wie sicher sind unsere Lebensmittel? So fragen viele Chinesen. Warum häufen sich in manchen Industrievieren die Krebserkrankungen?

Um diesen Sorgen zu begegnen, plädiert Staats- und Parteichef Xi Jinping für eine «ökologische Zivilisation». Umweltschutz gilt inzwischen nicht mehr als Wachstumsbremse, sondern als Chance für die Wirtschaft. Die Regierung fördert den Wechsel zu alternativen Energien. 2019 lag der Anteil nicht-fossiler Energien in der Stromerzeugung noch bei 41 Prozent, innerhalb der nächsten dreißig Jahre soll er auf 90 Prozent steigen. Wieder einmal ruft die Regierung dazu auf, alle Kräfte anzuspannen. Diesmal für den Umwelt- und Klimaschutz. Sie setzt erneut auf ihre bewährte Kampagnenfähigkeit. Dass sie die Bevölkerung und die Wirtschaft mobilisieren kann, hat sie oft genug bewiesen.

Aus der Geschichte des Landes hat die Partei die Lehre gezogen, dass China der Zerfall drohe, wenn nicht die Autorität einer starken Zentrale die auseinanderstrebenden Kräfte zusammenzwingt. In einem Regierungsbericht zum 70. Gründungstag der Volksrepublik («China und die Welt in einer Neuen Ära») heißt es: «Wegen des ausgedehnten Territoriums und der komplizierten nationalen Gegebenheiten ist es ungewöhnlich schwierig, China zu regieren. (…) Ohne eine zentralisierte, geeinte und feste Führung hätte China zu Teilung und Desintegration tendiert und über die eigenen Grenzen hinaus Chaos verbreitet.»[4]

Feste Führung, in praktische Politik übersetzt, bedeutet: Abweichende Meinungen werden nicht geduldet, die Lehre an den Schulen und Universitäten wird «ausgerichtet», die Medien werden auf Linie gebracht, Parteizellen schauen den Unternehmensführungen auf die Finger, Nachbarschaftskomitees kontrollieren die Bürger in ihren Wohnblocks. In Hongkong wird die Opposition zum Verstummen gebracht, die Illusion einer Autonomie unter Pekinger Herrschaft wird zerstört. Nach dem Inkrafttreten des Nationalen Sicherheitsgesetzes Ende Juni 2020 wurden als erstes chinakritische Bücher aus Hongkongs öffentlichen Bibliotheken entfernt.

Mit besonderer Sorge wird Pekings Durchgreifen in der ehemaligen britischen Kolonie auf Taiwan beobachtet. Das in Hongkong inzwischen völlig diskreditierte Prinzip «Ein Land, zwei Systeme» hatte sich Deng Xiaoping ja ursprünglich für Taiwan ausgedacht. Aber ist eine friedliche Wiedervereinigung des Festlands mit der Insel überhaupt noch denkbar? Die Taiwaner sind in ihrer Mehrheit strikt dagegen. Sie sind seit 1949 ihren eigenen Weg gegangen, haben Ende der achtziger Jahre die Diktatur überwunden und sich zu einer vorbildlichen Demokratie entwickelt, vielleicht der lebendigsten in Asien überhaupt. Anders als mit Gewalt ließe sich die Insel wohl nicht mehr in die Volksrepublik eingliedern.

Die Zivilgesellschaft, die sich auf Taiwan so kraftvoll entwickelt hat, ist auf dem Festland unerwünscht. Eine Gesellschaft, die sich selbst organisiert? Das stünde in krassem Gegensatz zum Kontrollwahn des Regimes. Von «Totalitarismus mit chinesischen Eigenschaften» spricht Chris Patten, Großbritanniens letzter Gouverneur in Hongkong. Patten hat sich nie Illusionen gemacht über das chinesische Regime. Andere waren leichtgläubiger. Zumindest haben sehr viele gehofft, der wirtschaftlichen Modernisierung würde die politische Liberalisierung folgen. Umso größer ist die Ernüchterung über die Kehrtwende unter Xi Jinping.

Chinas eigene Wahrnehmung ist freilich eine ganz andere. «Wir haben Freunde in jeder Ecke der Welt», sagte Xi in seiner Fernsehansprache am Silvesterabend 2019. In Wahrheit mangelt es dem Regime gerade daran – an Freunden, Verbündeten, verlässlichen Partnern. Der bedrückendste Irrtum: In Peking glaubt man, sich Freunde kaufen zu können. Aber es ist etwas anderes, ob man wegen seiner wirtschaftlichen Stärke bewundert und wegen seiner militärischen Macht gefürchtet wird – oder ob andere Länder einem ihre Freundschaft und ihr Vertrauen schenken. Politisch ist China – diese einzigartige Zivilisation und jahrtausendealte Nation – heute kein Sehnsuchtsort.

Daran leidet das Regime. Es weiß, dass ihm etwas Entscheidendes fehlt: die Softpower. Deshalb hat es in aller Welt mehr als 500 Konfuzius-Institute gegründet, 19 davon in Deutschland, die Chinas Kultur und Sprache, und damit auch die Volksrepublik, populär machen sollen. Doch das funktioniert nicht. In Deutschland haben sich schon zwei Universitäten aus ihrer Zusammenarbeit mit den Konfuzius-Instituten zurückgezogen. Nicht nur, weil an den chinesischen Hochschulen die Freiheit von Lehre und Forschung immer weiter eingeschränkt wird, sondern auch weil sie die Hoffnung verloren haben, die Institute könnten etwas anderes werden als Orte öder Staatspropaganda. Michael Kahn-Ackermann, einst Leiter des Goethe-Instituts in Peking und später Berater der chinesischen Regierung beim Aufbau der Konfuzius-Institute, resümiert: «Das KI ist, zumindest im Westen, einfach ein gescheitertes Projekt, auch im Sinne der chinesischen Staatsführung.» Ein Grund dafür sei das «marxistisch-leninistische Kulturverständnis der Funktionäre, wonach Kultur ein politisches Instrument ist». Die Angst, dabei Fehler zu machen, stecke den Mitarbeitern der Konfuzius-Institute «tief in den Knochen».[5]

Es wäre alles so einfach: Gäbe das Regime den Schriftstellern, Musikern, Regisseuren und Malern nur ihre Freiheit – das Land müsste sich um seine Softpower keine Sorgen machen. Im Nu würde eine der hinreißendsten und kreativsten Kulturszenen aufblühen. Aber durch die geöffneten Fenster könnten ja, wie schon Deng Xiaoping wusste, Fliegen und anderes Ungeziefer ins Zimmer gelangen. Also bleiben sie geschlossen.

Angenommen, der wirtschaftliche Aufstieg setzt sich fort, und mit ihm wächst auch Chinas politische und militärische Macht weiter. Eines ist gewiss: Die Vereinigten Staaten werden ihren Platz an der Spitze der Staatenpyramide nicht freiwillig räumen. Seit Jahren schon ist zu beobachten, wie der Rivale auf der anderen Seite des Pazifiks amerikanische Gegenkräfte mobilisiert. Barack Obamas «pivot to Asia» richtete sich allen Beteuerungen zum Trotz eindeutig gegen China. Auch das von Obama angestrebte, von seinem Nachfolger verworfene Transpazifische Handelsabkommen TPP sollte verhindern, dass künftig China, nicht mehr der Westen, die Regeln des Wirtschaftsaustauschs bestimmt.

Donald Trump hatte keinen Plan. Aber er war bereit, Amerikas Wirtschaftsmacht brutal einzusetzen. Der von ihm begonnene Handelskonflikt wurde zum Technologiekrieg. Trump war entschlossen, den Netzausrüster Huawei, dem er Spionage und Sabotage vorwarf, in den Ruin zu treiben. Zuvor hätte bereits der Huawei-Konkurrent ZTE fast die Pforten schließen müssen, als die US-Regierung wegen Verstößen gegen Iran-Sanktionen den Verkauf von Halbleitern an das Unternehmen verbot. Erst auf persönliche Bitten Xi Jinpings hob Washington den Beschluss wieder auf. Aber die Zweiteilung der digitalen Welt rückte näher. So wie China schon vor Jahren für Google, Facebook und Twitter Sperrgebiet war, wollte Donald Trump nun in den USA die Video-App TikTok unter amerikanische Kontrolle bringen und den Messenger-Dienst WeChat ganz verbieten.

Langsam, aber unübersehbar begann die «Entkopplung» zwischen den beiden größten Volkswirtschaften. Allerdings hielten alle großen amerikanischen Konzerne an ihrem Engagement in China fest. Oder bauten es sogar noch aus. Mitten in der Coronakrise investierte der Ölkonzern ExxonMobil zehn Milliarden Dollar in den Bau eines petrochemischen Komplexes in der südlichen Provinz Guangdong. Und auch Unternehmen wie Starbuck's und Tesla expandierten in China. Die deutsche Automobilindustrie will von einer «Entkopplung» ohnehin nichts wissen, sie setzt unbeirrt auf den Zukunftsmarkt China. Und dennoch, plötzlich waren die Zweifel da, ob es mit der Globalisierung immer so weitergehen würde. Der Wirtschaftsjournalist Nikolaus Piper beklagte in der *Süddeutschen Zeitung* einen Rückfall in den Merkantilismus: «Fast täglich kann man zuschauen, wie die liberale Weltwirtschaftsordnung unter dem Druck von Corona, Trump und China zerbröselt.»[6] Und in der *Frankfurter Allgemeinen Sonntags-*

zeitung warnte Mark Siemons vor den Entkopplungsideen in Washington und Peking: «Wenn diese Phantasien wahr würden, stünde nicht bloß eine bilaterale Beziehung, sondern die ganze Vorstellung einer gemeinsam sich modernisierenden, durch westliche Institutionen, Regeln, Prinzipien, Marken und Zeichen integrierten Welt auf dem Spiel.»[7]

Seit den Tagen der Regierung Nixon vor fast einem halben Jahrhundert war es amerikanische Politik gewesen, China aus seiner Isolation herauszuholen. Einmal zu Wohlstand gelangt, so die Erwartung bei Republikanern wie Demokraten, würde sich das Land in das Gefüge der liberalen Weltordnung einfügen, die der Westen unter Führung der USA nach dem Zweiten Weltkrieg geschaffen hatte. Mancher blieb skeptisch. Der Politikwissenschaftler John Mearsheimer von der Universität Chicago schrieb 2001 in seinem Buch «The Tragedy of Great Power Politics», auch ein reiches China werde keine Status-quo-Macht sein, sondern ein aggressiver, nach Hegemonie strebender Staat. Andere, wie der Harvard-Gelehrte Alastair Iain Johnston, widersprachen: China sei keine «revisionistische» Macht, es wolle am Status quo nicht rühren. So sah es auch David Shambaugh von der George-Washington-Universität. Aber Shambaugh erkannte in Peking seit 2009 ein verändertes Denken. China war mit dem vorgefundenen System unzufrieden, es strebte nach Änderungen.[8]

Von den beginnenden Zweifeln zur offenen Konfrontation war es ein langer Weg. Doch es war ein Weg, den beide Seiten konsequent beschritten. Die Abwendung voneinander gipfelte in der hochemotionalen und sehr aggressiven Rede, die US-Außenminister Mike Pompeo am 23. Juli 2020 in Kalifornien hielt, in der Richard Nixon gewidmeten Präsidentschafts-Bibliothek. Pompeo nannte China eine «Bedrohung für die freie Welt». Kämpferisch wandte er sich gegen «das alte Paradigma eines blinden Engagements» gegenüber China. «Wir dürfen es nicht fortsetzen und wir dürfen nicht dorthin zurückkehren». Stattdessen rief Pompeo zu einer «Allianz der Demokratien» gegen China auf.

Eine solche Allianz begann Amerika im Stillen zu schmieden. Kein formelles Militärbündnis wie die Nato, von der die Regierung Trump ohnehin nicht viel hielt. Eher ging es darum, im Indo-Pazifischen Raum eine Gruppierung von Staaten näher zusammenzuführen, die mit Washington die Sorge vor dem aufsteigenden China teilten. Eine solche Gruppierung gab es im Grunde schon mit der «Quad», bestehend aus Japan, Indien, den USA und Australien. Zwischen den vier nahm die Zahl der Konferenzen, Gipfeltreffen, aber auch der Militärmanöver zu. Das alles behielt einen sehr informellen Charakter. Aber manche Äußerungen ließen aufhorchen. Etwa die Bemerkung des australischen Premierministers Scott Morrison, die Schaffung einer Allianz gleich gesinnter Länder im Indo-Pazifik habe eine «kritische Priorität» angesichts der «bisher unvorstellbaren» Möglichkeit eines Krieges in Asien.[9]

Unübersehbar war auch das neue Interesse an den «Five Eyes», jenem im Kriegsjahr 1941 gegründeten Verbund zwischen den USA, Großbritannien, Kanada, Neuseeland und Australien zum Austausch nachrichtendienstlicher Erkenntnisse. Sollten sie zum Kern der von Pompeo geforderten «Allianz der Demokratien» werden? Und war es denkbar, den Bund der angelsächsischen Fünf um ein sechstes Mitglied, nämlich Japan, zu erweitern? Tokios Verteidigungsminister Taro Kono konnte sich das vorstellen. Japan würde sich über eine Einladung freuen, sagte der Minister.[10] Schließlich teilten Japan und die Fünf gemeinsame Werte. Eine Gruppe außenpolitischer Experten an Pekings Volksuniversität kommentierte Japans Interesse, das «sechste Auge» zu werden, als möglichen Beginn einer «substantiellen Ausweitung» der «Five Eyes». Der Druck auf China durch die amerikanische Eindämmungspolitik würde wachsen. Dies sei aber nur die «erste Runde» im strategischen Wettbewerb zwischen den USA und China; die zweite Runde könnte der Versuch der USA sein, die «zögernden Verbündeten in Europa» für eine politische und wirtschaftliche Koalition gegen China zu gewinnen.[11]

Tatsächlich, die Europäer zögern. Sie wollen sich nicht in die Rivalität zwischen China und den Vereinigten Staaten hineinziehen lassen, wollen möglichst in diesem Streit nicht Partei ergreifen müssen. Was aber nicht möglich ist, denn Amerika ist nun einmal der engste Verbündete. Und so hört man selbst deutsche Sicherheitspolitiker und

Militärs, für die der Indo-Pazifische Raum nicht nur geografisch sehr fern liegt, neuerdings freundlich von den «Partnern» in der Region sprechen, von Indien etwa, Japan oder von Australien. Die Europäer beobachten seit Jahren, wie sich die strategischen Prioritäten der USA vom Atlantik zum Pazifik und Indischen Ozean verlagern. Und sie fragen sich, was das für die Nato bedeutet. Verliert sie an Bedeutung, oder wird sie zum europäischen Pfeiler einer weltumspannenden «Allianz der Demokratien», über die Strategen in Washington schon vor Pompeo nachgedacht haben?

In Asien selbst wird die neue Aufmerksamkeit, die Amerika dem Kontinent schenkt, überwiegend mit Genugtuung gesehen. In den meisten Ländern, nicht in allen, gelten die USA seit dem Zweiten Weltkrieg als Garant der Stabilität. Die bilateralen Verteidigungsbündnisse, die etwa Japan, Südkorea oder die Philippinen mit Washington verbinden, gelten als Ersatz für eine Militärallianz wie die Nato. Untereinander traut man sich teilweise bis heute nicht; von Amerika wird am ehesten erwartet, für einen Ausgleich der Interessen zu sorgen. Asien habe dank der «Pax Americana» prosperiert, schrieb Singapurs Premierminister Lee Hsien Loong. China könne diese Rolle des Sicherheitsgaranten nicht übernehmen, weil seine Interessen mit denen seiner Nachbarn konkurrierten. Deshalb wünschten sich die Staaten der Region eine fortbestehende Präsenz der Amerikaner.[12]

Wie die Europäer, so wollen sich auch die Asiaten möglichst nicht zwischen den beiden Supermächten entscheiden müssen. Am liebsten wäre es ihnen, Amerika sorgte weiterhin für die Sicherheit und China für den Wohlstand. Aber diese für die Region so vorteilhafte Arbeitsteilung wird nicht mehr funktionieren in Zeiten wachsender Spannungen, in denen viele von einem neuen Kalten Krieg sprechen und die ersten Beobachter vor einem drohenden heißen Krieg warnen. So befürchtet Kevin Rudd, der frühere australische Regierungschef und ausgewiesene Chinakenner, eine weitere Eskalation: «Die einst undenkbare Folge – ein tatsächlicher bewaffneter Konflikt zwischen den Vereinigten Staaten und China – scheint heute erstmals seit dem Ende des Koreakrieges möglich zu sein.»[13]

Vielleicht weil auch Chinas Regierung diese Gefahr sieht, hat sie auf die rhetorische Aufrüstung der USA eher beschwichtigend reagiert. Die Volksrepublik habe gar nicht die Absicht, eine Supermacht wie die Vereinigten Staaten zu werden, erklärte Außenminister Wang Yi. «Das heutige China ist nicht die frühere Sowjetunion.» Es war seine Antwort auf die flammende Rede Mike Pompeos in der Nixon-Bibliothek. China schätzt seine Kräfte wohl realistisch ein: Es kann die USA noch auf lange Zeit als Supermacht nicht ablösen. Und es will dies auch gar nicht.

Die Führung in Peking verfolge eine Strategie des «selektiven Teilhabers», schreibt Jake Sullivan, der neue Nationale Sicherheitsberater Joe Bidens. Sie übernehme nur nach einer «engen Kosten-Nutzen-Analyse» Verantwortung. «Diese Strategie geht von der Annahme aus, dass es weiterhin die Vereinigten Staaten sind, die am Ende die Last schultern.»[14]

Wie sollte es auch anders sein. Die Vereinigten Staaten sind eine Weltmacht. China ist das, was Barack Obama über Russland sagte und womit er Wladimir Putin schrecklich kränkte, eine Regionalmacht. Oder, in den Worten des China-Gelehrten David Shambaugh, eine «partial power». Die USA verfügen über Militärstützpunkte rund um den Globus. Allein im asiatisch-pazifischen Raum haben sie Truppen in Japan, in Südkorea, in Australien und auf Guam stationiert. China hat weltweit einen einzigen Stützpunkt, der eher logistische Aufgaben hat, in Dschibuti. Seit dem Zweiten Weltkrieg haben die USA ein dichtes Netz von Bündnissen, Sicherheitspartnerschaften und Verteidigungsverträgen um den Erdball gespannt. Nichts davon hat China. Allein mit Nordkorea verbindet die Volksrepublik ein gegenseitiges Beistandsabkommen.

Thomas L. Friedman, der Kolumnist der *New York Times* hat es so formuliert: «Unser größter Vorteil gegenüber China – wir haben Verbündete, die unsere Werte teilen; China hat nur Kunden, die seinen Zorn fürchten.»[15]

Aber China mangelt es nicht nur an militärischer Stärke, um zu den Vereinigten Staaten aufzuschließen. Noch erreicht es auch deren ökonomische Kraft nicht. Die Wirtschaftsleistung des Landes ist zwar gewaltig; aber sie wird auch von 1,4 Milliarden Menschen erbracht.

Nach Berechnungen der Weltbank betrug 2019 das Bruttosozialprodukt pro Einwohner nur etwa ein Sechstel des amerikanischen Werts, 10 261 US-Dollar verglichen mit 65 118 US-Dollar bei den USA. Dies ist, gemessen an den Gründungsjahren der Volksrepublik, ein gigantischer Erfolg. Aber mit nachlassendem Wirtschaftswachstum schließt sich die Lücke zu den USA langsamer. Sie wird noch auf Jahrzehnte groß sein, möglicherweise sogar wieder wachsen.

China selbst nennt sich immer noch ein Entwicklungsland. Der Politikwissenschaftler Chen Dingding, der an der Universität Guangzhou Internationale Beziehungen lehrt, sagte in einem Interview: «Viele vergessen, dass in China immer noch 100 Millionen Menschen nach den Kriterien der Weltbank in extremer Armut leben. Das heißt, sie haben weniger als 1,90 Dollar pro Tag zur Verfügung. Dieses Problem müssen wir lösen, bevor wir international Verantwortung übernehmen können. China ist derzeit noch nicht in der Lage, die Regeln für eine funktionierende und friedliche Weltordnung zu bestimmen.»[16] Und tatsächlich vergab die Weltbank, zu deren Aufgaben die Bekämpfung der Armut in den Entwicklungsländern gehört, an China im Jahr 2019 günstige Kredite in Höhe von 1,4 Milliarden US-Dollar.

Aus einem weiteren Grund greift China nicht nach der Weltmacht. Und er ist vielleicht der entscheidende. China hatte nie den westlichen Missionierungs- und Welteroberungsdrang. Das Reich der Mitte ruhte in sich, es war sich selbst genug. *Tianxia*, «Alles unter dem Himmel», das traditionelle Ordnungsprinzip des kaiserlichen Chinas, bezog sich auf das Reich und seine Nachbarstaaten, nie auf den gesamten Weltkreis. Was kümmerten Peking die fernen Barbaren!

Dieser Sinozentrismus, das Gefühl kultureller Besonderheit und Überlegenheit, lebt noch heute fort. Und so wenig man in ferne Händel verstrickt werden will, so wenig möchte man fremde Länder mit eigenen Glaubenslehren beglücken. «Ich glaube nicht, dass Peking das Evangelium von der Herrschaft der Kommunistischen Partei in der ganzen Welt verbreiten will», sagt Susan Shirk von der University of California in San Diego, die unter Bill Clinton im US-Außenministerium für Ostasien und den Pazifik zuständig war.[17]

Die Vorherrschaft in Asien allerdings möchte sich Peking nicht streitig machen lassen. Dazu gehört die Kontrolle über das «größere China». Dieses bilden neben dem Kernland die erst in der Qing-Dynastie unter dauerhafte chinesische Herrschaft gelangten Regionen wie Xinjiang und Tibet sowie Hongkong und Taiwan. Zu dieser Vorherrschaft gehört aber auch die Erwartung, dass in den angrenzenden Ländern und Meeresgebieten Chinas Dominanz hingenommen wird. «Harmonie durch Hierarchie» – so lassen sich Chinas Ordnungsdenken und sein regionaler Machtanspruch umreißen.[18]

Nirgends ist diese erzwungene Harmonie so gefährdet wie im Konflikt um Taiwan. Der Streit schien schon abgeklungen, da flammte er unter Xi Jinping wieder heftig auf. Xi verbirgt seine Ungeduld nicht. Er hält es für seine patriotische Pflicht, die Insel mit dem Festland zu vereinigen. Da die überwältigende Mehrheit der Taiwaner eigenständig bleiben will, gäbe es die Wiedervereinigung wohl nur um den Preis eines Krieges. Und auch wenn die Volksrepublik mächtig aufrüstet, wenn ihre Militärmanöver zahlreicher und bedrohlicher werden – diesen Schritt wird Xi nicht wagen. Schon in den fünfziger Jahren, als sich beide Seiten in der Taiwanstraße Artillerieduelle lieferten, und ebenso im Jahr 1996, als Bill Clinton zwei Flugzeugträger schickte, um Peking von einem Angriff abzuhalten, siegte am Ende die Vernunft. China möchte einen Krieg vermeiden, und Amerika, das sich dem Schutz Taiwans verpflichtet fühlt, will ihn auch nicht.

Durchaus möglich, dass China nach einer Phase wirtschaftlicher und diplomatischer Rückschläge wieder moderater auftritt. Im Sommer 2020 konnte man eine Weile den Eindruck gewinnen, China wolle sich mit der halben Welt anlegen. Aber als der Widerstand gegen sein aggressives Auftreten wuchs, als zugleich das Ansehen des Landes immer tiefer sank, waren aus Peking wieder maßvollere Töne zu vernehmen. Ihr Pragmatismus ist eine der größten Stärken der Kommunistischen Partei Chinas. Sie hat sich immer wieder höchst wandlungsfähig und anpassungsbereit gezeigt. Anders sind ihre Erfolge in den vergangenen Jahrzehnten nicht zu erklären. Und doch bleibt die Furcht vor dem Machtverlust. Es geht immer um Sieg oder Niederlage. Der Einparteienstaat kennt den friedlichen Machtwechsel nicht. Macht, einmal verloren, kann nicht vier Jahre später in fairen

Wahlen zurückerobert werden. Wer sie verliert, ist sich seines Wohlstands, seiner Freiheit, seines Lebens nicht mehr sicher.

Darin liegt der Anachronismus des chinesischen Systems, es teilt die Macht nicht und ist deshalb zum Wandel nur um den Preis heftiger, meist gewaltsam ausgetragener Kämpfe fähig. Es kann sich nicht durch friedlichen politischen Streit und die Entscheidung der Bürger fortentwickeln. Damit gerät die Politik in immer größeren Gegensatz zur chinesischen Gesellschaft, die längst weiter ist. Vielfältig, stolz auf die eigene Kultur und Geschichte, aber auch offen für die Welt und neugierig auf die Zukunft.

Andere Länder haben vor China den Übergang von der Diktatur zur Demokratie geschafft, Südkorea und Taiwan sind in Ostasien beeindruckende Beispiele. In beiden Ländern hatte sich eine moderne Mittelstandsgesellschaft herausgebildet, die sich nicht mehr von Militärs und Parteibonzen sagen lassen wollte, wo es langzugehen habe. Das zu wissen, trauten sich die Südkoreaner und die Chinesen auf Taiwan inzwischen selber zu. Und siehe da, die Wirtschaft wuchs weiter, schneller als zuvor, südkoreanische und taiwanische Technologiekonzerne brachten es an die Weltspitze.

Es ist reine Ideologie, dass China nicht demokratisch regiert werden kann. Dahinter steckt – neben einer angesichts der jüngeren chinesischen Geschichte verständlichen Angst vor der Rückkehr des Chaos – nichts anderes als die Furcht der Kommunistischen Partei vor dem Verlust der Macht. Wenn es ein Datum gibt, das den Willen zum Machterhalt um jeden Preis offenbarte, dann war es die Tagung des Nationalen Volkskongresses im Frühjahr 2018. Damals beschlossen die Abgeordneten, die Begrenzung der Amtszeit des Staatspräsidenten auf zehn Jahre aufzuheben. Xi Jinping könnte damit theoretisch – auch als Parteichef – bis ans Lebensende weiterregieren. Aus der Einparteienherrschaft war eine Einpersonenherrschaft geworden.

Die vom Volkskongress beschlossene Verfassungsänderung ließ die Dozentin Cai Xia mit ihrer Partei brechen. Vierzehn Jahre lang hatte sie Jura an der Zentralen Parteischule in Peking unterrichtet, an der die künftigen Spitzenkader auf ihre Aufgaben vorbereitet werden. Die

Kommunistische Partei war mehr als drei Jahrzehnte lang Cai Xias Forschungsgebiet. Sie kannte die Partei von innen, hatte ihre Entscheidungsabläufe und ideologischen Kämpfe studiert. Erst hatte sie an einer Parteischule in der Provinz Jiangsu unterrichtet, dann schaffte sie den Sprung an die Kaderschmiede für die politische Elite des Landes.

Cai Xia stammt aus einer «roten Familie» von Revolutionsveteranen. Sie war ein gehorsames Mitglied der Partei, so linientreu, dass ihre Klassenkameraden, als sie selber an der Parteischule studierte, sie *malaotai* nannten, «alte Marx-Lady». Sie wandelte sich zur Reformerin, stieß aber immer wieder an die Grenzen der Reformierbarkeit der Partei. Im Alter von 68 Jahren nannte sie in einer privaten Ansprache, die sich rasch im Internet verbreitete, die KP einen «politischen Zombie» und verglich Xi Jinping mit einem «Mafiaboss». Daraufhin wurde sie aus der Partei ausgeschlossen, die Rente wurde ihr gestrichen. Inzwischen lebt sie in den Vereinigten Staaten. Xi habe sich zum Alleinherrscher aufgeschwungen, sagte sie in einem Interview, und habe damit «eine Partei und ein Land getötet».[19]

So radikal wie die Hochschuldozentin Cai Xia dürften nicht viele Mitglieder mit der Partei brechen. Aber ihr Beispiel zeigt, wie gefährdet die politische Stabilität ist, wie viel Unzufriedenheit und Wut es im Land und in der Partei gibt. So wie die KPdSU nach über siebzig Jahren die Macht verlor, so kann es auch der KP Chinas ergehen. 1921 in Shanghai gegründet, feiert sie 2021 ihr hundertjähriges Bestehen. Sie hat gewaltige Siege errungen. Aber die Chinesen haben für ihre Herrschaft auch einen schrecklichen Preis gezahlt. Die 45 Millionen Toten des Großen Sprungs nach vorne 1958–61. Den Gewaltexzess der Kulturrevolution 1966–76. Das Massaker am Platz des Himmlischen Friedens 1989. Gut möglich, dass in der Partei eines Tages wieder Machtkämpfe ausbrechen, die das Land erschüttern und China zu einem unberechenbaren Akteur in der Weltpolitik machen.

Die beste Politik gegenüber der KP ist nicht ein neuer Kalter Krieg sondern, wie Kevin Rudd es nennt, eine «managed strategic competition», also eine kontrollierte strategische Konkurrenz. Was Australiens früherer Premier darunter versteht? Einen politischen, wirtschaftlichen, technologischen und ideologischen Wettbewerb, in dem beide Seiten ihre jeweiligen roten Linien genau kennen und respektieren. Es gäbe offene Kommunikationskanäle auf hoher Ebene, um eine Eskalation als Folge eines Zwischenfalls oder eines Missverständnisses zu vermeiden. Und dort, wo man zusammenarbeiten kann, soll man es tun.[20]

So ähnlich hat es Joe Biden formuliert, als er ein halbes Jahr vor der Präsidentschaftswahl in den USA 2020 sein außenpolitisches Programm vorstellte. Biden nannte China eine «besondere Herausforderung», auf die Amerika eine harte Antwort geben müsse. Nichts helfe dabei mehr als eine «Einheitsfront von Verbündeten und Partnern der USA, um sich gegen China mit seinen Verfehlungen und Menschenrechtsverletzungen zu stellen». Aber zugleich sollte die Kooperation dort gesucht werden, «wo unsere Interessen sich decken, wie beim Klimawandel, bei der Nonproliferation und beim globalen Gesundheitsschutz».[21]

Noch immer rühmen viele im Westen die vermeintliche Effizienz von Chinas autoritärem Staatskapitalismus. Sie beklagen die Entscheidungsschwäche der Demokratien in Europa und in Amerika, ihre kurzsichtige, allein an der nächsten Wahl orientierte Politik. Sie prangern, oft zu Recht, Heuchelei und Doppelmoral an, wenn es um soziale Sicherheit und Bürgerrechte geht. Das amerikanische System, lange der Leuchtturm westlicher Liberalität, erweist sich in seiner extremen Polarisierung als erneuerungsbedürftig.

Dennoch bleiben die westlichen Gesellschaften dem autoritären Gegenmodell überlegen. Nicht nur, weil sie ihren Bürgern größere Freiheitsräume bieten. Sie funktionieren besser – bei der Entwicklung moderner Produkte und Dienstleistungen, bei der Bildung, in Wissenschaft und Forschung. Und natürlich können sich Kultur und Medien freier entfalten. Die Wissensgesellschaft, in der wir leben, braucht Kreativität. Konformität erstickt sie.

Ob Chinas System diese strukturellen Nachteile überwinden kann? Daron Acemoğlu, Ökonomie-Professor am Massachusetts Institute of Technology (MIT), ist skeptisch. «Bisher fußt der Erfolg auf Technologietransfer und nicht auf Innovationen, die das Land selbst entwickelt hätte. Die große Frage ist doch, ob das autoritäre hierarchische System ein innovatives Klima schaffen kann, das den Wohlstand sichert. Kein Land hat das geschafft: zutiefst autoritär und zugleich innovativ zu sein.»[22]

Die Einparteienherrschaft ist ein Relikt des 20. Jahrhunderts. Aus dem Scheitern der kommunistischen Parteien, aus dem Auseinanderbrechen der Sowjetunion und des Warschauer Paktes hat die Führung in Peking die falschen Schlüsse gezogen. Sie hat allein auf die wirtschaftliche Modernisierung gesetzt, politisch aber die Repression verschärft und ideologisch den Rückwärtsgang eingelegt. Stattdessen hätte sie mehr Freiheit wagen müssen.

Gut möglich, dass sich diese Einsicht eines Tages durchsetzt. Die Kommunistische Partei Chinas hat immer wieder einen erstaunlichen Pragmatismus und die Fähigkeit zur Kurskorrektur bewiesen. Leider nicht, ohne zuvor tragische Irrwege zu beschreiten. Auf einem solchen Irrweg befindet sich das Land wieder.

ANHANG

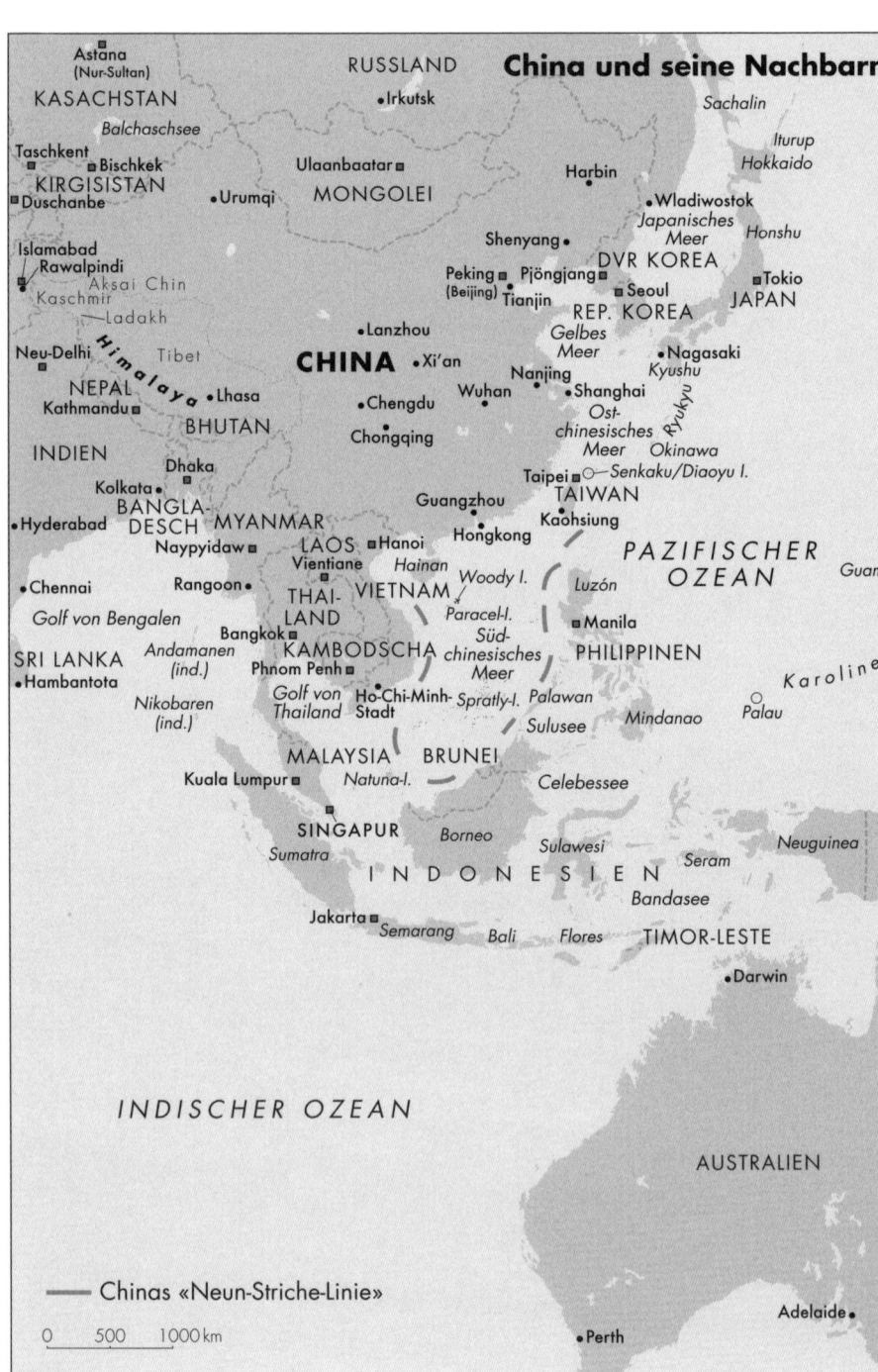

China und seine Nachbarn

Astana
(Nur-Sultan)
KASACHSTAN
RUSSLAND
Irkutsk
Balchaschsee
Sachalin
Iturup
Taschkent
Bischkek
Ulaanbaatar
Hokkaido
KIRGISISTAN
Urumqi
MONGOLEI
Harbin
Duschanbe
Wladiwostok
Islamabad
Shenyang
Japanisches
Meer
Honshu
Rawalpindi
Aksai Chin
Peking
Pjöngjang
DVR KOREA
Tokio
Kaschmir
(Beijing)
Tianjin
Seoul
JAPAN
Ladakh
REP. KOREA
Lanzhou
Gelbes
Neu-Delhi
Tibet
CHINA
Xi'an
Meer
Nagasaki
Kyushu
NEPAL
Lhasa
Wuhan
Nanjing
Shanghai
Kathmandu
BHUTAN
Chengdu
Ost-
chinesisches
INDIEN
Chongqing
Meer
Okinawa
Dhaka
Taipei
Senkaku/Diaoyu I.
Kolkata
BANGLA-
Guangzhou
TAIWAN
Hyderabad
DESCH
MYANMAR
Hongkong
Kaohsiung
PAZIFISCHER
Naypyidaw
LAOS
Hanoi
OZEAN
Vientiane
Hainan
Woody I.
Luzón
Guam
Chennai
Rangoon
THAI-
VIETNAM
Paracel-I.
Manila
Golf von Bengalen
LAND
Süd-
Bangkok
chinesisches
PHILIPPINEN
Karolinen
SRI LANKA
Andamanen
KAMBODSCHA
Meer
Hambantota
(ind.)
Phnom Penh
Palawan
Palau
Nikobaren
Golf von
Ho-Chi-Minh-
Spratly-I.
(ind.)
Thailand
Stadt
Sulusee
Mindanao
MALAYSIA
BRUNEI
Celebessee
Kuala Lumpur
Natuna-I.
Neuguinea
SINGAPUR
Borneo
Sulawesi
Seram
Sumatra
I N D O N E S I E N
Bandasee
Jakarta
Semarang
Bali
Flores
TIMOR-LESTE
Darwin

INDISCHER OZEAN

AUSTRALIEN

——— Chinas «Neun-Striche-Linie»

0   500   1000 km

Adelaide

Perth

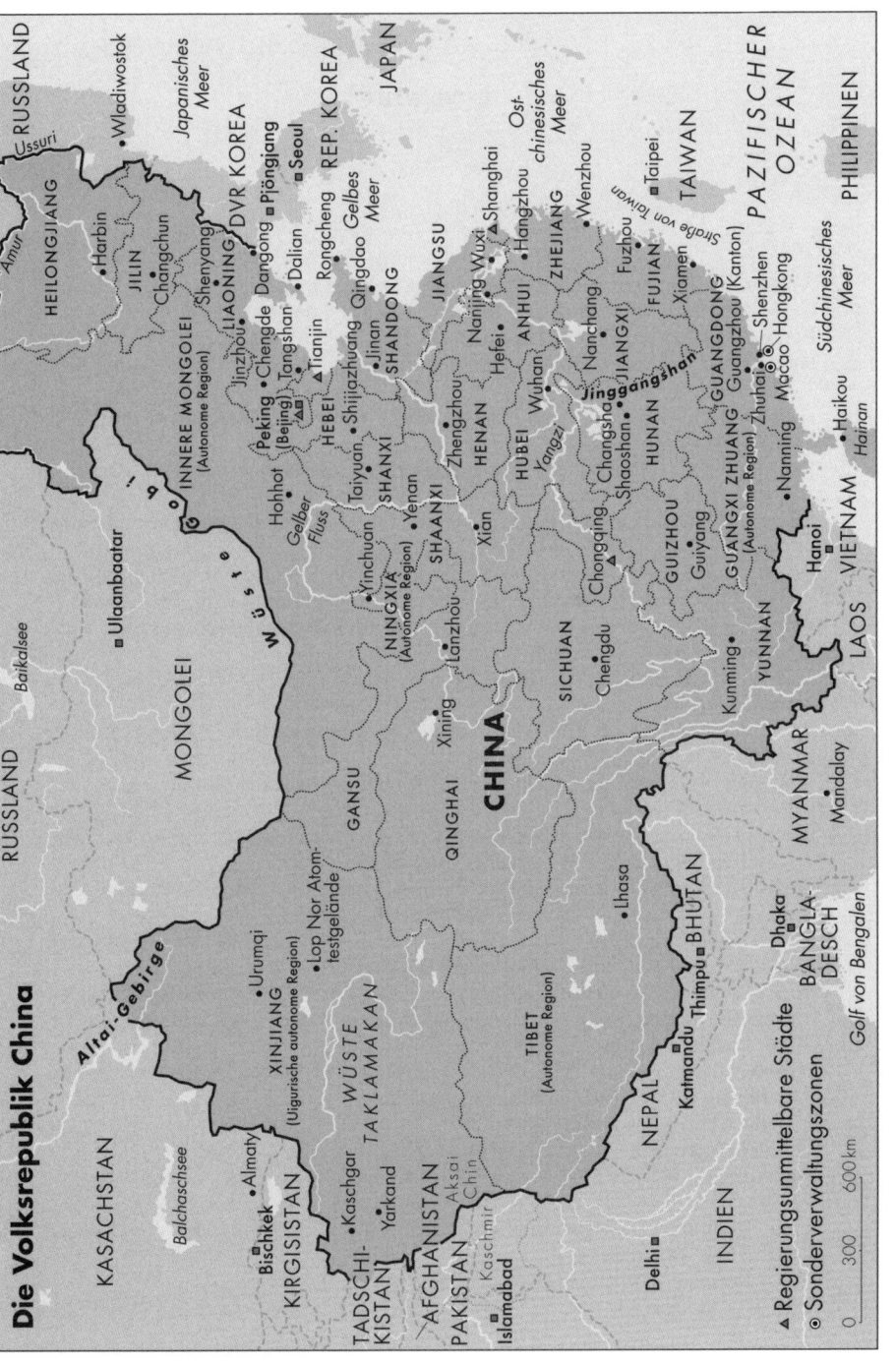

Die Volksrepublik China

RUSSLAND

KASACHSTAN

KIRGISISTAN

TADSCHI-
KISTAN

AFGHANISTAN

PAKISTAN

INDIEN

NEPAL

BHUTAN

BANGLA-
DESCH

MYANMAR

LAOS

VIETNAM

MONGOLEI

RUSSLAND

HEILONGJIANG

JILIN

LIAONING

DVR KOREA

REP. KOREA

JAPAN

INNERE MONGOLEI
(Autonome Region)

XINJIANG
(Uigurische autonome Region)

WÜSTE
TAKLAMAKAN

QINGHAI

TIBET
(Autonome Region)

GANSU

NINGXIA
(Autonome Region)

SHAANXI

SHANXI

HEBEI

SHANDONG

JIANGSU

ANHUI

HENAN

HUBEI

SICHUAN

CHONGQING

GUIZHOU

HUNAN

JIANGXI

ZHEJIANG

FUJIAN

GUANGDONG

GUANGXI ZHUANG
(Autonome Region)

YUNNAN

HAINAN

CHINA

Altai-Gebirge

Wüste Gobi

Gelber Fluss

Yangzi

Jinggangshan

Ussuri

Amur

Japanisches
Meer

Gelbes
Meer

Ost-
chinesisches
Meer

Straße von Taiwan

TAIWAN

PAZIFISCHER
OZEAN

PHILIPPINEN

Südchinesisches
Meer

Golf von Bengalen

Baikalsee

Balchaschsee

- Wladiwostok
- Harbin
- Changchun
- Shenyang
- Pjöngjang
- Dangong
- Chengde
- Jinzhou
- Dalian
- Rongcheng
- Qingdao
- Jinan
- Dandong
- Seoul
- Taipei
- Wenzhou
- Hangzhou
- Shanghai
- Wuxi
- Nanjing
- Hefei
- Shijiazhuang
- Tangshan
- Tianjin
- Peking (Beijing)
- Hohhot
- Ulaanbaatar
- Taiyuan
- Yenan
- Xian
- Zhengzhou
- Wuhan
- Changsha
- Shaoshan
- Nanchang
- Fuzhou
- Xiamen
- Shenzhen
- Zhuhai
- Guangzhou (Kanton)
- Macao
- Hongkong
- Nanning
- Haikou
- Hanoi
- Guiyang
- Chongqing
- Chengdu
- Kunming
- Lhasa
- Xining
- Lanzhou
- Yinchuan
- Urumqi
- Kaschgar
- Yarkand
- Almaty
- Bischkek
- Ulaanbaatar
- Katmandu
- Thimphu
- Delhi
- Islamabad
- Dhaka
- Mandalay

Lop Nor Atom-
testgelände

Aksai
Chin

Kaschmir

▲ Regierungsunmittelbare Städte

⊚ Sonderverwaltungszonen

0   300   600 km

Literatur

Asia-Pacific Regional Security Assessment 2018. Key developments and trends. The International Institute for Strategic Studies, London 2018

Kerry Brown: CEO, China. The Rise of Xi Jinping, London 2016

Ian Buruma: Chinas Rebellen. Die Dissidenten und der Aufbruch in eine neue Gesellschaft, München 2004

Kurt M. Campbell: The Pivot. The Future of American Statecraft in Asia, New York 2016

Jung Chang und Jon Halliday. Mao. Das Leben eines Mannes, das Schicksal eines Volkes, München 2005

Antony Dapiran: City on Fire. The Fight for Hong Kong, Melbourne/London 2020

Deng Xiaoping: Die Reform der Revolution. Eine Milliarde Menschen auf dem Weg. Einleitung Helmut Schmidt. Herausgeber Helmut Martin, Berlin 1988

Frank Dikötter: Maos Großer Hunger. Massenmord und Menschenexperiment in China (1958–1962), Stuttgart 2014

Elizabeth C. Economy: The Third Revolution. Xi Jinping and the New Chinese State, New York 2018

Richard Evans: Deng Xiaoping and the Making of Modern China, London 1993

Wolfgang Franke: Das Jahrhundert der chinesischen Revolution 1851–1949, München, Wien 1980

Peter Frankopan: Die neuen Seidenstraßen. Gegenwart und Zukunft unserer Welt. Aus dem Englischen von Henning Thies, Berlin 2019

James Griffiths: The Great Firewall of China. How to Build and Control an Alternative Version of the Internet, London 2019

Clive Hamilton und Mareike Ohlberg: Die lautlose Eroberung. Wie China westliche Demokratien unterwandert und die Welt neu ordnet, München 2020

Felix Heiduk und Gudrun Wacker: Vom Asien-Pazifik zum Indo-Pazifik. Bedeutung, Umsetzung und Herausforderung. Stiftung Wissenschaft und Politik, SWP-Studie 9, Berlin, Mai 2020

Sebastian Heilmann und Matthias Stepan (Hrsg.): China's Core Executive. Leadership styles, structures and processes under Xi Jinping. Mercator Institute for China Studies, Berlin 2016

Clare Hollingworth: Mao and the men against him, London 1985

Immanuel C. Y. Hsü: The Rise of Modern China, New York, London, Toronto 1970

Parag Khanna: Unsere asiatische Zukunft. Aus dem Englischen von Norbert Juraschitz, Berlin 2019

Henry Kissinger: On China, New York 2011

Nicholas D. Kristof und Sheryl WuDunn: China Wakes. The Struggle for the Soul of a Rising Power, New York 1994

Nicholas R. Lardy: The State Strikes Back. The End of Economic Reform in China?, Peterson Institute for International Economics, Washington D. C. 2019

Kai-Fu Lee: AI Superpowers. China, Silicon Valley und die neue Weltordnung. Aus dem Englischen von Jan W. Haas, Frankfurt am Main/New York 2019

Liao Yiwu: Herr Wang, der Mann, der vor den Panzern stand. Texte aus der chinesischen Wirklichkeit. Aus dem Chinesischen von Hans Peter Hoffmann, Frankfurt am Main 2019

Barbara Lippert und Volker Perthes (Hrsg.): Strategische Rivalität zwischen USA und China. Stiftung Wissenschaft und Politik, SWP-Studie 1, Berlin, Februar 2020

Julia Lovell: Maoism. A Global History, London 2019

Klemens Ludwig: Vielvölkerstaat China. Die nationalen Minderheiten im Reich der Mitte, München 2009

James Mann: The China Fantasy. Why Capitalism Will Not Bring Democracy to China, New York 2007

Richard McGregor: The Party. The Secret World of China's Communist Rulers, New York 2010

Richard McGregor: Xi Jinping: The Backlash, Lowy Institute for International Policy 2019

Carl Minzner: End of an Era. How China's Authoritarian Revival is Undermining Its Rise, New York 2018

Klaus Mühlhahn: Making China Modern. From the Great Qing to Xi Jinping, Cambridge, Massachusetts und London 2019

Chris Patten: East and West. The Last Governor of Hong Kong on Power, Freedom and the Future, London 1998

Gideon Rachman: Easternization. Asia's Rise and America's Decline. From Obama to Trump and Beyond, New York 2016

Helmut Schmidt: Die Mächte der Zukunft. Gewinner und Verlierer in der Welt von morgen, München 2004

Helmut Schmidt: Ein letzter Besuch. Begegnungen mit der Weltmacht China, München 2013

David Shambaugh: China's Communist Party. Atrophy and Adaptation, Washington, D. C. 2008

David Shambaugh: China Goes Global. The Partial Power, New York 2013

Theo Sommer: China First. Die Welt auf dem Weg ins chinesische Jahrhundert, München 2019

Jonathan Spence: Chinas Weg in die Moderne, München, Wien 1995

Kai Strittmatter: Die Neuerfindung der Diktatur. Wie China den digitalen Überwachungsstaat aufbaut und uns damit herausfordert, München 2018

Brendan Taylor: Dangerous Decade. Taiwan's Security and Crisis Management, The International Institute for Strategic Studies, London 2019

Kai Vogelsang: Geschichte Chinas, Stuttgart 2012

Ezra F. Vogel: Deng Xiaoping and the Transformation of China, Cambridge, Massachusetts, und London 2011

Martin Winter: China 2049. Wie Europa versagt, München 2019

Yan Xuetong: Leadership and the Rise of Great Powers. 260 Seiten; Princeton und Oxford 2019

Anmerkungen

I. Corona:
Heimsuchung und Weltkrise

1 https://www.welt.de/politik/ausland/article208817595/Pandemie-China-soll-
Daten-zu-Coronavirus-tagelang-zurueckgehalten-haben.html
2 https://www.theguardian.com/world/2020/jun/02/china-withheld-data-corona
virus-world-health-organization-recordings-reveal
3 Fang Fang: Wuhan Diary. Tagebuch aus einer gesperrten Stadt. Aus dem
Chinesischen von Michael Kahn-Ackermann. Hamburg 2020, S. 22
4 Li Yuan: Gently mourning a whistle-blower in China. *New York Times*,
23. April 2020
5 Friederike Böge: Wenn nicht wir, wer dann? *Frankfurter Allgemeine Zeitung*,
7. März 2020
6 Don Weinland: Inside Wuhan. *Financial Times*, 25./26. April 2020
7 Mercator Institute for Chinese Studies: The coronavirus outbreak. A stress test
for the CCP. Berlin, 7. April 2020. https://www.merics.org/de/the-coronavi-
rus-outbreak-a-stress-test-for-the-ccp
8 *Frankfurter Allgemeine Zeitung*, 18. März 2020
9 Ebenda
10 Jamil Anderlini: Why China is losing the coronavirus. *Financial Times*,
20. April 2020
11 https://www.nytimes.com/2020/04//28/world/asia/coronavirus-china-compensation.
html
12 Vivian Wang und Amy Qin: China against the world. *New York Times*,
18./19. April 2020
13 https://www.edition.cnn.com/2020/08/14/asia/taiwan-tsai-trump-azar-china-
intl-hnk/index.html
14 https://www.washingtonpost.com/world/asia_pacific/china-trump-xi-cold-
war-asia-conflict-huawei-tiktok-communist-party/2020/08/07/5a6531c4-cc91
–11ea-99b0–8426e26d203b_story.html
Siehe auch: Christian Wagner: The Indian-Chinese Confrontation in the
Himalayas. A Stress Test for India's Strategic Autonomy. Stiftung Wissenschaft und Politik, Berlin. SWP Comment No. 39, Juli 2020
15 *Frankfurter Allgemeine Zeitung*, 16. September 2020
16 Reinhard Bütikofer: EU-China-Beziehungen im Wandel. 23. April 2020
17 *Frankfurter Allgemeine Zeitung*, 11. August 2020
18 Maria Abi-Habib und Keith Bradsher: China lent billions; now its debtors
can't pay up. *New York Times*, 20. Mai 2020

II. Revolution, Reform und Restauration

1 Jonathan Spence: Chinas Weg in die Moderne. München, Wien 1995, S. 377
2 Mao Tse-tung: Ausgewählte Werke, Band I. Peking 1968, S. 21 f.
3 Spence, S. 612 f.
4 Matthias Naß: *Chinas Apokalypse. DIE ZEIT*, 10. Juli 2014
5 Frank Dikötter: Maos Großer Hunger. Massenmord und Menschenexperiment in China (1958–1962). Stuttgart 2014, S. 414
6 Zit. nach Dikötter, S. 434
7 Zit. nach Spence, S. 728
8 Matthias Naß: Ein Schlussstrich unter Maos Erbe. *DIE ZEIT*, 24. Mai 1991
9 *DIE ZEIT*, 26. Mai 2011
10 Ebenda
11 Henry Kissinger: On China. New York 2011, S. 260
12 Zit. nach Spence, S. 740
13 *Der Spiegel*, 24.2.1997
14 Deng Xiaoping: Die Reform der Revolution. Eine Milliarde Menschen auf dem Weg. Einleitung Helmut Schmidt. Herausgeber Helmut Martin. Berlin 1988, S. 60 ff.
15 Deng Xiaoping: Die Reform der Revolution, S. 96
16 Ebenda, S. 80–86
17 Matthias Naß: Ohne Fleiß kein Reis. *DIE ZEIT*, 24. August 1984
18 Matthias Naß: Der lange Marsch in den Wohlstand. *DIE ZEIT*, 17. Mai 1985
19 Matthias Naß: Nicht mehr gleich, sondern reich sein. *DIE ZEIT*, 8. Mai 1992
20 Deng Xiaoping: Die Reform der Revolution, S. 105 f.
21 Matthias Naß: Die «Stimme des Volkes» verlangt mehr Freiheit. *DIE ZEIT*, 2. Januar 1987
22 Matthias Naß: Schriftzeichen an der Wand. *DIE ZEIT*, 28. April 1989
23 Matthias Naß: Niederlage für den Vater der Reform. *DIE ZEIT*, 12. Mai 1989
24 Matthias Naß: «Das ganze Volk hat sich erhoben». *DIE ZEIT*, 26. Mai 1989
25 Vgl. Ian Buruma, Chinas Rebellen. Die Dissidenten und der Aufbruch in eine neue Gesellschaft. München 2004
26 Ian Johnson: China's «Black Weekend». *New York Review of Books*, 27. Juni 2019, S. 34–37
27 Andrew J. Nathan: The Tiananmen Papers. Inside the Secret Meeting That Changed China. *Foreign Affairs*, Juli/August 2019, S. 80–91. Die Reden auf der erweiterten Sitzung des Politbüros sind erschienen in dem Band: The Last Secret. The Final Documents from the June Fourth Crackdown, Hongkong 2019
28 Richard Evans: Deng Xiaoping and the Making of Modern China. London 1993, S. 307
29 Matthias Naß: Das Fenster zum Kapitalismus. *DIE ZEIT*, 15. Mai 1992
30 Matthias Naß: Der Traum vom Reichtum. *DIE ZEIT*, 24. November 1995
31 Nicholas D. Kristof und Sheryl WuDunn: China Wakes. The Struggle for the Soul of a Rising Power. New York 1994, S. 132 f.
32 Kerry Brown: CEO, China. The Rise of Xi Jinping. London/New York 2016, S. 81
33 Cheng Li: Chinese Politics in the Xi Jinping Era. Washington 2016, S. 19

34 Vgl. Sebastian Heilmann und Matthias Stepan (Hrsg.): China's Core Executive. Leadership styles, structures and processes under Xi Jinping. Berlin 2016
35 Mercator Institute for China Studies: The Party leads on everything. China's changing governance in Xi Jinping's new era. Berlin, September 2019
36 Richard McGregor: Xi Jinping. The Backlash. Sydney 2019
37 Heike Holbig: Making China Great Again – Xi Jinpings Abschied von der Reformära. GIGA Focus Asien, April 2018, S. 1
38 https://www.washingtonpost.com/opinions/global-opinions/the-virus-that-shook-chinas-system/2020/02/07/b125b2a0–49d2–11ea-bdbf-1dfb23249293_story.html
39 https://www.scmp.com/week-asia/opinion/article/3051829/coronavirus-no-chernobyl-wake-call-chinas-top-down-autocratic
40 https://www.scmp.com/news/china/society/article/3051219/china-paying-heavy-price-coronavirus-because-lack-free-speech
41 https://www.nytimes.com/2020/05/20/world/asia/coronavirus-china-xi-jinping.html
42 Ebenda
43 Friederike Böge: Nach dem Vorbild Maos. *Frankfurter Allgemeine Zeitung*, 20. August 2020
https://www.nytimes.com/2020/08/20/world/asia/china-xi-jinping-communist-party.html

III. Kommunistische Partei:
Mechanismen der Herrschaft

1 Andrew J. Nathan: China – Back to the Future. *The New York Review of Books*, 10. Mai 2018, S. 36
2 Richard McGregor: The Party. The Secret World of China's Communist Rulers. New York, 2010, S. 228
3 David Shambaugh: China's Communist Party. Atrophy and Adaptation. Washington, D. C. 2008, S. 104 f.
4 Zitiert nach: Elizabeth C. Economy: The Third Revolution. Xi Jinping and the New Chinese State, New York 2018, S. 42
5 McGregor, a. a. O., S. 110
6 Ebenda, S. 108
7 Henry M. Paulson: Dealing with China, London 2015
8 Jane Perlez: Steadfast architect of China's bold ambitions. *The New York Times*, 15. November 2017
9 https://www.welt.de/politik/ausland/article171950633/Aerger-um-Chinas-Politbuero-Xi-verdonnert-seine-Parteispitze-zur-Selbstkritik.html
10 Ebenda
11 *The New York Times*, 1. März 2018
12 *Financial Times*, 28. Februar 2018
13 David Shambaugh: China's Communist Party, S. 108
14 Ian Buruma: Chinas Rebellen. Die Dissidenten und der Aufbruch in eine neue Gesellschaft, München 2004, S. 132
15 Matthias Naß: Die Kinder des Drachen. *DIE ZEIT*, 16. September 2004
16 Matthias Naß: Widerstand ohne jeden Kompromiss. *DIE ZEIT*, 23. April 1998

17 Matthias Naß: Freiheit tut weh. *DIE ZEIT*, 14. Oktober 2010
18 Liao Yiwu: Herr Wang, der Mann, der vor den Panzern stand. Texte aus der chinesischen Wirklichkeit. Aus dem Chinesischen von Hans Peter Hoffmann, Frankfurt am Main 2019. Darin: Die letzten Augenblicke im Leben Liu Xiaobos, S. 11–43
19 Ebenda, S. 34
20 Kai Strittmatter: Rette sie, wer kann. *Süddeutsche Zeitung*, 7. Mai 2018
21 Matthias Naß: Was der Partei Recht ist. *DIE ZEIT*, 31. August 2006
22 Elizabeth C. Economy: The Third Revolution, S. 46
23 https://www.zeit.de/politik/ausland/2015–06/china-bei-dao-tiananmen-hong-kong
24 Andrew J. Nathan: The Tiananmen Papers. Inside the Secret Meeting that Changed China. *Foreign Affairs*, Juli/August 2019, S. 80–91
25 Chris Buckley: Year of many risks for China puts Xi on edge. *The New York Times*, 2./3. März 2019
26 David Shambaugh: China's Communist Party, S. 5
27 Ebenda, S. 3
28 David Shambaugh: The Coming Chinese Crackup. *The Wall Street Journal*, 8. März 2015
29 Kevin Rudd: What the West doesn't get about Xi. *The New York Times*, 21. März 2018

IV. Überwachungsstaat:
Auf dem Weg zur totalen Kontrolle

1 Li Yuan: Censors find profit in scrubbing China's web. *The New York Times*, 4. Januar 2019
2 *Frankfurter Allgemeine Zeitung*, 13. Juni 2020. Siehe auch *Süddeutsche Zeitung*, 13./14. Juni 2020
3 *The New York Times*, 13./14. Juni 2020
4 *Financial Times*, 13./14. Juni 2020
5 James Griffiths: The Great Firewall of China. How to Build and Control an Alternative Version of the Internet. London 2019, S. 74 f.
6 Kai Strittmatter: Die Neuerfindung der Diktatur. Wie China den digitalen Überwachungsstaat aufbaut und uns damit herausfordert. München 2018, S. 11
7 Kai-Fu Lee: AI Superpowers. China, Silicon Valley und die Neue Weltordnung. Frankfurt/New York 2018, S. 15 ff.
8 *The Economist*, 17. März 2018
9 *Financial Times*, 2. Mai 2018
10 Martin Wolf: China wrestles the US in the AI arms race. *Financial Times*, 17. April 2019
11 Hendrik Ankenbrand und Winand von Petersdorff: Ist die Zukunft noch ein Ami? *Frankfurter Allgemeine Zeitung*, 7. April 2018
12 Kai Strittmatter: Augen auf. *Süddeutsche Zeitung*, 2. Februar 2018
13 *Time*, 21. November 2019
14 *The New York Times*, 26. April 2019
15 Kai Strittmatter: Das volle Paket Diktatur, bitte! *Chrismon* 11/2019

16 *Time*, 21. November 2019
17 Friederike Böge: Denk an dein Rating! *Frankfurter Allgemeine Sonntagszeitung*, 30. September 2018
18 Mark Siemons: Die totale Kontrolle. *Frankfurter Allgemeine Sonntagszeitung*, 6. Mai 2018
19 Javier C. Hernandez: In China, spies in the classroom stifle speech. *The New York Times*, 2. November 2019
20 Harald Maass: Professor You schweigt nicht mehr. DIE ZEIT, 27. Dezember 2019
21 *Financial Times*, 20. Dezember 2019
22 Lee Hsien Loong: The Endangered Asian Century. America, China, and the Perils of Confrontation. *Foreign Affairs*, Juli/August 2020, S. 56
23 *Frankfurter Allgemeine Zeitung*, 13. Februar 2018
24 Kai Strittmatter: Pekinger Strippenzieher. *Süddeutsche Zeitung*, 16./17. Dezember 2017. Siehe auch Petra Kolonko: Selbstzensur hat keine Grenzen. *Frankfurter Allgemeine Zeitung*, 14. November 2017. Jacqueline Williams: Book on China hits a nerve in Australia. *The New York Times*, 22. November 2017
25 *Frankfurter Allgemeine Zeitung*, 14. November 2017
26 https://www.zeit.de/politik/ausland/2020–03/china-coronavirus-propaganda-epidemie-wirtschaft-usa/komplettansicht

V. Xinjiang:
Verfolgung und Umerziehung

1 Edward Wong: Uighur Americans speak out against China. Relatives vanish. *The New York Times*, 20./21. Oktober 2018
2 Chris Buckley: Brainwashing away a faith. *The New York Times*, 11. September 2018
3 James Millward: «Reeducating» Xinjiang's Muslims. *The New York Review of Books*, 7. Februar 2019
4 Chris Buckley, a. a. O.
5 https://www.nytimes.com/2019/12/28/world/asia/china-xinjiang-children-boarding-schools.html
6 https://ww.nytimes.com/interactive/2019/11/16/world/asia/china-xinjiang-documents.html
7 https://www.sueddeutsche.de/politik/china-cables-leak-uiguren-reaktion-1.4694488
8 James Millward, a. a. O.
9 https://www.apnews.com/269b3de1af34e17c1941a514f78d764c
10 *Economist*, 27. Juni 2020
11 *Süddeutsche Zeitung*, 9. Dezember 2019
12 *Süddeutsche Zeitung*, 11. Dezember 2019
13 https://www.nytimes.com/2019/12/30/world/asia/china-xinjiang-muslims-labor.html
14 https://www.theguardian.com/global-development/2020/jul/23/virtually-entire-fashion-industry-complicit-in-uighur-forced-labour-say-rights-groups-china

15 Christian Meier: Eine Uigurin hat keine Zeit zum Singen. *Frankfurter Allgemeine Zeitung*, 19. Dezember 2019
16 https://www.globaltimes.cn/content/1175020.shtml

VI. Hongkong:
Das Sterben einer freien Stadt

1 Matthias Naß: Altmodisch und misstrauisch. *DIE ZEIT*, 16. Juli 1993
2 Matthias Naß: Nach dem Rausch der Alptraum. *DIE ZEIT*, 21. Juli 1989
3 Matthias Naß: Die Macht im Nacken. *ZEITmagazin*, 22. November 1991
4 Matthias Naß: Nacht des Champagners und der Tränen. *DIE ZEIT*, 27. Juni 1997
5 Chris Patten: East and West. The Last Governor of Hong Kong on Power, Freedom and the Future. London 1998, S. 40
6 Matthias Naß: «Ende der Demütigung». *DIE ZEIT*, 27. Juni 1997
7 Matthias Naß: Schöne neue Demokratie. *DIE ZEIT*, 11. Juni 2015
8 Edward Wong: China seethes as protesters look to U. S. *The New York Times*, 5. November 2019
9 https://www.nytimes.com/2019/11/19/world/asia/senate-bill-hong-kong-protests.html
10 https://www.edition.cnn.com/2020/05/21/asia-hong-kong-npc-article-23-intl-hnk/index.html
Siehe auch: Friederike Böge: Mit einer Gegenstimme. *Frankfurter Allgemeine Zeitung*. 29. Mai 2020. Beijing selects ‹nuclear option› in quest for stability. *Financial Times*, 28. Mai 2020
11 https://www.theguardian.com/world/2020/aug/15/the-press-has-to-go-on-hong-kong-media-tycoon-jimmy-lai-defies-beijing
Siehe auch: Lea Deuber: Zum Schweigen gebracht. *Süddeutsche Zeitung*, 11. August 2020. *The Economist*, 15. August 2020

VII. Taiwan:
Die demokratische Alternative

1 https://www.scmp.com/print/news/china/politics/article/3044650/taiwan-leader-tsai-ing-wen-poised-complete-improbable-political
2 https://www.scmp.com/news/china/politics/article/3043837/battle-hearts-and-minds-young-voters-may-prove-crucial-taiwan
3 «Taiwan steht an der Front.» *Süddeutsche Zeitung*, 26. Oktober 2018
4 *Frankfurter Allgemeine Zeitung*, 18. Mai 2019
5 Matthias Naß: Wer ist die nächste Supermacht? *DIE ZEIT*, 15. März 1996
6 «Taiwan steckt China wie eine Gräte im Hals.» *DIE ZEIT*, 13. Dezember 2007
7 Vgl. Brendan Taylor: Dangerous Decade. Taiwan's Security and Crisis Management. London 2019, S. 22
8 *Süddeutsche Zeitung*, 26. Oktober 2018
9 Brendan Taylor, a. a. O., S. 59
10 https://www.theatlantic.com/international/archive/2019/07/taiwans-status-geopolitical-absurdity/593371/

11 https://scmp.com/news/china/diplomacy/article/3099432/china-us-tensions-taiwans-new-f-16-service-centre-sign-more
12 Richard Haass und David Sacks: American Support for Taiwan Must be Unambiguous. To Keep the Peace, Make Clear to China That Force Won't Stand. Foreign Affairs, 2. September 2020

VIII. Die «Neue Seidenstraße»: Globalisierung nach chinesischen Regeln

1 *Frankfurter Allgemeine Zeitung*, 31. Januar 2018
2 Parag Khanna: Unsere asiatische Zukunft. Berlin 2019, S. 10
3 *Frankfurter Allgemeine Zeitung*, 19. März 2018
4 Vgl. China's Belt and Road: The new Geopolitics of Global Infrastructure Development. Brookings Institution, Washington, D. C. 2019, S. 7
5 *Financial Times*, 26. April 2019
6 *The Economist*, 29. Juni 2019
7 *Frankfurter Allgemeine Zeitung*, 11. Juli 2019
8 *The Economist*, 29. April 2019
9 Vgl. China's Belt and Road, a. a. O., S. 2
10 *Frankfurter Allgemeine Zeitung*, 9. April 2018
11 Oliver Meiler: Liebesgrüße an Marco Polo, *Süddeutsche Zeitung*, 22. März 2019
12 Ebenda
13 Laura Cwiertnia und Xifan Yang: Die halbseidene Straße. *DIE ZEIT*, 5. Dezember 2019
14 *Frankfurter Allgemeine Zeitung*, 20. September 2018
15 Maria Abi-Habib und Keith Bradsher: China lent billions; now its debtors can't pay up. *The New York Times*, 20. Mai 2020
16 https://www.scmp.com/print/news/china/diplomacy/article/3090850/pandemic-takes-shine-chinas-belt-and-road-initative-african
17 Vgl. The Higher Road. Forging a U. S. Strategy for the Global Infrastructure Challenge. Center for Strategic and International Studies, Washington, D. C. 2019, S. 6
18 James A. Millward: Is China's Silk Road project the new colonialism? *The New York Times*, 5./6. Mai 2018

IX. Europa: Das Ende der Naivität

1 Matthias Naß: Der Mann, der Europas Ehre rettete. *DIE ZEIT*, 18. April 1997
2 *Frankfurter Allgemeine Zeitung*, 5. April 2019
3 *Frankfurter Allgemeine Zeitung*, 12. April 2019
4 *Frankfurter Allgemeine Zeitung*, 27. Januar 2020
5 EU-China – A Strategic Outlook, 12. März 2019. https://ec.europa.eu/commission/sites/beta-political/files/communication-eu-china-a-strategic-outlook.pdf

6 Michaela Wiegel: Aufwachen mit Konfuzius. *Frankfurter Allgemeine Zeitung*, 26. März 2019

7 *Süddeutsche Zeitung*, 27. März 2019

8 *Frankfurter Allgemeine Zeitung*, 4. Juni 2019

9 Chinese FDI in Europe: 2019 Update, S. 1 f.
https://merics.org/de/papers-on-china/chinese-fdi-in-europe-2019

10 Ebenda, S. 10

11 Bertelsmann Stiftung/The Asia Society Center on U.S. – China Relations/China Policy Program, George Washington University: Dealing with the Dragon. China as a Transatlantic Challenge. Juni 2020, S. 10 f.
https://www.bertelsmann-stiftung.de/en/publications/publication/did/bst-studie-dealing-with-the-dragon-all

12 Ebenda, S. 11

13 Marc Santora: Standing up to Beijing. *The New York Times*, 23./24. November 2019. James Shotter: Prague mayor ramps up tensions with Beijing. *Financial Times*, 3. Januar 2020

14 Stephan Löwenstein und Andreas Mihm: Enttäuscht von den mächtigen Männern der Welt. *Frankfurter Allgemeine Zeitung*, 27. Januar 2020

15 Kai Strittmatter: Neue Grenzen zu China zeichnen sich ab. *Süddeutsche Zeitung*, 30. Januar 2020

16 Richard Milne: Swedish envoy's trial shines light on frosty China ties. *Financial Times*, 14./15. Dezember 2019

17 Matthias Naß: Die Hosen voll. *DIE ZEIT*, 17. September 2009

18 Michael Peel und Tom Mitchell: Beijing warned EU over propaganda report. *Financial Times*, 27. April 2020

19 *Süddeutsche Zeitung*, 8. Mai 2020

X. Deutschland:
Die Geschäfte gehen vor

1 Matthias Naß: Ein bisschen China-Fieber. *DIE ZEIT*, 26. November 1993

2 Helmut Schmidt: Ein letzter Besuch. Begegnungen mit der Weltmacht China. München 2013, S. 9

3 Helmut Schmidt: Menschen und Mächte. Berlin 1987, S. 360

4 Ebenda, S. 364

5 Ebenda, S. 368

6 Helmut Schmidt: Die Mächte der Zukunft. Gewinner und Verlierer in der Welt von morgen. München 2004, S. 144

7 Ebenda, S. 154 f.

8 Helmut Schmidt: Menschen und Mächte, S. 405

9 Ebenda, S. 402

10 Matthias Naß: Handlungsreisender in Sachen China. *DIE ZEIT*, 14. Juni 1985

11 Ebenda

12 Matthias Naß und Michael Thumann: Schrecklich normale Verhältnisse. *DIE ZEIT*, 11. April 2002

13 Stefan Braun: Reise in die Zukunft. *Süddeutsche Zeitung*, 6. September 2019

14 Carsten Germis: VW schafft eigene Automarke nur für China. *Frankfurter Allgemeine Zeitung*, 27. Februar 2019

15 *Frankfurter Allgemeine Zeitung*, 25. November 2019
16 https://bdi.eu/artikel/news/bdi-praesentiert-54-forderungen-zum-wettbewerb-mit-china/
17 Uwe Marx: Präsident in der China-Falle. *Frankfurter Allgemeine Zeitung*, 15. Januar 2020
18 *DIE ZEIT*, 27. Dezember 2018
19 Thomas Fromm: China-Land. *Süddeutsche Zeitung*, 28./29. April 2018
20 Matthias Naß: Aufkaufen und ausschlachten. ZEIT Online, 8. Mai 2018. https://www.zeit.de/wirtschaft/2018–05/chinesische-investitionen-deutschland-unternehmen-handelsstreit
21 Ebenda
22 Thomas Fromm: China-Land. *Süddeutsche Zeitung*, 28./29. April 2018
23 «Ich bin nicht der Oberlehrer der Welt». *Frankfurter Allgemeine Zeitung*, 11. Juli 2020
24 *Frankfurter Allgemeine Zeitung*, 6. Juli 2020. Siehe auch *Financial Times*, 8. Juli 2020
25 Positionspapier der SPD-Bundestagsfraktion: Souverän, regelbasiert und transparent. Eine sozialdemokratische China-Politik. Berlin, 30. Juni 2020. https://www.spdfraktion.de/system/files/documents/positionspapier_china.pdf
26 *Frankfurter Allgemeine Zeitung*, 19. Mai 2020

XI. Rivalität mit Amerika

1 Jonathan D. Spence: Chinas Weg in die Moderne. München 1995, S. 631
2 Ebenda, S. 739
3 Henry Kissinger: On China. New York 2011, S. 217 ff.
4 Ebenda, S. 226
5 Der Anfang einer neuen Zeit. *DIE ZEIT*, 26. Mai 2011
6 Henry Kissinger, a. a. O., S. 270
7 Zit. nach Spence, a. a. O., S. 742 f.
8 Henry Kissinger, a. a. O., S. 364
9 Matthias Naß: Besuch bei den guten Kommunisten. *DIE ZEIT*, 4. Mai 1984
10 David Shambaugh: China Goes Global. The Partial Power. Oxford und New York 2013, S. 78
11 Henry Kissinger, a. a. O., S. 416 ff.
12 Matthias Naß: Ein Schlussstrich unter Maos Erbe. *DIE ZEIT*, 24. Mai 1991
13 Zit. nach Matthias Naß: Meist begünstigt. *DIE ZEIT*, 27. Mai 1994
14 https://foreignpolicy.com/2011/10/11/americas-pacific-century
15 https://obamawhitehouse.archives.gov/photos-and-video/video/2011/11/17/president-obama-speaks-australian-parliament#transcript
16 Kurt M. Campbell, The Pivot. The Future of American Statecraft in Asia, New York und Boston 2016, S. 23
17 David Shambaugh, a. a. O., S. 77
18 Ebenda, S. 75
19 Zit. nach *The New York Times*, 23. August 2012
20 Niall Ferguson: The new Cold War? It's with China, and it has already begun. *The New York Times*, 17. Dezember 2019
21 *Financial Times*, 21. Dezember 2018

22 https://www.hudson.org/events/1610-vice-president-mike-pence-s-remarks-on-the-administration-s-policy-towards-china102018
23 Zit. nach *The New York Times*, 28. Juni 2019
24 Zit. nach *The New York Times*, 22. Juli 2019
25 https://www.washingtonpost.com/world/2020/05/15/is-us-china-cold-war-already-under-way
26 Fareed Zakaria, The New China Scare. Why America Shouldn't Panic About Its Latest Challenger, in: *Foreign Affairs*, Januar/Februar 2020, S. 5
27 Elizabeth C. Economy: The Third Revolution, S. 133
28 Philip Stephens: How to lose the tech race with China. *Financial Times*, 13. Dezember 2019
29 *Financial Times*, 11. Oktober 2019
30 *Financial Times*, 15./16. Dezember 2018
31 *Financial Times*, 1./2. Februar 2020
32 *Süddeutsche Zeitung*, 30. Januar 2020
33 *DIE ZEIT*, 5. Dezember 2019
34 *Frankfurter Allgemeine Zeitung*, 30. Oktober 2019
35 *Frankfurter Allgemeine Zeitung*, 17. Mai 2019
36 Thomas L. Friedman: Huawei has a plan to end its war with Trump. *New York Times*, 13. September 2019. Siehe auch *The Economist*, 14. September 2019
37 *Financial Times*, 4. November 2019
38 *Süddeutsche Zeitung*, 19. Mai 2020. *DIE ZEIT*, 28. Mai 2020
39 *The New York Times*, 8./9. Februar 2020
40 Ebenda
41 Elizabeth C. Economy, a. a. O. S. 137
42 Fareed Zakaria: The New China Scare. Why America Shouldn't Panic About Its Latest Challenger. *Foreign Affairs*, Januar/Februar 2020, Seite 65 f.
43 Yasheng Huang: China has a big economic problem, and it isn't the trade war. *The New York Times*, 21. Januar 2020
44 Nicholas R. Lardy: The State Strikes Back. The End of Economic Reform in China? Washington, D. C., Januar 2019, S. 4
45 https://www.theguardian.com/world/2019/jul25/china-business-xi-jinping-communist-party-state-private-enterprise.huawei
46 https://www.scmp.com/print/business/china-business/article/2163601/made-china-2025-beijings-plan-hi-tech-dominance-big-threat
47 Zit. nach Elizabeth C. Economy, The Third Revolution, S. 123
48 Nicholas R. Lardy, a. a. O., S. 24
49 Zit. nach Kurt M. Campbell: The Pivot, S. 38
50 *The New York Times*, 12. März 2020
51 https://scmp.com/news/world/united-states-canada/article/3089004/us-and-china-brawl-global-businesses-find
52 *Financial Times*, 12. Mai 2020
53 *The New York Times*, 30. Oktober 2019
54 Graham Allison: Destined for War. Can America and China Escape Thucydides's Trap? London 2017
55 Zit. nach Jane Perlez: Xi Jinping Extends Power, and China Braces for a New Cold War. *The New York Times*, 1. März 2018
56 Hannah Beech. A sea under China's control. *The New York Times*, 24. September 2018

57 Matthias Naß: Chinas Ansprüche sind auf Sand gebaut. http://www.zeit.de/politik/ausland/2016–07/suedchinesisches-meer-ansprueche-china-voelkerrecht

58 Matthias Naß: Rote Meere. *DIE ZEIT*, 7. Oktober 2010

59 https://www.scmp.com/print/comment/opinion/article/3083194/why-us-continues-stir-south-china-sea-despite-covid-191-bidy-blow

60 Till Fähnders: Gegen Hegemonie. *Frankfurter Allgemeine Zeitung*, 21. Juni 2018

61 Matthias Naß: Wer weckt die Schlafwandler China und Japan auf? http://www.zeit.de/politik/ausland/2013–11/china-japan-inseln-konflikt/komplettansicht

62 Fareed Zakaria: The New China Scare. *Foreign Affairs*, Januar/Februar 2020, S. 68

63 Graham Allison: The New Spheres of Influence. Sharing the Globe With Other Great Powers. *Foreign Affairs*, März/April 2020, S. 38

64 Felix Heiduk/Gudrun Wacker: Vom Asien-Pazifik zum Indo-Pazifik. Stiftung Wissenschaft und Politik, Berlin 2020, S. 17 f.

65 Ebenda, S. 29

66 Zit. nach Till Fähnders: Australien bietet China die Stirn. *Frankfurter Allgemeine Zeitung*, 6. Juli 2020

67 «China kommt immer näher vor die Haustür Europas»: https://www.welt.de/209473417

68 *Financial Times*, 9. Juni 2020

69 Lee Hsien Loong: The Endangered Asian Century. America, China, and the Perils of Confrontation. In: *Foreign Affairs*, Juli/August 2020, S. 53

XII. Auf dem Irrweg

1 Kurt M. Campbell und Mira-Rapp-Hooper: China is Done Biding Its Time. The End of Beijing's Foreign Policy Restraint. *Foreign Affairs*, 15. Juli 2020 https://www.foreignaffairs.com/articles/china/2020–07-15/china-done-biding-its-time

2 Chris Buckley: ‹Clean Up This Mess›: The Chinese Thinkers Behind Xi's Hard Line. https://www.nytimes.com/2020/08/02/world/asia-china-hong-kong-national-security-law.html

3 China's Grand Strategy. Trends, Trajectories and Long-Term Competition. RAND Corporation, Santa Monica 2020, S. 11

4 Zitiert nach *Financial Times*, 5./6. Oktober 2019

5 Friederike Böge: Mit Soft Power gescheitert. *Frankfurter Allgemeine Zeitung*, 17. August 2020

6 Nikolaus Piper: Der Rückfall. *Süddeutsche Zeitung*, 7. August 2020

7 Mark Siemons: Die Zweiteilung der Welt. *Frankfurter Allgemeine Sonntagszeitung*, 24. Mai 2020

8 David Shambaugh: China Goes Global. The Partial Power. Oxford, New York 2013, S. 72

9 washingtonpost.com, 7. August 2020

10 https://www.theguardian.com/uk-news/2020/jul/29/five-eyes-alliance-could-expand-in-scope-to-counteract-china

11 https://scmp.com/news/china/diplomacy/article/3096527/does-us-led-five-eyes-have-wider-sights-china
12 Lee Hsien Loong: The Endangered Asian Century. America, China, and the Perils of Confrontation. *Foreign Affairs*, Juli/August 2020, S. 52–64
13 Kevin Rudd: Beware the Guns of August – in Asia. *Foreign Affairs*, 3. August 2020
14 Jake Sullivan: The World After Trump. How the System Can Endure. *Foreign Affairs*, März/April 2018, S. 17
15 Thomas L. Friedman: China and America Are Heading Toward Divorce. *The New York Times*, 23. Juni 2020
16 *Frankfurter Allgemeine Zeitung*, 31. Mai 2019
17 *Der Spiegel*, 2. Mai 2020
18 Graham Allison: Destined for War. Can America and China Escape Thucydides's Trap? Melbourne und London 2017, S. 38
19 Friederike Böge: Das Seelenleben einer Partei. *Frankfurter Allgemeine Zeitung*, 18. August 2020
   https://theguardian.com/world/2020/aug/18/cai-xia-chinese-insider-hits-out-at-xi-jinping-he-killed-a-party-and-a-country
   https://nytimes.com/2020/08/18/world/asia/china-cai-xia-expelled-communist-party.html
   https://edition.cnn.com/2020/08/22/asia/chinas-communist-party-threat-world-intl-hnk/index.html
20 Kevin Rudd: Beware the Guns of August
21 Joseph R. Biden, Jr.: Why America Must Lead Again. Rescuing U. S. Foreign Policy After Trump. *Foreign Affairs*, März/April 2020, S. 70 f.
22 *Frankfurter Allgemeine Zeitung*, 6. Mai 2019

Bildnachweis

Seite 19: Foto: STR/AFP via Getty Images; *Seite 37*: Foto: Mondadori via Getty Images; *Seite 43*: Pictures from History/akg-images, Berlin; *Seite 59*: AP/akg-images, Berlin; *Seite 71*: Foto: Zhang Peng/LightRocket via Getty Images; *Seite 97*: dpa/Liu Xia/Picture-Alliance, Frankfurt/Main; *Seite 109*: Foto: Giulia Marchi/Bloomberg via Getty Images; *Seite 131*: Foto: Greg Baker/AFP via Getty Images; *Seite 147*: Foto: STR/AFP via Getty Images; *Seite 167*: Foto: Patrick Aventurier/Getty Images; *Seite 178*: Photoshot/Picture-Alliance, Frankfurt/Main; *Seite 187*: Foto: Julien Mattia/Anadolu Agency/Getty Images; *Seite 205*: dpa/Ole Spata/Picture-Alliance, Frankfurt/Main; *Seite 223*: Pictures from History/akg-images, Berlin; *Seite 226*: Foto: Dirck Halstead/The LIFE Images Collection via Getty Images; *Seite 235*: Reuters/Kevin Lamarque/Picture-Alliance, Frankfurt/Main; *Seite 246*: Foto: Kevin Frayer/Getty Images; *Seite 260*: dpa/Shi Zhongwei/Picture-Alliance, Frankfurt/Main; *Seite 266*: dpa/Sputnik/Anna Ratkoglo/Picture-Alliance, Frankfurt/Main; *Seite 283*: Foto: Ryan Pyle/Corbis via Getty Images

Personenregister